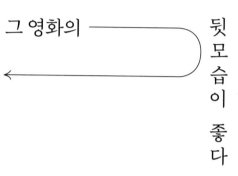

그 영화의 뒷모습이 좋다

그 영화의 뒷모습이 좋다

초판 1쇄 발행 2022년 7월 27일
초판 2쇄 발행 2022년 8월 17일

지은이 주성철
펴낸이 이상훈
편집인 김수영
본부장 정진항
편집2팀 허유진 원아연
마케팅 김한성 조재성 박신영 김효진 김애린 임은비
사업지원 정혜진 엄세영

펴낸곳 (주)한겨레엔 www.hanien.co.kr
등록 2006년 1월 4일 제313-2006-00003호
주소 서울시 마포구 창전로 70 (신수동) 화수목빌딩 5층
전화 02-6383-1602~3
팩스 02-6383-1610
대표메일 cine21@hanien.co.kr

ISBN 979-11-6040-512-5 03680

그 영화의

뒷모습이 좋다

이 책을 읽는 순간 당신은
그 영화를 다시 볼 수밖에 없다

주성철 첫 번째 영화평론집

씨네21북스

작가의 말

나는 근본적으로 '영화평론가'라는 직함에 의문을 가진 사람이다. 적어도 어떤 분야의 전문가라면 남들이 갖지 못한 기술이나 알지 못하는 지식을 보유한 사람이어야 한다. 의사나 약사, 혹은 법조인, 더 넓게 자동차정비사처럼 어떤 면허나 자격증 제도를 통과하여 보통의 사람들이 그냥 책만 보고 따라 할 수 없을 정도의 기능과 실력을 갖춘 사람이어야 한다고 생각한다. 그들의 손을 빌리지 않으면 절대 접근할 수 없는 영역이 분명하게 존재한다. 그런 점에서 '영화'는 세상에 영화평론가 이상의 전문가들이 워낙 많다. 그래서 나는 보통의 관객이 따라가기 힘든 수준의 지식을 가지고 있는가, 아니 최소한 그들이 참고하고 도움받을 만한 전문가의 말을 하고 글을 쓰고 있는가, 매 순간 고민했다. '영화평론가'라는 꼬리표를 달고 살아가고 있는 나는 과연 영화와 관객 사이에 필요한 사람인가, 없어도 상관없는 것 아닌가, 하고 말이다.

그래서 '첫 번째 영화평론집'이라는 표현이 내내 걸린다. 그동안 10권에 가까운 책을 애꿎은 편집자님 고생시켜가며 부지런히 써오면서도 이른바 '평론집'이라 부를 수 있는 책이 없긴 했다. 영화 글쓰기에 관한 책도 내고 인터뷰집도 2권이나 냈는데, 모두 그때그때 쓰고 싶은 것이나 만나고 싶은 사람들에 대한 기록이었다. 또 어쨌건 3개의 잡지사를 거치며 20년 동안 쉬지 않고 영화기자 생활을 했으니 여기저기 썼던 걸 교묘하게 모아 낸 책도 있었다. 그 역시 평론집이라는 이름을 붙이기가 애매했다. 《그 영화의 뒷모습이 좋다》를 읽은 독자들이 '이게 무슨 영화평론집이야?'라고 역정을 낼까 봐 벌써 두렵다.

물론 영화기자 생활을 하면서 발을 담그지 않을 수 없는 그 평론이라는 행위를 대단하게 여기는 것은 아니지만, 나 스스로 각종 영화계 이슈를 취재하는 '영화기자'와 개봉 전 영화를 중립적으로 소개하는 역할에 충실해야 하는 정보 취합자로서의 '에디터', 그리고 이미 수많은 관객이 보고 난 영화에 대해 진득하게 분석하고 비평해야 하는 '평론가' 사이에서 '도대체 내 역할은 무엇인가?' 끝없이 고민한 사람이기 때문에 평론집이라는 이름을 선뜻 붙이기를 주저하게 되는 것이다. 그만큼 이제는 멸종되었다고 말할 수 있는 '영화기자'라는 이름으로 살아온 세월이 생경하게 느껴진다.

영화 잡지 〈키노〉를 시작으로 〈필름2.0〉을 거쳐 〈씨네21〉 편집장으로 있다가 그만두기까지 20여 년의 세월을 영화와 함께 보냈고, 지금은 이런저런 활동을 하면서 '영화평론가'라는 이름으로 활동하고 있긴 하지만 지금도 그 이름이 어색하다. 2022년에 SNS를 시작하며 자기소개란에다가도 '영화 저널리스트'나 '영화평론가'라는 직함 대신 '영화서비스업자'라고 썼는데, 농담이 살짝 섞이긴 했지만 기본적으로 아직도 그 생각에는 변함이 없다. 영화를 만드는 것도 관객을 향한 서비스고, 영화에 대해 쓰고 말하는 것도 독자에 대한 서비스라고 생각하며 살아왔다. '영화 리뷰'와 '영화비평'이 어떻게 다르냐는 질문을 받을 때도 많은데, 전자는 짧은 영화글이고 후자는 긴 영화글이라고 답한다. 그 둘이 엄연히 다른 것 아니냐, 하는 생각에 말장난처럼 느껴질지 모르겠으나 지금도 나는 그 둘의 차이는 명확하지 않고 오히려 그저 잘 쓴 글과 못 쓴 글의 차이만 있다고 느낀다. 여전히 스스로 부족하다고 느끼지만, 그저 잘 쓴 글을 남기려고 애쓰며 살아왔다고나 할까.

　이처럼 나의 정체성은 무엇일까, 고민하고 있던 차에 레너드 번스타인이 쓴 《음악의 즐거움》을 흥미롭게 읽었다. 작곡가이자 지휘자이면서 직접 원고를 쓰는 음악 프로그램의 진행자이기도 했던 저자가 음악비평과 음악해설, 혹은 음악 이야기 사이에서 끊임없이 (자신의 표현대로) '적절한 타협점'을 찾고자 했던 평생의 고민을 엿볼 수 있어 좋았다. 과연 내가 하고 있는 것이 영화비평인가 영화해설인가, 아니면 그냥 영화 이야기인가 고민하던 중이었기 때문일 것이다. 따지고 보면 내가 하는 일은 이도 저도 아니지만 바꿔서 생각해보면 이도 저도 맞는 일이다. 그냥 그때그때 주어진 글과 일을 충실하게, 나 스스로 만족스럽게 잘해내자, 라는 결론에 다다랐다.

　몇 년 전에 쓴 영화 글쓰기에 관한 책은 '나는 왜 이 영화에 대해 쓰는가'라는 챕터 제목으로 시작한다. 그 질문을 독자 입장에서 바꿔 말하면 '나는 왜 이 글을 읽고 있나'라는 질문으로 연결된다. 시간을 내어 남의 글을 읽고 이야기를 듣는다는 건 꽤 수고스러운 일이고, 그래서 독자에게 더욱 고맙게 느껴진다. 미래의 독자를 상상하며 영화비평이건 해설이건, 그냥 영화 이야기이건 간에 '내가 쓰는 이 글을 누가 왜 읽을까' 고민했다. 뭐랄까, 개인적으로는 누군가의 비평을 읽고 내 견해가 바뀐 경험이 별로 없다. 조심스레 별로 없다고 했지만, 사실상 한 번도 없었던 것 같다. 개인차가 있겠지만 '취향을 두고 논쟁하는 것은 아무런 의미가 없다'는 말처럼 주로 이 영화에 대한 내 견해를 강화하기 위해, 혹은 이 영화에 대한 나의 호불호를 확정 짓기 위해 비평을 읽는 경우가 많다고 생각한다. 필자와 독자가 같은 생각을 하고 있구나, 하고 느낄 때 가장 마음이 편해진다. 물론 다른 생각을 하고 있구나, 하고 느낄 때의 쾌감도 있지만 나는 전적으로 전자에 끌리는 사람이다.

　이 책을 읽는 당신이, 마음에 들지 않았던 영화가 좋아지는 기적과도 같은 경험을 하길 바라진 않는다. 다만 차근차근 읽어나가면서 '이렇게 보니 영화가 더 재미있네'라는 식으로, 영화를 좀 더 쉽게 즐길 수 있게 된다면 기쁠 것이다, 라고 쓰고 보니 그게 더 어려운 경지가 아닌가 싶어 말해놓고도 식은땀이 난다. 어쨌건 근본적으로 영화와 더 가까워지는 시간이 되면 좋을 것 같다. 그래서 영화비평, 영화해설, 영화 이야기 같은 구별 짓기를 떠나 그저 내가 궁금한 영화에 다가가고, 또 새로운 영화를 소개받는 '영화와의 스킨십' 정도로 생각해주셔도 좋을 것 같다. 읽다 보면 솔직히 익히 알 만한 내용도 있고 아닌 내용도 있을 것이다. 그런 가운데 그래도 필자가 20년 넘게 업계에 종사하며 보고 배운게 있는데, 가끔 아주 가끔은 괜찮은 분석이네? 하는 순간도 드물게 있을 것이다.

　아무리 스마트폰 영화가 가능한 시대라고는 하지만, 영화는 여전히 많은 자본과 노동력이 투입되는 철저한 공동 작업의 시청각 종합예술이다. 연출자의 창의력과 스태프의 기술력이 더해질 때 영화는 비로소 생명을 얻는다. 그들이 조화를 이뤄 애초의 의도를 정확하게 담아낸 장면을 얻어내기란 쉽지 않다. 감독의 집중력과 스태프의 기술력, 그리고 배우의 컨디션이나 현장의 날씨 등 그 모든 미완성인 것들이 모여 마치 완벽하게 연출된 것인 양 관객을 유혹하는 게 영화다. 난 근본적으로 미완성일 수밖에 없으면서도 마치 제대로 완성된 것처럼 너스레를 떨 수밖에 없는, 영화라는 예술의 속성이 매혹적이면서도 때로 귀엽다. 그리고 100년 넘는 영화의 역사라는 것이, 어떻게든 그 틈새를 채우기 위한 안간힘이었다고 생각한다. 내가 생각하는 영화와의 스킨십이란 바로 그 틈새를 어루만지는 것이다.

내가 생각하는 이 책의 부제는, 오랜 시간 출연하며 영화에 대해 보다 근본적인 고민을 할 수 있었던 JTBC 영화 프로그램 〈방구석1열〉의 부제를 따라 '아는 영화, 모르는 이야기'다. 그래서 날카로운 평론이라기보다는 들을 만한 이야기 정도로 생각해주시면 좋을 것 같다. 개인적으로 생각하는 글쓰기의 최고 경지는 스트레스 받지 않고 즐겁게 쓰는 것이다. 그건 글을 읽는 사람에게도 마찬가지다. 솔직히 이 책을 쓰면서 즐거웠다. 마감을 제때 지키지 못한 필자 주제에 편집자님께서 노발대발할지도 모르겠지만, 적어도 나는 그랬다. 당신과 내가 미완성인 영화의 틈새를 찾아 그 영화를 함께 완성했으면 좋겠다. 영화평론가와 관객은 같은 자리에 서 있는 영화의 최종 스태프다.

차례

제2전시실 배우관

제1전시실 ⟶

←

감
독
관

박찬욱

가장 심오한 인간 욕망의
예술적 발현

1. 박찬욱 월드의 원형
〈공동경비구역 JSA〉

박찬욱 감독의 세 번째 장편 〈공동경비구역 JSA〉는 2001년 베를린 국제영화제 경쟁 부문에 진출하며 그의 이름을 국제적으로 알린 첫 영화였고, 당시 579만 관객(영화진흥위원회 입장권통합전산망 집계 이전 기록)을 동원하며 잠시나마 한국 영화 역대 흥행 1위 기록을 새로 쓰기도 했다. 언제나 아시아 영화에 큰 관심을 가져온 쿠엔틴 타란티노 감독은 〈장고: 분노의 추적자〉(2012) 홍보 인터뷰를 하면서, 한국 기자들을 향해 "〈공동경비구역 JSA〉의 라스트 신은 지난 10년간 본 영화의 라스트 신 중 최고였다"고 격찬했다. 흑백사진으로 완성된 그 유명한 라스트 신뿐만 아니라, 극 중 대사에서도 드러나듯 '진실을 감춤으로써 평화를 유지하는 곳'이라는 판문점의 이데올로기 속에서, 남과 북의 병사들은 순수와 광기를 넘나드는 미묘한 간극을 잘 표현하고 있다. 과거 반공영화의 서사와는 선을 긋는 짧은 축제나 마찬가지다. 이후 정우성(〈강철비〉), 하정우(〈베를린〉), 공유(〈용의자〉), 현빈(〈공조〉), 강동원(〈의형제〉), 김수현(〈은밀하게 위대하게〉), 이병헌(〈백두산〉) 등으로 이어지는, 당대 충무로의 대표 남자 배우들이 앞다퉈 출연하며 만들어진 새로운 북한군 이미지는 〈공동경비구역 JSA〉에서 김광석의 노래를 즐기며 초코파이를 한입에 삼키는 오경필(송강호)로부터 시작됐다고 해도 과언이 아니다.

또한 박찬욱 감독이 〈아가씨〉(2016)를 통해 한국 영화계 성 인지 감
수성의 변화를 보여준 대표적인 창작자라면, 그 단초도 이 영화에서 발
견할 수 있다. 남북한 군인들이 근무하는 판문점 공동경비구역 내에서
총격 사건이 벌어지고, 남북한의 서로 다른 주장으로 인해 중립국 감독
위원회는 사건의 진실을 파악하기 위한 수사에 착수하게 된다. 책임 수
사관으로 한국계 스위스인인 군 정보단 소령, 소피(이영애)를 파견하는
데 소피는 한국전쟁 종전 당시 거제도 인민군 포로수용소에서 남쪽으
로의 귀순과 북쪽으로의 귀환 모두 거부하고 스위스로 가서 스위스 여
인과 결혼한 군인의 딸이었다. 즉 소피는 '인민군 장교의 딸'이었던 것
이다. 그 사연을 듣고 나중에 이 병장(이병헌)은 "친근감이 들었습니다"
라고 얘기한다. 말하자면 소피의 아버지는 한국전쟁을 거치며 아나키
스트가 된 인물일 텐데, 박찬욱 감독이 실제로 그 전에 준비하던 작품이
최종적으로 유영식 감독이 연출한 〈아나키스트〉였다는 사실을 알고 보
면 흥미롭다. 혹시나 이 병장이 제3국을 택한 소피 아버지의 이력까지
알고서 그렇게 얘기한 것이라면, 그 또한 사건이 밝혀지는 과정에서 이
데올로기의 비인간적인 장벽을 실감하고 '저도 당신 아버지와 같은 생
각입니다'라는 의미로 내뱉은 말일 것이다.

아버지의 비극적 운명을 기억하고 있는 소피는 원래 박상연 작가의
원작 소설 《DMZ》에서 남성 캐릭터였으나, 박찬욱 감독은 남성들의 억
압적 군대 문화 속에서 고군분투하는 엄정한 진실의 감시자로서의 여
성을 부각시키기 위해 성별을 바꾸었다. 소피를 철저하게 이방인으로
보이게 만들기 위해서였다. 한국 군대 문화, 그 남성들만의 사회에 뚝
떨어진 여성, 그리고 한국인들이 배제와 혐오의 시선으로 바라보는 혼

혈인, 남북 대치 현장에서 고독하게 사건을 지휘하는 스위스인이라는 설정까지. 영화에서 소피의 편은 찾아볼 수 없다. 소피의 흔적은 박찬욱의 최신작 〈헤어질 결심〉(2022)에서도 찾을 수 있다. 그저 중국인이라 생각했던 송서래(탕웨이)의 외조부가 사실 일제강점기 만주 독립군 중대장이었다는 설정이 바로 그것이다. 스위스인도 한국인도 아닌 소피처럼 송서래도 중국인도 한국인도 아닌 경계인인 것이다. 이처럼 〈친절한 금자씨〉부터 시작되었다고 얘기되는 박찬욱의 여성 캐릭터에 대한 관심은, 어쩌면 일찌감치 〈공동경비구역 JSA〉에서부터 엿볼 수 있다.

더 나아가 그의 첫 번째 퀴어영화는 〈아가씨〉(2016)가 아니라 〈공동경비구역 JSA〉라고도 말할 수 있다. 개봉 시점으로부터 한참 지나 진행한 여러 인터뷰에서 그는 〈공동경비구역 JSA〉를 퀴어영화처럼 만들려는 의도가 분명하게 있었음을 토로한 바 있다. 말하자면 〈공동경비구역 JSA〉는 2000년대를 맞이한 한국 영화계의 첫 번째 BL물이라고도 볼 수 있다. 예나 지금이나 언제나 애초에 구상한 것으로부터 몇 발자국 더 앞서 나아가려는 한 예술가의 의지를 읽을 수 있는 대목이다. 남북 대치 상황 속에서 남과 북의 남성 병사가 사랑에 빠진다는 것만큼 저항적이고 혁명적인 시도는 없을 것이다. 하지만 앞서 두 편의 영화를 '말아먹은' 감독 입장에서, 혹은 당시 시대상을 비춰볼 때 그것은 쉽지 않은 시도였을 것이기에, 퀴어영화로서의 뉘앙스 정도만 남겨둔 것이 아닐까 싶다. 그 연장선에서 과감하게 생각을 뻗쳐가보자면, 가령 이수혁이 오경필을 만나기 위해 그런 위험천만한 월경(越境)을 시도하는 것이 사랑의 감정이 아니면 딱히 설명되지 않는다는 생각도 들고, 두 사람이 밤에 손을 맞잡고 힘겨루기를 하는 모습은 사실상 정사를 나누는 것이 아닐까 싶기도 하다. 이처럼 〈공동경비구역 JSA〉는 박찬욱 감독의 첫 상업적 성공의 이면에서, 〈아가씨〉에 이르기까지 지금 우리가 경탄해 마지않는 '박찬욱 월드'의 어떤 원형으로 기억해야 할 것이다.

2. 〈복수는 나의 것〉
한국 영화계의 의미심장한 전환점

〈복수는 나의 것〉은 2000년대를 시작하는 한국 영화계에 있어 중요한 '전환'의 순간이었다. 당시 한국 영화계에서 가장 부족한 것이 이야기의 '균형'이었다면, 박찬욱 감독이 〈공동경비구역 JSA〉의 성공을 발판 삼아 만들어낸 〈복수는 나의 것〉은 자신의 사적인 취향과 세계관을 당대의 영화 시스템과 결합한 기념비적인 작품이다. 단언컨대 '한국형 하드보일드'라는 관점에서 〈복수는 나의 것〉이 없었다면 〈올드보이〉(2003)도 없었을 거고, 나홍진 감독의 〈추격자〉(2008)나 이정범 감독의 〈아저씨〉(2010)도 나오지 못했을 것이다. 보다 도발적인 상상력을 발휘해본다면 '복수'라는 무시무시한 사건을 '나의 것'이라 할 수 있었기에, 봉준호 감독은 〈살인의 추억〉(2003)에서 '살인'을 '추억'이라 부를 수 있었고, 장준환 감독은 〈지구를 지켜라!〉(2003)에서 '유괴한 사장이 결국 진짜 외계인이었다'는 거대한 아이러니를 더욱 밀어붙일 수 있었을 것이다. 〈복수는 나의 것〉을 보고 큰 충격을 받았다고 공공연히 얘기해온 임상수 감독이 〈바람난 가족〉(2003)에 '유괴'라는 모티브를 끌어온 것도 충분히 연관성을 물어볼 만하다. 〈살인의 추억〉, 〈지구를 지켜라!〉, 〈바람난 가족〉 모두 〈복수는 나의 것〉이 개봉한 이듬해 만들어진 영화들이다. 당대 한국 상업영화의 표현과 묘사 수위의 확장이라는 측면에서 〈복수는 나의 것〉은 실로 기념비적인 작품이다. 동료나 후배 감독들에게 '우리도 저기까지 시도해볼 수 있다'는 자신감을 심어줬다고 해도 과언이 아닐 것이다.

〈복수는 나의 것〉은 서늘한 '생략'으로 이뤄진 기이한 '유괴극'이다. 공장에서 고된 일을 하는 류(신하균)는 청각장애인이라 시끄러운 작업장에서도 귀마개가 필요 없다. 그저 세상과 단절된 것 같은 무표정한 얼굴로 살아간다. 누나를 살리기 위해 장기 밀매 조직에 전화를 걸었다가 거대한 비극의 소용돌이 속으로 휘말려 들어간다. 동진(송강호) 역시 정체성의 혼란을 가진 인물이다. 사랑스러운 딸이 있지만, 일밖에 모르는 생활 때문에 아내와 이혼을 한 처지다. 누군가를 착취해서 부자가 된 인물이라기보다 이제 막 사업이 풀려가는 정도의 사업가다. 그래서 그는 왜 자신에게 그런 일이 일어났는지 납득하지 못한다. 류가 자신의 처지를 받아들이지 못하는 것처럼 동진 또한 마찬가지다. 류도 억울하고 동진도 억울하다. 말하자면 두 사람의 충돌은 계급적 대립이라기보다 '어쩌다 내 인생이 이렇게 꼬이게 된 것인가' 하는 운명의 아이러니 같은 것이다.

참담하게도 〈복수는 나의 것〉의 거대한 아이러니는 바로 누나를 살리고 싶다는 류의 순진한 마음에서 모든 것이 시작됐다는 것이다. 살리는 것이 목적이고 유괴는 단지 수단일 뿐이었는데, 그 수단이 결국 거꾸로 모든 것을 남김없이 삼켜버린다. 그렇게 인물들은 거듭되는 복수의 반전 속에서 더 큰 운명의 힘으로 흡수된다. 나의 서투른 복수가 다른 이의 복수를 부추기고, 조그만 복수가 해소됐다고 여겨진 순간 또 다른 복수가 시작된다. 그렇게 영화 속 인물들은 자기의 운명을 조종하는 손이 누구의 것인지도 모른 채 파괴되어간다. 그렇게 그들은 원래의 삶을 박탈당하고 오직 증오만 허락받는다. 이처럼 공허한 유괴극이 또 있을까. 그것은 박찬욱 감독이 언제나 자신의 오랜 테마라고 얘기해온 '죄와 구원'의 문제, 그 연장선에 있다.

그런 두 가족의 붕괴는 생략과 반복의 유괴극을 넘어 '하드보일드'와 '코미디'를 오가는 기묘한 정서 위에 있다. 박찬욱 감독은 거의 매 장면 웃을 수도 울 수도 없는 유머를 삽입하여 인물들의 비극을 배가시키고 더 큰 비참함으로 나아가게 한다. 그 아이러니의 결정판은 아마도 류의 여자 친구이자, '혁명적 무정부주의자 동맹'의 일원인 영미(배두나)가 내뱉은 영화 속 인물 모두가 비웃었을 법한 말들일 것이다. 동진에게 붙잡혀 고문을 당하던 영미는 자신이 속한 조직의 살벌함에 대해 얘기하지만 모두가 '허풍'으로 여긴다. 하지만 영화의 결말은 그것이 무서운 진실이었음을 보여준다. 박찬욱 감독이 말하길, 바로 그 라스트 신의 암살 장면은 도스토옙스키의 《악령》에서 4인의 혁명가 그룹이 배신자를 처단하는 모습에서 영향받았다고 한다. 그렇게 〈복수는 나의 것〉은 그로테스크하면서도 동시에 우스꽝스럽다. 박찬욱 감독 스스로도 〈복수는 나의 것〉의 그런 정서를 두고 '그로테스꽝'이라 표현하기도 했다.

3. 〈올드보이〉 이전과
이후 한국 영화는 달라졌다

2012년에 방영된 〈심슨네 가족들 24〉의 일곱 번째 에피소드에 굉장히 의미심장한 대목이 나온다. 심슨 가족의 옆집에 한국 영화를 즐기는 굉장히 '힙한' 젊은 부부가 이사를 오게 되고, 그들과 친해진 바트 심

슨은 한국 영화를 상영하는 영화제에 함께 다녀온다. 그는 영화제에서
엄청나게 재미난 한국의 조폭 영화(Korean Gang Movie)를 봤다며 열변
을 토하는데, 엄마 마지 심슨에게 'Kang Pae'(깡패)라는 고유명사(?)를
사용해가며 열심히 줄거리를 설명한다. 요약하자면, 한 남자가 깡패(조
폭)에서 나와서 다른 깡패에 들어갔는데 첫 번째 깡패의 일원이 이를 알
아채고 그의 발을 믹서기에 갈아버렸다는 것이다. 그리고 그 피가 근처
에서 국수를 먹던 사람에게 튀었다고 신나서 떠든다. 물론 바트 심슨이
설명하는 스토리는 〈올드보이〉가 아니지만, 삽입된 영화제의 포스터 이
미지 등은 여러모로 〈올드보이〉 이후 한국 영화가 얼마나 북미 지역 영
화 마니아들 사이에서 유행했는지를 단적으로 보여준다. 개인적으로는
그동안 '코리안 야쿠자', '코리안 마피아' 등으로 불리던 한국의 깡패가
'캉패'라는 이름으로 인정(?)받은 느낌이라 웃어야 할지 울어야 할지 난
감한 기분이 들기도 했다.

　　어쩌면 곽경택 감독의 〈친구〉(2001)가 〈공동경비구역 JSA〉의 한국
영화 최고 흥행 기록을 1년 만에 넘어서며, 이후 충무로에 이른바 '조폭
영화' 붐을 일으킨 가운데 〈올드보이〉도 장르적인 측면에서 그 연장선
에 있는 영화라고 볼 수 있을 것이다. 하지만 〈올드보이〉는 고대 그리스
신화의 현대적 변용에 가깝다. 최민식이 연기하는 주인공 오대수의 이
름 자체가 그렇다. 영화에서는 '오늘만 대충 수습하며 사는 남자'라는 농
담으로 불리지만, 사실은 신화에서 아버지를 살해하고 홀로된 어머니
와 결혼했던 '오이디푸스'로부터 따온 이름으로 여겨진다. 그러한 진실
을 나중에 알게 된 뒤 오이디푸스가 스스로 자신의 눈을 멀게 한 것처
럼, 오대수도 자신의 혀를 잘라버렸다고 할 수 있다. 그러니까 이 영화
는 대담하게도 주인공 이름부터가 스포일러인 영화라 봐도 무방하다.

한국 영화계에서 감독 이름 자체가 하나의 브랜드가 된 건 아마도 박찬욱 감독부터일 것이다. 결정적인 계기는 역시 〈올드보이〉의 칸영화제 심사위원대상 수상이었다. 이후 북미 지역의 영화인들 혹은 영화 애호가들 사이에서는 갑작스러운 한류 바람이 불었다. 덩달아 그의 전작들인 〈공동경비구역 JSA〉와 〈복수는 나의 것〉도 주목받기 시작했다. 그렇게 박찬욱이라는 개인을 경유해 한국 영화의 위상이 완전히 달라졌다 해도 과언이 아니다. 막연히 '아시아 영화'라고 할 때 중국과 일본 영화만 떠올리던 해외 관객들에게 한국 영화에 대한 인식의 저변이 급속도로 확장되는 계기가 된 것이다. 이후 박찬욱과 봉준호의 뒤를 이어 〈황해〉, 〈곡성〉의 나홍진, 〈베테랑〉, 〈모가디슈〉의 류승완, 〈도둑들〉, 〈암살〉의 최동훈, 〈최종병기 활〉의 김한민, 〈악녀〉의 정병길 등이 할리우드의 '레이더' 안에 있다. 그러니까 이 모든 것이 〈올드보이〉 이후 지난 10년 동안 벌어진 일이다.

〈올드보이〉의 특별한 점에 대해서는 이미 당시 칸영화제의 심사위원장이었던 타란티노가 명쾌하게 얘기한 바 있다. 우진(유지태)이 '왜 가뒀느냐'가 아니라 '왜 풀어줬느냐'가 문제라고 얘기하는 순간 무릎을 탁 쳤다고 한다. 자기가 늘 염두에 두고 있는 시나리오 작법상의 공식이 '질문하고 대답'이 아니라 '대답 그리고 질문'인데 〈올드보이〉가 그 고민에 대한 해답을 보여줬다는 것이다. 그러면서 그는 박찬욱에 대해 "현재 세계 영화계에서 가장 탁월한 스토리텔러 중 하나"라고 말했다. 이어지는 우진의 대사도 있다. "틀린 질문만 하니까 맞는 대답이 나올 리가 없잖아!" 즉 "옳은 질문을 해야 좋은 대답이 나온다"는 것인데, 이는 스핑크스의 수수께끼와 마주한 오이디푸스의 상황처럼 여겨진다. 〈올드보이〉는 장도리 신으로 대표되는 장르적 재미가 완벽에 가까운 영화다. 그러나 장르영화의 컨벤션을 비틀고 동시대 한국 영화의 기술적 차원을 한 단계 높였다는 점 이상으로, 스토리텔링의 측면에서 신화와의 결합을 통해 한국 영화의 완전히 새로운 비전을 보여줬다는 점으로 더 평가받아야 할 것이다.

4. 〈박쥐〉, 현재의 자리에서 탈주하고픈 한 예술가의 초상

〈박쥐〉(2009)는 이미 그가 전작 〈싸이보그지만 괜찮아〉(2006)를 제작하며 예고했던 작품이다. 그가 〈싸이보그지만 괜찮아〉에 대해 '5년 걸린 복수 3부작'과 오래전부터 별러온 '〈박쥐〉 사이에 놓인 작은 섬'이라고 표현했으니까. 더불어 그 스스로 "나의 종교적 성장환경이나 개인사와 완전히 동떨어져 있다고 할 수 없다. 그런 여러 가지 것들을 정리하려는 의도로 기획했던 영화"라고 말하기도 했다. 자신의 필모그래피에서 거의 유일하게 '자기 반영적'이라고 얘기한 작품이기도 하다. 실제로 그는 어려서부터 가톨릭 환경에서 성장했다. 물론 그의 이전 영화에도 종교인들이 등장했다. 〈3인조〉(1997)에는 수녀가 되려 했지만 현재는 잃어버린 아이를 찾으려 하는 마리아(정선경)라는 여자가 등장했고, 〈친절한 금자씨〉의 금자(이영애)는 '살아 있는 천사'라는 별명을 얻을 정도로 "저 여기 있어요. (천사님) 나와주세요"라고 외치던, 적어도 교도소 내에서는 신앙심이 투철한 사람이었다. 그럼에도 이탈리아 비평가 마르코 그로솔리가 그에 대해 묘사한 '즐거운 엉뚱함의 영감'은 여전하다. 뭐랄까, 박찬욱의 의외의 자기 반영적 작품이면서 '첫 번째 본격 멜로'라고 말할 수 있는 〈박쥐〉는 여태껏 그가 축적한 그 모든 것들의 추출이면서, 전혀 다른 세계로의 진입으로 다가왔다. 모처럼 그의 영화에서 한국어 노래 가사를 듣는 기분도 묘했다. 〈3인조〉의 들국화나 〈공동경비구역 JSA〉의 김광석에 이어 〈박쥐〉에서 들려오는 남인수의 〈고향의 그림자〉나 이난영의 〈선창에 울러왔다〉는 묘한 감정적 울림을 만든다.

　《테레즈 라캥》과 〈박쥐〉의 기본적인 설정은 같다. 《테레즈 라캥》의 우둔하고 과묵한 여자 테레즈는 파리의 음침한 골목길에서 늙은 어머니와 병약한 남편과 함께 구멍가게를 운영하며 산다. 그리고 남편 카미유의 옛 친구이자 화가의 꿈을 접고 평범한 직장에서 일하는 몸집이 크고 동물적인 남자 로랑을 만나 사랑에 빠진다. 《테레즈 라캥》에서 목요일 저녁마다 집에서 도미노 놀이가 펼쳐지는 것처럼 〈박쥐〉에서는 수요일마다 마작 판이 벌어진다. 결정적인 차이는 바로 소설의 로랑이라고 할 수 있는 〈박쥐〉의 상현(송강호)이 뱀파이어가 된 신부라는 점이다. 웃자고 비교하자면 오히려 로랑은 〈올드보이〉에서 '오늘만 대충 수습하고 사는' 오대수 같은 남자다. 그러니까 상현이 종교밖에 모르는(태주(김옥빈)를 만나기 전까지 키스 한 번 못 해본) 고지식한 신부인 반면 로랑은 '주머니가 넉넉하지 못한 관계로 억지로 욕망을 참아온' 바람둥이에 가깝다. 바로 신앙과 돈이라는 결정적 분기점이다. 게다가 로랑은 '내가 원하기만 하면 그 여자는 내 정부가 될 수 있지' 혹은 '카미유 같은 남편에게는 만족할 수 없는 게 분명해'라고 생각하고, 심지어 처음에는 '테레즈는 정말 아니다'라면서 사랑하지도 않았다. 다만 테레즈를 건드려도 돈 들 일이 전혀 없다고 생각해서, 친구의 아내를 빼앗는 것도 괜찮지 않겠냐고 스스로를 부추긴다.

　그렇게 로랑과 상현은 결정적으로 상반된 인물이지만 급속도로 상대를 탐닉하는 과정과 위험천만한 만남, 그리고 그들을 바라보는 작가의 시선은 비슷하다. 어쩌면 '뒤늦은' 서문이자 에밀 졸라가 《테레즈 라캥》에 대한 비평에 대해 '오해될지도 모를 미래를 피하기 위해' 직접 쓴 소개 글을 인용하는 것도 〈박쥐〉와 너무나 잘 들어맞는 것처럼 느껴진다. 두 주인공에 대한 깊은 애정이자 변호라고나 할까. 자신이 창조한 캐릭터들에 대한 관점이라는 측면에서 에밀 졸라나 박찬욱 감독은 같은 크기의 애정을 가지고 있을 것이다. "나는 자유의지를 박탈당하고 육체의 필연에 의해 자신의 행위를 이끌어가는, 신경과 피에 극단적으로 지배받는 인물들을 선택했다. 테레즈와 로랑은 인간이라는 동물들이다. 그 이상은 아무것도 없다. 강한 남자 한 명과 채워지지 않는 욕망으로 인한 욕구불만 상태의 여자 한 명을 설정했다. 그들 속에서 어리석음을 찾는다. 그런 다음 그들을 난폭한 드라마 속으로 내던지고 두 존재들의 느낌과 행동들을 면밀히 기록한다. 나는 해부학자가 시체에 대하여 행하는 것과 같은 분석적인 작업을 살아 있는 두 육체에 행한 것뿐이다. 내가 보기에 테레즈와 로랑의 잔인한 사랑 속에 부도덕한 점이나 잘못된 열정으로 내몰릴 만한 소지는 전혀 없어 보인다." 이 얘기는 〈박쥐〉의 상현과 태주에게도 그대로 적용된다. 심지어 상현이 겪는 도덕적 딜레마와 고통은 로랑보다 더하다. 태주와의 치명적인 사랑에 눈뜨면서 신부라는 고결한 지위마저 그저 일상적인 직업처럼 받아들이게 된다.

　〈박쥐〉는 박찬욱 감독의 필모그래피에서 가장 깊이 욕망을 탐구하는 작품이다. 자신을 따라 뱀파이어가 되고 싶어 하는, 그러니까 뱀파이어로 다시 태어나면 바다를 볼 수 있을 것이라 믿는 눈먼 노신부(박인환)와의 관계에서는 오이디푸스 콤플렉스를 읽을 수도 있을 것이다. 하지만 그 욕망의 핵심은 치명적인 사랑이다. 그런 측면에서 송강호에게도 〈박쥐〉는 '첫 번째 멜로영화'지만 박찬욱 감독에게도 마찬가지다. 〈달은… 해가 꾸는 꿈〉(1992)까지 거슬러 올라가지 않는다면 〈싸이보그지만 괜찮아〉 정도를 제외하고는 그가 이처럼 밀도 높은 사랑의 감정에 집착했던 경우가 있었던가. 가령 〈싸이보그지만 괜찮아〉에서는 '싸이보그의 칠거지악(七去之惡)', 그러니까 싸이보그로서 가져서는 안 될 7가지 감정을 묘사한 적 있다. 동정심 금지, 슬픔에 잠기는 것 금지, 죄책감 금지, 망설임 금지, 쓸데없는 공상 금지, 설렘 금지, 감사하는 마음 금지. 이렇게 7가지인데 영화 속 일러스트를 통해 소개된 그 욕망들은 〈박쥐〉에서 일거에 분출된다. 그것의 목적은 상현이 태주라는 '가여운' 사람을 지옥에서 꺼내주는 것이다. 비록 태주가 신앙이 없어 성당을 찾는 사람은 아니지만 상현으로서는 그것이 그에 대한 구원이라고 느낄 수도 있다. 어쩌면 그것은 〈싸이보그지만 괜찮아〉에서 발을 마주 비벼서 정전기로 영군(임수정)의 몸을 공중 부양시켜주고, 요들송을 불러 즐겁게 해주며, 밥을 안 먹는 영군의 팔을 잡아끌어 '싸이보그지만 먹어도 괜찮아'라며 밥을 먹여주는 구원의 행위와 유사하다. 그래서 〈박쥐〉는 '신부지만 사랑해도 괜찮아'라고 말하는 작품임과 동시에 태주에 대한 구원의 드라마이기도 하다. 〈박쥐〉가 지금까지 박찬욱 감독이 축적한 모든 것들의 추출이면서, 전혀 다른 세계로의 진입이라고 생각되는 이유는 이 영화가 그의 영화에서 보기 힘들었던 지극히 통속적인 멜로드라마라는 점이다. 그래서 뱀파이어가 되어 예상 밖의 힘을 얻은 주인공처럼 가장 높이 뛰어오르고, 가장 멀리 달아난 박찬욱의 영화가 〈박쥐〉다. 바로 그 멜로드라마라는 도약에서의 착지점은 〈헤어질 결심〉이 아닐까 싶다.

5. 〈아가씨〉 박찬욱 감독 변화의 정점, 정서경 작가와 류성희 미술감독의 존재감

〈올드보이〉와 〈아가씨〉 사이의 15년이라는 시간 동안, 한국 영화의 위상은 완전히 달라졌고 창작자 박찬욱의 세계관도 보다 넓은 스펙트럼을 갖게 됐다. 먼저 〈올드보이〉에서 〈아가씨〉로 이어지는 흥미로운 궤적을 찾을 수 있다. 정신병원에 도착해서 간호사에게 양팔이 붙잡혀 끌려가는 숙희(김태리)와 역시 몸부림치며 사사키 부인(김해숙)에게 붙들려 있는 어린 히데코(조은형)의 모습이 이어지며 전체적으로 〈아가씨〉는 1부에서 2부로 넘어가고, 그렇게 현재와 과거가 만난다. 〈올드보이〉에서도 플래시백으로 저수지에 떨어지려고 하는 누나 수아(윤진서)를 잡고 있는 어린 이우진(유연석)의 손이 현재에 총을 들고 있는 이우진(유지태)의 손과 이어지며 역시 현재와 과거가 만난다. 제스처와 스킨십을 통해서 시간대를 이동하는 편집 방식은 굉장히 고전적이면서도 영화적이다. 무엇보다 그 자체로 황홀하다는 느낌마저 준다. 어쩌면 박찬욱 감독의 영화에서 느껴지는 원초적인 매혹은 금기에 대한 도전이나 예상 가능한 범위를 넘어서는 캐릭터 등이 아니라 이러한 유려하고도 시네마틱한 편집 방식에 있다고 생각한다.

영화 속 낭독회가 끝난 다음 코우즈키(조진웅)와 백작(하정우)의 대화가 기억에 남는데, 백작은 "저는 여자들 눈만 봅니다. 거절한 여성이 없어요"라며 떠벌리고, 코우즈키는 "조선은 추하지만 일본은 아름답다"는 궤변을 늘어놓는다. 귀족들이 우아하고 고상한 척하면서 하나 마나 한 말들을 하며 싸구려 허세를 떨 때, 남성들에 대한 조롱과 귀족들의 허위의식에 대한 풍자가 느껴진다. 심지어 한 명은 가짜 귀족이고, 백작도 도둑에 불과하다. 그저 두 사람 모두 한심해 보인다. 그들이 그럴수록 히데코(김민희)와 숙희(김태리)만 빛나 보일 뿐이다. 이런 블랙코미디 같은 대사들은 정서경 작가가 〈박쥐〉 이후 박찬욱 감독 필모그래피에 합류하면서 더 도드라져 보이는 것 같다. 〈박쥐〉에서도 상현(송강호)이 태주(김옥빈)를 놓치지 않으려고 화장실에서 궤변을 늘어놓을 때의 비굴한 모습들, 그러니까 피가 필요해서 사람들을 죽였으면서 자기가 마치 자살하려는 사람들을 도와준 것처럼 합리화하는 장면들이 떠오른다. 그렇게 인물들이 뭔가 마음에도 없는 얘기를 하거나, 궁색하게 자기변명을 하는 모습들이 〈올드보이〉를 포함한 그 이전 박찬욱의 영화에는 잘 없던 장면들이다. 인물들의 자기합리화, 언행 불일치를 보여주는 대사들을 만들어내는 데는 정서경 작가가 단연 최고가 아닐까 싶다. 특히 〈아가씨〉는 상대를 속이기 위해 계속 거짓말을 해야 하는 영화여서 더 그렇다. 그렇기 때문에 인물들이 불쑥 본심을 얘기할 때 그 느낌이 더 잘 사는 것 아닐까. 가령 히데코가 목매달아 죽으려 할 때 "속은 건 너야. 하지만 미안해하지는 않을게. 너도 나 등쳐먹으려고 했잖아"라는 대사가 더 강하게 다가온다.

정서경 작가에 이어 류성희 미술감독이 설계한 〈아가씨〉의 미장센을 이야기하자면, 결국 이 영화는 그동안 살아온 완벽한 세계에 균열을 내는 두 여성 주인공이 핵심이기에, 이미 처음부터 그 세계가 그 무엇보다 아름답고 완벽한 공간이어야 했다. 그래서 히데코와 숙희가 백작을 만나 저택을 떠나려고 할 때, 마치 은밀한 자객처럼 문을 하나씩 열고 나아가는 것이다. 카메라가 지붕을 넘어 그들을 담아내며 초원을 질주할 때, 그 시각적 쾌감이 어마어마하다. 사실 그들이 건물을 빙 둘러 가도 되는데 굳이 그러지 않는다. 대저택과 비밀스러운 서재는 류성희 미술감독이 설계한 프로덕션 디자인 그 자체로 뛰어난 작업이기도 하지만, 영화가 얘기하고자 하는 주제와 딱 맞아떨어지기 때문에 뛰어나다. 아마도 그래서 칸영화제에서 류성희 미술감독이 벌컨상을 받았던 것이 아닐까 싶다. 벌컨상은 그해 칸영화제에 초청된 작품들 중 가장 탁월한 기술적 성취를 이룬 작품에 수여하는 이른바 '기술상'이라고 할 수 있다. 한 해 앞서 벌컨상을 수상한 이는 〈사울의 아들〉(2015)의 사운드 디자이너 타마스 자니였다. 아마도 많은 이들이 고개를 끄덕일 것이다. 과거로 거슬러 올라가자면 아시아 최초로 호금전의 〈협녀〉(1971), 켄 러셀의 〈말러〉(1974), 롤랑 조페의 〈미션〉(1986), 장이머우의 〈상하이 트라이어드〉(1995)가 이 상을 수상했다. 그만큼 대단한 상이다. 게다가 참여한 스태프를 콕 집어 수상하는 경우도 그리 흔하지 않다. 퉁쳐서 감독에게 주거나 공동 수상하는 경우도 많다. 장숙평 미술감독도 크리스토퍼 도일, 마크 리 핑빙 촬영감독과 공동으로 수상했다. 그래서 더 대단해 보이는 결과다. 그런데 당시 장숙평은 턱시도를 차려입고 왕가위와 함께 레드카펫을 걸었는데, 개인 사정이 있었겠으나 류성희 미술감독은 영화제에 참석하지 못했고, 그해 연말 프랑스를 방문해 뒤늦게 트로피를 받았다. 개인적으로는 비슷한 시기 한강 작가가 맨부커 인터내셔널상을 수상한 것에 맞먹는 일이라 생각했는데, 그렇게 많이 보도되지 않아서 아쉽기도 했다.

류성희에 대해 더 얘기를 이어가자면, 미국 AFI 유학 중이던 류성희 미술감독을 한국으로 돌아오게 만든 게 바로 왕가위 감독이다. 무슨 얘기인가 하니, 유학을 끝내고 한국으로 돌아올 생각이 없었던 그 앞에 등장한 영화가 바로 왕가위의 〈동사서독〉(1994)이었다. 임청하가 아무 말 없이 칼을 차아아악 가르는 순간, 갑자기 눈물이 뚝뚝 흘렀다고 한다. 그때 류성희는 누군가의 부탁으로 한 서부극의 바를 작업하던 중이었다. 총잡이들이 뒤엉키는 웨스턴 바를 만들고 있던 그때 봤던 한 편의 아시아 무협영화가 그녀의 마음을 뒤흔든 것이다. 심지어 친구들을 집으로 초대해 〈동사서독〉 상영회를 열기도 했다. "서양 애들한테 지지 않으려고 밤새워 연구해서 웨스턴 바를 멋지게 만들었지만 사실 그건 다 공부해서 하는 거고, 그냥 어느 순간 '내가 여기서 뭐 하는 거지?' 하는 생각이 들었다." 호리병을 들고서 1인 2역을 하며 어딘가 미친 것 같이 행동하는 임청하의 모습도 심금을 울렸고, 기억을 없애준다는 취생몽사라는 술도 마셔보고 싶었다. "그래, 저거다 저거! 저게 영화지." 이후 한국으로 돌아오게 된 류성희 미술감독이 송일곤의 〈꽃섬〉(2001)을 시작으로 류승완의 〈피도 눈물도 없이〉(2002), 그리고 류승완의 소개로 참여한 봉준호의 〈살인의 추억〉(2003), 박찬욱의 〈올드보이〉(2003), 김지운의 〈달콤한 인생〉(2005), 임필성의 〈헨젤과 그레텔〉(2007)을 거치며 어떻게 한국 영화를 대표하는 미술감독이 되었는지는 누구나 다 알 것이다. 그즈음 박찬욱, 김지운, 봉준호, 류승완 등의 한국 영화들을 일컬어 '코리안 뉴시네마'라고 부를 수 있다면 바로 류성희라고 하는 단 하나의 교집합이 있다.

6. 〈리틀 드러머 걸〉 이후, 유괴로부터 위장으로

평소 박찬욱 감독은 존 르 카레 원작의 〈추운 나라에서 돌아온 스파이〉, 〈죽은 자에게 걸려 온 전화〉를 비롯한 스파이 영화에 지대한 관심을 보여왔다. 최종적으로 토마스 알프레드슨이 연출을 맡게 된 존 르 카레 원작 〈팅커 테일러 솔저 스파이〉(2011)도 가장 먼저 그에게 제안이 왔던 프로젝트였다. 이후 그가 존 르 카레의 팬이라는 사실이 알려지면서 해외에서의 여러 제안들이 있었지만 딱히 하고 싶은 작품은 없었던 거 같다. 그중 존 르 카레 원작의 〈리틀 드러머 걸〉은 먼저 책을 읽은 그의 아내가 "존 르 카레의 진정한 걸작"이라고 말했고, 그 또한 읽으면서 동의할 수밖에 없었다. 이후 〈아가씨〉로 칸영화제에 참석했을 때 본격적인 판권 논의가 시작되어 6부작 TV 시리즈로 만들어지게 됐다. 그가 좋아하는 스파이 영화는 그중에서도 에스피오나지(Espionage) 장르 첩보영화라고 할 수 있다. 오랜 시간 〈007〉, 〈미션 임파서블〉, 〈본 아이덴티티〉 시리즈의 영향 때문에 스파이 영화라고 하면 흔히 '첩보액션'을 떠올리지만, 에스피오나지 장르는 그 뜻 그대로 '첩보 활동'과 '간첩 행위' 자체에 초점을 맞춰서 신분을 숨기고 살아가야 하는 스파이의 현실적 고충을 리얼하게 그린 영화들을 일컫는다. '리얼리즘 스파이 영화'라고 보면 될 것이다.

〈아가씨〉 이후 〈리틀 드러머 걸〉과 〈헤어질 결심〉, 그리고 로버트 다우니 주니어가 마블 시네마틱 유니버스를 떠나 처음으로 출연하게 될 작품으로 관심을 모으는 〈동조자〉에 이르기까지 박찬욱 감독의 관심사는 대체로 여성 주인공 영화와 에스피오나지 장르 영화라는 두 가지 갈래로 요약된다. 여기서 중요한 것은 '위장'과 '연기'라는 콘셉트이다. 〈복수는 나의 것〉, 〈올드보이〉, 〈친절한 금자씨〉를 '복수 3부작' 혹은 '유괴 3부작'이라 부를 수 있다면, 〈박쥐〉, 〈스토커〉, 〈아가씨〉, 〈리틀 드러머 걸〉, 〈헤어질 결심〉, 〈동조자〉는 정체를 숨기고 살아가는, 그렇게 살아갈 수밖에 없는 사람들의 이야기라는 공통점이 있다. 사실 이것은 박찬욱 감독의 전체 필모그래피를 관통하는 테마이기도 하다. 〈공동경비구역 JSA〉의 남과 북 군인들도 서로에게 각각 귀순과 전향을 제안했던 스파이의 변형이라 볼 수 있다. 그가 계속 영어 영화로 영화화를 꿈꾸다가 현재는 제작이 무산된 도널드 웨스트레이크 원작의 스릴러 《액스》(The Ax)도 위장이라는 콘셉트가 핵심이다. 하루아침에 정리 해고를 당한 실직자가 가짜 구인 광고를 내서 자신보다 더 능력 있고 젊고 잘생긴 지원자들을 제거하기로 마음먹는다. 사회파 거장으로 유명한 코스타 가브라스 감독에 의해 〈액스, 취업에 관한 위험한 안내서〉(The Ax, 2005)로 이미 영화화된 바 있다.

　　박찬욱 감독이 〈리틀 드러머 걸〉에 매혹된 지점은 존 르 카레의 작품들 중 유일하게 여성이 주인공이며, 주인공 찰리(플로렌스 퓨)가 스파이들이 만들어낸 픽션의 세계에서 연기를 한다는 설정이었다. 스파이 장르 특유의 남성 권력과 폭력의 세계 안에서 상황에 따라 다른 정체성을 가지고 연기하며 살아야 한다는 것이, 그 시대와 설정이 전혀 다른 〈아가씨〉의 히데코와 숙희에게도 맞아떨어지는 지점이다. 실제로 〈리틀 드러머 걸〉 1회에 이 같은 내용을 암시하는 복선이 등장한다. 찰리가 셰익스피어의 《뜻대로 하세요》라는 작품을 읽고 있는데, 그 역시 여성 주인공이 남장을 하고 살아가며 과거에 만났던 사람을 속이는 내용이다. 이후 제작된 〈헤어질 결심〉은 산에서 벌어진 변사 사건을 수사하게 된 형사 해준(박해일)이 사망자의 아내 서래(탕웨이)를 만난 후 의심과 관심을 동시에 느끼며 시작되는 이야기를 그린 영화인데, 이미 기본 설정부터 박찬욱 감독이 자신을 영화의 세계로 이끈 걸작이라고 줄곧 이야기해온 히치콕 감독의 〈현기증〉(1958)을 직접적으로 떠올리게 한다. 그 또한 자신의 정체를 숨기고 어떤 이유로 다른 사람이 되어 연기하며 살

아가는 이야기다. 〈현기증〉에서 킴 노박이 1인 2역을 연기한 매들린과
주디도 형사 스카티(제임스 스튜어트)에게 접근한 스파이라고 해도 틀리
지 않다.

2016년 미국을 대표하는 문학상인 퓰리처상을 수상하며 미국 언
론과 문단의 화제를 불러일으킨 베트남계 미국 작가 비엣 타인 응우옌
의 동명 소설을 원작으로 한, 〈헤어질 결심〉 이후 제작에 들어가게 되는
〈동조자〉는 무언가 이전까지의 작업들을 총결산하는 느낌의 작품이다.
이야기는 베트콩 재교육 수용소에 갇힌 '나'의 자백으로 시작되는데, 남
베트남 특수부 소속 육군 대위인 그는 수도 사이공이 함락당하기 직전
CIA가 제공한 수송기를 타고 괌으로 탈출할 준비를 한다. 원래 북베트
남 출신인 그는 어려서부터 CIA 공작원 클로드에게 발탁되어 정보 요
원 일을 시작했다. 이후 미국에서 대학원까지 졸업한 그는 고국에 돌아
와 엘리트 정보 장교가 되고 경찰에 파견되어 방첩 임무까지 맡는다. 하
지만 그는 사실 북베트남이 남쪽에 심은 고정간첩이었다. 어려서 '혼혈'
이라는 이유로 동급생들에게 폭행을 당하다가 친구들의 도움을 받은
그는 의형제가 되기로 결의하고, 함께 북베트남의 정보원이 된 것이었
다. 베트남 전쟁 이후 미국에 정착한 이민자이자 이중간첩의 이야기인
〈동조자〉는 베트남전 이후 베트남과 미국 사회의 이면을 이중간첩인 주
인공의 시선으로 날카롭게 들여다보는 작품이다.

결과적으로는 이른바 복수 3부작을 기점으로 박찬욱의 영화가 의
미 있는 변화를 거듭하고 있고 그것이 큰 틀에서 '박찬욱 월드'를 더욱
견고하게 만들고 있다. 얼핏 손에 잡힐 것 같은 어떤 일관된 방향성을
가지고 있는 것처럼 보이지만 〈아가씨〉에서 히데코가 "새 신을 신으면
늘 걷던 길도 새로 걷는 것 같아"라고 얘기한 것처럼, 그는 예술가로서

언제나 같은 길을 걷고 있는 것처럼 보이지만 묘하게도 매번 새로운 미학적 쾌감을 안겨준다. 그의 영화를 보면서 매번 놀라게 되는 근본적인 이유가 바로 거기에 있다.

7. 〈헤어질 결심〉
진실의 주체는 누구인가

박찬욱 감독의 칸영화제 감독상 수상작 〈헤어질 결심〉에는 말러의 교향곡 5번 4악장 아다지에토가 쓰였다. 말러가 아내 알마 쉰들러에게 바친 곡이자, 박찬욱 감독이 존경해 마지않는 루키노 비스콘티 감독의 〈베니스에서의 죽음〉(1971) 오프닝 크레디트에도 베니스 바다 풍경과 함께 깔리는 곡이다. 〈헤어질 결심〉 엔딩 크레디트를 보니 정명훈 지휘의 서울시향 연주 음원이 쓰였는데, 실제로 서울시향 공연에서 박찬욱 감독을 봤다는 목격담은 SNS에 심심찮게 올라왔다. 비스콘티에 대한 얘기를 더 이어가자면, 박찬욱 감독은 공개적으로 비스콘티 영화제를 해보고 싶다는 얘기도 했었다. 실제로 2006년 크리스마스 때 서울아트시네마에서 비스콘티의 〈로코와 그의 형제들〉(1960)을 상영하기 직전 깜짝 무대인사(?)를 한 적도 있다. 예정에도 없던 그 순간에 대해 '관객을 위한 크리스마스 선물'이라 표현했던 당시 서울아트시네마 관계자에 따르면, 몇 편의 이탈리아 영화를 상영할 때 여러 감독이 상영 전에 자기가 좋아하는 영화를 소개하기로 했는데, 오직 박찬욱 감독만이 약속을 지켜 그 자리에 왔다고 한다. 물론 나는 그 현장에는 없었지만, 진짜 시네필 감독의 대단한 정성이라 생각했다.

〈아가씨〉를 보면서 가장 많이 생각난 영화도 비스콘티의 〈센소〉
(1954)였다. 일제강점기를 무대로 한 〈아가씨〉처럼 〈센소〉 또한 오스트
리아가 이탈리아를 통치하던 때를 배경으로 금지된 사랑을 그린 멜로
드라마이기 때문이다. 각각 동성애와 이성애를 다룬다는 점에서 차이
는 있지만, 〈아가씨〉에서 조선과 일본의 경계처럼 〈센소〉에서는 이탈
리아 귀족 여성과 오스트리아 점령군의 젊은 장교가 사랑에 빠진다. 지
난 2006년 박찬욱 감독은 시네마테크 부산의 수요시네클럽에 〈센소〉
를 추천, 상영하면서 '비스콘티의 가장 아름다운 영화'라 평하기도 했고,
그즈음 서울 '시네마테크의 친구들' 영화제 기자회견에 참석해서는 전
용관 건립과 자료 보존의 필요성을 얘기하며 〈센소〉를 예로 들었다. 〈센
소〉 도입부에 베니스 펠리체 극장에서 베르디의 오페라 〈일 트로바토
레〉 공연을 재연하는 명장면이 있는데, "베니스 펠리체 극장에서 화재
가 났을 때, 재건축을 위해 사용된 것은 사진 자료가 아닌 영화 〈센소〉였
다"는 얘기였다.

　한편으로 비스콘티를 미(美)의 창조를 예술의 최고 목적으로 삼아
추구하는 사조인 유미주의의 대가라고 부르는데, 실제로 해외 비평 등
에서 박찬욱을 비스콘티의 후계자로 묘사하는 글을 흔히 접할 수 있다.
그런데 박찬욱의 영화에는 유미주의적 성향과 더불어 동전의 양면처럼
특유의 불균질한 B무비 정서가 결합한다. 가령 〈복수는 나의 것〉에서 동
진(송강호)이 유괴범에게 갖다줄 돈을 차로 가져가며 그 돈 가방에 안전
벨트를 맨다든지, 〈올드보이〉에서 느닷없이 오대수(최민식)가 산낙지를
먹으며 괴로워한다든지, 〈친절한 금자씨〉에서 기어이 백 선생(최민식)의
CG 개 이미지나 또 다른 거대 CG 개미를 등장시킨다든지, 역시 〈친절
한 금자씨〉에서 금자(이영애)가 흰색 케이크를 거대한 두부 이미지로 만

들어 스스로 머리를 처박는다든지, 아무튼 그는 영화가 한 방향으로 순탄하게 흘러가는 것을 못 견디는 사람처럼 그런 장면들을 지뢰처럼 숨겨두는 것을 즐긴다. 박찬욱에게 가장 많은 영향을 끼친 세 감독이 히치콕과 비스콘티와 김기영이라면, 그것은 단지 B무비 정서를 넘어 영화와 관객 사이에서 독특한 거리두기를 즐겼던 김기영 감독의 영향일지도 모른다.

박찬욱의 영화에서는 얼핏 한 편의 영화에서 양립하는 것이 도무지 불가능해 보이는 그러한 두 성향이 늘 밀당해왔다. 대표적인 캐릭터라면 역시 〈박쥐〉의 상현이다. 하나의 육체에 존경받는 성당의 신부와 끊임없이 사람을 해하는 뱀파이어가 말도 안 되는 동거를 하고 있다. 그처럼 유미주의와 B무비 성향이 종종 따로 놀기도 하고, 은밀하게 결합하기도 하면서 누군가는 그의 영화에 열광했고, 또 다른 누군가는 불편함을 표하기도 했다. 그런데 경찰 해준(박해일)과 용의자 서래(탕웨이)의 은밀한 사랑을 그린 〈헤어질 결심〉에 이르러서는, 그 두 성향이 밀당을 그만두고 너무나도 멋지게 한 몸으로 만난다. 마치 〈안개〉라는 삽입곡이 영화 내내 가수 정훈희의 목소리로만 들려오다가 엔딩에 이르러 송창식의 목소리와 결합하는 것처럼, 〈헤어질 결심〉이 박찬욱의 본격 멜로 영화라면 아마도 그 결합 때문일 것이다.

다시 김기영으로 돌아와, 김기영이 박찬욱에게 끼친 영향이라면 〈하녀〉(1960)를 빼놓을 수 없을 것이다. 〈올드보이〉, 〈복수는 나의 것〉, 〈친절한 금자씨〉를 익히 알려진 대로 박찬욱의 '복수 3부작'이라고 한다면 이후 제작된 〈박쥐〉, 〈아가씨〉, 〈헤어질 결심〉은 박찬욱의 '하녀 3부작'이라고 부르면 어떨까 싶다. 후자의 영화 세 편에서 〈박쥐〉의 태주(김옥빈), 〈아가씨〉의 숙희(김태리), 〈헤어질 결심〉의 송서래(탕웨이)는 하녀 캐릭터의 변주처럼 느껴진다. 주인집 혹은 누군가에 의해서 완전히 삶이 저당 잡힌 인물이자, 거기서 벗어나기 위해 안간힘을 쓰는 여성들이다. 앞서 〈친절한 금자씨〉의 금자 역시 교도소 내에 있을 때는 거의 하녀에 가까운 모습이다. 그런데 〈하녀〉의 하녀(이은심)가 결국 자신을 억압하고 있는 것들로부터 탈출하거나 해방되지 못했다면, 박찬욱은 이 3부작을 통해 그 하녀들의 해방과 초월을 보고자 한다.

　　〈헤어질 결심〉에서 그 마지막 해방의 순간은 박찬욱 영화의 진경(眞境)을 보여준다. 잠시 시간을 거슬러 〈올드보이〉로 돌아가보자. 개인적으로 〈올드보이〉를 무척 좋아하지만 계속 마음에 걸렸던 것이 있다. 미도(강혜정)가 끝까지 진실을 알지 못한 채 영화가 끝났다는 거다. 미도가 자신의 딸이라는 것을 알게 된 대수와 달리, 미도는 대수가 자신의 아버지라는 사실을 평생 모르고 살아갈 것이다. 좋아하는 다른 영화들에도 그런 순간이 있긴 했다. 가령 〈8월의 크리스마스〉(1998)에서도 다림(심은하)은 정원(한석규)이 죽었다는 사실을 모른 채 영화가 끝난다. 심지어 정원이 변심해서 떠났다고 느낀 다림은 사진관의 유리를 깨버리기까지 한다. 언젠가 그 사실을 알게 될지도 모르지만 어쨌건 영화는 다림의 분노는 아랑곳하지 않은 채 거기서 끝난다. 무척 아끼는 영화임에도 다시 볼 때마다 그 마지막 순간이 무척 소름 끼치게 다가왔다. 홍콩 영화 〈천장지구〉(1990)에서 웨딩드레스를 입고 고가도로를 힘겹게 뛰어가는 죠죠(오천련)도 아화(유덕화)가 죽었는지 모를 것이다. 〈비트〉(1997)의 로미(고소영)도 민(정우성)이 죽어가는 것을 알지 못한 채 왜 빨리 돌아오지 않냐고 철없이 투정만 부린다. 그처럼 꽤 오랜 시간 문학과 영화에 걸쳐 '내 죽음을 알리지 말라' 혹은 '남자의 일을 여자가 굳이 알 필요 없다'는 식으로, 흔히 '남성 서사'와 '여성 서사'라 구분하며 강조할 때 '남성 서사'

라 여겨지는 것의 핵심이 바로 여기 있다.

　극단적으로 얘기하자면, 서사의 정서와 감동의 완성을 위해 마지막 순간까지 상황을 제대로 인지하지 못하는 여성 캐릭터를 내세워 봉합의 희생양으로 삼는 것이다. 게다가 〈올드보이〉에서 미도의 양손을 묶고 배에 전화 내용을 메모하는 장면도 굉장히 불편했다. 실제로 박찬욱 감독도 한 인터뷰에서 〈친절한 금자씨〉 이후 할리우드에서 만든 〈스토커〉, 칸영화제 경쟁 부문에 초청된 〈아가씨〉, 그리고 플로렌스 퓨를 주인공으로 내세운 TV 시리즈 〈리틀 드러머 걸〉에 이르기까지 여성 주인공들이 중심인 영화를 만들어온 최근의 작업에 대해 "〈올드보이〉에서 미도 캐릭터를 유일하게 끝내 진실에서 소외된 채로 퇴장하는 인물로 그렸던 게 마음에 걸려 〈친절한 금자씨〉를 기획하게 되었고, 이후 여성 캐릭터에 관심이 많아졌다. 당시 미도가 근친상간의 비밀을 알게 되는 결말도 준비했지만, 그렇게 되면 그때부터 영화를 완전히 새로 시작해야 할 것 같았다. 그래서 지금의 결말로 만들어졌는데 꺼림칙한 마음은 좀처럼 가시지 않았다"고 밝힌 바 있다.

　물론 여성이 비장한 죽음을 맞이하는 반대의 경우도 찾자면 찾을 수 있다. 가령 〈델마와 루이스〉(1991)에서 세상 끝에 내몰린 델마(지나 데이비스)와 루이스(수잔 서랜던)가 자동차를 타고 낭떠러지를 향해 질주해 날아올라 추락하는 그 유명한 엔딩이 있다. '세상과 헤어질 결심'을 한 여성들의 주체적인 선택이라는 점에서 강렬한 쾌감을 선사하지만, 어쨌건 그들은 남성 경찰들이 지켜보는 가운데 죽음에 이른다. 더 거슬러 올라가, 여성에 대한 남성 주인공의 참회의 순간을 그린 페데리코 펠리니의 〈길〉(1954)에서도 잠파노(안소니 퀸)는 자신이 버린 여자 젤소미나(줄리에타 마시나)가 자신을 찾아 떠돌다 병들어 죽었다는 사실을 알고는

뒤늦게 통곡한다. 그렇게 여성 주인공의 죽음은 영화 속 인물들이 그 사
실을 반드시 알고서야 끝을 맺는다. 즉, 진실에서 소외된 채로 퇴장하는
남성 주인공은 찾아보기 힘들다.

　　하지만 〈헤어질 결심〉은 이제껏 우리가 보아온 그 남성 서사의 미러
링처럼 서래의 죽음을 연출한다. 바닷가에 다다른 서래는 마치 〈미쓰 홍
당무〉(2008)의 양미숙(공효진)처럼 양동이로 삽질해서 그 안에 들어가
고 심지어 소주까지 마신다. 상황만 보면 앞서 얘기한 B무비 정서로 가
득한 장면이다. 앞서 사철성(서현우)이 서래를 감시하기 위해 사용했던
위치추적기를 무용지물로 만들며, 마치 〈친절한 금자씨〉의 금자가 스
스로 두부 모양 케이크에 머리를 박아 속죄한 것처럼 서래는 속죄와 함
께 세상으로부터 스스로 사라지길 결심한다. 사랑하는 해준이 자신을
쫓아오는 것을 알고 있지만 그렇게 흔적조차 남기지 않고 세상에서 로
그아웃된다. 해준은 애타게 서래를 외쳐 부르지만 결코 서래를 찾지 못
할 것이다. 자신의 혀를 잘라 진실을 봉인한 〈올드보이〉의 대수처럼 서
래도 아무도 자신을 찾지 못하게 하면서 그 진실의 주체가 된다. 그처럼
박찬욱은 〈올드보이〉를 만든 후 고백했던 그 '꺼림칙한 마음'에 대한 참
회의 답변을 내놓았다. 그가 한 명의 영화감독으로서 정말 대단하다고
느끼는 이유가 바로 거기 있다. 그는 매 작품 임할 때마다 자기 자신과
이전의 작업을 의심하며 그 스스로와 '헤어질 결심'을 하는 것을 두려워
하지 않는다. 직업인으로서의 영화감독에게 그건 정말 쉽지 않은 일이
다. 그는 진정 위대한 예술가다.

봉준호

완벽하지 않은 세상의
매력적인 엇박자

1. 영화광 감독 세대의
등장

돌이켜보면, 봉준호의 데뷔작 〈플란다스의 개〉(2000)는 2000년대
를 시작하는 한국 영화의 새로운 국면이었다. 영화적인 것과 그렇지 않
은 것이 뒤섞여, 이전 선배 한국 영화들로부터 가깝고도 멀리 나아가는
돌발적인 에너지가 숨어 있었다. 예술이라는 견고한 세계를 자기만의
방식으로 종횡무진 누비는 놀라운 상상력을 보여줬다고나 할까. 그로
부터 20년도 더 지난 지금 결과적으로 말하건대, 당시 한국 영화 바깥
의 교란자 혹은 소수자처럼 느껴졌던 그가 결국 한국 영화의 중심이 됐
다. 오래전 영화 잡지 〈키노〉에서 일하던 시절 2001년 1월 호에서 3개
의 신년 대담을 진행한 적이 있다. 그중에서 나는 박찬욱, 김지운, 봉준
호 감독이 함께한 3팀의 대담을 맡았다. 그날의 좌담이 인상적이었던
것은, 당시 또 다른 좌담의 주인공들(임권택, 박광수, 이창동, 홍상수가 1팀,
장선우, 김기덕, 임상수가 2팀)과 달리 3팀의 대화는 만화 얘기로 시작했다
는 것이다. 그때만 해도 감독들이 다른 누군가의 영화를 좋아한다고 공
개적으로 밝히거나, 어떤 만화나 애니메이션을 좋아한다고 말하는 것
자체가 이상하게 느껴지던 시절이었다. '다른 영화는 잘 안 봐요'라고 말
하는 것이 꽤 멋져 보이던, 혹은 그것이 감독의 자존심처럼 느껴지던 때

였다. 그래서 대화를 시작하자마자 "새로 나온 《이나중 탁구부》 봤어
요?"라거나 "나는 《멋지다 마사루》가 더 좋아"라고 얘기하는 모습이 무
척 신선했다. 심지어 김지운 감독은 "예전에 〈패왕별희〉보다 〈터미네이
터 2〉가 훨씬 훌륭한 영화라고 말했다가 완전히 '피박' 쓴 적 있다"는 경
험담까지 들려줬다. 그래서 그날의 좌담이 한국 영화계에 새로운 감독
군(群)이 등장하고 있다는 상징적인 만남처럼 느껴졌다.

　　대학가에서 열혈 학생운동의 무드가 점차 소멸돼가던 시점에 대학
을 다녔고, 만화나 B무비 등 극장이 아닌 대여소와 TV를 통해 광범위한
대중문화를 잡식성으로 흡수한 세대의 등장이었다. 당시 봉준호는 한
국 감독 중에서는 김기영을 가장 좋아한다며 그의 영화를 비디오테이
프로 무려 10개 이상 가지고 있다고 했고, 영화는 주로 극장보다는 집
에서 〈주말의 명화〉나 AFKN을 통해 접했다고 했으며, '연출'의 개념을
〈미래소년 코난〉을 통해 익혔다고 했다. 시리즈를 쭉 붙여놓으면 총 14
시간 분량이 되는 〈미래소년 코난〉을 한국영화아카데미 시절에도 가끔
우울할 때마다 하루 종일 봤다고 했다. 2021년 미쟝센 단편영화제에서
회고전을 가지며 진행했던 인터뷰 때도, 일본판 버전을 비롯해 전 세계
에서 출시된 모든 〈미래소년 코난〉 버전을 가지고 있다고 밝히기도 했
다. 말하자면 그들은 여태껏 만나온 다른 한국 감독들과는 감성의 결 자
체가 다른 느낌이었다. 그렇게 〈플란다스의 개〉와 같은 해인 2000년에
세 번째 영화 〈공동경비구역 JSA〉를 만든 박찬욱, 두 번째 영화 〈반칙
왕〉을 만든 김지운, 그리고 대담에는 참석하지 않았지만 역시 같은 해
첫 영화 〈죽거나 혹은 나쁘거나〉를 만들었던 류승완, 그들과 친분이 깊
을뿐더러 단편 〈소년기〉(1999)로 주목받고 장편 데뷔를 준비하던 임필
성 감독까지, 지금이야 흔하게 쓰는 말이지만 할리우드의 타란티노 이

후 한국 영화계에서 '영화광 감독'이라는 표현이 등장했던 것도 아마 그 즈음이었던 것 같다.

2. 〈살인의 추억〉 '봉테일'과 '픽사리의 미학'이라는 전대미문의 상상력

봉준호 영화의 묘미는 '봉테일'이라 불릴 정도로 세심한 디테일 묘사에 있다. '80년대 농촌 스릴러' 〈살인의 추억〉(2003)에서 시대 재현을 위해 류성희 미술감독에게 제안한 아이디어들은 정석적인 '프로덕션 디자인'의 수준을 넘어선다. '솔' 담배와 '맵시나' 자동차 등은 그저 시대 재현을 위해 구한 것에 불과하고, 초소 벽에 그려진 야한 낙서나 무당 집에서 느닷없이 등장하는 '죠리퐁' 박스는 이야기 전개에 그 이상의 탄력을 부여하는 디테일들이다. 물론 그 모든 것은 그 시대의 억압적이고 우중충한 분위기를 살리느라 원색을 통제해 사용한 결과다. 〈살인의 추억〉에 등장하는 원색이란 선풍기의 파란 날개, 시체의 빨간 팬티뿐이다. 지하 취조실에 있는 거대한 보일러 역시 미술팀이 새로이 조립했다. 로케이션도 마찬가지다. 봉준호의 영화는 서로 다른 장소에서 촬영한 수많은 장면들이 마술처럼 한 몸을 이룬다. 가령 세 명의 형사 박두만(송강호), 서태윤(김상경), 조용구(김뢰하)가 함께 변태남 조병순(류태호)을 쫓는 장면의 경우 발견하고 쫓아가고 마지막 채석장에서 체포하기까지 여러 곳에서 촬영한 숏들을 이어 붙였다. 매 숏에 적합한 장소를 찾아내기 위해 끊임없이 발품을 판 결과다.

심지어 영화 오프닝에서 맨 처음 시체를 발견한 곳과 밑으로 내려가 시체를 살펴보는 하수구 또한 한 곳에서 촬영한 것이 아니다. 하수구 위에 올라간 돌 뚜껑까지 특별히 제작해 차량에 싣고 다니며 적당한 장소를 찾아다녔다. 무르익은 가을 벼의 느낌을 얻기 위해 제작진은 계속 그 논의 농민들에게 언제 추수를 할 것인지 확인하고 촬영을 진행했다. 게다가 송강호가 안을 들여다볼 때는 바로 세트로 바뀐다. 왜냐하면 개방된 촬영지에서 쓰러져 있는 여성 배우에게 그런 자세를 취하게 해선 안 되기 때문이다. 주변 잡초 또한 미술팀이 심어놓은 '세팅된 잡초'라고 하니 그 치밀함에 혀를 내두르게 된다. 류성희 미술감독이 말하길 "〈살인의 추억〉 한 편 하면서 자동차로 전국 방방곡곡을 무려 6만 킬로미터를 다녔다"니 로케이션의 디테일에 대한 그의 집요함은 실로 엄청나다. 봉준호의 영화에서 의상과 미장센, 프로덕션 디자인의 디테일보다 궁극적으로 중요한 것은 '스토리텔링의 디테일'이다. 가령 안타깝게 범인을 놓친 형사들이 중국집에 모여 자장면을 먹는 장면이 있다. 그때 구 반장(변희봉)의 나무젓가락이 한 번에 깔끔히 쪼개지지 않는다. 세상 사람 누구나 경험하는 그 소소한 순간의 감정은 사건 해결의 지지부진함에 대한 답답함의 비유이며, 나아가 결국 좌천되고 마는 그의 운명과 묘하게 겹쳐진다. 그 순간만큼은 나무젓가락 하나에 인생이 담긴다. 지금 시점에서 보면 〈기생충〉을 떠올리게 하는 신박한 디테일도 있다. 경찰서에 '높은 분'이 떴을 때 형사들이 모여 있는 방의 빨간 램프가 깜빡이는데, 마치 〈기생충〉에서 박 사장(이선균)이 계단을 오를 때 그를 '리스펙트'하는 근세(박명훈)에 의해 센서 등이 켜지던 장면이 떠오른다.

잘못 갈라지는 나무젓가락처럼 봉준호 영화의 또 다른 특징은 '픽사리의 미학'이라 불리기도 한다. 〈살인의 추억〉에서 현장검증이 이뤄지는 롱테이크 신은 총 열세 번 촬영해서 아홉 번째 테이크를 썼다고 한다. 주민들이 잔뜩 몰려든 가운데, 결정적 증거인 발자국을 경운기가 밟고 지나가고 구 반장은 논두렁으로 미끄러져 굴러떨어진다(그를 보며 박두만은 "논두렁에 꿀 발라놨냐!"라며 일갈한다). 〈괴물〉(2006)의 괴물 또한 등장과 동시에 사람들을 쫓다가 스텝이 엉켜 계단에서 미끄러지기도 한다. 그것은 장면의 흐름이 느닷없이 불쑥 끊어지는 순간을 의도적으로 삽입하는 것이며, 결국 이질적 요소들이 충돌하는 봉준호 영화 특유의 매력으로 나아간다. 가령 〈괴물〉의 합동 분향소 장면이 핵심적이다. 현서(고아성)가 죽었다고 생각한 가족들이 오열하는 모습을 카메라는 부감으로 내려다본다. 박희봉(변희봉)은 기자들이 몰려들어 카메라 플래시를 터트려대는 혼란스러움 속에서 박남주(배두나)의 트레이닝복이 올라가 맨살이 보이자 기어이 옷을 끌어 내리려 하고, 경비 아저씨 역시 그 와중에 인파를 비집고 들어와 주차장의 차를 빼달라고 말한다. 그렇게 봉준호의 영화는 끝없이 매력적인 엇박자를 연주한다. 그는 팬과 비평가들이 명명한 그 미학에 대해 "빈틈없어 보이는 상황에서 균열이 생길 때 가장 아름다워 보인다"고 말한다. 완벽하지 않은 세상을 담아내기 위해 완벽주의자가 된 감독이랄까.

　공교롭게도 봉준호 영화의 인물들도 감독의 완벽주의자적인 면모를 닮아서인지, 언제나 완전범죄에 성공하긴 했다. 〈플란다스의 개〉, 〈살인의 추억〉, 〈마더〉, 〈기생충〉은 범인이 잡히지 않는 공통점이 있는데 '진범은 잡히지 않는다'는 설정은 봉준호 영화의 중요한 설정이자 테마이다. 마치 '세상은 원래 그렇다'는 것처럼 마무리되는 느낌이 봉준호 영화의 핵심 정서다. 물론 〈살인의 추억〉처럼 아예 미궁에 빠진 경우도 있고, 〈플란다스의 개〉나 〈마더〉처럼 엉뚱한 사람이 범인으로 몰리는 경우도 있으며, 〈기생충〉처럼 '사건 이후' 다시 조우하는 감동적인 순간도 있다. 봉준호는 그런 미궁, 미해결의 느낌을 강조하기 위해서 〈살인의 추억〉의 경우 유력한 용의자 박현규(박해일)가 '유전자 검사 결과 박현규를 범인으로 볼 수 없다'는 서류와 함께 박두만, 서태윤 형사를 떠나 터널의 어둠 속으로 사라지게 만들었다. 그런데 국내 터널들이 일직선인 경우가 많아서 반대쪽 출구의 밝은 빛이 담기는 경우가 많았다. 하지만 제작진이 찾아낸 진주 죽봉터널은 특이하게도 내부에서 휘어지는 구조라 박현규는 완전한 어둠 속으로 사라질 수 있었다. 원래 진주-사천 노선이었다가 남해고속도로 개통으로 기차 승객이 줄면서 1980년 10월에 여객 운송이 중단되어, 현재는 연료 수송 열차만 주 2회 다닌다고 한다. 그렇게 기차가 다니지 않을 때 일주일 정도 촬영하여 그 장면을 얻어냈다. 그런 다음 영화는 현재 시점으로 와서 경찰을 그만두고 영업 사원이 된 박두만을 보여주는데, 그때 그의 승합차에는 그린파워 녹즙기가 실려 있다. 당시만 해도 '범인이 잡히지 않는 경찰영화' 혹은 화성 연쇄 살인 사건을 다룬 이 영화에 협찬하려는 회사가 없어서 유일한 협찬품이었다고 한다.

3. 〈괴물〉 보호의 릴레이,
〈기생충〉 믿음의 벨트 안에서 오리무중인 진범

결국 이 모두를 아우르는 봉준호 영화의 핵심은 가족애와 계급구조 등 한국적 현실에 대한 치밀한 천착이다. 〈플란다스의 개〉의 아파트, 〈살인의 추억〉의 화성 연쇄 살인 사건, 〈괴물〉의 한강, 〈마더〉의 모성애는 결국 공간적으로나 정서적으로나 우리 사회를 이루는 그 무엇이다.

그는 〈괴물〉을 두고 '강두(송강호)의 성장영화'라고 얘기했다. 영화 초반 침 흘리며 잠만 즐기던 강두가 딸의 실종 사건을 겪으면서 정신 차린다 는 얘기다. 그런데 그것은 딸의 죽음이라는 끔찍한 대가를 치르고서야 이뤄졌다. 삼촌 남일(박해일)이 과거 열혈 운동권 출신이며 남주(배두나) 가 양궁 국가대표 탈락의 경험이 있다는 것도 중요한 단서이며, 괴물과 의 사투를 끝내는 데 결정적인 도움을 주는 이가 사실상 한강 변의 노숙 자(윤제문)라는 것도 인상적이다. 이처럼 그의 영화에는 늘 공권력의 부 재나 무능함이 중요한 환경으로 등장하는데, 〈괴물〉의 경우 국가나 사 회로부터 전혀 도움을 받지 못하는 약자들끼리 사건을 해결한다. 이에 대해 그는 "약자들끼리 보호의 릴레이를 펼친다"며 약자가 더한 약자를 보호한다는 주제에 대해 얘기했다. 그 '보호의 릴레이'는 〈기생충〉에서 '믿음의 벨트' 장면으로 이어진다. 믿음의 벨트 아래 기택네 가족은 원래 박 사장 집에서 일하던 사람들을 모두 몰아내고 가족 전원 취업에 성공 하게 되나, 결국 영화는 그 릴레이가 중단되고 벨트가 끊어지는 과정을 묘사하고 있다.

　더 나아가 〈마더〉는 그런 가운데 스스로 '괴물'이 될 수밖에 없는 어 머니를 그렸다. 소녀의 죽음을 그저 '사건'으로 접근하는 경찰들의 심 드렁한 태도부터, 뷔페식당에서 애들에게 뛰지 말라고 하고 구치소에 서 다리를 꼬고 앉아 있는 여자의 다리를 굳이 펴게 만드는 변호사(여무 영) 캐릭터에 이르기까지 〈마더〉의 마더(김혜자)는 철저히 혼자다. 돈만 밝히고 사무실보다 룸살롱을 더 사랑하는 변호사 앞에서 아들의 무죄 를 입증하기 위해 엄마는 홀로 움직여야 한다. 그것이 대한민국의 가난 한 계급의 엄마, 모자란 아들과 단둘이 살아가는 엄마가 사회적 통념 속 에서 택할 수밖에 없는 길이다. 그것을 표현하기 위해 김혜자를 〈마요네

즈〉(1999) 이후 10년 만에 다시 영화계로 불러낸 것도 봉준호의 집념의
결과다.

　　그처럼 인물들이 보호의 릴레이를 펼치고 믿음의 벨트를 두르는 동
안에도, 결코 진범은 잡히지 않는다는 것이 봉준호 영화의 핵심이다. 그
의 영화를 기본적으로 스릴러 장르라고 말할 수 있는 것처럼 그는 언제
나 처음부터 수수께끼를 숨겨둔다. 〈살인의 추억〉에서는 경운기를 타고
가는 형사 박두만(송강호)을 아이들이 쫓는다. 속주머니에서 뭔가 꺼내
려던 그는 느닷없이 주먹 감자를 날린다. 영화를 보는 관객에게 형사인
나를 아무리 쫓아와봐야 당신의 궁금증은 결국 풀리지 않을 것이라고
미리 얘기하는 것 같다. 심지어 얼마 지나지 않아 경찰서에서 강간 사건
으로 조서를 쓰고 있는 두 남자를 보여주는 장면이 있는데, 누가 강간범
이고 누가 피해자의 오빠인지 알려주지 않는다. 범죄자의 얼굴을 한 사
람은 딱 한 명인데, 의외로 그가 아닐 수도 있다. 물론 누가 진짜 범인인
지, 그 시퀀스가 끝날 때까지 알려주지 않는다. 그러한 태도는 영화 속
박현규(박해일)가 범인일 것이라는, 아니 그가 확실한 범인이라는 관객
의 암묵적 공감대를 결국 해소시켜주지 않는다.

　　〈괴물〉에서도 괴물을 맨 처음 발견한 사람은 한강 다리에서 투신자
살하려는 남자다. 뛰어내리기 직전 무언가(기형적으로 성장해버린 괴물)
를 발견하고 놀라는 표정을 짓지만 이내 평정을 되찾는다. 그리고 투신
을 만류하려는 사람들을 향해 "잘들 살아"라고 말하고 결국 뛰어내린
다. 자기가 본 것에 대해 아무것도 얘기해주지 않는다. 살짝 비약하자면
〈마더〉의 엄마나 〈기생충〉의 아들이 진범을 알면서도, 아들이라는 이유
로(〈마더〉) 아버지라는 이유로(〈기생충〉) 얘기해주지 않는 상황과도 닮았
다. 심지어 〈괴물〉 도입부에 등장하여 한강에 포름알데히드를 흘려보

내는, 그리하여 괴물을 만들어내는 김 군무원(김학선)은 홍상수의 〈생활의 발견〉(2002)에서 김경수(김상경)에게 "우리 사람 되기는 힘들어도 괴물은 되지 말자"고 했던 춘천에 사는 선배다. 그랬던 사람이 〈괴물〉에 출연한 아이러니도 혹시 봉테일의 연장일까. 아무튼 그 또한 미군 상관 더글러스(스콧 윌슨)의 지시로 한 일임에도 세상에 알리지 않는다. 여느 영화였다면 김 군무원이 기자회견이라도 열어 양심선언이라도 했을지 모른다. 〈괴물〉을 다시 보면서, 왜 이 영화는 더글러스와 김 군무원이 다시 등장하지 않을까, 하는 생각이 문득 들었다. 봉준호의 영화에서 진범은 언제나 잡히지 않는다.

4. 타란티노와 봉준호의 오픈 토크

쿠엔틴 타란티노는 전 세계 최초로 한국에서 개봉한 〈펄프 픽션〉(1994)의 홍보차 방한한 적이 있다. 당시 그는 "한국 관객들을 느껴보고 싶어 극장을 찾은 적 있는데, 짐 캐리의 〈마스크〉(1994)를 즐겁게 보고 나가는 사람들이 인상적이었다"고 얘기했다. 2000년대 들어 한국 영화를 최초로 인지하게 된 계기는 동료들로부터 박찬욱 감독에 대해 귀에 못이 박히도록 들은 경험이었다. 누군가 생일 선물로 준 〈복수는 나의 것〉 DVD를 보고 큰 충격을 받았다고 한다. 사실 그는 언제나 '베스트 10' 영화로 홍콩 쇼브라더스에서 만든 정창화 감독의 〈죽음의 다섯 손가락〉(1978)을 꼽아왔으나 그가 한국 감독인 것은 한참 지나서야 알게됐다. 그러다 2004년 박찬욱의 〈올드보이〉가 칸영화제에서 심사위원

대상을 수상했을 때 심사위원장이었던 인연으로 이어진다.

할리우드와 충무로를 대표하는 두 영화광 감독, 쿠엔틴 타란티노와 봉준호는 지난 2013년 제18회 부산국제영화제에서 만나 '오픈 토크' 시간을 가진 적이 있다. 비슷한 시기 마카오에서 열린 제10회 화정상 시상식(화딩어워드)에 참석했던 그가 "내 영화들과 봉준호 감독의 〈설국열차〉 캐스팅 담당자였던 친구가 봉준호를 보러 부산에 가자고 해서 순전히 개인적으로 들른 것"이라며 찾아와 영화제 후반의 빅 게스트가 된 것이었다. 당초 그는 부산국제영화제 측에 "아무런 혜택을 제공해주지 않아도 좋으니 영화만 보게 해달라, 그리고 인터뷰나 기자회견 등 공식적인 행사는 일절 하지 않겠다"고 말했지만 봉준호와의 오픈 토크를 허락했고, 행사 당일 영화의전당 야외극장을 가득 채운 인파를 보고는 잔뜩 상기된 얼굴이었다. 이미 두 사람은 전날 점심때부터 함께 붙어 다니며 장철 감독, 왕우 주연의 홍콩 무협영화 〈외팔이〉(1967)를 함께 봤고, 역시 부산을 찾은 구로사와 기요시 감독과 만나기도 했다.

이미 하루를 함께 보낸 탓인지 두 사람은 오픈 토크 내내 '형 먼저, 아우 먼저' 같은 느낌으로 서로를 칭찬하기 바빴다. 먼저 타란티노는 "〈살인의 추억〉을 보고 봉준호의 광팬이 됐다. 70년대 미국 영화의 에너지가 느껴졌다. 〈괴물〉 또한 내내 스티븐 스필버그의 〈죠스〉를 떠올리게 했다. 공포와 유머가 조화를 이룬 걸작이었다"고 추켜세웠다. 이에 봉준호는 "실제로도 70년대 미국 영화를 너무나 좋아한다. 어려서부터 AFKN을 통해 본 할리우드 영화들에 많은 영향을 받았다"며 "특히 내 영화에 언제나 등장하는 변희봉은 〈펄프 픽션〉의 존 트라볼타나 〈재키 브라운〉의 팜 그리어처럼 옛 배우들을 훌륭하게 재발견하는 당신 영화의 영향이 컸다. 그 역시 10년 넘게 영화를 안 한 상태여서, 감춰온 에너지를 영화에서 폭발시키면 어떨까 했다"고 고백했다. 이에 대해 타란티노는 "이제는 잊혀진 할리우드 B무비들을 보면 배우들의 연기가 정말 뛰어나다. 어떤 간절함이 보인다. 하지만 이런저런 이유로 영화를 쉴 수밖에 없었던 배우들에게 좋은 시나리오를 주면 어떻게 나올까 궁금했다. 나 또한 프랜시스 코폴라 감독이 〈터커〉(1998)에서 당시 바닥을 헤매던 마틴 랜도 같은 배우를 쓰는 걸 보고 영감을 받았다"고 덧붙였다.

장르의 컨벤션을 비트는 남다른 솜씨를 과시해온 두 사람인 만큼, 대화는 장르를 안주 삼아 끊임없이 이어졌다. 봉준호는 "할리우드적 장르 컨벤션이 한국에 와서 어떻게 논두렁에 구르며 흙탕물이 튀는지, 뉴욕이 아닌 한국에서 어떻게 변화되고 적용되는지 관심이 많다"며 "할리우드 영화라면 과학자나 군인, 혹은 액션 스타가 괴물과 싸우겠지만 〈괴물〉에서는 바보 같은 가족들이 괴물과 사투를 벌이는 모습을 보고 싶었다"고 말했다. 이에 타란티노는 "〈괴물〉의 불쌍하고 망가진 가족에 큰 감명을 받았다. 할리우드 영화는 물론이고 세계 어디서도 찾을 수 없는 인물들이었다. 바로 거기서 괴수영화 장르를 새로이 창조한 것이나 다름없다"고 덧붙였다. 그러자 봉준호는 곧장 "형님 영화의 캐릭터들도 정상은 아니다"라며 맞받아쳤다. 이처럼 두 사람은 오랜 친구처럼 서로의 영화를 들었다 났다 하며 유쾌한 대담을 이어갔다. 시간은 어느덧 예정된 1시간을 훌쩍 넘겼고 마지막으로 타란티노는 자신을 보러 온 팬들을 향해 다짐했다. "내가 장르영화를 좋아하는 건 극도의 흥분감과 재미 때문이다. 하지만 난 장르를 재구성해서 영화 편집을 끝내는 마지막 순간까지 '쿠엔틴 버전'으로 재창조하려고 애쓴다. 난 아직도 영화를 배우는 학생이다. 내가 죽는 날이 바로 그 영화학교를 졸업하는 날이다."

5. 〈설국열차〉 세트 촬영과
로케이션 촬영의 대비

봉준호는 인물 내면의 풍경을 드러내는 긴 수평 트래킹 촬영의 묘미를 종종 보여줬다. 그래서 그가 수평 트래킹의 묘미를 가장 잘 살려낼 수 있는 이른바 '기차영화' 〈설국열차〉에 다다른 것은 묘한 운명처럼 느껴진다. 실제로 그가 〈설국열차〉의 원작을 접하고 영화화를 꿈꿨던 시기는 〈괴물〉을 만들기 전인 2004년으로 거슬러 올라간다. 〈플란다스의 개〉에서 백수나 다름없는 시간강사 고윤주(이성재)가 걸어가는 방향의 반대로 방역차가 하얀 소독 연기를 길게 내뿜으며 지나갈 때, 〈살인의 추억〉에서 경찰이 살해된 '향숙'으로 분해 논에서 현장검증을 시도할 때의 혼란을 고속촬영으로 훑고 지나갈 때, 〈괴물〉에서 컨테이너에 잡혀 있던 강두가 바깥으로 나와 바비큐 파티를 벌이는 사람들을 헤치며 도망갈 때 어김없이 수평 트래킹이 이어졌다. 〈괴물〉 마지막 장면에서 강두와 그의 양아들이 지내는 눈밭의 매점을 보여줄 때, 그것은 영락없이 〈설국열차〉에서 덩그러니 한 칸만 남은 열차의 잔해처럼 느껴진다. 심지어 〈설국열차〉에서 송강호가 연기한 인물의 '남궁민수'라는 네 글자 이름에서 기차가 연상되기도 한다.

〈설국열차〉가 이전 봉준호의 영화들과 근본적으로 다른 점은 로케이션의 운용이다. 단적으로 말하면, 봉준호의 영화가 가진 핵심적인 동력 중 하나는 바로 로케이션의 힘이라고 할 수 있는데, 〈설국열차〉는 100퍼센트 세트에서 촬영한 영화다. 해외 배우와 스태프 등이 참여하는 그의 첫 번째 글로벌 프로젝트라는 점보다, 어쩌면 그것이 〈설국열차〉에 탑승하기 위한 가장 중요한 키워드라 볼 수 있다. 그 스스로도 〈설국열차〉를 두고 "비 장면이 없는 내 첫 번째 영화"라고 말하기도 했다. 〈설국열차〉의 제작자이기도 한 모호필름의 박찬욱 감독이 〈설국열차〉에 대한 기대를 "봉준호의 첫 번째 SF 영화임과 동시에, 이전과 달리 기술적으로 완벽하게 통제된 상황에서 그의 재능과 창의성이 어떻게 발휘되는지 확인하는 재미가 클 것 같다"고 표현한 것과 같은 맥락이다. 이후에 만든 〈옥자〉 또한 야외 로케이션 촬영이 대부분이었고 〈기생충〉에 이르러 그는 다시 2층 대저택과 반지하방이라는 세트에 집중했다.

원작에서 설국열차는 이렇게 묘사된다. "잔인한 여행, 모두의 목적지는 한 곳. 공간을 집어삼키며 가고 또 간다. 그 이름은 설국열차. 언제나 죽음을 마주한다. 권태를 모르는 설국열차." 애초부터 봉준호는 세트 내부에 집중하며 바로 그 권태를 모르는 직진의 쾌감으로 순수한 액션 스릴러 영화를 만들고자 했다. 원작에서 드러나는 플래시백, 인물들의 교체, 챕터의 순환에 신경 쓰지 않고 〈설국열차〉는 그야말로 전자 게임에서 매 미션 최선을 다해 '클리어'하듯 나아간다. 의외로 공간을 자유자재로 활용하는 것보다 원시적으로 힘 대 힘으로 맞부딪치는 액션의 쾌감도 좋다. 원작 《설국열차》가 각기 다른 성격을 지닌 3개의 챕터 '탈주자', '선발대', '횡단'으로 이뤄져 있다면, 영화 〈설국열차〉는 인물의 큰 교체 없이 오직 한 방향 직진으로만 나아간다. 원작처럼 플래시백도 없으며 결정적으로 기차 바깥으로 나가는 장면도 없다. 영화의 모든 사건은 기차 안에서만 이뤄진다. 원작에서는 주인공 프롤로프가 적들에게 쫓기던 중 유리를 총격으로 다 깨버리자, 그로 인해 여자 친구 아들린이 얼어 죽는다는 설정도 있다. 그리고 보면 원작의 멜로드라마적 요소들도 사라졌다. 일치하는 점이라면 꼬리 칸과 엔진실이 양 끝에 있다는 것과 열차가 얼음을 부수며 달린다는 것이다. 제복을 입은 살인자들의 모습도 비슷하다.

　가장 중요한 차이는 권력 구조에 있다. 원작은 열차 내에 평의회가 있다는 설정이지만 영화는 오로지 윌포드(에드 해리스)라는 절대 권력자의 존재가 중요하다. 전개 구조가 프랜시스 포드 코폴라의 〈지옥의 묵시록〉(1979)의 원작인 조셉 콘래드의 《암흑의 핵심》을 닮았다는 이야기는 거기서 유래한다. 윌포드는 어떤 이유로 특정한 아이들만을 거의 빼앗아가듯 데려간다. 원작에서는 그저 추위에 견딜 수 있도록 훈련시키기 위해 10살에서 14살 사이의 아이들을 부모로부터 떼놓는다. 그 훈련을 모든 아이들이 소화하는 것이 아니기에 비극이 발생한다. 그렇게 영화 〈설국열차〉는 사기업을 이끄는 한 개인의 욕망과 본성에 집중한다. 〈에이리언〉(1979)의 노스트로모호나 〈토탈 리콜〉(1990)의 화성이라는 공간과 비교해볼 수도 있을 것이다.

　어쩌면 누구보다 끊임없이 움직이는 설국열차처럼 자신의 자리로부터 가장 멀리 달아나려 한 사람이 봉준호 자신일 것이다. 게다가 커티스가 이끄는 일행이 어린아이들의 교실에 다다랐을 때, 이제껏 봉준호의 영화에서 전혀 보지 못한 색채의 향연이 펼쳐진다. '필모그래피'라는 이름의 설국열차 안에서 봉준호가 〈플란다스의 개〉라는 꼬리 칸에서 출발했다면, 매번 새로운 문을 열어젖히며 나아가던 그가 바로 〈설국열차〉라는 화려한 교실, 그러니까 설국열차 안에서도 가장 이색적으로 느껴지는 칸에 도착한 게 아닐까. 그는 인터뷰에서도 어렴풋이 〈설국열차〉 이전까지를 자신의 '초기작'으로 부를 수 있지 않을까, 하는 얘기를 꺼내기도 했다. 그의 답변은 이러했다. "내가 만든 영화를 좀 더 지나서 보면 '이 장면은 옛날 내 영화 뭐와 비슷하네', 혹은 '이건 또 전혀 다르네' 하고 뒤늦게 알게 되는 것이지, 사실 만들고 난 직후나 개봉할 즈음에는 전작과의 관계랄까, 혹은 내 필모그래피 안에서의 의미랄까, 그런 것들에 대해 실감이 잘 나지 않는다. 보통은 나중에 해외 영화제에 출품된 내 작품을 뒤늦게 오랜만에 보면서 '아 내가 저 때 저래서 저걸 하고 싶었구나' 그런 생각이 드는 정도다. 일부 관객들은 '제2의 〈살인의 추억〉' 혹은 '〈괴물〉 못다 한 이야기' 그런 걸 기대했을지도 모르지만, 어떤 영화를 만들고 공개할 때는 무조건 그 영화하고만 정면 대결 하려고 한다. 사실 그것만으로도 너무 힘들다. 시간이 한참 지나서 내 영화들을 돌아보면 〈설국열차〉까지가 나의 초기작으로 분류되지 않을까 싶다. 만드는 속도가 느려서 평생 열다섯 편 정도 찍는다고 하면, 내 초기작을 마무리하는 느낌으로 봐주면 딱 좋겠다."

6. 〈기생충〉 한국 영화 100년과 101년, 칸영화제 황금종려상과 아카데미 작품상

"참으로 시의적절하다." 〈기생충〉에서 아버지 기택(송강호)의 대사는 영화에도 적용된다. 마치 한국 영화 100주년을 기념하듯 봉준호 감독의 〈기생충〉이 2019년 제72회 칸영화제의 황금종려상을 수상한 것이다. 〈괴물〉(2006)로 제59회 감독 주간에 초청된 이후, 미셸 공드리, 레오 카락스 감독과 함께한 옴니버스영화 〈도쿄!〉(2008)가 제61회 주목할 만한 시선 부문에, 〈마더〉(2009)가 제62회 주목할 만한 시선 부문에, 넷플릭스 제작 영화 〈옥자〉(2017)가 제70회 경쟁 부문에 진출한 뒤, 다섯 번째 칸 방문에서 최고 영예인 황금종려상을 거머쥔 것이다. 영화제는 물론 해외의 반응도 뜨거웠다. 이미 칸영화제 기간 중 전 세계 192개국에 판매되며, 한국 영화 역사상 최다 국가 판매 기록을 세웠다. 해외 국가 중 가장 먼저 개봉한 프랑스에서의 반응은 가히 '폭발적'이었다. 심지어 특정 기간에는 할리우드 블록버스터 〈맨 인 블랙: 인터내셔널〉과 〈엑스맨: 다크 피닉스〉를 각각 2위와 3위로 두고 프랑스 전체 박스오피스 1위를 기록했다. 더욱 흥미로운 것은, 2종으로 제작된 〈기생충〉 프랑스 개봉 포스터 중 박 사장(이선균)이 연교(조여정)에게 귓속말하는 장면으로 만든 포스터다. 프랑스 관객들에게 배우 이선균과 조여정이 낯설다는 점, 프랑스에서 개봉하는 영화 포스터에 큼지막한 카피를 쓰는 일이 드물다는 점을 감안하면, 그 귓속말 장면에 마치 말풍선을 넣은 것처럼 "너 결말 스포일러 하면 죽여버린다!"라는 카피를 큼지막하게 넣은 것은 무척 위트 있으면서도 의미심장하다. 칸영화제 황금종려상 수상 이후, 많은 프랑스 관객들이 '〈기생충〉은 스포일러를 조심해야 하는 영화'라는 것을 이미 전반적으로 알고 있음을 전제한 포스터이기 때문이다.

칸영화제는 오랜 시간 한국 영화인들에게 꿈의 무대였다. 이두용 감독의 〈여인 잔혹사 물레야 물레야〉(1983)가 칸영화제 '주목할 만한 시선' 부문에 처음 초청된 이후, 칸영화제 하면 무려 102편의 영화를 만들며 이른바 '국민 감독'으로 불려온 임권택 감독이 가장 먼저 떠오른다. 〈만다라〉(1981)로 베를린국제영화제에 초청받고, 〈씨받이〉(1986)로 베니스국제영화제 여우주연상(강수연)을 수상했던 그는 드디어 〈춘향뎐〉(2000)으로 칸영화제 경쟁 부문에 초청된 최초의 한국 감독이 됐다. 이후 〈취화선〉(2002)으로 역시 경쟁 부문에 초청되어 감독상을 수상하면서 한국 영화를 해외에 알린 장본인이 되었다. 박찬욱 감독의 〈올드보이〉(2003)의 심사위원대상 수상, 이창동 감독의 〈밀양〉(2007)의 여우주연상(전도연) 수상과 〈시〉(2010)의 각본상 수상 등이 그 뒤를 이으며 '한

국 영화'는 그야말로 '글로벌'한 이름이 됐다. 〈하녀〉(2010)와 〈돈의 맛〉
(2012)으로 연달아 경쟁 부문에 초청됐던 임상수 감독도 빼놓을 수 없
는 이름이다. 그렇게 〈춘향뎐〉이 경쟁 부문에 초청된 이래 〈기생충〉의
황금종려상 수상에 이르기까지 19년의 시간이 걸렸다. 소재나 배경 등
두 영화 사이의 간극만큼이나 한국 영화는 세대와 세대를 넘어 더욱 풍
요로워졌다.

그로부터 해를 넘겨 2020년, 〈기생충〉은 101년 한국 영화의 역사
뿐만 아니라 92년 미국 아카데미 역사도 새로 썼다. 아카데미 국제영화
상 한 번 수상하지 못한, 아니 최종 후보에도 오르지 못했던 한국 영화
가 작품상을 비롯해 감독상, 각본상, 국제영화상까지 4관왕을 차지한
것이다. 2010년대 들어 '백인들의 잔치'라는 비판 속에서 점차 다양성
이라는 화두를 끌어안던 아카데미 시상식이 흑인 인권 문제를 다룬 〈노
예 12년〉에 작품상을 안겼던 2014년 이후 조금씩 변화하기 시작했다.
2017년에는 흑인 퀴어영화이자 인디영화라고 봐도 무방한 〈문라이트〉,
2018년에는 이종(異種) 간의 사랑을 그린 영화이자 멕시코 이민자인 기
예르모 델 토로 감독이 연출한 〈셰이프 오브 워터: 사랑의 모양〉, 2019
년에는 인종차별이 극심했던 1960년대 한 흑인 예술가의 여정을 통해
흑인 인권 문제를 새롭게 풀어낸 〈그린북〉이 작품상을 수상하며 그 변
화의 물결이 거세지던 가운데, 심지어 비영어권 영화인 〈기생충〉이 작
품상의 영예를 안으며 화룡점정을 완성했다. 이미 그전에 한국에서는
천만 관객 고지를 밟았고 북미 지역을 포함한 전 세계 67개국에서 개봉
했다.

거칠게 표현하자면, 세계 '예술영화'를 대표하는 칸영화제와 할리우
드식 세계 '대중영화'를 대표하는 아카데미 시상식에서 최고 권위의 상

을 나란히 수상한 경우는 두 영화제 역사상 〈기생충〉이 두 번째에 불과하다. 그것은 어쩌면 〈기생충〉이 예술영화와 대중영화라는 틀 자체를 초월하는 시대정신과 영화적 재미를 품고 있다는 의미이기도 할 것이다.

　〈기생충〉은 계급구조 등 한국적 현실에 대한 치밀한 천착이라는 그의 영화적 특징이 더욱 강화된 작품이며, 결국 타 문화권 관객의 마음까지 움직이는 보편성을 획득했다. 〈기생충〉의 전원 백수 가족이야말로 전 세계가 직면한 냉정한 삶의 풍경화다. 장남 기우(최우식)에게 고액 과외 자리가 생기고, 그 기회를 비집고 온 가족이 박 사장(이선균)네 집으로 향한다. 그렇게 두 가족이 비밀스레 만나지만 시간이 흐를수록 우리 시대의 '공생'은 결코 꿈꿀 수 없다는 비관적 전망이 엄습한다. 인종과 국경을 넘어 '우리 시대 자본주의의 풍경화'라는 것이 바로 〈기생충〉을 만장일치로 황금종려상 수상작으로 선정한 이유였다. 심사위원장인 알레한드로 곤잘레스 이냐리투는 "그야말로 한 치 앞도 예상할 수 없는 독특한 경험을 하게 만든 영화였다. 심사위원 모두 이 영화가 예상하지 못한 방법으로 여러 장르를 혼합하여 우리를 이끈 미스터리함에 대해 한참 이야기를 나눴다. 이 영화는 우리에게 매우 긴급하고 우리의 삶에 있어 다룰 만한 가치가 있는 주제를 재미있고 유머러스하게, 하지만 어떤 섣부른 속단도 없이 신중한 방식으로 전달했다. 영화적으로도 아름답게 분배된 효율성을 지녔고, 더불어 진짜 '영화'란 무엇인지에 대한 이해가 담겨 있는 작품이었다. 또한 지극히 로컬적이면서도 세계적인 영화였다"는 소감을 밝혔다. 장르영화의 구조를 가지면서도 어떤 정치영화보다 묵직한 주제를 담고 있으며, 그 주제를 유머러스하게 풀어가며 관객의 집중력을 잠시도 놓치지 않고 끌고 가는 힘을 보여준 것이다.

　〈기생충〉 후반부에 이르러, 기택네 가족이 억수같이 퍼붓는 비를 맞

으며 힘겹게 내려와 잔뜩 움츠린 채 걷던 계단과 터널은 서울 종로구 청
운동의 자하문 터널이다. 영화 속 그것들은 마치 신화의 세계에서 보던
'무한의 계단'과 같은 이미지로 느껴진다. 오르기는 한없이 힘들지만 온
몸이 젖은 채로 마치 추락하듯 내려오는 것은 금방이다. 최근 칸영화제
의 황금종려상 수상작을 예로 들면, 2015년에 내전과 난민 문제를 다
룬 자크 오디아르의 〈디판〉, 2016년에 영국 복지제도의 민낯을 드러낸
'블루칼라의 시인' 켄 로치의 〈나, 다니엘 블레이크〉, 2018년에 도둑질
을 하며 숨어 살아가는 유사 가족의 이야기인 고레에다 히로카즈의 〈어
느 가족〉 등 〈기생충〉의 황금종려상 수상 이전에도 자본주의와 계급사
회의 부조리라는 주제는 칸영화제가 중요하게 다뤄온 화두였다. 〈기생
충〉은 그 주제를 영화 제목처럼 비유법으로 다루면서, 또한 하염없이 퍼
붓는 빗줄기와 함께 더 낮은 곳에서 살아가는 사람들이 더 큰 피해를 입
을 수밖에 없는 세상의 풍경을 대담한 시각적 이미지로 형상화했다. 자
하문 터널 내부는 〈살인의 추억〉에서 박현규(박해일)가 홀로 걸어 들어
가 사라지던 터널의 이미지도 떠올리게 하며, 기택의 가족이 처한 앞이
보이지 않는 암울한 상황과도 겹쳐진다. 공존하기 힘든 위와 아래의 세
상이라는 그 특유의 구도는 〈옥자〉도 떠오르게 한다. 강원도 산골에서
즐거이 지내던 옥자는 미자(안서현)와 함께 대도시 서울로 오게 되고, 추
격전 끝에 푸른 자연과는 완전히 대비되는 회현지하상가까지 들어가게
된다. 지하상가는 문명의 세계이자, 천장이 낮고 폭도 좁아서 슈퍼돼지
옥자의 덩치를 감당하기 힘든 곳이다. 글로벌 기업 미란도의 추격을 따
돌리며 꽤 길게 이어지는 도심 추격전이 오르막길에서 시작해 지하상
가를 종착점으로 한다는 사실 또한 굉장히 의미심장하다. 도망을 치던
옥자가 투명한 유리문에 부딪치는 장면은 산속에서 살 때는 걱정 없이

뛰어놀았던 옥자가 겪을 새로운 난관을 암시함과 동시에, 서로 다른 위와 아래의 세상을 시각적으로 대비시키는 봉준호 특유의 세계관을 보여준다. 〈플란다스의 개〉부터 〈기생충〉에 이르는 20여 년의 시간 동안, 그가 한국 영화계에 어떤 존재로 각인되었는지는 굳이 별다른 설명을 붙일 필요가 없을 것 같다. 이제 막 100년의 역사를 통과한 한국 영화의 역사 안에서, 지난 20여 년의 시간 동안 그가 보여준 변화와 진화의 궤적은 한국 영화를 향한 대중의 기대와 욕망의 지도와 일치한다. 그때나 지금이나 봉준호는 한국 영화계의 가장 뜨거운 이름이다.

류승완

오리지널을 넘어서는
독보적 장르

1. 한국 독립영화의 신화
〈죽거나 혹은 나쁘거나〉

〈죽거나 혹은 나쁘거나〉는 한국 독립영화 역사의 어떤 '신화'로 존재한다. 1997년 부산단편영화제에 〈패싸움〉이 공개된 이래 1999년 한국독립단편영화제에서 최우수작품상을 수상한 〈현대인〉 등 3년에 걸쳐 작업한 네 편의 단편을 모아 〈죽거나 혹은 나쁘거나〉라는 이름으로 정식 극장개봉에 이르렀다. 류승완 감독은 27세의 나이에 샘 레이미의 〈이블 데드〉(1981)처럼 16밀리로 작업한 영화를 극장에서 상영했고, 릴레이처럼 3개의 단편을 이어 붙인 짐 자무시의 〈천국보다 낯선〉(1984)처럼 1982년에 만든 〈신세계〉를 비롯한 단편들을 묶어 장편으로 완성했다. 이는 타란티노처럼 비디오 가게를 학교 삼아 독학으로 영화를 배워 일궈낸 성과다. 하지만 소년 가장으로서 수십 개의 직업을 오가던 가운데, 무작정 박찬욱 감독을 찾아가 〈3인조〉(1997) 연출부로 합류하면서 영화계에 뛰어든 그는 타란티노보다 더한 끈기의 영화 청년이었다. 〈죽거나 혹은 나쁘거나〉에는 바로 그 특유의 '독기'가 잔뜩 서려 있다. 영화를 향한 그런 간절한 워커홀릭과도 같은 태도는 데뷔작 〈죽거나 혹은 나쁘거나〉는 물론 이후 그의 모든 영화를 관통하고 있다.

〈죽거나 혹은 나쁘거나〉가 신화로 자리매김한 더 큰 이유는 아마도 영화가 보여준 끈질긴 생명력보다, 그 속을 구성한 류승완 감독의 장르적 개성 때문일 것이다. 세계 영화사를 가득 메운 거장들의 리스트보다 1970년대 아메리칸 뉴시네마의 활력, 보다 더 가까이 성룡으로 대표되는 홍콩 액션영화의 쾌감에 경도된 그는 연출은 물론 직접 주연배우로 출연하여 몸을 사리지 않는 액션 연기까지 선보였다. 바로 거기에는 장르적 희열과는 거리가 멀었던 당대 한국 영화의 박제화된 감각을 일거에 깨우는 생동감이 숨 쉬고 있었다. 류승완 감독은 당구장으로 한정된 공간을 정교한 액션의 합으로 가득 메운 1부 〈패싸움〉, 과거로부터 벗어나지 못하는 어두운 기억을 통해 호러 장르를 끌어들인 2부 〈악몽〉, 형사 석환(류승완)과 건달(배중식)의 대결을 페이크다큐멘터리 형식으로 담아낸 3부 〈현대인〉, 헛된 꿈을 안고 조직에 들어간 고등학생 상환(류승범)이 그저 '칼받이'가 되어 비참한 죽음에 이르는 4부 〈죽거나 혹은 나쁘거나〉의 조합을 통해, 한국 영화계의 장르적 감각을 소생시켰고 열악한 조건을 오히려 정서와 미학의 디테일로 끌어안는 영리함을 보여 줬다.

당시 한국 영화계에 이처럼 젊은 기운으로 충만한 영화는 없었다 해도 과언이 아니다. 각기 다른 접근법으로 완성된 4개의 이야기는 진정으로 영화를 즐길 줄 아는 감독의 승리의 기록이라 할 수 있다. 그에게 환경의 열악함은 별다른 문제가 되지 않았고, 오히려 각기 다른 시도를 새겨 넣는 계기가 되었다. 〈패싸움〉은 400만 원의 자비를 들여 장선우 감독의 〈나쁜 영화〉(1997)가 남긴 16밀리 자투리 필름과 빌려 온 카메라로 완성했으며, 〈현대인〉은 아내인 강혜정 대표의 적금을 깨서 만들었다(이때 류승완의 '류'와 강혜정의 '강'을 따서 '외유내강'이라는 영화사를 차렸으며, 현재까지 그의 모든 작품들은 언제나 '외유내강 제작'이다). 방법론에 있어서도 차이가 있는데, 〈패싸움〉이 95퍼센트 이상 콘티대로 찍었다면, 〈현대인〉은 거의 모든 장면을 현장에서 즉흥 연출로 완성했다. 특히 경찰과 건달이 주차장 건물에서 일대 혈전을 벌이는 가운데, 각자의 고단한 이야기를 삽입한 구조는 과감한 시도였다. 〈악몽〉과 〈죽거나 혹은 나쁘거나〉도 즉흥 연출과 계산된 연출 사이에서 조절하는 방식으로 제작되었는데, 이들 4개의 이야기는 세상 모든 영화를 스승으로 삼아 만들어진 백과사전적 영화의 교본이라 할 수 있다. 그처럼 하나의 영화에서 수많은 다른 영화들의 그림자를 겹쳐 보게 되지만, 이것이 마치 그들의 행복한 대화처럼 느껴지는 것이다.

당시 류승완 감독은 (타란티노가 그랬던 것처럼) 스스로를 농담처럼 '표절의 왕'이라고도 불렀는데, 그것은 딱딱한 논리로 영화를 구성하지 않는 영화광의 깊은 애정이 묻어나는 고백과 다름없었다. 실제로 그는 액션 연출에 관한 한 성룡의 영화를 교본으로 삼아, 그 액션 장면을 모아 재편집하고 모두 그리기까지 하며 연구했다. 당시까지 그저 관객으로만 존재하던 홍콩 영화광이 산업의 전면에 등장하는 최초의 순간이나 다름없었다. 물론 그에게 성룡의 영화만이 전부는 아니었다. 〈현대인〉 후반부에서 대결 장면을 부감 숏으로 담아낸 것은 임권택 감독의 〈장군의 아들〉(1990)의 영향이고, 마지막 이야기 〈죽거나 혹은 나쁘거나〉는 전투 상황의 참혹함을 생생하게 담아낸 스필버그의 〈라이언 일병 구하기〉(1998)에서 받은 영감이 표출된 것이다. 또한 이후 저작권 문제로 최종 편집되긴 했지만 〈죽거나 혹은 나쁘거나〉에는 오우삼의 〈영웅본색〉(1986)의 한 장면이 삽입되기도 했다.

하지만 〈죽거나 혹은 나쁘거나〉가 단순한 '영화광의 영화'를 넘어 깊은 설득력을 제공하는 지점은, 바로 감독 자신의 밑바닥 정서와 경험에서 우러나오는 진실된 목소리다. 실제로 그는 4부인 〈죽거나 혹은 나쁘거나〉를 당시 연예인이 되고 싶어 하는 동생 류승범에게 연예계를 갱스터 세계에 비유하며 결코 만만한 세계가 아니라는 것을 보여주기 위해 만들었다고 한다. 그 지옥과도 같은 죽음의 순간에는 예기치 못한 실제 상황이 닥쳤을 때의 막막한 두려움, 자기가 미처 알지 못했던 현실 세계의 참혹한 정경이 엄습한다. 별다른 대사나 부가 설명이 없어도 상황 자체가 그냥 이야기가 된다. 한편으로 그 순간은 새로운 한국 영화가 태어나는 순간이기도 했다. 가령 〈악몽〉에는 한 시대를 주름잡았던 흥행 감독이자, 당대 젊은 영화감독들에게 든든한 형 혹은 아버지나 다름없던 이장호 감독이 권위주의적인 아버지로 우정 출연 한다. 세대교체가 이뤄지는 한국 영화의 풍경이 바로 거기에 있다고나 할까. 영화 속에서 모두가 죽고서야 마무리된 1990년대의 끝자락, 2000년대 한국 영화의 신인류가 바로 그렇게 새로운 장르적 감각으로 등장했다. 〈죽거나 혹은 나쁘거나〉는 한국 영화의 새로운 세대를 불러낸 간절한 주문과도 같았다.

2. 〈부당거래〉, 자신과의 싸움은 이기라고 있는 것

자신과의 싸움. 류승완의 〈부당거래〉(2010)를 설명하기에 가장 적절한 표현일 듯싶다. 그의 서명과도 같은 액션 신들이 완전히 배제된 것이나 다름없는 상태에서 그는 거의 다큐멘터리를 연출하듯 작정하고 덤벼들었다. 우리가 흔히 류승완이라는 이름을 향해 기대하는 것, 장르나 액션이라는 축에 기대어 예상하는 것, 그리고 영화광 감독의 작품을 헤집기 위해 여타의 '한 핏줄 영화'들을 마구 떠올려보는 것 그 모두로부터 멀찌감치 달아나 있다. 그의 이전 영화들과 명쾌하게 이어지는 교집합이 있다면 류승범이라는 배우 정도랄까. 〈부당거래〉 안에는 장현수의 〈게임의 법칙〉(1994)도 있고 봉준호의 〈마더〉(2009)도 있지만 아련하게 홍형숙의 〈경계도시 2〉(2009)의 느낌도 배어난다. 말하자면 이 영화의 오리지널을 찾으려는 행위는 무모한 일이다. 오히려 류승완이라는 이름을 버리고 마주할 때 많은 것을 들여다볼 수 있다. 〈부당거래〉가 이전 류승완의 영화와는 사뭇 다르다는 점이 중요한 게 아니라, 그가 자기만의 '오리지널'을 만들기 위해 사력을 다했다는 사실이 중요하다. 연쇄 살인 용의자가 사망하고 경찰과 스폰서, 그리고 검사가 대국민 사기극을 벌인다. 〈부당거래〉는 그들의 뒤틀린 먹이사슬을 헤집으며 사회를 향해 내지르는 류승완의 직격탄이다. 더불어 그것이 장르영화의 화법과 만나는 무척 흥미로운 지점을 보여준다. 그는 더욱 능수능란해졌고 자기만의 오리지널리티에 계속 더 다가가고 있다.

대한민국 검사와 경찰과 스폰서와 기자가 한 편의 스릴러 영화를 찍는다. 연쇄 살인 사건이 일어나 온 국민이 충격에 빠지는데, 계속된 검거 실패로 질타를 받던 경찰청은 마지막 카드를 꺼내 든다. 가짜 범인인 '배우'를 만들어 사건을 종결짓는 것. 사건 담당으로 지목된 광역수사대 에이스 최철기(황정민)는 경찰대 출신이 아니라는 이유 때문에 번번이 승진에 실패했지만, 승진을 보장해주겠다는 강 국장(천호진)의 조건을 받아들이고 사건에 뛰어든다. 그는 스폰서인 해동건설 사장 장석구(유해진)를 이용해 사건과 무관한 용의자를 범인으로 조작해 사건을 마무리 짓는다. 한편, 부동산 업계의 큰손 김 회장(조영진)으로부터 스폰을 받는 검사 주양(류승범)은 최철기가 입찰 비리 건으로 김 회장을 구속시켰다는 사실에 분개해 그의 뒤를 캐기 시작한다. 이렇게 영화를 만든 건 류승완이지만 영화 속 인물들은 그보다 더한 영화를 만든다.

〈부당거래〉의 검사(류승범)는 치밀하게 각본을 짜고 경찰(황정민)은 혼신의 힘을 다해 연출하며 스폰서(유해진)는 그 디렉팅이 마음에 들지 않아도 꾹 참고 열연을 펼친다. 다른 배우들과 달리 직접 밥상을 다 차려야 하는 수고가 있긴 하지만 어쨌건 상을 받을 수 있기 때문에 아니꼬워도 참는다. 잘난 놈 하나 없지만 흥행은 제작 전부터 보장돼 있다. 펀딩 걱정도 없고 개봉 스크린 수를 염려할 필요도 없다. 전국 5000만 인구 각 가정의 TV에서 바로 와이드 릴리즈다. 하지만 그들의 영화는 스타 캐스팅을 하지 않은 탓에 금세 뒤틀린다. 지렁이도 밟으면 꿈틀한다는데 아무리 가진 것 없는 무명 비직업 배우를 캐스팅했다지만 개런티와 복지에 신경을 안 썼으니 당연한 귀결이다. 그래서 이 영화는 그 자체로 한국 사회의 축소판이기도 하지만, 좀 과장하자면 보는 사람에 따라 영화 속 영화 만들기의 과정을 통해 영화판의 고단함도 엿볼 수 있을 것이다. 영화감독이건 검사건 경찰이건 영화 하나 만들기 참 힘들다. 그리고 공교롭게도 모두에게 배우 캐스팅이 가장 힘들다. 그래서 〈부당거래〉는 영화 만들기에 관한 영화일지도 모른다. 괜히 엉뚱하게 〈시라노: 연애조작단〉이라는 영화를 끌어들이자면 〈부당거래: 범죄조작단〉쯤 될 것이다.

3. 대국민 사기극을 향한
직격탄

　아마도 '직격탄'이라는 표현은 〈부당거래〉 같은 영화에 써야 하지
않을까 싶다. 2010년대 들어 이처럼 박력 넘치는 한국 영화를 보지 못
한 것 같다. 권력층의 상부를 향한 도발이 건드리고 암시하고 비꼬는 정
도가 아니라 그냥 싸대기를 후려갈긴다. 아동을 대상으로 한 범죄, 검사
와 스폰서의 더러운 유착, 대형 건물 입찰 비리, 그리고 진실은 외면한
채 웃고 즐기며 수수방관하는 언론. 이처럼 〈부당거래〉를 가득 채운 사
건들은 마치 〈9시 뉴스〉나 〈PD수첩〉류의 방송, 혹은 다큐멘터리를 보는
기분이 들게 하는데, 현재 우리 사회의 톱뉴스들을 스크랩해놓은 것 같
다. 짜증 나게 배배 꼬인 전선을 하나하나 풀어나가는 심정으로 사건을
전개하면서 류승완은 '다 알면서 왜 그래?'라는 듯이 좀체 머뭇거리는
법이 없다.

　스폰서가 검사에게 건넨 고급 시계가 다시 "요즘 핸드폰으로 시계
보니까 시계 차고 다닐 일이 없다"며 기자의 팔목에 채워진다. 기자의
다른 팔목은 한복을 차려입은 요정 기생의 목을 두른다. 모든 게 돌고
돌아 건네지고 감고 감싸며 이 사회를 지탱하고 있다. 끊으려야 끊어지
지 않는 부정과 비리의 악순환. 어차피 그들은 쓰레기고 대한민국의 주
권은 국민에게 있지 않으며 오직 그들의 지갑으로부터 나온다. 더 어처
구니없는 일은 변변한 폭력 장면이나 욕설 하나 찾아볼 수 없는 이 영화
가 '사회 지도층이 국민을 상대로 조작을 한다'는 설정 때문에 영상물등
급위원회로부터 청소년관람불가 판정을 받았다는 사실이다. 일목요연
한 '대한민국 생활백서'로서 교육적 효과 또한 큰 이 합당한 영화에 내

려진 지극히 부당한 결정이다. 더럽고 치사하고 아니꼽다는 말, 이럴 때 쓴다. 그렇다, 영상물등급위원회도 그렇게 자기들만의 영화 하나를 만든다. 배우는 좋은데 연출이 빵점이다. 그렇게 매번 후진 영화를 만들면서 계속 투자를 받는 연출자도 없을 것이다.

그 속에서 황정민과 류승범과 유해진, 그들은 최고의 연기를 펼쳐 보인다. 누가 더 악당인지 내기를 하는 것 같다. 상대를 공격하기 위해 자료와 증거를 준비하고 그것을 예상한 당사자는 그 이상의 증거를 제시하려 동분서주한다. 공격과 방어, 내가 너보다 더한 증거와 자료를 갖고 있다는 데서 오는 우월감. 그것은 상대의 초식과 기술을 간파하고 더 큰 비기를 연마한 고수의 여유와도 같다. 그래서 〈부당거래〉는 류승완의 영화들 중 가장 액션이 없지만 아니, 시종일관 말로만 싸우기에 액션영화라고 할 수도 없지만 마치 익숙한 그의 액션영화를 보는 것 같은 쾌감을 준다. 그래서 이것은 또한 류승완의 영화가 분명 맞다. 그의 팬이라면 누구나 은근히 기대했을 법한 류승완 특유의 액션 신은 없지만 굳이 그런 사실을 인지하지 못할 만큼 박력과 투지가 넘친다.

기분 좋은 것은 류승완이 자기의 에너지를 잃지 않으면서 더욱 노련하고 세련돼졌다는 거다. 보통 한 사람의 영화를 애기할 때 그 두 가지를 분리해서 말하는 경우가 많았다면 〈부당거래〉는 그것이 하나로 만나는 굉장히 흥미로운 경험이자, 당대의 현실과 장르영화가 조우하는 무척 특별하고 독창적인 사례다. 좀 식상하지만 다른 말이 떠오르지 않는다. 류승완은 여전히 전진한다.

4. 〈부당거래〉에서 〈베를린〉, 워커홀릭의 세계

〈베를린〉에서 하정우는 세 편의 영화를 찍는다. 한석규와는 〈첩혈쌍웅〉을 찍고, 류승범과는 〈무간도〉를 찍고, 전지현과는 〈타인의 삶〉을 찍는다. 하정우가 연기하는 북한 최고 실력파 요원 표종성은 북한 쪽 비밀 계좌를 추적하던 남한 국정원 요원 정진수(한석규)로부터 쫓긴다. 또한 북한은 표종성을 감시하기 위해 냉혹한 또 다른 요원 동명수(류승범)를 파견한다. 설상가상 그 사이에서 아내(련정희)를 의심해야 하는 순간과도 맞닥뜨린다. 이후 국정원 베를린 조직 내에서 점차 밀려나는 위치에 놓인 정진수는 마찬가지로 버림받은 표종성의 처지를 조금씩 이해하게 되고, 누군가의 비호를 받는 듯 제멋대로인 동명수는 이미 오래전부터 표종성과 그의 아내를 알고 있던 사람으로 등장하며, 표종성은 아내가 자기 몰래 뭔가 비밀스러운 일을 진행하는 것 같다고 느껴 하나뿐인 아내를 미행하기에 이른다. 오우삼의 〈첩혈쌍웅〉의 주윤발과 이수현처럼 점점 동화돼가는 적, 유위강과 맥조휘의 〈무간도〉처럼 잘못된 뿌리로부터 뻗어나가게 된 두 사람, 그리고 플로리안 헨켈 폰 도너스마르크의 〈타인의 삶〉처럼 불신의 유혹에 휩싸인 부부라는 설정이 한데 녹아 있다. 당에 대한 충성심이 뼛속까지 자리한 표종성은 늘 딴생각 없이 일만 하고 있었고 또한 잘하고 있었다. 하지만 변해가는 정세가 그를 가만히 내버려두지 않는다. 상관을 의심하고 아내를 시험하면서 모든 관계는 거대한 힘에 이끌려 재정립된다. 그에게 베를린은 끝없는 고통이며 영원히 계속되는 무간지옥이다. 〈베를린〉은 사면초가에 놓인 표종성이 써 내려가는 '어느 스파이의 묘비명'이다.

　　류승완의 영화는 기본적으로 워커홀릭 남자들의 세계다. 그건 감독이 워커홀릭이라서 그렇다. 그의 전작 〈부당거래〉(2010)는 세 남자 최철기(황정민), 주양(류승범), 장석구(유해진)가 누가 더 일을 많이 하는지, 누가 더 악당인지를 경쟁하는 영화였다. '배우'가 등장한다는 점도 똑같다. 〈부당거래〉에서 부정한 검사와 경찰은 연쇄 살인 사건이 오리무중에 빠지자 '가짜 범죄자'를 연기할 '배우'를 내세우며 결탁했다. 〈베를린〉의 표종성도 김정일에서 김정은으로 권력관계가 이동하는 묘한 시기에 바로 그 배우가 될 위기에 처한다. 상관 리학수(이경영)와 아내 또한 배우로 낙점된다. 그래서 더 복잡하다. 〈베를린〉의 첫 번째 재미는 바로 그 배우가 배우를 의심한다는 데서 발생한다. 말하자면 〈베를린〉은 '북한판 〈부당거래〉'다.

　　〈부당거래〉를 연상시키는 대목은 더 있다. 〈부당거래〉가 류승완의 영화들 중 가장 스페셜리스트를 중심으로 구성된 영화였다면 〈베를린〉 역시 마찬가지다. 그 스스로 〈부당거래〉를 '조직 생활 하는 가장들의 고단함을 보여주는 영화'라고 불렀듯 〈베를린〉도 그렇다. 특히 정진수가 속한 국정원 내의 모습이 그러하다. 청와대 조사관(곽도원)이 비상대책 회의랍시고 닦달하듯 요원들을 몰아세운다. 먼저 정진수는 기술팀의 실수를 떠넘기는 분석관에게 항의하고 또 다른 요원인 강민호(최무성)는 내내 정진수의 의견을 묵살한다. 무슨 문제가 발생했을 때 세상 그 어떤 직장에서나 볼 수 있는 풍경이다. 이후 정진수와 강민호의 대화는 더 직접적이다. '한인회의 그림자도 비치지 않는 한국 식당'에서 정진수는 미역국을 먹으며 자기 생일을 쓸쓸히 자축하고 있다. "제대로 카바 못 해줬다고 삐졌어요?"라는 말에서 보듯 강민호는 정진수의 후배지만 직급은 더 높아 보인다.

　　정진수는 어딘가 '베를린으로 간 최철기'처럼 느껴진다. 〈부당거래〉에서 최철기는 경찰대 출신이 아니라는 이유 때문에 번번이 승진이 좌절됐지만, 승진을 보장해주겠다는 강 국장(천호진)의 조건을 받아들이고 사건에 뛰어들었다. 정진수 역시 승진을 보장받고 베를린으로 온 것은 아닐까. 하지만 현실은 그렇게 호락호락하지 않다. 그가 말하길 자신은 '현장 노가다나 뛰는' 요원이고 강민호는 '안경잽이들이랑 사무실에서 일하는' 상관이다. 그러다 강민호는 정진수가 사건에서 빠져주길 기대하며 결정적인 말을 날린다. "어떤 조직이든 제 직급 정도 되면요, 능력 있는 놈보다 말 잘 듣는 놈하고 자꾸 일하고 싶어지게 돼 있어요. 형님이 왜 아직도 이러고 있는지 알아? 사람이 불편하거든." 마치 〈부당거래〉의 삭제 장면을 그대로 옮겨 온 듯하다. 그런데 그보다 더 힘들고 고돼 보인다. 혼자 미역국을 먹는 정진수의 모습에서 보듯(뻔한 가족들과의 통화 장면도 없다), 무엇보다 정진수와 표종성은 고향을 떠나온 사람들이기 때문이다. 상투적이지만 이제는 많은 사람들의 입에 자동적으로 붙은 유행가의 가사가 떠오른다. '난 누군가 또 여긴 어딘가.'

　　〈부당거래〉에서 선과 악의 경계가 모호하게 지워져 있었다면, 그리하여 더 큰 현실의 무게로 수렴하는 라스트를 보여줬다면 〈베를린〉은 끝까지 힘 대 힘으로 충돌하는, 선과 악의 경계가 명쾌한 첩보액션영화다. 정진수가 몰래 CIA 요원을 만나 존 르 카레의 소설책에 자료를 끼워 건넬 때 본격적으로 스파이의 첩보 활동을 그린 에스피오나지 장르로 탈바꿈한다. 〈팅커 테일러 솔저 스파이〉의 원작자이기도 한 존 르 카레는 실제 베를린에 파견되어 영국의 스파이로 활동했었으며 당시의 경험은 작품에 생생하게 반영됐다. 특히 그는 이전의 용감무쌍한 행동파 스파이가 아닌 냉전시대를 배경으로 보다 음울한 안티히어로로서의 스파이를 그려내는 데 일가견이 있었다. 특히 마틴 리트에 의해 영화화된 〈추운 곳에서 온 스파이〉(1965)처럼 정부와 개인이라는 경계에서 갈등하는 요원 알렉 리머스가 떠오른다. 〈베를린〉은 거기에 하나의 경계를 더한다. 바로 아내의 존재다.

5. 서울액션스쿨은 언제나 진화한다

류승완 감독을 이야기할 때, 〈짝패〉에서 짝패로 출연한 정두홍 무술감독과 서울액션스쿨의 존재를 빼놓고 얘기할 수 없다. 그 파트너십은 역시 정두홍이 악역으로 출연한 〈아라한 장풍대작전〉 이후 〈모가디슈〉까지 이어지고 있다. 〈베를린〉의 경우 2000년대 들어 스파이 영화의 어떤 새로운 전형을 만들어낸 〈본 아이덴티티〉를 빼놓고 얘기할 수 없다. 〈본 아이덴티티〉와 〈007〉 시리즈, 거기에 더해 톰 크루즈의 원맨쇼로 굳어진 〈미션 임파서블〉 시리즈가 이루는 삼각형은 이후 그 어떤 첩보액션영화도 빠져나갈 수 없는 거대한 울타리가 됐다. 요원과 본부 사이의 실시간 무선 연락망을 통한 시퀀스의 진행과 주변의 지형지물을 온전히 꿰뚫고 있는 주인공의 절대적인 감각, 그리고 간결하고 스피디한 액션 설계 등 〈베를린〉 역시 그들의 주요 요소들을 취하고 있다. 그 세 가지 요소 중 앞선 두 가지 요소의 경우 군데군데 매끄럽지 못한 진행이 눈에 띄긴 하지만 중후반에 집중된 마지막 세 번째 요소에 의해 상당 부분 상쇄된다. 액션으로 이야기와 캐릭터를 만들어내는 류승완의 솜씨는 구체적인 '본 스타일' 이상으로 짜여졌다. 〈부당거래〉에서 최철기가 장석구를 유도하듯 넘어트리며 공격하는 장면과 골프장에서의 살해 신 정도를 제외하고는 별다른 액션 연출이 없었기에, 그 갈증을 한 방에 해소하려 한 것일까. 〈베를린〉의 액션 신은 그 파괴력이 남다르다.

북한식 격술에 바탕을 둔 간결하고 절제된 동작은 이른바 '본 스타일'을 떠올리게 하면서도 또한 다르다. 표종성의 집으로 킬러(서지오)가 찾아오고 두 사람은 방 안의 이곳저곳, 그리고 창을 뚫고 밖으로 떨어지면서까지 입에 거품 날 정도로 싸운다. 〈본 얼티메이텀〉에서 제이슨 본(맷 데이먼)이 책꽂이의 양장본 책을 꺼내 상대의 머리를 찍던 것처럼 표종성은 냉장고의 큰 통조림 캔을 꺼내 공격한다. 그렇게 손에 잡히는 대로 싸우며 찬장과 옷장을 하나둘 박살 내고 찍고 찍히고 박고 찢기고 급기야 날아오른다. 지붕 끝을 잡고 자리를 피하던 련정희도 총을 쏜다. 라스트 액션 신도 근접과 원거리 두 가지 모두를 충족시키려 한다. 그렇게 끝났다는 생각이 들 때쯤 전선이 표종성을 휘감고 그의 몸은 자신의 의지와 상관없이 시계추처럼 진자운동을 하며 이리저리 처박힌다. 〈본〉이나 〈007〉 시리즈였다면 대결이 끝날 즈음 기계식 주차장의 차들이 쏟아져 내리거나 빌딩의 벽이 무너졌을 것이다. 그런데 〈베를린〉은 끝까지 사람을 물고 늘어진다. 표종성의 고통이 온몸으로 전해지는 듯하다. (스포일러가 될 듯하여 더 밝힐 수는 없지만) 아군과 적군 모두 한곳에 모여들어 펼쳐지는 라스트 액션 신은 '류승완이 그동안 해보지 못한 총격 액션을 이제야 해보고자 해외를 무대로 택한 것인가?'라는 생각이 들 만큼 압도적인 화력을 자랑한다. 물론 그 역시 액션 기계가 된 하정우와 류승범의 노고를 따라가진 못한다. 그들은 배우가 훈련만으로 어느 정도의 액션 퀄리티까지 가닿을 수 있는지 온몸으로 보여준다. 장르의 장인으로서 명품을 향한 갈망이랄까.

6. 〈베를린〉 류승완의
진심 어린 멜로드라마

〈베를린〉은 류승완 감독이 마흔 살에 만든 영화다. 마지막 30대를 보내며 만든 〈부당거래〉에 가장의 고단함이 묻어났다면, 〈베를린〉에는 이전 영화들과의 자연스러운 결별 혹은 참회의 시선이 엿보인다. 첩보 액션이라는 장르의 길을 따라 다다르게 되는 지점은 바로 표종성과 련정희의 멜로드라마다. 그것이 〈베를린〉을 이전 영화들과 근본적으로 다르게 만드는 핵심이다. 그는 지금껏 '남녀 관계' 혹은 '멜로 감성'을 영화의 본질적인 테마로 격상시킨 적이 단 한 번도 없다. 그건 죽는 남자와 나쁜 남자들만 나온 데뷔작 〈죽거나 혹은 나쁘거나〉(2000)에서 이미 정해진 미래였다. 〈피도 눈물도 없이〉(2002)에서 전직 라운드걸 수진(전도연)과 전직 복서 독불(정재영)의 관계는 일찌감치 파탄난 거나 마찬가지였고, 〈아라한 장풍대작전〉(2004)에서 상환(류승범)과 의진(윤소이)의 관계는 풋풋함 이상의 진전이 없었으며, 〈짝패〉(2006)에서 미란(김서형)을 오랜만에 만난 태수(정두홍)는 그저 머뭇거리기만 한다. 그는 언제나 의도적으로 그런 감정과 관계를 배제하면서 이야기를 끌어갔다. 〈베를린〉의 표종성이 그러하듯 그의 영화에서 남자들은 언제나 일밖에 몰랐다는 얘기다. 그런 점에서 〈베를린〉의 라스트 신에는 그 회한이 짙게 담겨 있다. 련정희는 지금껏 그의 영화에 등장했던 여자 중 가장 멋진 여자다. 결국 류승완이 말하고자 한 것은 이념의 대립이 낳은 스릴러의 구조, 첩보액션의 묘미라기보다 국가를 향한 맹목적 충성이라는 허상, 혹은 워커홀릭의 삶을 살아오던 주인공들이 불현듯 깨닫게 되는 내밀한 감정이 아닐까. 내가 지금껏 뭘 놓치고 살았던 건가, 하는 회한의 정서

혹은 마지막 몸부림. 〈베를린〉을 통해 류승완 감독의 '성숙'을 말할 수 있다면, 아마도 그가 처음으로 만든 진심의 멜로드라마라는 점일 것이다. 그것은 이후 〈군함도〉(2017)에서 칠성(소지섭)과 말년(이정현)의 모습으로도 이어졌지만 멀티 캐스팅인 영화에서 전면에 나서지 못하는 서브 플롯 정도였다. 그러다 〈모가디슈〉(2021)에 이르러 한신성(김윤석)과 림용수(허준호)의 우정, 혹은 평자에 따라서는 이루지 못한 퀴어 멜로라고도 부를 수 있는 감정으로도 나아간다.

7. 〈베테랑〉 류승완 영화의 완성체

10년 전 〈짝패〉(2006)를 끝낸 후였던 것 같다. 류승완 감독의 사무실을 찾았을 때, 고다르의 〈네 멋대로 해라〉(1960)와 오우삼의 〈영웅본색〉(1986) 포스터가 함께 붙어 있는 벽면의 느낌이 묘했다. 심지어 공간이 협소해 가로 포스터인 〈네 멋대로 해라〉가 〈영웅본색〉 포스터 위를 살짝 덮고 있었다. 상반되게 여겨지는 그 두 영화를 기어이 한 공간에 접붙인 그의 속내가 무척 궁금했다. 거창하게 말하자면, 영화감독 류승완의 내면에서 끊임없이 충돌하는 두 개의 자아를 들여다보는 느낌이었다. 그리고 그는 이런 말도 했다. "지금껏 성룡의 액션과 오우삼의 정서와 페킨파의 편집과 스코세이지의 촬영 방식을 추구해왔다면, 이제는 어렴풋하게나마 진짜 내 것을 찾아가고 있는 느낌"이라고. 이후 〈부당거래〉(2010)와 〈베를린〉(2012)을 거쳐 정확히 10년 뒤 〈베테랑〉(2016)을 마주한 소감은 이렇다. 류승완 감독의 내면에서 끊임없이 요동치던 여러 개의 영화적 자아가 목표로 했던 어떤 지점, 이제 그는 바로 그 입구에 도착한 것 같다고. 추구하고픈 예술적 비전만큼이나 삶의 무게가 어깨를 짓누르는 40대 감독이라는 쉽지 않은 위치에서, 그는 10년이라는 시간을 결코 헛되이 보내지 않았다.

무엇보다 〈베테랑〉은 범죄영화라는 장르 위에서 캐릭터와 사건을 능수능란하게 다루는 류승완 감독의 '장인'으로서의 면모를 감상할 수 있는 작품이다. 영화가 시작하면, 블론디의 〈하트 오브 글라스〉가 신나게 흘러나오는 가운데 위장 수사에 나선 서도철(황정민)과 미스 봉(장윤주) 형사가 롱테이크로 카메라 앞을 휘젓는다. 〈부당거래〉에 이어 다시 한번 광역수사대를 무대로 하고 주연배우 황정민을 내세웠지만, 〈부당거래〉와는 달리 순도 높은 오락영화의 쾌감으로 승부하겠다는 의지를 오프닝부터 야심만만하게 드러낸 것이다. 거기에다 산전수전 다 겪은 오 팀장(오달수), 기골이 장대하지만 소녀 같은 왕 형사(오대환), 꽃미남 외모를 자랑하는 막내 윤 형사(김시후)까지 가세한다. 그들이 좁은 창고에서 주변의 지형지물을 십분 활용하고, 컨테이너 부두에서 외국인 갱단과 사기단을 거의 곡예를 하듯 일망타진하는 광경은 범죄영화의 사실주의라기보다는 액션영화의 표현주의에 가깝다. 그 유쾌한 줄타기를 그저 즐기면 된다.

어쩌면 그것이 〈베테랑〉의 핵심이다. 류승완 감독이 오래전부터 열혈 팬임을 숨기지 않았던 성룡 경찰영화의 근사한 한국적 변형이 바로 여기 있다. 〈폴리스 스토리〉 시리즈의 명쾌한 선악 구도와 질주하는 도심 액션의 쾌감, '복성' 시리즈에서 볼 수 있었던 아기자기한 유머와 협력적 사건 해결의 방식 등 〈베테랑〉은 마치 80년대 홍콩 영화 전성기 시절의 매력을 떠올리게 만드는 에너지와 향수로 가득 차 있다. 하지만 거

칠고 뒤틀린 소년성을 머금은 미성숙한 절대 악으로서의 재벌 3세 조태
오(유아인)의 존재는, 그처럼 직선으로 질주하는 오락영화의 컨벤션을
넘어 묘한 균열의 쾌감을 불어넣는다. 그는 배트맨을 좋아해 자신의 집
무실에 배트모빌 피규어까지 두었지만, 기업가의 얼굴 뒤로 정의로운
'밤의 기사'가 되는 배트맨과 달리 그는 그냥 악당에 불과하니, 그것이야
말로 진정 그의 대사를 빌려 '어이가 없는' 일이다. 또, 라스트 대결 신에
서 조태오가 탄 차가 스티브 맥퀸 주연의 〈블리트〉(1968)에 나왔던 포드
머스탱인 것에서 보듯 감독은 1960~70년대 할리우드 장르영화의 숙성
된 향기마저 품으려 한다.

한편, '조직 생활 하는 가장들의 고단함을 보여주는 영화'라는 감독
의 얘기는 〈부당거래〉와 〈베를린〉에 이어 〈베테랑〉으로도 이어진다. 출
근해 홍삼즙을 들이켜며 통화하는 오 팀장의 피곤한 얼굴은 물론, 지하
주차장이 없는 오래된 아파트라 이중 삼중 평행주차를 해놓은 서도철
의 아파트까지도 굳이 보여준다. 광역수사대 형사라 늘 불규칙하게 출
퇴근하는데, 일상적인 주차 문제까지도 만만치가 않다. 특히 서도철과
오 팀장은 물론 광역수사대 총경(천호진)까지 가세하여 서로 자기가 제
일 힘들게 형사 생활을 했다며 왕년의 부상 부위를 경쟁하듯 드러내며
다투는 광경은 압권이다. 배꼽 잡게 만드는 유머임과 동시에 '베테랑'이
라는 제목의 의미까지 함축한 명장면이다. 이처럼 선명한 장르적 색채
위로 현실적인 디테일까지 조화롭게 녹여내는 것은 어느덧 류승완 감
독 특유의 장기이자 재미가 된 것 같다.

〈베테랑〉을 통해 류승완 감독은 자신의 에너지를 잃지 않으면서 더
욱 노련하고 세련돼졌다. 지금까지 그의 영화들이 당대 한국 영화들의
박제화된 감각을 자극하는 생동감 넘치는 장르적 희열을 선사했다면,

〈베테랑〉은 그의 새로운 단계이자 어떤 완성체로서 다가온다. '오리지 널'을 만들기 위해 전력을 다하는 그 특유의 장인적 면모는 〈베테랑〉에 서도 유감없이 발휘된다. 더 나아가 당대의 부조리한 현실과 장르영화 가 조우하는, 그리하여 천만이 훨씬 넘는 관객의 열광적 지지를 이끌어 낸 무척 특별한 사례라 할 수 있다. 세월이 흘러 〈베테랑〉은 '영화'와 '현 실' 사이에서 지난 2000년대의 한국 영화를 기억하게 만드는 가장 중요 한 작품 중 하나가 될 것이다.

8. 〈모가디슈〉
장르를 넘어 사람에게로

〈모가디슈〉는 오직 한국 영화계만이 다룰 수 있는 소재가, 오직 류 승완만이 다룰 수 있는 장르영화의 문법과 만난 역작이다. 줄곧 류승완 의 영화가 워커홀릭의 영화, 직장인의 비애를 그린 영화라고 말해왔는 데 〈모가디슈〉는 그 정점이라 할 수 있다. 왜냐하면 〈부당거래〉나 〈베테 랑〉의 주인공은 경찰이었고, 〈베를린〉의 주인공 또한 정보부 요원이기 때문에 애초에 '액션'이 가능한 사람들이다. 하지만 〈모가디슈〉의 외교 관은 그와 거리가 멀다. 류승완의 영화가 기본적으로 예상치 못한 위기 와 맞닥뜨린 주인공이 '액션'으로 그를 돌파하는 모습을 지켜보는 영화 라면, 〈모가디슈〉는 류승완이 액션 그 자체에 대한 관심보다 '사람'에 집 중한 첫 번째 영화라고 해도 좋을 싶다. 가령 탈출을 감행하던 남과 북 의 외교관 가족들이 소말리아 반군 소년들을 느닷없이 마주하고 겁에

질려 있던 표정은 이제껏 그의 영화에서 보지 못한 순간이었다. 서로 모른 척 각자의 길을 갈 수밖에 없는 라스트 신의 무력감 또한 마찬가지다. 그가 봐왔던, 그의 영화 세계에 지대한 영향을 끼친 수많은 장르 영화들은 언제나 주인공과 악당이 싸우고 둘 중 하나가 죽어야 끝난다. 그가 만든 대부분의 영화들도 그러했다. 하지만 〈모가디슈〉의 라스트 신은 완전히 다르다. 중심인물들이 싸우지 않아도, 그들 중 누군가가 죽지 않아도 영화가 끝날 수 있다는 걸 보여준다. 어쩌면 그것이 더 이상 장르영화의 관습적인 쾌감을 좇지 않겠다는 어떤 선언처럼 느껴진다. 놀랍게도 그는 언제나 내가 예상한 것보다 더 멀리 발을 내딛고 있다.

앞선 영화들 중에서는 〈주먹이 운다〉(2005)의 인물들이 이와 비슷하겠지만, 어쨌건 그들은 마지막 대결을 위해 복싱을 훈련했다. 그런데 〈모가디슈〉의 외교관들은 진짜 책상 앞에만 앉아 있던 사람들이다. 전작 〈군함도〉(2017)의 악단장 강옥(황정민)도 그랬다. 악기 연주 외에는 아무것도 하지 못하는 사람이었다. 〈군함도〉를 경유하여 〈모가디슈〉가 류승완의 이전 영화들과 가장 다른 점이라면 바로, 생전 싸움 한 번 해본 적 없는 그 인물 구성에 있다. 다만 그 액션의 쾌감을 위해 〈군함도〉의 경우 주변에 박무영(송중기)과 최칠성(소지섭)을 배치했고, 〈모가디슈〉의 경우 강대진(조인성)과 태준기(구교환)를 싸우게 만들었다. 우리가 흔히 '액션영화 감독'이라 손쉽게 분류하던, 혹은 〈군함도〉와 〈모가디슈〉를 통해 두 편의 '대탈출'영화를 연이어 만들었다고 이야기되던 류승완은 그렇게 조금씩, 아니 큼지막하게 변화하고 있다. 매번 새로운 액션을 펼쳐 보인다는 감탄 이전에, 그가 장르영화 안에서 끊임없이 새로운 길을 모색하고 있다는 점이 가장 경탄할 만한 지점이다.

나홍진

죽기 살기로
낯설게 바라본 세계

1. 실시간으로 쫓고 쫓기는 '한국판 〈24시〉'

나홍진의 세계로 들어가기 위해서는 어쩔 수 없이 데뷔작인 〈추격자〉(2008)로부터 시작해야 한다. 작품 수 자체가 적어서이기도 하지만, 이미 그 데뷔작에서부터 이후의 작업을 결정짓는 요소들이 지뢰처럼 깔려 있기 때문이다. 단편 〈완벽한 도미 요리〉(2005)와 〈한〉(2007)으로 주목받은 그는 대담하게도 '한국판 〈24시〉'라고 해도 좋을 만큼 밤을 꼬박 새우며 벌어지는 전직 경찰과 연쇄 살인마의 끈질긴 추격전을 데뷔작으로 만들었다. 신인답지 않은 노련함과 부지런함으로 밤 장면과 비 장면이 대부분인 이 거친 스릴러를 빈틈없이 완성해냈다. 〈추격자〉는 철저히 한국 사회라는 현실의 공간에서 펼쳐지는 스릴러다. 시장은 똥을 맞고, 경찰들은 성과에 연연하며, 그런 가운데 사람들은 계속 죽어나간다. 그야말로 각자 알아서 살아가야 하는 약육강식의 세계다. 거칠게 경찰영화 혹은 스릴러 장르로 수렴하는 한국 장르영화사의 계보를 그려나간다면 〈추격자〉는 〈공공의 적〉과 〈살인의 추억〉을 교과서로 보고 자란 세대의 멋진 대답이라고도 할 수 있을 것이다.

〈추격자〉에서 단연 주목해야 할 점은 거의 실시간으로 펼쳐지는 이야기의 시간적 배경이다. 출장 안마 포주를 하는 전직 형사 중호(김윤석)

는 데리고 있던 여자들이 잇따라 실종되는 일을 겪는다. 그러다 가장 가까운 시간에 일을 나간 미진(서영희)을 불러낸 손님의 전화번호가 최근 사라진 여자들이 마지막으로 통화한 번호와 일치한다는 사실을 발견한다. 그녀들이 사라진 망원동 일대에서 미진을 찾아 헤매던 그는 영민(하정우)과 마주치자, 번호가 일치함은 물론 형사 시절의 육감으로 그가 바로 범인임을 알아차리고 추격을 시작한다. 이미 뜰 대로 뜬 '미드' 〈24시〉의 잭 바우어(키퍼 서덜런드)처럼 중호는 밤새도록 그를 쫓는다. 기어이 그를 잡아 경찰서 지구대와 기수대(기동수사대)를 번갈아 오가지만, 막상 경찰의 무능으로 '처넣지는' 못한다. 그렇게 이성과 제도로 사건을 해결하지 못하게 된 중호는 오직 야성과 육감으로 물고 늘어진다.

2. 이 지긋지긋한 워커홀릭의 리얼리즘

기계가 아닌 이상 인물들의 동물적 야성은 피로감에 직면할 수밖에 없다. 꼬박 밤을 새운 중호와 영민은 서로 잡고 도망치기 위해서도 싸우지만, 슬슬 감겨드는 무거운 눈꺼풀과도 싸워야 한다. 골목길을 정신없이 내달리는 그들의 육체적 피로, 골프채와 망치를 들고 서로를 죽이려 달려드는 그들의 대결을 보고 있으면 정말이지 온몸의 진이 빠지는 것 같은 체험을 하게 된다. 더구나 여러 가지 이유로 밤을 새우고 아침을 맞아본 사람들은 알겠지만, 〈추격자〉 역시 〈24시〉와 마찬가지로 밤을 지나 여명의 순간을 맞이하는 오묘한 기분을 전한다. 밤새도록 경찰은 동분서주했지만 사건은 해결되지 않고 결국 영민은 풀려난다. 그는

미진을 막 죽이려던 찰나에 경찰서로 왔기에 집으로 향하는 학살의 발
걸음이 그렇게 가벼울 수가 없다. 그걸 알기에 중호는 미진을 구하기 위
해 미치도록 달리고 또 달린다. 꼬박 밤을 새운 사람의 전력 질주란 어
떤 느낌일까. 미치도록 손을 흔들어보지만 택시는 전혀 손님으로 생각
되지 않는 이 미친놈을 피해 질주할 뿐이고 중호 역시 숨 돌리고 버스
노선을 확인할 여유가 없다. 그냥 대충 기억해둔 머릿속의 지도를 맞춰
보며 앞만 보고 달려야 한다. 〈추격자〉는 아마도 가장 무섭고 피로한 아
침을 보여주는 한국 영화일 것이다.

　　〈추격자〉의 가장 거대한 역설이자 재미는 중호로부터 나온다. 누구
나 짐작할 수 있겠지만 그는 과거 형사 시절 많이도 '해 처먹었고' 급기
야 비리가 발각돼 형사를 그만둘 수밖에 없었다. 분명 그는 과거에 불성
실한 형사였을 것이다. 그런데 역설적이게도 형사를 그만둔 다음에야
중호는 (물론 얼마간의 폭력이 수반되지만) 현직 경찰들보다 더 월등한 추
리와 수사 실력을 발휘한다. 동네를 샅샅이 뒤지고, 교회를 찾아가 탐문
수사까지 벌이며, 용의자로 보이는 인물도 놓치지 않는다. 형사 시절 없
던 직감도 일을 그만두고서야 생겨났으니 이를 어찌 설명해야 할까. 더
불어 형사를 그만둔 중호가 먹고살기 위해 할 수 있는 일이란 형사 시
절 알고 있던 인맥과 정보를 활용해 불법에 기생하는 것이다. 중호가
거느리고 있는 '오좆'도 그가 형사 시절 접촉하던 정보원쯤 될 것이다.
그렇게 경찰과 범죄자는 악어와 악어새처럼 공존, 공생하는 동전의 양
면과도 같다. 〈추격자〉가 장르영화 그 이상으로 비범하고 리얼한 것은
무능한 경찰의 우왕좌왕을 보여줘서가 아니라 바로 그 더러운 악순환
의 풍경화를 그리고 있다는 점 때문이다. 결국 중호와 영민은 별다르지
않은 인물이다. 망치와 정으로 무고한 사람들을 해치는 영민의 모습은,

석재상에서 곡괭이를 들고 발광하며 역시 망치로 영민을 벌하려는 중호의 모습과 그대로 겹친다. 그렇게 24시가 지나면서 둘은 똑같은 인간이 된다.

3. 〈황해〉 스스로 만든 트렌드를 스스로 종결짓다

〈추격자〉 이후 그의 두 번째 영화 소식은 초미의 관심사였다. 〈살인자〉로 시작한 제목은 〈황해〉가 됐고 한국 영화 최초로 20세기폭스사의 직접투자를 받기도 했다. 무려 170회 차 촬영이라는 믿기 힘든 촬영 스케줄을 둘러싼 소문도 많았다. 완성된 영화는 역시 폭력 묘사와 감정 피로라는 점에서 〈추격자〉의 그것을 넘어서고 있다. 다시 한번 인물들을 여지없이 궁지로 몰아붙이는 나홍진 감독은, 〈추격자〉를 연상시키는 두 남자의 지독한 대결 너머로 물러설 곳 없는 한 조선족 남자의 치열한 생존 본능을 겹쳐놓았다. 한동안 한국 영화계는 〈추격자〉 증후군에 시달렸다. 투자배급사들 사이에서 '〈추격자〉 같은 시나리오를 찾는다'는 말도 공공연히 돌았다. 저마다 '그 이전에 기획됐다'라고 얘기할 수도 있고 직접적인 연장선을 긋기엔 다소 조심스러운 경우도 있지만 〈용서는 없다〉, 〈무법자〉, 〈파괴된 사나이〉를 비롯해 〈악마를 보았다〉와 〈부당거래〉에 이르기까지, 어쨌건 마초성 물씬 풍기는 스릴러 장르물이 그 어느 때보다 많이 만들어졌다. 보다 '센' 영화를 갈망하는 남성 감독과 배우들의 열망이 이토록 강하게 타올랐던 적이 있었나 싶을 정도다. 〈황해〉를 처음 보고서 들었던 감상은 이러한 흐름과 트렌드를 마치 나홍진 감독 스스로 종결짓는 듯한 느낌이었다. 〈추격자〉에서 그대로 옮겨 온 두 배우 하정우, 김윤석의 존재도 그렇지만 〈황해〉는 〈추격자〉와 가깝고도 멀게 내달린다. 폭력 묘사의 수위와 누명을 쓴 인물을 향해 옥죄어오는 신경 증, 그리고 쫓고 쫓기는 추격의 거리감과 피로는 확실히 〈추격자〉보다 몇 배 더한 강도로 다가온다.

　'구남'이란 이름이 '구질구질한 남자'의 준말이지 않을까 싶을 정도 로, 연변에서 택시를 모는 구남(하정우)은 빚더미에 앉아 있을뿐더러 한 국으로 돈 벌러 간 아내는 6개월째 소식이 없어 거의 폐인처럼 산다. 그 러다 마작 판에서 만난 면가(김윤석)로부터 한국에 가서 한 남자를 죽이 고 오라는 제안을 받는다. 구남은 빚도 갚고 아내도 찾기 위해 황해를 건넌다. 하지만 그 목표물이 다른 일행들에 의해 살해당하면서 현장에 있던 그는 누명을 쓴 채 경찰에도 쫓기고, 증거를 없애려는 태원(조성하) 과 면가로부터도 쫓기기 시작한다. 그렇게 이번에도 김윤석은 하정우 를 뒤쫓는 추격자다. 먼저 〈황해〉는 〈추격자〉와 어떤 점이 닮았을까. 주 인공이 어느 순간 뜻하지 않게 누명을 쓰게 되는 순간이 발생하고, 그로 부터 끝없이 쫓고 쫓기는 추격과 도망의 서스펜스가 시작된다는 점에 서 일단 닮았다. 〈추격자〉에서 전직 경찰 중호(김윤석)가 사이코패스 영 민(하정우)을 뒤쫓는 구조였다면 〈황해〉역시 김윤석이 하정우를 쫓되, 이번에는 그 캐릭터가 역전돼 김윤석이 사이코패스 못지않은 절대 악 으로 등장한다. 거의 여유가 없어 보이는 〈황해〉에서 유일하게 비어 있 는 캐릭터인 태원의 부하 '성민' 역의 이철민은 〈추격자〉에서 중호의 똘 마니나 다름없는 '오좆' 역의 구본웅을 연상시킨다. 무능한 경찰들에 대 한 묘사도 비슷하다. 〈추격자〉에서 영화 속 분위기와 무관하게 경찰차 에서 한심하게 낮잠을 즐기던 경찰들은 〈황해〉에서 수많은 인력과 갖은

방법을 동원해서도 수배범 하정우 하나를 못 잡고 우왕좌왕한다. 그러
면서 경찰이 경찰을 쏘는 지경에까지 이른다.

　　거의 실시간으로 진행되는 이야기 구조도 비슷하다. 〈추격자〉에서
자신이 데리고 있는 여자들이 전화번호 끝 번호가 4885인 남자에 의해
사라지는 것을 알게 된 중호가 "4885 너 잡히면 죽는다"라고 분노하던
순간, 〈황해〉에서 구남을 눈여겨본 면가가 "너 한국 가서 사람 하나 죽이
고 오라"라고 제안하는 순간 본격적인 이야기는 시작된다. 그로부터 나
홍진은 인물들에게 휴식 시간을 거의 주지 않는다. 〈추격자〉에서 밤을
꼬박 새운 중호가 살인을 막기 위해 도심을 질주했다면, 〈황해〉의 구남
은 살인 청부 작업을 실행에 옮기기 위해 예행연습을 하고 그 와중에 소
식이 끊긴 아내의 뒷조사까지 하는데, 이 장면들이 거의 실시간으로 이
어진다. 이러한 리얼타임의 긴장감은 나홍진의 스타일을 규정할 수 있
는 중요한 요소 중 하나다. 연변에서 온 조선족 남자에게 주어진 한국에
서의 체류 기간은 단 열흘. 바깥에서 추위에 벌벌 떨면서 죽여야 할 대
상의 동태를 살피고, 아내의 흔적을 찾아 안산으로 가리봉동으로 떠도
는 구남의 피로감을 사실적으로 드러내는 방식이 바로 그것이다.

4. 세상 모든 것을
낯설게 바라보기

　　〈황해〉가 〈추격자〉와 형식적으로 갈라지는 지점은 살인자, 조선족
등 네 개의 소제목으로 이야기가 분절돼 있다는 것과 구남의 음울한 내
레이션으로 시작한다는 점이다. 〈추격자〉의 힘이 초반에 두 인물이 서

로의 존재를 알고 부대끼기까지 순전히 장르적 컨벤션으로 밀어붙이는 데서 왔다면, 〈황해〉는 일찌감치 어떤 '정서'를 깔고 시작한다. 내레이션의 내용은 극악한 세상 풍경에 대한 묘사다. "내 나이 11살 때 개병(광견병)이 돌았다. 우리 집 개도 개병에 걸려 처음에는 제 어미를 물어 죽이더니 나중에는 제 아가리로 물어 죽일 수 있는 것들을 모두 물어 죽였다. 몽둥이로 때려 죽이려 하자 달아나버렸다. 갑자기 그 개가 생각난 것은 그 후 한 번도 돌지 않았던 개병이 돌았기 때문이다. 개병이 돌고 있다." 뭐랄까, 그 '개병'은 이후 무속 신앙과 결합하게 되는 〈곡성〉이나, 그가 제작과 각본을 맡은 〈랑종〉(2021)으로도 연결되는 느낌이다. 어쨌건 〈황해〉는 죽음과 이웃하며 개병 도는 세상을 살아가는, 싫어도 그 속에서 살아갈 수밖에 없는 처절한 운명에서 출발한다. 〈추격자〉에서 중호와 영민의 개인사, 가족사는 딱히 드러나지 않았지만 〈황해〉의 구남에게는 잔소리뿐이지만 든든한 엄마도, 소식이 끊겼지만 꼭 찾고 싶은 아내도, 함께 지내는 시간은 적어도 언제나 귀여운 딸도 있다. 그래서 〈황해〉의 구남이 〈추격자〉의 중호나 영민과 가장 다른 점은 상대를 제압해야 한다는 승부욕 그 이상으로 무조건 살아남아 돌아가야 한다는 강렬한 생존 욕구를 가지고 있다는 점이다.

그로 인해 사실상 〈황해〉가 〈추격자〉와 가장 다른 점, 혹은 인상적인 점은 지금 우리 사회에 대해 거리를 두고 낯설게 바라보는 시선이다. 구남은 한국에 대한 그 어떤 동경도 없고, 부모에게 전해 들은 친척이나 추억도 없으며, 한류가 유행이라는데 즐겨 듣는 한국 노래 따위도 없다. '조국'이란 일체감은 눈곱만큼도 없으며 그에게 한국이란 그저 일 잘하는 아내를 유혹해 바람을 피우게 한 더러운 땅이다. 영화 속에서 연변의 풍경이 한국보다 더 활기차고 화려해 보이는 것은 굉장히 의도적인 묘

사다. 구남이 죽여야 할 대상이 살고 있는 강남구 논현동의 빌딩은 물론
부산과 울산 등 그가 거쳐 가는 한국의 도시들은 그야말로 칙칙하고 생
기가 없다. 거기에 더해 그의 눈에 세련되고 교양 있어 보이는 버스 회
사 사장은 조폭이고 정부가 있으며 살인 청부를 지시하는 와중에도 교
회에 나가 찬송가를 부르는 남자다. 서울을 돌아다니면서도 (분명 처음
서울을 찾은 조선족 남자에게 신기해 보일 수 있는) 그 흔한 남산타워나 63빌
딩 한번 잡아주지 않으니, 아마도 그가 한국에서 만난 가장 예쁘고 화려
한 건물은 퇴폐 안마 시술소 빌딩일 것이다. 게다가 〈추격자〉에서 곡괭
이와 장도리, 즉 '도구'를 들었던 김윤석이 시간을 거슬러 올라가 쇠뼈다
귀를 들어 사람들을 내리치는 광경을 보라. 우리가 살고 있는 이곳은 그
저 원시사회에 지나지 않는다.

  그러한 인상은 이미 고향을 떠나면서 시작됐다. 연변에서 대련까지
수십 시간 기차를 타고 와서는 밀입국하는 배에 올라타자마자 거의 시
체처럼 지낸다. 육지에 도착했을 때의 그 상투적인 해방감에 대한 묘사
조차도 없다. 다시 개처럼 누군가의 손에 이끌려 간 합숙소에서 받은 것
이라곤 그 어디에도 없는 가짜 주소다. 그러니까 그에게 한국이란 재개
발이 진행돼 흔적도 없이 사라져버린 목적지처럼 그 어디에도 없는 곳
이다. 그는 이방인에 지나지 않는다. 그래서 어쩌면 영화 속에서 가장
끔찍한 순간은 그 어떤 폭력 장면도 아닌, 수배범으로 쫓기던 구남이 눈
덮인 산에서 울산으로 가기 위해 지도를 꺼내는 그 황당한 막막함이다.
영하의 날씨 속에 벌거벗겨져 내동댕이쳐진 것 같은 추위가 엄습한다.
캐릭터가 겪는 피로감과 맞물려 찬 바람에 부대끼는 마찰감까지 온몸
으로 더해지는 느낌이다. 그렇게 영화는 '그래, 네가 언제까지 살아 있나
보자'고 작정한 것처럼 한 인간이 위기 속에서 얼마만큼 변할 수 있고,

과연 어디까지 적응해 생존해나갈 수 있는지 지켜본다. 자신이 창조한 인물들을 이처럼 가혹하게 다루는 사람이 또 있을까. 〈황해〉는 진정 그 끝을 본다.

5. 〈곡성〉 포스트 박찬욱, 포스트 봉준호

"〈곡성〉은 시나리오가 돌아다닐 때부터 영화인들의 깊은 관심을 받았다. 1차 편집본을 본 임필성 감독은 무서워서 잠을 못 잤다고 했고, 봉준호 감독은 급체를 했다고 했다." 박찬욱, 김지운, 최동훈, 류승완, 나홍진 감독과 2016년 신년 특집 인터뷰를 진행했을 때 류승완 감독이 했던 얘기다. 다른 감독들의 반응도 비슷했다. 최동훈 감독은 "다들 2016년은 〈곡성〉의 해가 될 것이라 믿고 있다"고 했고, 김지운 감독도 "시나리오를 봤을 때부터 '이건 진짜 미친 이야기'라 생각했다"고 했다. 기사가 나가자마자 '봉준호 감독이 급체한 영화 〈곡성〉'이라는 제목으로 삽시간에 수십 개의 어뷰징 기사가 만들어졌다. 이후 영화가 개봉하고 무려 2시간 36분의 상영시간 동안 '탁월한 과잉'으로 좋게 본 사람들이나 '공허한 과욕'으로 나쁘게 본 사람들이나 공통적으로 봉준호 감독이 겪은 소화불량을 호소했다. 그럼에도 가벼운 감상을 주고받는 것부터 시작하여, 토론할 만한 가치가 있는 한국 영화가 오랜만에 등장한 것 자체가 의미 있는 쾌감이었다. 〈곡성〉에 대해 허지웅 평론가는 "무언가 같은 영화를 보고 그것의 이상하고 불온하며 무시무시한 지점에 관해 갑론을박하고 왁자지껄하게 떠드는 즐거움을 우리는 너무 오래 잊고 살았다"고 썼다. 일단 나홍진 감독의 세 번째 장편 〈곡성〉은 의미 있는 성과를 거뒀다. 〈추격자〉가 칸영화제 공식 섹션 중 하나인 '미드나이트 스크리닝', 〈황해〉가 칸영화제 '주목할 만한 시선' 부문에 초청된 것에 이어 칸영화제 '비경쟁 부문'에 초청된 것이다. 자연스레 '그의 다음 작품은 칸 경쟁 부문'이라고 예상하는 것이 관례라면 관례다.

　개인적으로 〈곡성〉을 환영한 이유는, 먼저 나홍진이라는 걸출한 국제적 감독의 등장 때문이다. 그동안 임권택, 홍상수, 이창동, 김기덕 감독이 해외 영화제에서의 성취와 별개로 국내 극장가에서는 그다지 성공하지 못했다면 칸영화제 심사위원대상을 수상한 박찬욱 감독의 〈올드보이〉(2003)는 모든 것을 일거에 바꿔놓았다. 관객과의 접점이 높은 한국의 상업영화들이 북미 지역의 영화 애호가들을 중심으로 확산되기 시작한 것이다. 이어 역시 칸영화제에서 황금종려상을 수상한 봉준호 감독이 그 정점을 찍었다. 또 할리우드에 진출해 아널드 슈워제네거 주연의 〈라스트 스탠드〉(2013)를 만든 김지운 감독도 빼놓을 수 없다. 이처럼 박찬욱, 봉준호, 김지운 감독은 10년 넘게 한국 영화를 대표해왔지만 그 '이후'의 인물이 없다는 갈증에 시달려온 것도 사실이다. 그런 타이밍에 맞닥뜨린 영화가 바로 〈곡성〉이다. 많은 관객들이 〈곡성〉을 보면서 '한국 영화 맞아?' 하며 놀란 것 중 하나가 그 익숙한 할리우드 20세기폭스사 로고가 뜬 일이었다. 〈추격자〉를 눈여겨본 20세기폭스사는 이미 〈황해〉 때 제작비 20퍼센트 정도를 직접투자했는데, 한국 영화에 처음으로 투자한 일이었다. 〈곡성〉은 제작비 전체를 투자했을 뿐만 아니라 나홍진 감독에게 영화 제작에 관한 전권을 부여해서 화제가 되기도 했다.

6. 죽기 살기로
영화에 매달리는 감독

　　평소 나홍진 감독을 볼 때마다 '죽기 살기로 영화 만드는' 사람이라고 느꼈다. 이른바 '회사원' 같은 감독들이 늘어나는 요즘, 마치 유작을 만드는 것처럼 작품에 매달리는 그를 보면서 진정한 '예술가'라고 느낄 때도 있었다. 〈황해〉를 찍기 전 중국 연변 지역으로 떠나면서 그는 내게 '그냥' 가는 거라고, 한동안 글 쓰고 생활하면서 그쪽 동네의 기운을 느껴보고 돌아오는 게 목적이라고 말했다. 그만의 특유한 '취재' 방식이라 할 것이다. 〈곡성〉을 준비하면서도 한국의 토속신앙을 연구하기 위해 어느 산속 암자에 두 달 가까이 틀어박혀서 무당들과 지냈다고 한다. 이제는 이런 감독을 찾아보기 힘들다. 물론 그런 방식을 절대 권장하는 건 아니다. 다만 자신이 생각한 그 방식과 태도 위에서 계속 그의 영화가 진화하고 있다는 사실이 중요할 뿐이다. 〈곡성〉은 오컬트적 세계 안에서 주인공 개인의 '믿음'의 문제를 집요하게 파헤친다. 종교적 요소는 전작들에서도 줄곧 그 모습을 드러내왔다. 〈추격자〉에서 연쇄 살인마 영민을 쫓으며 꼬박 밤을 새운 중호와 〈황해〉에서 전국 방방곡곡을 맨몸으로 누비는 구남의 고통은 거의 종교적 고행자의 그것과 맞먹는다. 그런 가운데 두 작품 모두 결과적으로는 하정우와 김윤석이라는 두 배우의 장르적 대립 구도에 방점이 찍혀 있었다면, 〈곡성〉은 종구(곽도원)를 아예 단독 주인공으로 내세워 외지인(구니무라 준)과 의문의 동네 여자(천우희) 사이에서 끝없이 갈등하고 번민하게 만든다. 이전과 달리 주인공은 범죄와 싸운다기보다 개인 내면의 악(惡)과 싸우는 느낌이다. 영화 속 '카메라를 든 악마'라는 이미지는 지난 몇 년간 마주했던 그 어떤 영화 속 캐릭터보다 압도적이다. 나홍진 그가 바로 그 보이지 않는 실체로서의 악과 마주하기 위해 그만한 시간을 들였다는 생각이 들었다. 〈추격자〉와 〈황해〉 모두 지극히 현실로부터 비롯된 이야기였다면 〈곡성〉은 그와 차원을 달리하는 초현실의 무대 위에 서 있다. 단순히 '환상'이라고만 생각했던 이미지들이 무속을 거쳐 현실에 그 모습을 드러낼 때, 앞서 시나리오를 읽은 김지운 감독이 감탄했던 것처럼 '이건 진짜 미친 이야기'라는 감상에 전적으로 동의할 수밖에 없었다.

그런 태도와 별개로 나는 그의 영화가 은근히 웃겨서 좋다. 2016년 상반기에 나란히 개봉한 〈아가씨〉(6월 1일 개봉)의 박찬욱 감독과 〈곡성〉(5월 11일 개봉)의 나홍진 감독을 한자리에 불러 대담을 가진 적이 있다. 서로 다른 성격의 두 영화를 비교 분석하고 흥미로운 뒷이야기도 들을 수 있는 자리였다. 게다가 나홍진 감독이 〈곡성〉을 준비하며 박찬욱 감독에게 완성된 시나리오에 대한 조언을 구했다는 것은 널리 알려진 사실이었는데, 나홍진 감독은 꼼꼼하게 조언해준 박찬욱 감독의 과거의 메모를 액자로까지 만들어 간직하고 있었다. 아무튼 박찬욱 감독은 "〈곡성〉을 보면서 내가 가장 많이 웃은 관객 중 하나였다"고 말하며, 그 유머 중에서도 가장 좋았던 건 건강원 장면이라고 했다. "마을 건강원의 친구 덕기(전배수)가 증거를 보여준다면서 어딘가로 가는데 아무것도 없다. 증거가 없는 게 증거다, 라고 얘기한다. 난 그게 〈곡성〉이라는 영화 전체를 요약한다고 봤다. 증거 없음이 증거이고, 부재함으로써 설명을 해준다는. 흘러가는 유머처럼 보였지만 그 이상의 의미가 담긴 장면이었다."

김기영

**의식과 무의식 사이의
원초적 광기**

1. 김기영 감독은 괴물이다

"김기영 감독님은 괴물이다." 〈파계〉(1974) 연출부로 일하며 인연을 맺은 유지형 감독은 그와의 인터뷰를 담은 《24년간의 대화》의 에필로 그를 그렇게 시작한다. "큰 6척의 키와 거구의 몸체, 평생 감지 않은 부수수한 머리, 검지도 하얗지도 않은 거칠한 피부, 그리고 부릅뜬 가재눈, 그리고 늘 경계하고 불안한 눈빛으로 타인과 사물을 바라본다"고도 덧붙였다. 〈화녀〉(1971)가 흥행에 성공하면서 서울 주자동 골목의 2층 양옥을 구입했는데, 흉가여서 시세보다 싸게 구입했다는 일화도 전한다. 흉가에 사는 거구의 영화감독이라… 종종 그의 영화가 2층 구조의 집을 중요한 무대로 삼았기에 어딘가 묘하게 어울려 보인다. 다른 이들의 묘사도 비슷하다. 《한국영화 전복의 감독 15인》을 쓴 영화평론가 김수남은 "한국 영화계에서 김기영 감독은 기인으로 통한다"는 말로 그의 감독론을 시작하고 있으며, 《이영일의 한국영화사 강의록》에서 영화평론가 이영일은 "김기영은 괴팍스러운 사람이다. 한국 영화사에 있어서 다소 이색적이고 이질적인 감독"이라며 "자기가 생각하는 주제를 결코 미화하지 않는다. 그는 과학자 의식을 가지고 있는데, 이처럼 노골적으로 적나라하게 인간을 바라보는 사람은 국내외에 드물다"라고 썼다. 어

떤 식으로든 김기영에게 매료된 이들의 얘기를 종합하면 이렇게 정리
되지 않을까. 김기영은 한국 영화사에서 가장 특별하고 독창적인 감독
이었다.

　　1919년 서울에서 태어난 김기영은 교동소학교를 다니던 3학년 때
평양으로 이사해, 종로보통학교를 졸업하고 평양고보에 진학하여 학업
을 마친다. 글솜씨가 뛰어나 중학교 때 쓴 시가 일본 신문에 게재되기도
했다고 한다. 광복 후 경성치과의전(현 서울대 의과대학)에 들어갔으나 전
공과목보다는 서울대 통합 연극반을 창립하는 등 연극 운동에 주력했
다. 1946년 고려예술좌를 창설하고 이후 자신의 작품 세계에 큰 영향을
미쳤다고 할 수 있는 헨리 입센의 희곡 〈유령〉 등을 연출했다. 〈유령〉은
애정이 없는 결혼으로 인한 가출이나 근친상간, 성병, 안락사 등을 다뤄
맨 처음 무대에 올렸을 당시 '부도덕한 작품'이라는 혹평에 시달리기도
했다. 이영일은 김기영이 대학 시절 무대에 올린 작품 중 〈유령〉에 주목
하여 "(김기영도) 이때부터 원시적 본능의 순도에 가까워졌다"며 "그것
은 이후 〈하녀〉의 심리와도 이어진다"고 썼다. 그가 얘기한 〈유령〉과 〈하
녀〉를 잇는 기나긴 연결고리는 바로 '원시성'이라는 테마와 더불어 핵심
적인 이야기를 전달하기 위해 잔가지를 다 털어버리고, 단출하고 원형
적인 상태로 제시하려는 우화적인 연출을 말한다. 더불어 인간의 근원
적 심리와 욕망에 대한 집요하고 적나라한 천착이다. 졸업 후에는 한국
전쟁 당시 피난지인 부산에서 전공을 살려 치과의사로 일했다. 그러다
〈시집가는 날〉로 유명한 학교 선배 오영진의 소개로 미국공보원 영화제
작소에 들어가 이른바 '문화영화'를 만들면서, 인생의 행로가 완전히 바
뀐다. '영화감독의 길'에 들어선 것이다.

2. 신상옥, 유현목과 다른
마성의 표현주의

반공영화 〈죽엄의 상자〉(1955)를 통해 데뷔한 뒤, 같은 해 이영일이
'김기영 작가의식의 출발'이라 부른 〈양산도〉를 만들게 된다. 사랑을 이
루지 못한 남녀가 함께 승천하는 환상적인 라스트 신이 유명한 〈양산도〉
는 그가 '내 필모그래피 중 가장 마음에 드는 작품'이라고 늘 말해온 작품
이다. 이후 〈양산도〉의 정서를 잇는 사극 〈봉선화〉(1956), 배우 김지미를
발굴한 〈황혼열차〉(1957) 등을 만든 다음 이탈리아 네오리얼리즘의 영향
을 받은 일곱 번째 영화 〈10대의 반항〉(1959)을 통해 신상옥, 유현목 감
독에 버금가는 당대 대표 감독 중 하나가 된다. 오영진이 〈사상계〉에 발
표한 오리지널 시나리오 〈하늘은 나의 지붕〉을 영화화한 〈10대의 반항〉
은 남대문을 배경으로 소매치기, 절도를 생활수단으로 살아가는 도시
뒷골목 부랑아들의 이야기로 아역 안성기에게 샌프란시스코 국제영화
제 소년특별연기상을 안겨줬다. 《한국영화사와 비평의 접점》을 쓴 영화
평론가 김종원은 〈10대의 반항〉에 대해 "한국 리얼리즘 영화의 한 봉우
리를 차지하는 김기영의 뚜렷한 업적"이라며 "김기영 감독의 컬트적 측
면만 부각되고 중요한 출발점인 사실주의가 무시된다면 균형을 잡은 그
의 한 축(軸)을 잃는 결과가 된다"라고 썼다.

한국 영화의 1960년대는 그렇게 신상옥, 유현목, 김기영이라는 세
감독이 이끌게 된다. 신상옥의 〈악야〉(1954)와 〈지옥화〉(1958), 유현목
의 〈잃어버린 청춘〉(1957)과 〈인생차압〉(1958), 그리고 김기영의 〈10대의
반항〉을 언급하며, 이영일은 '모두 리얼리즘으로 출발한 그들'이 이끌던
1950년대 후반에서 1960년대를 한국 영화 '제2의 황금기'라 불렀다(그

가 말하는 제1의 황금기는 1926년 나운규의 〈아리랑〉이 대히트를 기록한 이후의
1930년대까지다. 그리고 그들이 주도한 제2의 황금기를 거치며 이만희, 김수용,
이성구, 박상호, 강대진 등이 등장했다고 본다). 김종원 또한 세 감독을 언급
하며 '삼두제(三頭制) 감독 시대'라 표현했고, '탐미주의적인 신상옥', '전
통적인 리얼리즘을 계승한 유현목'과 비교해 '표현주의 성향의 김기영'
이라 썼다. 이후 세 감독은 서로 다른 길을 개척하면서 한국 영화를 더욱
풍성하게 했다. 신상옥이 산업과 미학을 한데 아우르는 자기만의 거대
한 '성'을 지었다면, 유현목은 리얼리즘의 외길을 걸었고, 김기영은 인간
의 근원적 욕망의 세계를 추구하며 '마성의 표현주의'로 접어들었다.

3. 〈하녀〉 김기영 감독의 새로운 시작

〈하녀〉(1960)는 김기영이 특유의 독창적인 표현주의 세계로 전환하
는 기점이 됐다. 위험한 여자가 내러티브의 중심에 놓인 파격적인 상황
설정과 비일상적인 대사, 그가 직접 설계한 연극적인 프로덕션 디자인
과 조명, 그리고 무대를 가득 채운 뒤틀린 욕망과 성적 억압 등 단숨에
그의 스타일과 미학을 규정하는 모든 것이 됐다. 〈하녀〉를 대략 10년 주
기로 각각 시대에 맞게 변주한 〈화녀〉(1971)와 〈화녀 82〉(1982), 역시 실
화로부터 출발한 〈충녀〉(1972)와 그를 리메이크한 〈육식동물〉(1984), 그
리고 이만희의 〈만추〉(1966)를 리메이크한 〈육체의 약속〉(1975)과 〈살
인나비를 쫓는 여자〉(1979) 등 줄곧 여성 주인공을 내세워 부르주아 가
정의 위기와 변화하는 시대상을 담아냈다. 그러한 인간 욕망에 대한 탐

구는 단순한 중산층의 심리묘사를 넘어, 일본 군대 내부에서 고초를 겪는 한 학도병의 이야기를 그린 〈현해탄은 알고 있다〉(1961)와 칸영화제 황금종려상을 수상한 이마무라 쇼헤이의 〈나라야마 부시코〉(1983)보다 무려 20년이나 앞선, 70세가 된 부모를 깊은 산중에 갖다 버리는 과거의 풍습을 표현주의적으로 묘사한 〈고려장〉(1963) 등을 통해 집단의 규율과 인습에 의해 희생되는 인간으로도 나아갔다. 그 모두를 관통하는 것은 이른바 '검은 피의 미학'이다. 이영일은 "인간의 본능을 해부하면 검은 피가 나온다"는 김기영의 말을 인용하며 그렇게 규정했다. 그리고 〈하녀〉 개봉 당시 한 일간지는 "줄거리 운반에 기를 쓰지 않고, 인간의 심리에 카메라를 들여다 댄 실험 정신은 저버릴 수 없다"라는 영화평을 썼다. 그런 기괴하고도 독창적인 실험 정신은 영화 속 야생의 존재 '쥐'로도 설명되는데, 놀라운 것은 영화에 등장하는 쥐를 김기영 감독이 직접 준비했다는 사실이다. 거의 프로덕션 디자이너처럼 영화의 소품과 가구까지 직접 준비하는 것으로 유명한 김기영 감독은 심지어 쥐까지 직접 길러서 출연시킨 것이다.

〈하녀〉의 주인공 동식(김진규)은 방직공장의 음악 선생이자, 아내(주증녀)와 슬하에 딸(고선애)과 아들(안성기)을 둔 중산층 가장이다. 음악부 활동을 하는 여공 경희(엄앵란)는 피아노 개인 교습을 받으러 동식의 집에 드나드는데, 동식은 경희에게 하녀(이은심)를 소개받는다. 그런데 아내와 아이들이 잠시 집을 비운 사이 하녀는 동식을 유혹하고, 임신을 하게 된다. 이 일이 외부에 알려져 직장을 잃을까 봐 두려운 동식과 아내는 하녀에게 아이를 지울 것을 요구한다. 아이를 잃은 하녀는 노여움과 분노에 휩싸여 나날이 포악해져가고, 동식과 아내에게 이 사실을 주변에 알리겠다며 협박한다. 당시 김기영 감독은 가족들과 영화에 관한 이야기를 즐겨 한 것으로 알려져 있는데, 영화에 관해 늘 아내의 의견을 참조했다는 그는 흥행을 위해 '여자 이야기'를 만들어야 한다고도 했다. 심지어 한참 세월이 흘러 한국영상자료원에서 〈하녀〉 DVD와 블루레이를 출시하며 수록한 김기영 감독 인터뷰를 보면, "앞으로 〈하녀〉에 나오는 것 같은 트러블이 많아질 거다. 남자들은 병신이 되고 여자가 모든 걸 쥐고 흔드는 여성 우위주의 세상이 될 것"이라고 말하고 있다. 1950년대와 60년대에 전성기를 보낸 노감독이 인터뷰에서 구체적으로 '여성 우위주의 세상'이라고 언급하는 것이 흥미롭고도 놀랍다. "영화를 해부학적으로 만들고 싶었다. 내가 실제 의사로서 해부를 많이 했기 때문에 그런 태도로 인물들을 낱낱이 들여다보고 싶었다"고도 덧붙였다. DVD와 블루레이 스페셜 피처 얘기를 꺼낸 김에 꼭 하나 추가하자면, 김기영 감독의 기인으로서의 면모를 얘기할 때 영화인들 사이에서 '김기영 감독이 〈이어도〉 지방 영화 촬영 현장에서 방문을 잠그고 혼자 삼겹살을 구워 먹었고, 나중에 들켰을 때 감독은 잘 먹어야 한다고 둘러댔다'는 이야기가 구전으로 전해져왔는데, 〈이어도〉의 주인공이었던 배우 이화시는 그에 대해 인터뷰에서 직접 해명했다. "김기영 감독님은 절대로 그런 적이 없다. 오히려 맛집이 있으면 배우, 스태프들과 꼭 함께 먹으러 다니는 걸 즐기셨다."

4. 〈살인나비를 쫓는 여자〉 진정한 '워킹 데드'의 등장

'입만 살았다'는 그 유구한 문장의 현현을 본 적 있는가. 김기영 감독의 영화를 편의상 거칠게 나누자면, 〈하녀〉, 〈양산도〉, 〈고려장〉, 〈이어도〉처럼 영화평론가들을 비롯한 업계의 고른 지지를 받는 영화와 〈충녀〉, 〈육체의 약속〉, 〈육식동물〉처럼 소수의 열광적인 팬들의 압도적인 충성을 받는 영화로 나뉜다. 전자와 비교해 '좀 과하다' 싶은 후자의 대표작이라면 역시 제목부터 인상적인 〈살인나비를 쫓는 여자〉(1978)다. 이 영화에는 진짜 입만 살아 움직이는 유령(?)이 등장한다. "언제까지 라면만 먹고 살아야 하나. 하루에 여섯 번을 먹어도 배가 고프니 성가셔서 그냥 죽어야겠다"며 자살하려는 주인공(김정철) 앞에 《의지의 승리》라는 책을 팔고자 하는 외판원이 등장한다. 그러다 다툼 끝에 외판원을 죽이고 마는데, 죽었다고 생각한 그가 말을 하기 시작한다. 심장도 멎었고 악취도 나는데 진정 '의지'로 입만 살아 있는 그가 "난 의지로 버티고 있다. 난 의지로 훌륭히 살 수 있단 걸 보여주고야 말겠어!"라며 책 판매를 포기하지 않는다. 거기서 끝이 아니다. 죽은 자와의 동거는 며칠간 더 이어진다. "인간은 배 속에서 나올 때부터 산다는 의지가 강력하게 작용한다"며 자살하려는 주인공에게 계속 잔소리를 해댄다. 결국 구더기로 가득 찬 그의 몸을 들쳐 업고는 산속에 매장까지 한다. 하지만 그는 무덤을 파헤쳐 다시 돌아온다. 어쩔 수 없이 끝내 화장을 해버리는데 "의지가 살아 있는 동안 난 안 죽어. 난 의지다, 의지다, 의지다"라는 그의 마지막 외침이 들린다.

그런데 여기서부터 또 상상을 초월하는 압권이 펼쳐진다. 황당하게도 그가 해골이 되어 자살하려는 주인공 앞에 나타난 것. 마치 할리우드 특수효과의 거장 레이 해리하우젠의 〈아르고 황금 대탐험〉(1963)의 해골 병사를 보는 것 같은 스톱모션애니메이션 캐릭터로 등장하여, 주인공을 뼈다귀 손으로 마구 때리며 삶의 의지를 강요한다. 그렇게 주인

공은 해골에게까지 굴욕적으로 '바보', '천치' 소리를 들어가며 "내가 잘
못했다"고 굴복하고야 만다. 뭐랄까, 좀비물의 팬으로서 영화 사상 유례
를 찾아보기 힘든, 어쩌면 진정한 의미의 '워킹 데드'(Walking Dead)의 의
지의 외침을 듣고서는 한동안 멍한 기분이 들었다. 보통 김기영 감독의
최고 '괴작'이라 불리는 작품이지만, 영화 속《의지의 승리》에 등장하는
'이성이 고독을 구원해주리라'라는 말을, 시체의 입을 빌려 펼쳐낸 김기
영 감독의 괴이한 상상력 앞에 나 또한 주인공처럼 굴복할 수밖에 없었
다. 그리고 그것이 박정희 정권 말기(영화 개봉 다음 해인 1979년 박정희 대
통령은 암살당했다), 암울한 시대를 유령처럼 견뎌내고 있는 그 자신의 예
술가적 다짐으로 읽는다면 지나친 것일까.

5. 〈화녀 82〉와
〈애마부인〉의 씁쓸한 교차

　　〈화녀 82〉가 개봉한 1982년은 한국 영화가 본격적인 침체기로 접
어드는 시기다. 해방 후 36년 만에 통행금지가 해제됐고 제5공화국의
탈정치화 전략으로서 프로야구가 출범했으며 TBC 방송국이 폐국했다.
한국 영화 관람객 수와 한국 영화 제작 편수가 이때부터 지속적으로 줄
기 시작한다. 김기영 감독의 인기 시리즈이자 야심작인 〈화녀 82〉를 제
치고 또 다른 여성 주인공 영화, 라고 하기에는 어색하지만 어쨌건 〈애
마부인〉이 같은 해 개봉해 서울극장에서 30만 관객을 모으며 대히트를
친다. 〈화녀 82〉의 주인공 나영희는 주목받던 신인이었으나 〈화녀 82〉
가 아닌 같은 해 개봉한 정진우 감독의 〈백구야 훨훨 날지 마라〉로 대종

상 특별상 신인 부문상을 받게 된다. 1980년대 초반, 같은 '성인영화'의 범주 안에서 〈화녀 82〉가 흥행에 실패하고 〈애마부인〉이 성공한 것은 굉장히 의미심장한 변화이자, 이후 10년 넘게 침체기를 겪게 되는 한국 영화계의 불운한 전주곡이었다. 그럼에도 아이러니한 것은 박찬욱 감독을 비롯한 현재의 중견 감독들이 직접 극장에서 스크린으로 마주한 김기영 감독의 첫 번째 〈하녀〉 시리즈가 바로 〈화녀 82〉라는 사실이다. 박찬욱 감독은 "한국 영화를 극장에서 관람하고 '이런 한국 영화도 있구나!' 하고 충격받았던 최초의 기억"이라고까지 말했다.

앞선 다른 〈하녀〉 시리즈와 비교하면 두 가지 차이점이 있다. 이전 시리즈의 배우 이은심, 윤여정은 '딱 봐도 무서운' 여자들이었다. 반면 〈화녀 82〉에서 하녀를 연기한 나영희는 하녀들 중 가장 유순하고 허약해 보인다. 얼핏 보면 울상이고 좀 나쁘게 말하면 멍청해 보인다고나 할까. 가장 나중에 만든 〈하녀〉 시리즈에서 그런 캐릭터가 등장한다는 게 의외이기도 하고 의미심장하기도 하다. 물론 그렇기 때문에 닭 사료를 만들 때 조심하라는 부인(김지미)의 충고에도 불구하고, 마치 기계에 빨려 들어갈 것처럼 장난을 치거나 "놀랬죠"라며 쥐를 들고 겁줄 때 더 오싹하기도 하다. 그래서인지 약을 탄 물을 아무렇지도 않게 먹여서 죽이려 할 때 전혀 의심스럽지 않아 반전을 준다. 또한 자식들의 비중이 커졌다. 딸은 아버지에게 가는 하녀를 직접 잡아당기기까지 하면서 하녀를 죽게 해달라고 기도하는데, 말하자면 드디어 이전 작들과 달리 부모 일에 자식이 끼어드는 상황이 발생한 것이다. 이런저런 상황에 더해 온몸에 금칠을 해서 벌이는 정사라든지, 스테인드글라스가 박살 나며 마치 중산층의 거대한 몰락을 묘사하는 것 같은 장면까지 〈화녀 82〉가 〈하녀〉 시리즈 중에서 가장 그로테스크한 것만은 분명하다. 한편으로 앞서 얘기한 '여성 우위주의 세상'의 반영인지는 몰라도 두 자식 중에서 아들은 죽이고 딸은 살려둔다. 그리고 그 딸은 아버지가 죽었건 말건 우연찮게 병에 들어간 물고기를 보면서 "엄마, 운수대통이야!"라고 외친다. 웃어야 할지 울어야 할지 모르는 기괴한 상황이 마지막 순간까지 그렇게 이어진다.

6. 김기영을 새롭게 발견한 박찬욱과 봉준호

〈화녀 82〉의 마지막 장면, 아버지를 잃은 슬픈 순간에도 어머니를 향해 운수대통이라고 외치는 딸을 보면서, 〈친절한 금자씨〉(2005)의 마지막 장면이 떠올랐다. 앞으로 착하게 잘 살겠다는 의미일 텐데, 끝내 구원받지 못한 금자(이영애)가 하얀 눈이 내리는 골목길에서 하얀 두부 모양 케이크에 얼굴을 그대로 파묻는다. 뭐랄까, 이야기의 선형적인 진행에 거부감을 갖고 있는 두 개성 넘치는 감독의 느닷없는 선명한 인장이라고나 할까. 직접적인 영향 관계가 있건 없건 간에, 한국 영화사 안에서 두 장면의 비교만으로도 시대를 초월한 두 예술가의 교감을 읽을 수 있었다. 몇 년 전 박찬욱 감독은 과거에 쓴 사변적인 에세이들을 정리해 모아놓은 《박찬욱의 몽타주》와 본격적인 영화비평집이라 할 수 있는 《박찬욱의 오마주》까지 두 권의 책을 출간한 적 있다. 《박찬욱의 몽타주》에는 아예 '오직 개성'이라는 제목의 챕터도 있다. "첫째도 개성, 둘째도 개성, 무엇보다도 오직 개성, 이야말로 가난한 예술가의 무기"라는 게 그 요지다.

1990년대 이후 김기영 감독이 새롭게 주목받게 된 계기도 바로 '개성'이었다. 영화를 꿈꾸던 수많은 청년들에게 '개성'이란 답답한 세상을 돌파할 수 있는, 예술가의 무기 그 이상의 이상향이었다. 그렇게 김기영이라는 이름이 본격적으로 다시 세상과 만나게 된 건, 1997년 제2회 부산국제영화제에서 회고전을 가지면서부터다. 물론 그 전부터 PC통신 인터넷 영화동호회 등을 중심으로 〈바보 사냥〉(1984)이나 〈육식동물〉같은 (그 스스로는 전혀 애착이 가지 않는다고 말하던) 후기작들을 '컬트'로 칭송하는 젊은 영화 팬들이 생겨났는데, 결정적으로 그 회고전을 통해 국제적인 관심이 일었다. 하지만 안타깝게도 차기작을 준비하던 김기영은 회고전을 가진 다음 해인 1998년 2월 25일 아내와 함께 화재로 자택에서 사망했다. 그 이후 그에게 존경을 바치는 젊은 한국 감독들의 고백이 이어졌다. 박찬욱 감독은 자신을 영화감독의 길로 이끈 영화 중 하나로 〈화녀 82〉를 꼽았으며, 봉준호 감독은 대학 시절 황학동 시장을 뒤져 VHS 비디오로 출시된 그의 영화들을 닥치는 대로 '수집'했다고 했다. 그에 비춰 현재 국제적으로 가장 큰 관심을 받고 있는 두 한국 감독의 서로 다른 작품들에서, 도무지 출처를 알 수 없는 돌발적인 에너지와 엇박자의 리듬 등 김기영 영화의 흔적을 공통적으로 발견하게 되는 것은 무척 흥미로운 일이다. 특히 두 감독의 최근작에서 그 영향을 읽어본다면, 직접적으로 하녀가 등장하는 〈아가씨〉(2016)의 경우 하녀(김태리)가 그 집의 주인인 남자(조진웅)가 아니라 여자(김민희)와 사랑에 빠지면 어떻게 될까, 하는 상상력을 펼쳐 보인 영화 같고, 〈기생충〉(2019)은 대저택에 한 명의 하녀가 아니라 가족 전체가 하인으로 들어가면 어떻게 될까, 라는 상상력에서 시작된 것 같다. 심지어 〈하녀〉와 같은 이층집이 전부인 줄 알았더니 거기에 그 누구도 몰랐던 지하실까지 더했다고 볼 수 있을 것 같다.

결정적으로 마틴 스코세이지 감독이 이끄는 세계영화재단의 지원을 받아 한국영상자료원이 2008년 복원한 〈하녀〉가 그해 칸영화제에 특별 초청되고, 임상수 감독이 리메이크한 〈하녀〉(2010)가 칸영화제 경쟁 부문에 초청되면서 그 '재발견'의 기운은 최고조에 달했다. 2021년 아카데미 시상식에서 여우조연상을 수상한 윤여정 배우가 김기영 감독의 이름을 따로 언급하던 순간도 감동적이었다. "제가 아시아권에 살면서 서양 TV 프로그램을 많이 봤다. 그런데 오늘 직접 이 자리에 오게 되다니 믿을 수 없다. 제가 어떻게 글렌 클로즈와 같은 대배우와 함께 경쟁하겠냐"라고 흥분에 차서 얘기했고, 함께 〈미나리〉를 만든 정이삭 감독과 한예리, 스티븐 연 등을 호명하던 중 "제 첫 영화를 함께 만들었던 김기영 감독님이 여전히 살아 계시다면 무척 기뻐하셨을 것"이라는 말을 덧붙였다. 그렇게 김기영의 영화는 여전히 회자되며 그 영향 관계의 계보를 더 넓혀가고 있다. 의식과 잠재의식 사이에서 피어나는 원초적 본능과 광기, 그를 자기본위의 에고이즘 아래서 바라보는 초현실적 표현주의, 그리고 외화 쿼터나 검열 등 시대의 조류에 민감하게 반응할 수밖에 없었던 동료 감독들에 비해 과작(寡作)이었던, 더불어 자신의 창작 시나리오를 영화화할 때 더욱 빛났던 고집스러운 작가정신은 그를 한국 영화사에서 가장 특별하고 독창적인 감독으로 만들었다.

고레에다
히로카즈

사소한 일상이
만들어내는 기적

1. 두 번째 영화이자,
고레에다 히로카즈의 진정한 출발점 〈원더풀 라이프〉

고레에다 히로카즈 감독의 데뷔작은 미야모토 테루의 동명 소설을 영화화한 〈환상의 빛〉(1995)이고 〈원더풀 라이프〉(1998)는 두 번째 장편 영화다. 세상을 떠난 사람들이 천국으로 가기 전에 중간역인 림보에서 7일간 머물며 인생에서 가장 소중한 기억 하나를 골라야 하는데, 영화는 그들과의 대화를 인터뷰 형식으로 담아낸다. 〈원더풀 라이프〉를 그의 진정한 출발점으로 생각하는 이유는, 오랜 TV 다큐멘터리 작업을 해온 그가 언제나 자신의 창작 시나리오로 데뷔작을 만들고 싶어 했기 때문이다. 물론 〈환상의 빛〉 또한 누군가의 '부재'를 다루고 있다는 점에서 고레에다 히로카즈의 색깔이 깊이 배어든 영화이나, 영화 문법과 작법이라는 측면에서 "그저 콘티 그대로 영화를 찍었다"고 고백한 작품이기도 하다. 그런 점에서 〈원더풀 라이프〉는 '마치 다큐멘터리 작업을 하는 것처럼 현장에서 생성되는 것으로 살아 있는 영화를 만들자'는 결심이 깊이 반영된 그의 첫 번째 영화라 할 수 있다. 자신의 영화들을 한 편씩 되짚으며 써 내려간 《영화를 찍으며 생각한 것》이라는 책의 서문에서, 그는 "나의 영화 언어는 영화를 모국어로 하는 창작자의 언어와는 달리 텔레비전이라는 방언이 밴 변칙적인 언어다. 키워준 은혜를 포함하여

나 자신이 'TV인'이라는 점을 솔직하게 받아들일 수 있다"며, TV와 다큐멘터리 작업의 현장성과 즉흥성을 통해 자신이 창작자로서 성장해왔음을 고백한 적 있다. "영화의 주제는 찍기 전에 아는 것이 아니라, 찍으면서 알게 되는 것"이라는 그의 지론도 여기서 비롯됐다 할 수 있다. 더불어 사후 세계를 마주하는 사람들의 태도가 담긴다는 점에서 죽음이라고 하는 화두를 본격적으로 끌어안았다고도 볼 수 있다. 그의 첫 번째 에세이집《걷는 듯 천천히》에서 얘기한 것처럼 "삶이 끝난 다음에 죽음이 시작되는 것이 아니라, 죽음은 언제나 삶에 내재되어 있다. 죽은 사람은 그대로 없어지는 것이 아니라, 우리 생활을 바깥에서 비평하며 우리의 윤리적 규범이 되는 역할을 맡는다"는 그의 변함없는 테마는 칸영화제 황금종려상 수상작인〈어느 가족〉(2018)에까지 이어지고 있다.

2. 데뷔작으로 만들고자 했던 〈아무도 모른다〉

〈아무도 모른다〉(2004)는 1988년 도쿄에서 실제로 있었던 '스가모 아이 방치 사건'을 모티브로 삼아 쓴 시나리오에서 출발했다. 아이들은 아무도 출생신고가 되어 있지 않아서 학교도 가지 않는데, 가장 큰 장남이 14살 되던 무렵, 어머니는 애인과 살기 위해 네 아이를 두고 집을 나갔다. 당시 2살이던 삼녀가 장남의 친구들에게 폭행을 당해 죽은 일이 있는데, 장남은 삼녀의 시체를 산에 묻었다. 그 뒤 집주인이 아이들끼리만 산다는 사실을 눈치채고 경찰에 알려 사건이 드러났다. 이때 언론의 관심은 아이들을 방치한 어머니에게 집중되었고 '음란마귀 어머니' 같은 자극적인 제목의 기사가 연일 양산되었다. 이때 고레에다 히로카즈 감독의 의문은 '왜 장남인 소년은 동생들을 버리고 집을 나가지 않았던 걸까?'였다. 이후 아동상담센터에서 보호 중이던 여동생의 "오빠는 다정했어요"라는 말에 그는 상상의 나래를 펼치기 시작했다. 그들 사이에는 언론 보도로 엿볼 수 없는 깊은 관계가 구축되었던 시기도 있었을 것이다. 그것은 한참 뒤 만든 〈어느 가족〉을 보면서 생겨나는 질문, '왜 집주인 할머니는 피 하나 섞이지 않은 사람들을 집으로 들어오게 했을까?'라는 질문과도 이어진다. 《영화를 찍으며 생각한 것》에 따르면 "〈아무도 모른다〉의 버려진 아이들도 물질적 풍요와는 다른 어떤 풍요로움이 있었을 것이다. 남매들 사이의 감정 공유나 기쁨과 슬픔, 그리고 그들 나름대로의 성장과 희망이 있었을 것"이라는 게 그의 얘기다. 그렇게 쓴 시나리오의 최초 제목 또한 〈멋진 일요일〉이었다. 하지만 〈환상의 빛〉을 먼저 제안받으면서 〈아무도 모른다〉는 2004년이 되어서야 영화로 만들 수 있었다. 이처럼 그는 사회적으로 알려진 뉴스의 '팩트' 바깥의 숨겨진 이야기를 상상하며 영화를 시작한다. 마치 '(당사자가 아니면) 아무도 모른다'라는 태도는 그의 영화 모두를 관통하는 방법론이기도 하다.

한편, 고레에다의 어머니는 그가 영화감독으로 데뷔한 뒤에도 언제나 아들의 장래를 걱정했다. 영화로 먹고살 수 있을지 내내 걱정했던 것이다. 그런 어머니가 〈아무도 모른다〉를 완성하기 전에 쓰러지셨고, 병원에 계신 동안 〈아무도 모른다〉가 칸영화제 경쟁 부문에 초청됐다. 영화감독으로서 그야말로 확실하게 인정받는 순간이라고 할 수 있었기에, 그는 "적어도 그 소식을 아셨다면 감독으로 살아가는 아들에 대한 걱정을 좀 덜지 않았을까" 하는 후회를 늘 지니고 살아갈 수밖에 없었다. 그렇게 〈걸어도 걸어도〉(2008)의 홍보 문구 "인생은 언제나 조금씩 어긋난다"라는 말이 탄생하게 됐다고 한다. 그는 이 문장을 공책 첫 장에 적은 뒤 시나리오를 써나가기 시작했다. 어쩌면 이것이 그의 영화 전체를 관통하는 메시지일지도 모른다.

3. 〈그렇게 아버지가 된다〉와 〈어느 가족〉의 매미 유충

〈아무도 모른다〉 이후 고레에다 히로카즈를 다시 칸영화제 경쟁 부문에 초청한 〈그렇게 아버지가 된다〉(2013)도 산부인과에서 아이가 뒤바뀌었던 실제 사건에서 출발했다. 현실에서 이런 비슷한 사건을 겪은 거의 모든 가족들이 떨어져 지내던 친자식을 선택했던 것과 별개로, 참고했던 책 《뒤틀린 인연-아기가 뒤바뀐 사건의 17년》에 등장하는 오키나와의 두 가족이 놀랍게도 서로의 아이를 바꾸지 않았던 것에 주목했다. 이 소재에 이끌렸던 것에는 고레에다 역시 당시 아버지가 되었던 영향이 컸다. 실제로 영화 속 아이와 비슷한 나이의 딸을 키우고 있었고, 그 딸의 성장을 지켜보면서 자신과 아이를 이어주고 있는 것이 '혈연'인지 '시간'인지 자주 생각하게 됐기 때문이다.

혈연으로 맺어지지 않은 가족이 등장한다는 점에서 〈그렇게 아버지가 된다〉는 칸영화제 황금종려상 수상작 〈어느 가족〉(2018)과도 연결고리가 있는데, 두 영화 모두 떠나가는 아들을 붙잡으려 뒤쫓는 아버지의 모습으로 마무리된다는 점에서 그 마지막 느낌이 굉장히 비슷하다. 〈그렇게 아버지가 된다〉의 아버지 료타(후쿠야마 마사하루)는 케이타가 차마 그리움을 표현하지 못하고 자신을 몰래 찍은 카메라의 사진들

을 발견하고는 "케이타를 보고 싶어서 약속 깨고 왔어"라며 그의 마음을
다시 열려고 하고, 〈어느 가족〉의 아들 쇼타는 아버지(릴리 프랭키)가 과
연 자신을 진짜 친자식처럼 여기는지 확인하기 위해 과거에 "일부러 경
찰에게 붙잡혔다"고 고백하며 달아난다. 사실 친자식이 아닌 케이타와
쇼타의 행동을 통해 고레에다가 언제나 혈연(血緣)을 초월하는 인연(因
緣)의 세계에 대한 신봉자라는 것을 알 수 있다.

그 과정에서 두 영화 모두 어떤 성장과 봉합의 의미로 매미 유충이
라는 소재를 등장시킨다. 〈그렇게 아버지가 된다〉에서는 식물원에서 매
미 유충에 대해 설명하는 직원이 나오고, 〈어느 가족〉에서는 아이들이
바깥에서 놀다 불현듯 매미 유충을 마주친다. "그 시끄러운 소리를 내기
까지, 매미는 유충으로 있는 시간이 길어 5년에서 길면 17년 넘게 땅속
에서 나무나 풀뿌리의 양분을 빨아 먹고 성장한다. 그렇게 수십 년의 유
충 생활이 끝나면 유충은 땅 위로 올라와 껍질을 벗고 비로소 매미가 되
고 소리를 낸다. 하지만 수십 년의 유충 생활을 하면서 기다렸던 것에
비하면 일생은 매우 짧다. 보통 7일에서 보름 정도 살다가 죽고 만다."
그런 직원의 설명을 통해 〈그렇게 아버지가 된다〉가 아버지 료타의 성
장을 보여준다면, 〈어느 가족〉은 그전까지 아무 생각 없이 '어느 가족' 공
동체의 일원으로 살아가던 아들 쇼타의 성장을 보여준다. 그렇게 두 영
화 모두 진짜 어른이 된다는 것, 좋은 어른이 된다는 것은 무엇일까, 질
문한다.

〈어느 가족〉 이후 고레에다의 차기작이자 한국 배우 송강호, 배두
나, 강동원, 이지은 등이 캐스팅되어 화제를 모은 〈브로커〉 또한 아이를
키울 수 없는 사람이 익명으로 아기를 두고 갈 수 있도록 마련된 '베이
비 박스'를 둘러싸고 관계를 맺게 된 사람들의 이야기를 그린다. 한국 배

우가 등장한다는 점 외에도, '고레에다의 가족 영화'의 연장선에 있다는 점에서 지금 가장 주목해야 할 영화다.

4. 2011년 3월 11일, 동일본 대지진 이후의 변화

〈진짜로 일어날지도 몰라 기적〉(2011)은 규슈 고속열차 신칸센 개통이 모티브인 영화다. 규슈 신칸센이 개통되기 전날인 2011년 3월 11일 동일본 대지진이 일어났다. 개통식은 중지됐고 개통을 축하하는 방송도 보류됐다. 영화 촬영을 시작하고 나서 예상치 못한 엄청난 사건을 겪은 셈인데, 고레에다 히로카즈가 늘 얘기하는 것처럼, 살면서 어떤 일이 일어나게 될지는 아무도 모른다. 실제로 그는 한 인터뷰에서 "우리 부모 세대는 1945년부터 '패전 이후 몇 년'이라는 식으로 세월을 헤아렸는데, 나는 '2011년 이후 몇 년'이라는 식으로 헤아리게 될 것 같다. 그만큼 내가 50년 가까이 살아오면서 겪은 가장 충격적인 사건"이라고 말했을 정도다. 게다가 2011년 동일본 대지진 이후 방사능에 피폭당해 마을을 떠날 수밖에 없었지만, 다시 고향에 돌아온 사람들의 이야기를 그린 쿠보타 나오의 〈집으로 간다〉(2014)에 공동 기획으로 참여하기도 했다. 그만큼 그 사건 이전과 이후 그는 창작자로서 큰 변화를 겪었다.

고레에다 히로카즈의 다른 영화들과 비교하면 시종일관 유쾌한 화법으로 진행되는 〈진짜로 일어날지도 몰라 기적〉은 어린 두 형제의 소원을 그리고 있다. 사이가 좋지 않은 엄마와 아빠가 별거 중이라, 형 고이치는 엄마와 함께 일본 남단 가고시마의 외가에 살고 있고, 동생 류는 아빠와 함께 북쪽 후쿠오카에 살고 있다. 그즈음 규슈 지방에 신칸센이 개통되는데, 아이들 사이에서는 반대편에서 달려오던 두 열차가 마주치는 순간 소원을 빌면 '기적'이 일어난다는 이야기가 돈다. 가족 모두 다시 함께 살길 바라는 형제와 친구들은 각자의 소원을 품은 채 기차가 마주치는 장소로 여행을 떠난다. 그의 필모그래피에서 현실의 사건이 영화의 전체적인 톤 앤드 매너에 직접적인 영향을 끼친 영화라 할 수 있는 〈진짜로 일어날지도 몰라 기적〉을 만들면서 그는, '나는 진정 관객 앞에 부끄럽지 않은 가치 있는 작품을 만들고 있는가'라는 질문을 스스로에게 던졌다. 어쩌면 그 사건을 겪으며 오히려 영화가 밝아졌을지도 모를 일이다.《영화를 찍으며 생각한 것》에서 "만약 내 영화에 공통된 메시지가 있다면, 무엇과도 바꿀 수 없는 소중한 것은 비일상이 아니라 사소한 일상 속에 존재한다는 점이다. 생각해보면 〈진짜로 일어날지도 몰라 기적〉은 그 점을 비교적 솔직한 형태로 그린 영화라고 할 수 있을지도 모른다"고 말했다. 말 그대로 '영화를 찍으며 생각한 것'이 가장 많고 복잡했던 영화가 바로 〈진짜로 일어날지도 몰라 기적〉일 것이며, 제목에 '기적'이라는 단어를 넣은 것도 그 충격을 견뎌내기 위한 바람이었을 것이다.

영화에서 여행을 다녀온 뒤 훌쩍 성장한 아이는 아버지에게 질문한다. "아빠, 세계가 뭐야?" 난생처음 '세계'(世界)라는 단어를 여행을 통해 알게 된 거다. 그런데 철없는 아버지(오다기리 조)는 "응, 역 앞에 파친코점 있잖아. 거기 말하는 거 아냐?"라고 말한다. 그러자 아버지 혹은 어른의 도움 없이 성장한 아이는 정곡을 찌른다. "아냐, 그건 신세계고." 아버지가 틈만 나면 들르는 파친코점의 이름이 바로 '신세계'였다. 그렇게 고레에다는 자신의 인물들이 성장하고 성숙하는 과정을 가만히 지켜

본다. 그의 영화가 가진 근원적인 매력이 바로 거기 있다. 그리고 고레에다의 필모그래피에서 종종 간과되어 소품처럼 여겨지는 이 영화야말로, 동일본 대지진이라는 충격적인 계기를 통해 고레에다 히로카즈의 세계관이 변화하게 된 전환점이라고도 할 수 있을 것이다.

5. 〈어느 가족〉
도덕적 판단을 경계하라

고레에다 히로카즈는 영화에 등장하는 인물들에 대한 도덕적 판단을 내리지 않는다. 〈아무도 모른다〉에서 아이를 버린 어머니나 아버지조차 단죄하지 않는다. "영화는 사람을 판가름하기 위해 있는 게 아니며, 감독은 신도 재판관도 아니다. 악인을 등장시키면 이야기는 알기 쉬워질지도 모르지만, 그렇게 하지 않았기에 오히려 극장의 관객은 영화를 자신의 문제로 일상에까지 끌어들여 집에 돌아갈 수 있게 될 것이다." 이것은 연출자로서 예나 지금이나 변함없는 그의 지론이다. 그의 영화들 중 보기 드문 법정영화인 〈세 번째 살인〉(2017)은 승리밖에 모르는 변호사 시게모리(후쿠야마 마사하루)가 자신을 해고한 공장 사장을 살해하여 사형이 확실시되고 있는 미스미(야쿠쇼 코지)의 변호를 맡게 되면서 사건의 진실을 파헤쳐가는 이야기를 그린다. 모든 범행을 자백했기에 사형은 확실해 보였지만, 사건은 새로운 국면으로 접어들고 역시 진실은 아무도 모른다. 그런 가운데 피해자의 딸 사키에(히로세 스즈)는 심지어 법정에서 재판관을 향해 묻는다. "누가 누굴 심판한다고 하는 것은 누가 정하는 거죠?"

〈어느 가족〉에서 피 한 방울 섞이지 않은 가족은 집주인이기도 한 할머니의 연금, 그리고 생필품이 떨어졌을 때 훔친 물건들로 생활하지만 웃음이 끊이지 않는 가족이다. 다만 주민등록상 그들은 세상에 없는 존재들이기에 외부에 발각되지만 않으면 그렇게 가난하지만 행복하게 살아갈 수 있다. 명장면은 이제 고인이 된 배우이자, 언제나 고레에다 히로카즈의 깊은 존경을 받아왔던 배우 기키 기린의 마지막 해수욕장 장면이다. 깊게 정이 든 노부요(안도 사쿠라)와 하츠에(기키 기린)는 가족에 대해 이런저런 얘기를 나눈다. 노부요가 "피가 안 섞여서 좋은 점도 있어요"라고 말하자, 하츠에는 "별로 기대를 안 하게 되니까"라고 답한다. 나중에 모두가 해수욕을 즐기고 있을 때 홀로 앉은 하츠에는 자신이 떠날 것을 예감했는지, 그들을 향해 소리를 내지 않고 입으로만 마지막 인사를 전한다. "다들 고마웠어." 그런 따스한 순간도 잠시, 그들을 하나둘 자신의 집으로 들였던 할머니의 시신을 처리해야 하는 현실의 문제가 생긴다. 세상에 그들의 존재가 드러나면 안 되기에, 할머니를 몰래 집 안에 파묻기로 하고 원래 다섯 식구였던 것처럼 살아가려 한다. 영화는 그런 '어느 가족'에 아무런 도덕적 판단을 내리지 않는다. 〈아무도 모른다〉에서 막내 여동생을 땅에 묻은 것처럼 연금을 계속 받기 위해 할머니를 몰래 묻는다는 〈어느 가족〉의 끔찍한 발상도 따지고 보면 어쩔 수 없는 일이다. 법과 제도의 바깥에 존재하는 그들은 누가 죽었을 때 '보호자'로 나설 수 없는 사람들이다. 나중에 이들의 존재가 발각되고 사건을 조사하는 경찰은 "진짜 가족이면 그러지 않았겠지?"라고 손쉽게 생각하지만, 이미 그들은 남들이 저마다의 잣대로 평가할 수 없을 만큼 혈연과 무관한 '진짜 가족'이었다.

한편, 고레에다 히로카즈의 필모그래피에는 압도적으로 가족영화

가 많기에, 그는 언제나 일본 영화 황금기의 거장이었던, 〈만춘〉(1949)
과 〈동경 이야기〉(1953) 등을 만든 오즈 야스지로와 종종 비교되곤 했
다. 하지만 그는 '오즈 야스지로의 후계자'라거나 '고레에다 히로카즈 월
드'라는 말에 큰 거부감을 표하곤 했다. 그러다 《걷는 듯 천천히》에 따
르면, "오즈의 영화와 비교해서 시간이 흐르는 방식이 닮았다. 시간이
직선적으로 흘러가는 게 아니라 한 바퀴 돈 다음 조금 다른 곳에 착지한
다. 그 점이 오즈의 영화와 닮았다"라는 말을 해외 영화제에서 만난 기
자에게 듣고는 크게 납득했다고 한다. 방법론이나 주제가 아니라 시간
감각이 닮았다는 거다. 그때 "처음으로 오즈와의 비교에 대해 받아들일
수 있었다"고 한다. 그런데 그런 비교는 그의 납득과 별개로 지금도 꾸
준히 받는 질문이다. 어쩌면 영영 그 비교로부터 헤어 나오지 못할 운명
일지도 모른다. 그래서였을까, 프랑스와 일본의 합작영화인 〈파비안느
에 관한 진실〉(2019)에서도 그를 연상케 하는 장면이 있었다. 자신의 회
고록 발간을 앞둔 전설적인 배우 파비안느(카트린 드뇌브)를 축하하기 위
해 딸 뤼미르(줄리엣 비노쉬)가 남편 행크(에단 호크), 어린 딸 샤를로트와
함께 오랜만에 파비안느의 집을 찾는다. 하지만 반가운 재회도 잠시, 엄
마의 회고록을 읽은 뤼미르는 책 속 내용이 거짓으로 가득 찼음을 알게
되고 갈등이 빚어진다는 이야기다. 거기에는 "어떤 배우를 계승하고 있
다고 생각하시나요?"라는 질문도 있었는데 "그런 사람 없어요. 전 언제
나 저 자신이었어요"라고 답하는 대목도 있다. 어쩌면 지금도 여전히 오
즈 야스지로의 계승자라는 시선과 질문에 끊임없이 시달리는 그 자신
의 발화가 아닐까 하는 생각도 들었다.

6. 고레에다 히로카즈의
분복 영화사

일본정부관광국의 지원으로 지난 2017년 허지웅 작가와 함께 고
레에다 히로카즈 감독의 〈바닷마을 다이어리〉(2015) 촬영지 투어를 한
뒤, 그의 영화사 '분복'의 사무실을 방문하여 직접 인터뷰를 한 적이 있
다. 나 또한 그 투어에 동행하여 고레에다 감독이 거의 '나를 인터뷰하러
오기 전에 반드시 들렀다 오시오'라는 식으로 직접 추천한 영화 촬영지
들을 돌아다녔는데, 영화 속 첫째 사치(아야세 하루카)와 막내 스즈(히로
세 스즈)가 속마음을 털어놓던 기누바리산 정상을 오를 때는 정말 힘들
었다. 아마도 그해에 가장 고되게 운동한 날이었던 것 같다. 자매가 힘
들게 산을 오르는 과정에서 영화에 담기지는 않은 속 깊은 대화를 나눴
다고 상상하면 나름 의미 있는 곳이지만, 가마쿠라와 에노시마를 둘러
보고 하루 만에 거기까지 등정하고 오라는 건 솔직히 좀 아니다 싶었다.
다음 날 인터뷰 자리에서 그런 원망을 표출했더니 "그냥 추천만 했을 뿐
인데 정말 다녀오실 줄은 몰랐습니다"라며, 그는 마치 주방장 추천 메뉴
를 모르는 주방장처럼 특유의 해맑은 눈망울을 하고는 깜짝 놀랐다.

당시 그는 〈세 번째 살인〉의 연말 개봉을 기다리며 〈어느 가족〉 후
반작업 중에 있었는데, 흔쾌히 도쿄 시부야에 있는 자신의 영화사로 우
리를 초청했다. 아담하고 고즈넉한 사무실 입구에는 크고 거창한 간판
이 아니라, '분복'(分福)이라는 회사명이 적힌 아주 조그맣게 프린트된
종이가 붙어 있었다. '복을 나눈다'는 의미로, 그가 주축이 되어 기획 단
계부터 마음이 맞는 감독들과 진짜 만들고 싶은 영화를 만들며 함께하
기 위해 설립한 영화사다. 오리지널 시나리오로 영화를 만드는 것이 힘

든 일본에서 영화를 그 핵심인 감독의 기획으로부터 전개해나가는 것
을 목표로 삼고 있다. 자신의 영화에서 조감독으로 일했던 니시카와 미
와 감독의 〈아주 긴 변명〉(2016)이 바로 분복에서 제작된 영화다. 〈엔딩
노트〉(2012), 〈꿈과 광기의 왕국〉(2013)을 연출한 스나다 마미 감독도 분
복 영화사에 몸담고 있다. 앞서 얘기한 것처럼 그는 '분복'이라는 이름
에, 더 나은 세상을 위해 도움이 된다면 그 어떤 일이라도 하고 싶다, 그
렇게 사람들과 복을 나누고 싶다는 바람도 있다고 했다.

　　동일본 대지진 이후의 변화에 대해서는 그 역시 여러 인터뷰에서
얘기한 적 있고, 그날 대화의 중요한 화두이기도 했다. "이젠 제목도 잊
어버렸지만, 유태인 학살을 그린 어느 극영화에서 이런 장면을 봤었다.
학살당하는 사람들을 향해 어떤 남자가 '나는 아무것도 할 수 없지만,
적어도 이 행위가 잘못됐다는 것을 안다'라고 말하자 유태인이 이런 말
로 그 변명을 내친다. '알고도 아무것도 하지 않는 사람은 몰라서 아무
것도 하지 않는 사람보다 죄가 무겁다.' 그 장면을 최근 계속해서 떠올린
다." 그는 에세이집 《걷는 듯 천천히》의 '책임'이라는 챕터에서 '알고도
아무것도 하지 않는 것'에 대해 그렇게 말했다. 그리고 그 대목과 관련하
여 예술가의 사회참여에 대한 질문을 던지기도 했다. 그는 "사람을 속이
려는 정부에 대해서, 옳지 못한 방향으로 가고 있는 세계에 대해서 계속
발언할 것"이라고 단호하게 말했다. 그렇게 빠듯한 가운데 이뤄진 인터
뷰는 전혀 부족함 없이 마무리됐다.

　　그로부터 2년 뒤, 일본의 한 영화제가 일본군 위안부를 다룬 다큐멘
터리 〈주전장〉(2018) 상영을 취소했다가 다시 상영하기로 결정을 번복
한 일이 있었다. 〈주전장〉은 일본계 미국인 미키 데자키 감독이 위안부
피해자를 지원하는 활동가와 일본 우익 인사들의 인터뷰를 함께 담은

다큐멘터리영화로, 앞서 일본에서 개봉해 큰 주목을 받은 바 있다. 그러나 영화에 출연한 일본 우익 인사들은 상업영화가 아닌 학술 논문에 필요한 인터뷰로 알고 응한 것이고, 자신들의 명예가 훼손됐다며 피해 보상과 상영 중단을 요구하는 소송을 제기했다. 그리하여 표면적으로는 법적 다툼과 안전 우려 등을 이유로 일방적으로 상영을 취소했다가, 표현의 자유를 침해했다는 비판이 쇄도하자 다시 영화를 상영하기로 한 것이다. 상영 취소 당시 데자키 감독은 물론 많은 영화인들이 사실상의 검열로 표현의 자유가 침해당했다며, 자신들의 영화도 상영을 거부하거나 주최 측을 비판했다. 한 해 앞서 2018년 칸영화제에서 황금종려상을 수상했지만 아베 총리로부터 어떤 축전도 받지 못한, 당시 자민당 정부에 비판적이었던 고레에다 히로카즈 감독은 "아직 아무 일도 벌어지지 않았는데 상영을 취소하는 것은 언어도단"이라며 "이는 영화제의 '죽음'을 의미하는 것"이라고 말했다. 〈주전장〉을 상영하면 아무런 경비도 받지 않고 자원봉사를 하겠다는 관객도 생겨나면서, 주최 측은 영화제 관계자 70여 명의 투표와 토론을 통해 결국 영화를 상영하기로 최종 결정했다. 고레에다 히로카즈의 '지원사격'이 든든한 힘이 된 것은 물론이다.

요르고스 란티모스

폐쇄된 시스템과
기기묘묘한 인간들

1. 〈더 랍스터〉,
드디어 자기 이름을 가진 주인공

〈킬링 디어〉(2017)와 〈더 페이버릿: 여왕의 여자〉(2018)를 연출하기 전, 요르고스 란티모스 영화의 인물들은 언제나 이름이 없었다. 〈더 랍스터〉(2015)에서 콜린 패럴이 연기하는 '데이비드'는 그의 영화에서 거의 처음 이름을 가진 주인공이나 다름없다. 연인을 연기한 레이첼 와이즈는 이름 없이 '근시 여인'으로 등장하고, 레아 세이두 또한 '솔로 지도자'다. 호텔 속 동료들이었던 벤 위쇼와 존 C. 라일리도 각각 '절름발이 남자'와 '혀짤배기 남자'로 불렸다. 요르고스 란티모스라는 이름을 세계에 본격적으로 알린 〈송곳니〉(2009)의 가족도 그저 아버지와 어머니, 딸과 아들이라는 캐릭터로 존재했을 뿐 이름을 갖고 있진 않았다. 이후 만든 〈알프스〉(2011)에서도 등장인물들은 그저 '간호사'와 '코치'로 불릴 뿐이었다. 물론 〈송곳니〉에는 '크리스티나'라는 여인이 등장하긴 했다. 바깥세상과 철저히 단절된 채로 집에 갇혀 살다시피 하는 가족이 있는데, 독재자나 다름없는 아버지는 아들의 성적인 욕구를 채워주기 위해 가끔 회사 경비인 크리스티나(안나 칼라이치도)를 집으로 오게 했던 것. 그런데 이 크리스티나는 아버지를 제외하고는 거의 유일하게 집과 바깥세상을 자유로이 오가며, 큰딸(아겔리키 파푸리아)이 어떤 각성을 하게

끔 도와주는 중요한 매개 역할을 하는 인물이다. 말하자면 〈더 랍스터〉의 데이비드에 이르기까지 요르고스 란티모스의 세계에서 오직 이름을 가진 자들만이 통제된 시스템의 안과 밖을 넘나들었다. 〈더 랍스터〉의 데이비드도 유예기간 45일 안에 짝을 찾지 못하면 동물이 되어야 하는 전대미문의 커플 메이킹 호텔을 탈출하여 숲으로 도망친 사람이다.

2. 그리스 뉴웨이브에 대해

요르고스 란티모스의 영화에서 인물들이 이름이 없었던 이유는 바로 폐쇄된 시스템 안에서 사람들은 그저 부속품에 지나지 않기 때문이다. 굳이 저마다의 고유한 이름으로 불릴 이유가 없다. 그의 그런 세계를 이해하기 위해서는 '그리스 뉴웨이브'에 대해 얘기할 필요가 있다. 그 이전까지 〈영원과 하루〉(1998)로 칸영화제 황금종려상을 수상한 테오 앙겔로풀로스가 그리스를 대표하는 감독이었다면, 2000년대 후반 요르고스 란티모스가 〈송곳니〉와 〈알프스〉로 각각 칸영화제 '주목할 만한 시선' 부문 대상과 베니스국제영화제 각본상을 연달아 수상하면서 그리스 뉴웨이브라는 이름이 널리 통용되기 시작했다(〈송곳니〉는 그해 같은 주목할 만한 시선 부문에 초청된 봉준호의 〈마더〉를 제치고 수상했다). 테오 앙겔로풀로스의 시적이고 사색적인 세계와는 극명하게 다른 급진적이고도 파격적인 스타일을 선보이며, 당시 그리스 사회에 대한 은유로서의 영화들로 주목받기 시작한 것이다. 〈송곳니〉와 〈알프스〉의 프로듀서이자 비슷한 시기 〈아텐버그〉(2010)를 내놓은 여성 감독 아티나 레이첼 탕

가리는 반드시 함께 언급되어야 할 이름이다. 여기서 2010년부터 IMF 구제금융의 길을 걷기 시작했을(3년 만에 IMF를 극복한 한국과 달리 그리스는 아직까지 극복하지 못한 상태) 즈음의 그리스 상황을 살펴보자면, 2004년 아테네 올림픽을 치르기 위해 막대한 비용을 지출하고 빚까지 진 것에 더해 탈세 등 각종 비리까지 겹쳐져 재정이 파산 직전 수준으로 악화된다. 그러다 미국발 세계 경제위기의 직격탄을 맞아 회복은커녕 청년 실업이 가속화되면서, 2008년 12월에는 대규모 반정부 시위가 벌어진다. 바로 그때 아테네에서 16세 소년이 경찰의 총에 맞아 숨지는 사건이 벌어지는데, 그 사건에 큰 충격을 받은 아티나 레이첼 탕가리가 불현듯 써 내려가기 시작한 시나리오가 바로 베니스국제영화제 경쟁 부문 초청작 〈아텐버그〉다. 두 여성이 정면을 바라보며 도발적인 포즈를 취하고 있는 포스터가 인상적인 〈아텐버그〉는 암으로 죽어가는 아버지를 수발하는 20대 여성 주인공 마리나(아리안 라베드)의 이야기다. 죽음을 앞둔 아버지의 모습은 그리스의 상황에 대한 비유로 당시 심각한 사회경제적 위기를 겪고 있던 그리스의 현실을 통렬하게 비판하는 영화였다. 이 영화로 베니스국제영화제 여우주연상을 수상한 아리안 라베드는 〈더 랍스터〉에서 데이비드(콜린 패럴)의 탈출을 도와준 메이드로 출연한 배우이자, 요르고스 란티모스의 아내이기도 하다. 이후 아티나 레이첼 탕가리는 〈슈발리에〉(2015)를 제작하면서 호화 요트를 그리스 사회의 축소판으로 만들기도 했다. 요트로 낚시 여행을 떠난 여섯 명의 친구들은 색다른 게임을 하기로 결심하는데, 모든 것이 경쟁이 되자 친구 간의 우정은 온데간데없이 사라지고 요트는 승리에 굶주린 이들의 각축장으로 돌변한다. 그녀가 유학에서 돌아와 고향인 아테네를 기반으로 2005년에 설립한 영화사 '하오스 필름'은 요르고스 란티모스의 영화들을 제작하며 그리스 뉴웨이브의 전초기지가 됐으며, 그리스의 아름다운 해변마을 카르다밀리에서 촬영한 〈비포 미드나잇〉(2013) 등 그리스에서 촬영하는 할리우드 영화들의 공동 제작이나 촬영 지원을 맡으며 활동하고 있다.

3. 내부로부터의 죽음

〈더 랍스터〉는 '첫 번째 할리우드 진출작'이라 표현해도 될 만한 요르고스 란티모스의 첫 번째 영어 영화지만, 굳이 자신의 땅 그리스의 옛 노래로 사운드트랙을 구성했다. 호텔 사람들이 단체로 숲에서 인간 사냥에 나설 때 극단적인 고속촬영과 함께 1920년대 그리스 노래인 〈Apo Mesa Pethamenos〉가 흘러나오는 것. 제목을 해석하자면 '내부로부터의 죽음'으로 "겉은 살아 있어도 속은 죽었다"고 노래한다. 남을 사냥하며 자신의 생명을 연장하는 것은 그 자체로 위선적이고 죽어버린 삶이다. 겉은 살아 있어도 속은 죽었다는 그 노랫말 자체가 요르고스 란티모스의 영화에 등장하는 모든 인물들에 적용되는 말이기도 하다. 우리가 요르고스 란티모스의 세계에 접근하기 위해서는, 그가 만들어놓은 기기묘묘한 규칙과 체계는 물론 그가 나고 자란 땅인 그리스의 신화를 경유하면서까지 금기에 도전하는 풍자의 세계를 영화적으로 얼마나 이해하고 받아들이는지가 중요하다. 그 세계를 '말이 안 되는', '앞뒤가 안 맞는' 난해함으로 규정하고 끝내버리는 것과 '영화적으로 매력적인 매뉴얼'로 받아들이는 것의 차이라 할 수 있다. 예술의 가치가 상상하지 못했던 세계를 보여주는 것에 있다면 그의 세계는 실로 매력적이다.

4. 마지막 장면의
비밀

〈더 랍스터〉에서 가장 논란이 됐던 것은 마지막 장면이다. 데이비드
가 함께 탈출한 근시 여인을 두고 영영 도망친 것인가, 아니면 다시 돌
아와 함께할 것인가, 보여주지 않고 거리의 소음으로 끝내버린 열린 결
말의 장면 말이다. 나 또한 그 답을 찾기 힘들었으나, 역시 요르고스 란
티모스가 선곡한 그 마지막 장면의 그리스 노래에서 일말의 힌트를 얻
을 수 있었다. 원제는 〈돌고래를 탄 소년〉(Boy On A Dolphin, 1957)으로
국내에서는 〈해녀〉라는 제목으로 개봉한 영화에서, 소피아 로렌이 불렀
던 1950년대 그리스 노래 〈Ti ein' afto pou to lene agapi〉(사랑이라 부
르는 것은 대체 무엇인가요)였다. 그리스 바다에서 발견된 고대 유물(돌고
래를 탄 소년)을 둘러싼 각축전을 그린 영화로 당대 이탈리아 최고의 스
타였던 소피아 로렌의 첫 번째 할리우드 진출작이기도 하다. "사랑이라
부르는 것은 대체 무엇인가요. 우리 삶의 끝이자 시작, 1분 안에 당신에
게 날개를 달아주어 함께 날아오르는 것"이라는 가사를 갖고 있다. 어쩌
면 요르고스 란티모스 영화 속에서 가장 낭만적인 선곡이라 할 수 있는
그 노래의 가사를 알게 되면서, 데이비드는 결국 다시 돌아와 근시 여인
과 함께 떠났을 거라 짐작할 수 있었다. 물론 요르고스 란티모스의 독설
적이고 비정한 세계 안에서 데이비드가 그런 가사와 상반된 결정을 내
리는 것 또한 해석의 즐거움이 될 수도 있겠으나, 데이비드가 언제 돌아

올지 몰라 안절부절못하는 안대를 쓴 근시 여인의 모습 위로 흐르는 소피아 로렌의 애절한 목소리를 배반하는 것은 지나치게 가혹하지 않을까 싶다. 어쨌거나 〈더 랍스터〉를 통해 처음 영어 영화를 만들었음은 물론 자신의 작업 본거지인 고향 그리스를 떠난 요르고스 란티모스로서는, 오래도록 그가 천착해온 그리스 사회에 대한 은유적 비판의 세계 안에서 잊고 지냈던 '사랑'이라는 테마를, 떠나온 그리스 사람들에게 바치고자 했던 것은 아닐까 싶다.

5. 두 영화의 연결고리, 사랑의 시험

〈더 랍스터〉와 〈킬링 디어〉 사이에는 직접적인 연결고리가 있다. 바로 〈더 랍스터〉에서 숲의 솔로들이 호텔을 습격했을 때, 숲의 지도자(레아 세이두)가 호텔 매니저(올리비아 콜먼) 부부에게 누가 살아남을 것인지 시험하듯 물어보는 장면이다. 남편은 "난 혼자 살 수 있지만 저 여자는 그러지 못한다"며 아내를 쏘려고 하는데, 알고 보니 그 총은 빈총이었다. 순간 사랑이란 게 얼마나 허약한지 커플 메이킹 호텔 사람들에게 확인시켜준 숲의 지도자는 마치 신이라도 된 것처럼 오묘한 웃음을 짓는다. 〈킬링 디어〉에서 자신의 의료 실수로 인해 마틴(배리 케오간)의 아버지를 죽게 하고, 마찬가지로 자신의 자식들 중 누군가를 죽여 제물로 바쳐야 하는 스티븐의 상황도 하나의 시험 같다. 요르고스 란티모스 특유의 악취미라 할 수 있는 상황 설정을 통해, 그는 〈송곳니〉를 리메이크하는 기분으로 다시 한번 사랑을 넘어 가족이라는 허약한 관계를 비집고 들어간다.

6. 뒤집어진
신화의 세계

　'그리스 출신' 요르고스 란티모스의 세계 안에서 그리스 신화의 그림자를 읽어내는 것은 절대적으로 중요하다. 〈킬링 디어〉의 원제는 〈The Killing of a Sacred Deer〉로 '성스러운 사슴의 살해'인데 바로 이 피게네이아 신화에서 모티브를 가져왔다. 여신 아르테미스가 가장 아끼는 사슴을 실수로 죽인 아가멤논이 그 화를 풀어주기 위해 자신의 딸 이피게네이아를 제물로 바치는데, 아르테미스는 이피게네이아를 가엾게 여겨 사슴으로 제물을 대신했다. 영화 속에서 마틴이 "내 가족을 죽였으니 선생님의 가족도 누군가 죽어야 균형이 맞겠죠?"라며 아내와 두 명의 자식 중 누구를 죽일지 선택하라는 상황이 그렇게 재현된다. 〈더 랍스터〉에서 동물로 변한다고 하는 상상력도 그리스 신화에서는 굉장히 익숙한 설정이다. 가령 아르테미스는 악타이온이라는 사냥꾼이 숲속에서 우연히 자신이 목욕하는 것을 보았다는 이유만으로, 딱히 아무런 마음도 품지 않았던 악타이온을 사슴으로 변하게 하여 그가 데리고 온 사냥개에게 무참히 물려 죽게 했다. 또 부인 헤라의 눈을 피해 이오와 밀회를 즐기던 제우스가, 헤라가 밀회 현장을 덮쳤을 때 이오를 급히 흰색 암소로 바꾼 것 또한 그렇다. 그처럼 그리스 신화의 여러 인상적인 대목들을 기억해두는 것은 요르고스 란티모스의 세계를 이해하는 지름길이 될 수 있다. 그런데 그 신화의 세계는 〈킬링 디어〉에 이르러 가장 극명하게 드러난다. 무엇보다 마틴이라는 존재 자체가 신의 현현으로 생각된다. 지금껏 그의 영화가 신화적 무드만 풍겨온 것과 달리 직접 신을 등장시켜버린 것이다. 가장 대표적인 것이 바로 스티븐이 마틴의 집을 방문했을 때 '(죽은) 아버지가 가장 좋아하던 영화'라며 해롤드 래미스의 〈사랑의 블랙홀〉(1993)을 보는 장면이다. 〈사랑의 블랙홀〉은 주인공 필 코너스(빌 머레이)에게 매일 똑같은 하루가 반복되는 코믹 판타지 영화다. 그 어떤 일이 벌어져도 다음 날 일어나면, 바로 어제의 똑같은 시간과 장소가 반복된다. 그 장면은 스티븐이 마틴의 아버지를 죽게 한 다음부터 마틴 집의 시간은 전혀 앞으로 나아가고 있지 못하다는 절망감을 보여주는 것이기도 하고, 마틴이 스티븐 가족의 시간 또한 그렇게 조종할 수 있다는 신적인 위력을 과시하는 것이기도 하다. 요르고스 란티모스가 그려온 세계와는 정반대에 자리한 할리우드 상업영화를 그처럼 의미심장하고 적확하게 끌어온 것도, 여러 상반된 요소들이 내적으로 충돌하는 그의 영화적 세계를 잘 보여주는 것이기도 하다. 그렇게 요르고스 란티모스는 신의 등장을 통해 '인간의 운명은 결국 신에 의해 결정된다'는 신화의 세계를 장엄하게 펼쳐낸다. 인간의 운명이란 신이 설계해놓은 질서를 그대로 따라 걸어갈 수밖에 없는 것이다. 그 앞에서 스티븐은 가족 중 누군가를 죽여야 한다는 끔찍한 결론을 실행하고야 만다. 후반부에 이르러 "이게 공평한 건지는 모르겠지만 그나마 이게 정의에 가까워요"라는 마틴의 궤변에 수긍할 수밖에 없는 자신을 보며 소름 끼쳐 하면서. 그 와중에도 자신의 장점을 아버지와 남편에게 어필하며 살아남으려고 발버둥 치는 식구들의 모습은 그야말로 보잘것없는 인간의 무력함을 보여준다. 영화 초반 등장하는 '심장전문의'라는 스티븐의 직업은 신적 지위에 있는 모습으로 보일 수는 있겠으나, 그는 그렇게 마틴 앞에 한없이 초라해진다. 특히, 마틴의 경고를 무시하고 아들 밥(서니 설직)이 하반신 마비로 병원에서 쓰러지는 모습을 완벽한 부감으로 촬영한 장면은 신의 형벌을 보여주는 것 같다. 그렇게 스티븐은 총으로 직접 식구들 중 누군가를 죽여야만 상황이 종료되는, 가족을 유지하기 위해 가족을 파괴해야만 하는 러시안룰렛 게임에 내몰린다. 이처럼 요르고스 란티모스는 독창적이지만 유별나고, 폭력적이면서도 우스꽝스러우며, 성스럽지만 밑바닥을 드러내는 인간들을 보여주며 우리 시대의 파탄의 풍경을 보여준다. 아무런 희망도 찾아볼 수 없는 그 세계 안에서 '왜 사람들은 저런 행동과 선택을 할까'라는 물음은 결코 해소되지 않겠지만, 요르고스 란티모스의 영화가 사람의 마음을 움직이는 이유 또한 바로 거기에 있다. 역설적으로 그의 영화는 살고자 하는 의지로 가장 충만한 인물들을 보여주기 때문이다. 그런 점에서 요르고스 란티모스 영화의 키워드는 상상력이 아니라 생명력일지도 모른다.

마틴
스코세이지

노장이 증명해낸
영화의 무한한 잠재력

1. 〈분노의 주먹〉
전기영화의 교과서

　　〈분노의 주먹〉은 마틴 스코세이지의 최고 걸작 중 하나임과 동시에, 1980년대 미국 영화를 대표하는 영화 중 하나다. 실제 권투선수 제이크 라모타의 굴곡 많은 일대기를 과거와 현재를 자유로이 오가며 흑백 영상으로 구성한 솜씨는 이후 전기영화의 교과서가 됐고, 제한된 조건 하에서도 놀라운 카메라워크로 담아낸 각각의 권투 장면들은 테크니션으로서의 그의 진면목을 보여주었으며, 무엇보다 20킬로그램 이상 체중을 늘렸다 줄인 로버트 드 니로의 신기에 가까운 연기는 그야말로 압권이었다. 1964년 뉴욕, 정장을 차려입은 제이크 라모타(로버트 드 니로)가 디너쇼를 준비하며 거울 앞에서 멘트를 연습 중이다. 그로부터 다시 1941년, 카메라는 링 위에서 경기 중인 왕년의 젊은 복싱 선수 라모타를 비춘다. 압도적인 경기를 펼쳤지만 심판 전원일치 판정패를 당하고 분노한 그의 팬들이 난입해 링 위는 아수라장이 된다. 동생이자 매니저인 조이(조 페시)와 함께 미들급 챔피언의 꿈을 향해 달려가고 있던 무명 복서인 그는 아름다운 금발의 여인 비키(캐시 모리아티)에게 첫눈에 반해 결혼에 이른다. 하지만 의처증을 가진 라모타는 일을 도와주는 샐비(프랭크 빈센트)를 비롯해 주변 사람들과 아내의 관계를 의심하기 시작한다.

심지어 아내가 잘생기고 인기도 많다고 말한 선수 재니로를 링 위에서 인정사정 볼 것 없이 때려 얼굴을 짓이겨놓기도 한다. 이후 챔피언이 된 라모타는 점점 쇠락의 길을 걷기 시작하고, 거기에는 떼려야 뗄 수 없는 마피아와의 유착 관계도 끼어든다. 결국 그는 조이와 아내의 관계도 의심하는 지경에 이르고 형제 관계 또한 끝장나고 만다. 접전 끝에 슈거 레이 로빈슨(조니 반스)에게 패하고 만 그는 은퇴를 선언하고, 이후 급격하게 몸무게가 늘어나 링 밖의 삶마저 엉망진창이 된다.

　1941년으로 시작하는 과거 이야기에서 보건대, 제이크 라모타는 1920년대 미국 금주법 시대에 태어난 젊은이다. 그가 관통해온 유년기와 청년기는 수백만 명의 실업자가 넘치던 미국의 암흑기였다. 실업자와 빈민들이 식료품을 무료 배급 받으려고 줄을 서 있는 모습은 미국 어디서나 흔히 볼 수 있는 풍경이었다. 1933년 새로 취임한 대통령 프랭클린 루스벨트는 뉴딜 정책을 펼치며 사회적, 경제적 개혁을 시작했고 청년 실업자들을 구제하기 위한 여러 정책도 시도했지만 제이크 라모타 같은 뜨거운 피를 지닌 청년은 그런 것에 전혀 관심이 없었을 것이다. 전혀 체급이 다름에도 불구하고 헤비급 챔피언 조 루이스와 시합을 벌이고 싶다고 진지하게 얘기하는 그의 머릿속에는, 오로지 돈과 주먹으로 유명세를 떨치고 싶다는 야심밖에는 없다. 그의 모습에는 미국의 암흑기를 힘겹게 거쳐온 가난한 이탈리아계 이민자 세대의 한이 서려 있다. 1930년대 이후 어둠의 세계의 주도권을 쥐어가기 시작한 이탈리아계 마피아의 모습도 선명하게 드러난다. 그가 보여주는 폭력적 성향과 기행도 그렇게 설명할 수 있을지도 모른다. 또한 그것은 마틴 스코세이지가 자신의 성장배경을 끌어안는 것이기도 했다. 영화평론가 리처드 시켈이 쓴《마틴 스코세이지와의 대화》에 따르면 "〈분노의 주먹〉은 내게 새로운 무언가를 상징하는 작품이다. 그건 바로 내 성장배경을 받아들이는 거였다. '내 정체성과 출신 배경은 어떻게 해도 도저히 부정 못하는 거야'라는 생각이 들어서, 실제로 영화에 아버지와 어머니가 출연했다. 부모님은 세트장에 와서 내 정체성과 출신 배경을 상기하는 데 많은 도움을 줬다. 그동안 속에 꾹꾹 눌러 담아온 분노와 화가 마침내 〈분노의 주먹〉에서 폭발했다"고 말했다.

2. 우리 시대의 〈오델로〉

마이클 치미노의 〈천국의 문〉(1980)의 참패로 퇴출당할 위기에 처했던 유나이티드 아티스트사는 〈분노의 주먹〉으로 기사회생했다. 뮤지컬영화 〈뉴욕, 뉴욕〉(1977)을 야심차게 만들었다가 실패하고, 비슷한 시기 마약 복용으로 삶이 피폐해졌던 마틴 스코세이지 또한 이를 계기로 다시 할리우드의 중심으로 복귀했다. 무엇보다 〈분노의 주먹〉은 미국영화계가 1970년대를 마무리하고 새로운 1980년대를 힘차게 열어젖혔던 대전환기의 영화이기도 하다. 흑백으로 완성되어 1970년대의 마지막을 장식한 최후의 클래식 무비라고나 할까. 과거와 현재를 자유로이 오가는, 당대 전기영화 스타일에 대한 혁신적 접근으로서도 〈분노의 주먹〉은 교과서와도 같은 지위를 획득했으며, 수많은 평론가와 학자들의 비평의 대상이 되었다. 가령 《영화 예술》의 데이비드 보드웰과 크리스틴 톰슨은 〈분노의 주먹〉에서 드러나는 한 남자의 흥망성쇠와 폭력의 재현 양상을 통해 미국적인 이데올로기를 묘사하는 스코세이지의 태도에 주목했다. "라모타는 말다툼, 협박, 구타 등이 아니면 어느 누구와도 교제할 능력이 없는 것처럼 보인다. 두 번의 결혼, 특히 두 번째인 비키와의 결혼 생활은 집 안에서의 말다툼과 폭력으로 점철돼 있다. 가장 가까운 동생 조이도 끝내 질투 어린 분노로 두들겨 패고 멀리한다. 자신을 둘러싼 타인 모두에게 상처를 주고 내쫓는다"며 '미국적인 삶에 있어서의 폭력의 역할'에 대한 중요한 텍스트라고 지적한다. 또한 그것은 마틴 스코세이지 개인에 있어서도 중요한 의미를 지닌다. 데이비드 톰슨 등이 엮은 그의 자서전 《비열한 거리: 마틴 스코세이지, 영화로서의 삶》에 따르면, 그는 "〈분노의 주먹〉을 내 경력의 마지막이라 생각하고 내가 알고 있는 것, 느끼는 것을 모두 쏟아부었다. 이것이 내가 '가미가제식' 영화 제작법이라 말하는 것이다. 모든 것을 쏟아붓고 그리고 모든 것을 잊어버린 다음 다른 생활을 모색하는 것"이었다고 말한다.

다시 한번 《비열한 거리: 마틴 스코세이지, 영화로서의 삶》에 따르면, 스코세이지는 "제이크 라모타의 성격이 갖고 있는 자기파괴적인 측면에 매료됐다"며 "그것은 원초적인 감정이다. 사실 다른 사람을 두들겨서 쓰러트리는 것으로 생계를 유지하는 것보다 더 원초적인 것이 어디 있겠는가"라고 덧붙였다. 《마틴 스코세이지와의 대화》에서는 "난 항상 더 내려갈 밑바닥도 없는 다윗이 계약궤에 손을 올리자, 하나님이 와서 그를 끌어올리는 위대한 이야기를 떠올린다. 다윗이 나쁜 일을 그토록 많이 저질렀다는 점에 흥미를 느낀다"고도 말했다. 그러니까 〈분노의 주먹〉의 주제는 한 이탈리아계 이민자 복서의 분노와 출세를 향한 절박한 몸부림에 담아낸 미국적 영욕의 삶 그 자체다. 영화비평가 로저 에버트는 "〈분노의 주먹〉은 복싱영화가 아니다. 질투와 성적 불안감에 온 정신이 마비되어 링에서 징벌받는 것을 고해성사로, 참회로, 면죄부로 여기는 한 남자에 대한 이야기"라며 "더불어 인간의 질투를 가장 고통스럽고 비통하게 그려낸 영화다. 말하자면 〈분노의 주먹〉은 우리 시대의 〈오델로〉다. 여자들을 학대하게 만드는 남자들만의 자존심, 성적 불안감, 두려움을 다룬 영화 중에서는 최고의 작품"이라고 격찬했다.

3. 테크닉의 백과사전과도 같은 복싱 장면

　　원래 2주 정도로 계획되어 있던 복싱 장면의 촬영은 무려 10주 동안 이어졌다. 애초에 복싱 팬이 아니었던 스코세이지가 생각하기에 영화 역사상 복싱을 제대로 보여준 작품은 버스터 키튼의 〈웅왕 버틀러〉(1926)였다. 그래서 그는 고정된 카메라의 단조로운 화면을 벗어나 카메라가 진짜 복서와 함께 링 위에서 움직이길 바랐다. 그렇게 카메라를 링 안에 머물게 했고 화면의 앵글과 사이즈를 원하는 대로 자유자재로 조절했다. 《영화 예술》에서 묘사하길, "싸움의 대부분은 스테디캠으로 촬영됐고, 링 주위의 카메라 스포트라이트들에 의해 동기를 부여받은 역광은 선수들이 펀치를 맞을 때 날리는 땀방울이나 피를 강조한다. 종종 생략된 편집과 결합된 빠른 편집은 시끄럽고도 날카로운 사운드와 함께 펀치의 물리적인 힘을 강화시킨다. 특수분장 또한 선수의 얼굴에 기괴하게 솟아난 혈관들의 효과를 돋보이게 만든다." 그야말로 복싱 장면 연출의 혁명을 이뤄낸 것이다. 힘들게 흑백으로 결정된 화면과 함께 라모타의 주관적 시점으로 연출된 장면은 종종 폐소공포증을 불러일으켰으며, 한없이 이어지는 캐릭터의 고통은 관객의 깊은 감정이입을 유발했다. 앞서 〈택시 드라이버〉(1976)를 함께했던 마이클 채프먼 촬영감독의 역량은 〈분노의 주먹〉에 이르러 화려하게 만개했다.

4. 영화 역사상 기념비적인 오프닝과 엔딩 장면

피에트로 마스카니의 〈카발레리아 루스티카나〉 중 간주곡이 흐르는 가운데 등장하는 오프닝 장면은, 영화 역사상 가장 아름다운 오프닝으로 두고두고 회자된다. 제이크 라모타가 흑백의 링 위에서 혼자 섀도복싱을 하며 몸을 풀고 있고 자욱한 연기 속에서는 간혹 터지는 카메라 플래시만 보인다. 마치 꿈을 꾸는 것 같은 몽환적인 이 오프닝은 이후의 전반적인 영화의 정서마저 지배할 만큼 압도적이다. 한편, 후반부에 이르러 동생 조이와의 갈등을 해소하려는 제이크 라모타의 노력도 물거품이 된다. 그렇게 그는 과거 선수 시절의 추억으로 연명하는 밤무대의 스탠딩 개그맨이 된다. 〈분노의 주먹〉은 제이크 라모타가 무대에 서기 전, 거울 속의 자신을 상대로 대사를 읊는 장면으로 끝난다. 선수 시절과는 달리 엄청나게 살이 찐 그가 힘차게 주먹을 휘둘러도 보지만, 그럴수록 이 챔피언의 몰락은 더욱 슬퍼 보인다. 여기서 그가 읊는 대사는 엘리아 카잔의 〈워터프론트〉(1954)에서 테리(말론 브란도)가 형인 찰리(로드 스타이거)에게 던졌던 원망 섞인 대사다. "난 최고가 될 수 있었어. 난 도전자가 될 수 있었어. 난 다른 사람이 될 수도 있었어." 이 말이 형제 조이를 원망하는 것인지, 아니면 뒤늦게 모든 책임을 스스로에게 지우는 것인지 명확하게 답하기는 어렵다.《비열한 거리: 마틴 스코세이지,

영화로서의 삶》에서도 스코세이지는 "나에게도 곤란한 질문"이라며 관객의 상상력을 환기시키는 애매한 결론으로 남겨뒀다. 실제로도 영화에서 가장 마지막에 촬영했으며, 총 열아홉 번 촬영했다가 스코세이지가 원하는 장면으로 결정됐다.

5. 〈휴고〉,
멜리에스의 〈달세계 여행〉 복원 작업

"영화감독으로서, 저는 영화의 모든 것이 조르주 멜리에스로부터 시작됐다고 생각합니다. 그의 영화를 들여다보면 감동을 받고, 영감을 얻습니다. 왜냐하면 100년 전 처음 그 기법들이 발견됐을 때의 흥분이 그대로 살아 있으니까요. 영화는 제가 처음으로 사랑에 빠진 강렬한 예술적 표현이니까요. 그리고 제 삶을 영화에 바친 이유가 바로 그것이기도 하니까요." 마틴 스코세이지는 조르주 멜리에스에 대한 헌사를 바치기 위해 브라이언 셀즈닉의 그림 소설 《위고 카브레》를 〈휴고〉로 영화화했다. 조르주 멜리에스는 영화계를 떠난 말년에 작은 장난감 가게를 운영하며 생계를 유지했는데, 그 당시의 이야기를 바탕으로 나온 원작이 바로 《위고 카브레》다. 〈휴고〉는 영화라는 거대한 문을 열고 들어가는 한 소년의 이야기다. 1930년대 프랑스 파리의 기차역에서 시계 관리를 하며 살아가는 고아 소년 휴고(에이사 버터필드)는 돌아가신 아빠가 남긴 고장 난 자동인형을 수리하면서 숨겨진 비밀을 만나게 된다. 그 비밀이란 바로 영화사 초기의 위대한 감독이자 제작자, 그리고 마술사였던 조르주 멜리에스와의 조우다. 영화라는 새로운 매체의 잠재력을 가장 깊고 넓게 알아차렸던 그는 영화의 순수성과 그 심원한 세계에 가장 가까이 다가갔던 사람이었다. 게다가 그의 영화들은 그 자체로 현재 3D 입체영화의 맹아였다. 〈휴고〉는 현재의 거장이 사라진 거장에게 바치는 최고의 찬사다. 알려졌다시피 마틴 스코세이지는 비영리단체인 '세계영화재단(WCF)'을 이끌며 국경과 민족을 초월해 전 세계 영화의 복원과 보존 작업을 이어오고 있다. 말하자면 〈휴고〉는 《위고 카브레》의 영화화이기도 하지만, 스코세이지가 직접 나선 조르주 멜리에스의 〈달세계 여행〉(1902)의 복원 작업이기도 하다.

　〈휴고〉에도 나오듯 영화 역사상 최초의 영화가 뤼미에르 형제의 〈열차의 도착〉(1896)이라면, 멜리에스의 세계로 빠져들게 되는 소년 휴고가 기차역에서 늘 '열차의 도착'을 보는 아이라는 설정은 꽤 의미심장하다. 그렇다면 뤼미에르와 멜리에스의 차이는 무엇일까. 《옥스퍼드 세계영화사》는 조르주 멜리에스를 두고 "아마도 영화에 있어 '픽션'이라는 개념을 본격적으로 도입한 최초의 사람"일 것이라 말한다. 풍자만화가이며 마술가였던 그는 영화에도 나오듯 1895년 뤼미에르 형제가 만들고 상영했던 단편영화에 흠뻑 매료됐다. 이후 그는 뤼미에르의 카메라와 비슷한 카메라를 만든 후 있는 그대로의 거리 풍경과 하루가 경과하는 순간들을 필름에 담기 시작했다. 그러던 어느 날, 버스가 지나가는 동안 카메라가 정지해버렸고 카메라를 고친 뒤에는 렌즈 앞으로 장의차가 지나가고 있었다. 나중에 그것을 상영했을 때 다가오던 버스는 순간 장의차로 바뀌어 달리기 시작했다. 그가 '영화적 마술'을 처음으로 인식하게 된 극적인 사건이었다. 말 그대로 그것은 마술이자 픽션이었다. 버스가 장의차로 바뀐 것이 우연이었다면 그는 그 우연을 영화적 마술로 승화시키기 위해 여러 '준비'와 '연출'이 필요함을 깨닫게 됐다. 세계 최초의 스튜디오가 바로 그렇게 탄생했다(〈휴고〉에서 그 기념사진을 촬영하는 이가 바로 카메오 출연한 마틴 스코세이지 감독이다).

그렇게 멜리에스는 1896년부터 시작해 1912년에 이르기까지 수백 편의 영화를 제작했다. 런던, 바르셀로나, 베를린, 그리고 뉴욕에도 배급 사무소를 세우면서 뤼미에르 형제를 압도했다. 그 스튜디오는 발코니, 뚜껑문, 그리고 이동개병 등의 연극 장치들로 빽빽하게 가득 채워진 형태였다. 멜리에스의 영화사 '스타 필름' 스튜디오는 화면 내의 모든 요소를 통제하며 광범위한 기술적 가능성을 보여주었다. 풍자만화가이기도 했던 그는 초기 형태의 콘티는 물론 세트와 의상 디자인까지 도맡았다. 게다가 종종 직접 주연을 맡거나 한 편에서 여러 역할을 연기했다. 그런데 그의 영화적 개념은 태초부터 3D였다. 가령 스튜디오에서 촬영한 〈인어공주〉의 경우 그가 꾸민 해저 세계는 배경 그림 앞에서 의상을 입은 여배우, 그리고 카메라 앞에 놓인 어항 등 여러 '겹'으로 이뤄진 형태였다. 영화에서 재현되는 〈달세계 여행〉의 세트도 그렇다. 그의 영화는 결코 '평면'이 아니었으며 그는 영화라는 새로운 매체의 잠재력을 가장 먼저 알아차린 선구자이자 예언자였다.

하지만 그의 인기는 '파테'사 등 다른 경쟁사들이 몸집을 늘리고 또 다른 형태의 영화들이 인기를 얻기 시작하면서 1908년부터 급격히 기울기 시작했고 1913년 결국 파산에 이르렀다. 데이비드 보드웰은 《영화 예술》에서 그가 영화사에 끼친 영향과 의미에 대해 "영화를 리얼리즘으로 구속시키는 것은 미장센을 정말로 빈곤하게 만들 것이다. 영화예술에서 이 미장센 기법의 1인자는 바로 조르주 멜리에스"라고 말했다. 태생부터 '있는 그대로 담아내는' 영화를 새로운 형태로 진화시켰다는 것이다. 또한 "그것은 현실에 대한 정상적 관념을 초월하는 힘을 갖

고 있으며, 멜리에스의 미장센은 그로 하여금 영화에 있어 완전히 상상
적인 세계를 창조할 수 있도록 해주었다"고 덧붙였다. "멜리에스 마술의
유산은 전적으로 즉흥적인 상상력에 따르는 유쾌한 비사실적 세계"라
는 말과 함께.

6. 거장은 새로운 기술과 환경을
두려워하지 않는다

〈휴고〉는 〈마틴 스코세이지의 영화 여행〉(1995)과 〈나의 이탈리아
여행기〉(1999)에서 이어지는 '마틴 스코세이지의 나의 1930년대 프랑
스 영화 여행'이기도 하다. 소문난 영화광 마틴 스코세이지가 영화 탄생
100주년을 기념해 1995년에 만든 〈마틴 스코세이지의 영화 여행〉은 장
장 4시간에 걸쳐 미국 영화사를 설명하는 그의 지극히 개인적인 여행이
었다. 친절한 영화 선생님이 되어 4살 때 본 영화, 엄마와 처음 간 극장
을 비롯하여 미국 영화의 아버지 D. W. 그리피스의 〈인톨러런스〉(1916)
등 그를 압도한 영화 등을 설명해나갔다. 〈휴고〉에서 휴고와 이자벨(클
로이 모레츠)이 르네 타바르의 《꿈의 발명품》을 읽을 때도 바로 그 〈인톨
러런스〉 장면이 삽입된다. 그러면서 그는 감독을 마술사(Illusionist)로서
의 감독, 사기꾼(Smuggler)으로서의 감독, 성상파괴자(Iconoclast)로서의
감독 등 세 부류로 나누었다. 영화 속에서 새로운 마술과도 같은 편집
기술을 선보인 D. W. 그리피스와 F. W. 무르나우가 대표적인 마술사로
서의 감독이라면 조르주 멜리에스는 바로 첫 번째 마술사였을 것이다.
또한 그는 〈나의 이탈리아 여행기〉를 통해 이탈리아 영화에 대한 자

신의 애정을 담은 연대기를 선보이기도 했다. 그의 조부모는 거의 교육 받지 못한 이탈리아 시칠리아 이민자였고 그는 어려서 극장에서 본 이 탈리아 영화들을 통해 가족을 이해하기 시작했다. 말하자면 〈나의 이 탈리아 여행기〉는 비스콘티와 펠리니, 안토니오니와 로셀리니 등 거장 의 영화들을 통해 자신의 뿌리를 찾아나가는 여행이었다. 그러니까 〈휴 고〉는 '사적인'이라는 단서가 붙은 앞선 두 영화들과 비교할 때, 미국과 이탈리아에 이어 세 번째로 나선 프랑스 여행임과 동시에 세계영화재 단의 창립자로서 뭔가 책임감 있는 '공적' 여행이라고 할 수 있다. 여행 의 목적은 바로 세계 영화사가 3D로 시작했다고 선언하는 것이다. 뤼미 에르의 열차가 도착할 때 '기차가 달려온다'며 사람들이 도망쳐 소동이 났던 일, 멜리에스의 달에 여신과 땅과 우주인들이 서로 겹쳐 서서 움직 이는 황홀한 장면 등을 예로 들며 스코세이지는 3D 영화의 근원을 탐색 한다.

그리고 그것이 현재의 영화를 이루는 토대가 됐음을 분명히 한다. "멜리에스의 가장 뛰어난 점은 우리가 지금 하고 있는 영화적 기법의 대 부분을 그가 다 만들었다는 점이다. 근래 들어 영화사 학자들은 과거 멜 리에스의 영화들을 보면서 마치 거친 3D 화면의 초기 단계처럼 보인다 는 사실을 발견했다. 1930년대부터 50년대를 지나 현재에 이르기까지 공상 과학, 판타지 영화의 맥을 잇는 해리하우젠, 스필버그, 루카스, 제 임스 카메론까지 일직선상에 있다. 멜리에스는 우리가 지금 컴퓨터로 그린 스크린과 디지털로 하는 작업을 모두 스튜디오에서 카메라만 가 지고 해냈다"는 게 그의 얘기다. 최근에도 〈아이리시맨〉(2019)을 만들며 로버트 드 니로와 알 파치노를 젊게 만드는 '디에이징' 특수효과를 사용 하고, 전통적인 극장 상영과는 다른 개념인 넷플릭스라는 OTT 서비스와 손을 잡는 등 언제나 새로운 기술과 환경을 적극적으로 수용하고 적응하는 데 거리낌이 없었던 스코세이지에게 《위고 카브레》는 상당한 충격이었을 것이다. "이것은 실화다. 그는 파산한 뒤 몽파르나스 기차역의 장난감 가게에서 거의 16년간 일했다. 책을 처음 읽고 장난감 가게에서 일하는 노인이 조르주 멜리에스일 거라곤 상상도 못 했다"고 말한다. 멜리에스를 존경한다고 말하면서도 그의 말년에 대해서는 미처 알지 못했던 그로서는, 재단의 수장으로서 세계 영화사의 마지막 퍼즐을 맞추는 작업이 어쩌면 〈휴고〉였는지도 모른다.

7. 마틴 스코세이지의 옛날 옛적 3D 영화들

〈휴고〉는 3D 기법에 대한 마틴 스코세이지의 애정을 듬뿍 담아낸 영화다. 그가 영화관에 다니던 청소년기에 거의 모든 장르에서 3D 기법이 처음 사용되기 시작했다. 그가 1953년 처음으로 본 3D 영화는 안드레 드 토스 감독의 〈밀랍의 집〉이었다. 하지만 스코세이지에게 3D 기법을 영화에 사용하여 이야기를 돋보이게 할 수 있을 거란 생각을 들게 한 영화는 바로 한 해 뒤 개봉한 알프레드 히치콕의 〈다이얼 M을 돌려라〉였다. 그리고 그 생각이 긴 세월을 지나 〈휴고〉에까지 이르렀다. 그는 이런 소감을 밝혔다. "〈다이얼 M을 돌려라〉는 굉장한 영화였다. 3D가 단순히 하나의 효과로 사용된 것이 아니라, 이야기와 밀접하게 연관되며 공간을 내러티브의 일부로 사용하고 있었다. 내가 3D 작업을 하면서 느낀 것은, 이 기법이 배우를 더 돋보이게 한다는 점이다. 마치 조각상이 움직이는 듯한 느낌을 준다. 이제 평면적인 느낌에 그치는 것이 아니라, 연기와 동선이 잘 맞기만 한다면 연극과 영화가 한데 합쳐진 듯하지만 연극도 영화도 아닌 색다른 느낌을 준다. 그것이 늘 기대했던 것이었고 3D 영화를 반드시 만들어야겠다고 다짐하는 계기가 됐다." 그리하여 스코세이지는 3D 영화 제작의 기본 지침으로 스태프들에게 〈하우스 오브 왹스〉와 〈다이얼 M을 돌려라〉를 보여줬다. 스코세이지의 촬영감독인 로버트 리처드슨 역시 3D 영화 작업은 처음이었다. 그는 "아마도 내가 〈휴고〉 작업을 처음 시작했을 때, 머릿속에 그려지는 느낌은 휴고가 달려가고 있는 것을 어깨 너머로 보는 것이었다. 그리고 휴고의 눈에는 어떤 갈망이 들어 있다. 3D 기법을 사용하면 얼굴 표정이 더 생생하게 드러난다. 사람을 다른 눈으로 보게 된다고나 할까. 보다 더 가까운 사람처럼 느끼게 된다. 3D는 관객과 캐릭터 사이에 더 깊은 유대감을 느끼게 한다"고 말한다.

켄 로치

우리가 사는 세상은
과연 나아지고 있는가

1. 〈레이닝 스톤〉과
〈캐시 컴 홈〉이 떠오르다

〈나, 다니엘 블레이크〉의 주인공 다니엘(데이브 존스)을 보면서 떠오른 사람은 바로 켄 로치의 전작 〈레이닝 스톤〉(1993)의 실직자 아버지 밥(브루스 존스)이다. '레이닝 스톤'이란 마치 하늘에서 돌이 비처럼 쏟아지는 것 같은 상황을 말하는 것으로, 영국 북부 지역 노동자들의 궁핍한 현실을 비유하는 말이다. 밥은 처음으로 가톨릭 성찬식을 치르는 딸을 위해 예쁜 드레스를 사 주려고 동분서주한다. 사실 성당의 신부님도 굳이 새 드레스를 맞출 필요는 없다고 얘기하지만, 사채업자에게 쫓기는 한이 있더라도 아버지로서 딸에게 새 드레스를 사 주는 일이 〈나, 다니엘 블레이크〉의 다니엘의 그것만큼이나 중요한 마지막 자존심이다. 또 하나 기억해둘 작품은 켄 로치의 이름을 영국 전역에 알렸던 TV 영화 〈캐시 컴 홈〉(1966)이다. 여성 주인공의 이름도 '캐시'와 '케이티'로 비슷한 데다 〈나, 다니엘 블레이크〉가 〈캐시 컴 홈〉이 만들어진 지 50주년이 됐을 때 개봉한 작품이라 많은 이들이 그 연관성을 언급했다. 〈캐시 컴 홈〉에서 엄마 캐시(캐롤 화이트)는 남편이 교통사고를 당해 직장을 잃은 후 혼자 아이들을 데리고 홈리스를 위한 쉼터에서 지내게 된다. 여기까지의 내용은 〈나, 다니엘 블레이크〉와 꽤 비슷해 보인다. 말하자면 켄 로치가 보기에 지난 50년의 세월 동안 사회소외계층의 삶은 별로 달라진 게 없는 것이다. 역시 켄 로치의 또 다른 영화 〈레이디버드 레이디버드〉(1994)도 비슷하다. 〈나, 다니엘 블레이크〉의 케이티(헤일리 스콰이어)처럼 네 명의 아이들을 홀로 키우며 힘겹게 살아가는 매기(크리시 록)가 어느 날 외출한 사이 집에 불이 나고, 첫째 아이가 다친다. 사건을 조사하던 사회복지국은 미혼모 노동자인 그녀가 홀로 아이를 키우기에 부적격하므로 아이들을 떼어놓아야 한다고 판정한다. 그처럼 〈캐시 컴 홈〉과 〈레이디버드 레이디버드〉의 엄마는 사회복지국 공무원들에게 아이들을 빼앗길 위기에 처한다. 그런데 매기의 삶은 더 처참하다. 아이들과 함께 살 수 있는 마지막 방법으로 매춘 일까지 하려고 한다. 전기와 수도가 끊어진 집에서 가족 모두 제대로 씻지도 못하고 매일 같은 옷을 입고 다닌다. 엄마는 생리대 살 돈이 없고 아이들은 신발 밑창이 떨어졌지만 새로 살 돈이 없어 동급생들에게 놀림을 당한다. 가족은 이전 영화들보다 더 잔인하고 처참한 상황에 내몰린다.

2. 칸영화제 경쟁 부문
무려 열세 번의 초청

켄 로치 감독은 〈외모와 미소〉(1981)로 시작하여 〈미안해요, 리키〉에 이르기까지 40여 년의 시간 동안, 칸영화제 경쟁 부문에 무려 열세 번 오르면서 칸 경쟁 부문 최다 초청 기록을 갖게 되었다. 〈보리밭을 흔드는 바람〉(2006)과 〈나, 다니엘 블레이크〉로 황금종려상을 두 번 수상하기도 했다. 가장 유명한 일화는, 영화인들에게 무조건 드레스 코드를 지키도록 하고 심지어 이제는 셀카도 찍지 못하게 하는 칸영화제의 레드카펫을 청바지 차림으로 걸어간 유일한 감독이 켄 로치라는 것이다. 그는 바로 '블루칼라의 시인'이기 때문이다. 켄 로치와 언제나 함께하는 파트너들이라면, 제작자 레베카 오브라이언과 시나리오 작가 폴 래버티가 있다. 〈나, 다니엘 블레이크〉로 칸영화제에서 두 번째 황금종려상을 받을 때 그 두 사람이 양쪽에 나란히 서 있었다. 두 사람은 각각 과거 켄 로치가 1965년부터 1980년까지 함께했던 제작자 토니 가넷, 〈빅 플레임〉(1969)을 시작으로 〈랜드 앤 프리덤〉(1996)까지 함께한 짐 앨런 작가 이후 쭉 호흡을 맞춰오고 있다. 〈엔젤스 쉐어〉(2012) 이후 줄곧 카메라를 맡아온 로비 라이언 촬영감독도 빼놓을 수 없다. 아일랜드 더블린 출신의 그는 〈더 페이버릿: 여왕의 여자〉(2018), 〈결혼 이야기〉(2019)도 촬영하며 최근 주목받는 촬영감독 중 하나다. 2021년 80대의 나이인 켄 로치는 1990년 이후 평균 1년에 한 편씩 영화를 만든 셈인데 〈지미스 홀〉(2014)이 마지막 영화일 거라는 얘기도 있었지만, 제작자 레베카 오브라이언에 따르면 '(〈랜드 앤 프리덤〉이나 〈보리밭을 흔드는 바람〉처럼) 대규모 투자를 받는 장편 극영화로서는 〈지미스 홀〉이 마지막'이라는 얘기였다.

　변함없는 파트너십을 과시한 그들에게 두 번째 황금종려상을 안겨준 〈나, 다니엘 블레이크〉에서 가장 끔찍한 장면은, 며칠째 아무런 음식도 먹지 못하고 일명 '푸드뱅크'라 불리는 식료품 지원소에 간 케이티가 배가 고파 이성을 잃고 통조림을 따서 먹다가 눈물 흘리는 장면이다. 말 그대로 궁지에 몰려 '정신 줄'을 놓는 장면이다. 무엇이 케이티를 그렇게 만들었을까, 생각하면 답답하기 그지없다. 이 장면의 메이킹 영상을 본 적 있는데, 실제로 연기를 지켜보던 켄 로치 감독의 눈시울이 붉어졌다. 하지만 기술적인 문제로 한 번 더 촬영을 할 수밖에 없었고, 배우 헤일리 스콰이어에게 다가가 정말 정중하게 한 번 더 촬영해야 하는 상황을 설명했다. 그런 장면에서는 아무리 전문적인 배우라도 감정이 바닥을 칠 수 있기 때문에, 그렇게 한 번 더 촬영하고는 그날 촬영을 완전히 접었다. 그런 상황이고 보니 케이트 루터라는 배우가 연기한 나이 든 여성 공무원 앤도 기억에 남는다. 원리 원칙만 내세우는 공무원들 사이에서 다니엘에게 "아니에요, 죄송한 건 저예요"라며 유일하게 배려의 손길을 내민 사람으로 나중에 장례식장에도 온다. 하지만 앤을 통해 켄 로치가 '공무원들이라고 다 똑같은 게 아니고, 이런 친절한 공무원도 있다'는 걸 보여주려고 한 건 아니다. 다니엘을 도와준 앤을 결국 어딘가로 불러서 "앞으로 그러지 마. 바쁜데 그렇게 한 명씩 도와주다 보면 나쁜 선례가 남는다"고 지적하는 상사와 그 비인간적인 시스템을 보여주기 위한 것이다. 켄 로치가 〈나, 다니엘 블레이크〉로 황금종려상을 수상하며 남긴 소감은 다음과 같다. "세계 5위 부국이라는 나라(영국)에서 배고픔에 음식을 찾던 이들이 떠올랐다. 우리가 사는 세계는 위험한 지경에 이르렀다. 우리는 우리를 파국으로 몰고 갔던 신자유주의에 의해 추동된 긴축정책이라는 위험한 프로젝트에 사로잡혀 있다. 이는 수백만 명에게는 삶이 곧 투쟁이 되어버린 심각한 생활고를, 아주 극소수의 누군가에게는 기괴할 정도의 엄청난 부를 가져다주었다. 세계 영화의 역사에는 여러 전통이 있어왔다. 그중 하나의 중요한 전통은 세상을 향해 반대의 목소리를 내는 영화, 거대한 권력에 반대하는 사람들에 대한 관심을 보여주는 영화다. 그 전통이 계속해서 이어지기를 바란다."

3. 바다가 없지만
바다가 보이는 마술

〈나, 다니엘 블레이크〉의 최고 명장면이라면, 다니엘이 케이티 가족에게 세상을 떠난 아내 얘기를 들려주는 장면일 것이다. 영화의 배경인 뉴캐슬이 항구도시임에도 영화 속에서 한 번도 나오지 않은 바다가 떠오르는 순간이다. 다니엘의 아내는 라디오를 듣다가 녹음한 노래라며 〈Sailing by〉(항해)라는 곡을 다니엘에게 들려주는데, 그 가사를 빗대 아내가 "바람에 기대어 먼 바다로 항해하고 싶다"고 얘기했다고 말한다. 〈Sailing by〉는 과거 영국 작곡가 로널드 빈지가 BBC 라디오 일기예보 시그널 뮤직으로 작곡한 곡이다. 다니엘과 그 아내가 함께 찍은 기념사진의 배경을 통해 영화에 바다가 처음 등장한다. 그러면서 다니엘은 "아내 머리에 바다가 생겼다"며 병에 걸린 아내의 상황을 표현한다. 나중에 다니엘은 생활비를 마련하기 위해 집 안의 가구를 모두 처분하면서도 끝까지 물고기들이 매달려 있는 모빌만은 팔지 않는다. 그 물고기 모빌이 있는 한, 그 집은 가구와 가재도구가 하나도 없어도 아내와 영원히 함께 사는 바다가 되기 때문이다. 굉장히 시적인 장면으로, 켄 로치가 왜 '블루칼라의 시인'이라고 불리는지 알 수 있는 장면이기도 하다. 다니엘이 얼마나 물고기를 좋아하냐면 나중에 케이티 가족에게 직접 가구를 만들어 줄 때도 거기에 귀여운 물고기 모양을 새긴다.

4. 〈미안해요, 리키〉, 모두가 사장이라는 '긱 이코노미'의 거짓말

〈미안해요, 리키〉는 폴 래버티 작가와 레베카 오브라이언 프로듀서가 긱 이코노미에 대한 문제의식으로 함께 제작한 영화다. 리키(크리스 히친)와 애비(데비 허니우드) 부부는 자녀들에게 더 나은 환경을 주고자 성실하게 일하지만, 과도한 노동시간과 불안정한 일자리로 개인의 삶과 가족과 함께하는 시간 모두 잃어버린다. 리키 가족이 이렇게 흔들리게 된 근본적인 원인은 2008년 세계 금융위기였다. 이때 금융위기의 여파로 은행이 파산하며 건축 회사를 다니던 리키는 실업자가 되고, 주택 융자를 받지 못하게 되며 삶이 흔들린다. 결국 '긱 이코노미'라는 새로운 경제 상황에 놓이게 된다. 긱 이코노미(Gig Economy)는 일자리에 정규직보다 계약직이나 프리랜서 등을 주로 채용하는 경제 현상을 뜻한다. 리키와 애비 부부는 이러한 형태의 계약으로 인해 적정 노동시간과 최저임금 등 최소한의 복지를 보장받지 못한다. 폴 래버티는 〈미안해요, 리키〉를 통해 이러한 생산구조의 변화가 어떻게 개인의 삶에 영향을 미치고, 인간관계에까지 투영되는지 다루고 있다. 〈미안해요, 리키〉의 오프닝에서 일용직을 전전하던 리키는 택배 기사로 새 삶을 시작하기 위해 매니저 멀로니(로스 브루스터)와 면접을 본다. 짧은 면접 후 멀로니는 '당신은 우리를 위해 일하는 게 아니라 우리와 함께 일하는 거다'라며 이것은 채용의 형태가 아니고, 택배 기사란 모두가 '사장'인 개별사업자나 마찬가지라고 말한다. 하지만 그것은 곧 최소한의 노동권과 생명권도 회사가 책임지지 못한다는 말을 의미했다. 나중에 리키가 힘들어해도 "세상에 사연 없는 사람이 어디 있냐"며 아예 들을 생각을 하지 않고,

"사람들이 나보고 악당이라고 할지 모르지만, 사람들이 잘 모르는 거다. 나는 사람들의 불평과 불만을 모두 흡수하고 이를 연료로 삼아서 일하는 사람이다. 그래서 내가 최고고 전국에서 우리 지점이 가장 실적이 좋다. 나는 오직 이 까만 기계 스캐너(택배 기사들이 모두 들고 다니는 입력 기계)만 믿는 사람"이라고 말하는 멀로니는 켄 로치 영화에 간만에 등장한 '빌런'이라 할 수 있다. 결국 리키는 '제로아워 계약'으로 시간 외 수당을 받지 못하는 아내 애비와 마찬가지로 긱 이코노미 노동자가 되어 저녁도, 주말도 보장받지 못하는 노동의 굴레에 빠진다. 정해진 노동시간 없이 임시직 계약을 한 뒤 일한 만큼 시급을 받는 노동계약을 뜻하는 제로아워 계약은, 마치 일하는 사람이 근무시간을 자유롭고 편하게 선택해서 쓸 수 있는 방법처럼 보이지만 사실상 연락을 받았을 때 바로 일할 수 있게끔 언제나 대기 상태여야 하고, 애비처럼 마음이 약해서 일을 더 한다고 해도, 혹은 더 할 수밖에 없는 상황이 되어도 추가 비용을 받을 수 없는 악랄한 계약이다. 최저임금 개념도 없어서, 정해진 노동시간으로 예상 수령 급여를 알 수 있는 '파트타임' 아르바이트보다 훨씬 더 못한 계약이다.

〈나, 다니엘 블레이크〉를 마지막 영화로 생각했던 켄 로치 감독은 푸드뱅크에 온 많은 이들이 파트타임, 제로아워 계약으로 일하는 긱 이코노미 노동자라는 것을 보게 된다. 켄 로치 감독은 "이것은 새로운 형태의 착취와도 같았다"며 〈나, 다니엘 블레이크〉를 함께 제작한 폴 래버티 작가, 레베카 오브라이언 프로듀서와 함께 그로부터 이어지는 주제의 영화를 구상하게 된 것이다.

5. 〈빌리 엘리어트〉, 〈런던 프라이드〉와 만나다

"이 사진 너무 좋아요." 간병인으로 일하는 애비는 1984년 광산 파업 당시의 클럽 사진을 보여주며 자신이 '콜리어리 클럽'이라는 무료 식당을 열어서 하루에 500명을 먹였다고 말하는 몰리라는 여자를 만난다. 그 시기는 바로 〈빌리 엘리어트〉와 〈런던 프라이드〉의 시대적 배경이기도 하다. 몰리는 애비가 만나는 사람들 중에서 가장 친절하고 좋은 사람이다. 그런데 어느 토요일, 몰리가 세 시간째 다른 간병인 없이 있다는 연락을 받게 된다. 원래 가족끼리 시간을 보내려 했으나 애비는 몰리에게 가야 할 것 같고, 아들은 모두 다 같이 차를 타고 가자고 한다. 그렇게 가족은 몇 개월 만에 뜻하지 않은 가족 나들이를 하게 된다. 그렇게 도착한 집에서 몰리는 화장실도 가지 못한 채 앉아만 있다. 1984년 정부에 맞서 싸우던 탄광 노동자와 그로부터 35년이 지나 제로아워 계약으로 일하는 2019년의 간병인이 그렇게 만난다.

6. 더 냉소적으로 변한 켄 로치

〈나, 다니엘 블레이크〉와 〈미안해요, 리키〉는 더 냉소적이고 절망적으로 변한 켄 로치의 시선을 보여준다. 보통 창작자들은 나이가 들어가며 좀 더 긍정적으로 변하거나 세상과의 적당한 타협을 도모하는 방향으로 나아가는 모습을 종종 보여왔는데, 오히려 켄 로치는 정반대다. 왜

냐하면 세상은 전혀 변하지 않았기 때문이다. 아니, 그는 세상이 갈수록 더 나빠지고 있다고 느끼는 것 같다. 〈레이디버드 레이디버드〉에서 가장 소름 끼치는 지점은 영화에서 가장 따뜻하게 묘사되는 사람이 바로 매기에게 성매매를 제안하는 포주라는 점이다. 생계를 위협받는 매기에게 "힘들죠, 도와줄게요"라고 말을 건네는 그 포주가 오히려 영화 속 답답하고 고압적인 공무원들보다 훨씬 더 인간적으로 느껴지는 이 거대한 모순 앞에서 할 말을 잃을 수밖에 없다.

　〈미안해요, 리키〉에서는 켄 로치의 이전 영화들과 달리 자식과의 관계에서 그것이 드러난다. 리키는 종종 딸과 함께 택배 일을 다니는데, 한번은 손님이 부탁한 장소에 물건을 놔두러 갔다가 개에게 엉덩이를 물린다. 그걸 본 딸은 "우리 아빠 사각팬티 새로 사 주셔야 해요"라는 쪽지를 남기고 떠난다. 이 장면은 얼핏 귀여운 유머처럼 여겨지지만, 결국 그로 인해 손님은 회사에 그런 쪽지를 받았다며 항의하게 되고 '안전이나 보안 등의 이유로 동승자가 있으면 안 된다'는 규정까지 어긴 것이 발각되어 리키는 벌점을 받게 된다. 이 일이 '개인사업자'의 일이 아니라는 것이 드러나는 순간이다. 지금껏 켄 로치 영화에 가족이나 자식들이 등장하면, 힘든 순간에도 똘똘 뭉치는 위안과 격려의 모습을 보여줬다. 하지만 〈미안해요, 리키〉에서는 어린 딸의 그런 귀여운 순수함이 결과적으로 부모를 더 힘들게 만든다. 아버지와 오빠의 관계 또한 틀어지게 해 더 큰 싸움을 초래하기도 한다. 켄 로치의 영화는 언제나 마음 착하고 순수한 어린 자식들의 행동이 결국 부모를 구원하는 이야기였는데, 이 영화에서는 완전히 반대라는 생각이 들어서 소름이 끼쳤다. 켄 로치가 이제 더 이상 눈곱만큼의 희망도 얘기하기 싫어하는구나, 하는 생각마저 들었다.

7. 마지막 자존심을
구겨버린 세상

켄 로치의 전작 중에 비슷한 제목의 영화를 고르자면 〈내 이름은 조〉(1998)라는 영화가 있다. 그런데 이 영화는 '마이 네임 이즈 다니엘 블레이크'가 아니다. 비슷해 보이지만 다르다. '대문자 I'라는 '나' 자신의 실존이 중요하다. 관공서 벽에 자신의 이름을 쓴 그의 얘기는 단순하지만 명확하다. "나는 보험번호 숫자도 아니고 화면 속 점도 아닙니다. 인간적 존중을 요구합니다. 그 이상도 이하도 아닙니다. 내 권리를 요구합니다." 케이티도 마찬가지였다. 배고픔을 참다 참다 통조림을 따며 무너졌던 그 순간 자존심은 완전히 내팽개쳐졌다. 다니엘과 케이티처럼 〈미안해요, 리키〉의 애비에게도 마지막 남은 자존심이 중요하다. 남편과 아들이 싸울 때에도 언제나 좋은 말로 타이르고, 제로아워 계약으로 힘들게 살아가는 간병인이지만 불평 한마디 없이 일을 완수하고 있다는 자부심은 애비를 언제나 평온한 상태로 있게끔 만들었다. '난 어떤 순간에도 흥분하거나 화내지 않는다. 아무리 힘들어도 난 남들과 다르게 절제할 수 있는 사람이다'라는 것이 애비의 자존심이었다. 하지만 그에게도 폭발하는 순간이 찾아온다. 남편이 업무 도중 폭행을 당해 병원 대기실에 힘없이 앉아 있던 때, 상황을 알면서도 남편을 닦달하는 상관의 전화가 오자, 남편의 전화를 뺏어서 '일 때문에 이 지경이 되어 병원에 온 사람에게 할 소리냐!'고 따져 묻는다. 허겁지겁 통조림을 먹다가 제정신이 든 케이티처럼, 애비도 통화가 끝나자마자 문득 제정신이 든다. 내가 원래 이런 사람이 아닌데, 어떤 순간에도 점잖은 사람인데, 그렇게 깨닫자마자 역시 완전히 무너져 내린다. 잘 살건 못 살건 어떻게든 일상을 버티게 해줬던 그들의 자존심을 이놈의 세상이 완전히 구겨버렸다. 그래서인지 켄 로치 필모그래피에서 영화의 원제인 〈Sorry We Missed You〉처럼 어떤 '감정'이 담긴 제목은 아마도 처음이 아닐까 싶다. 영화의 엔딩도 그렇다. 언제나 이야기를 깔끔하게 봉합시키면서 영화를 마무리했던 켄 로치가 이 영화에서는 그러지 않았다. 가족의 위기가 봉합되려는 찰나, 부상을 당한 리키는 심지어 달리는 차 앞으로 달려와 만류하는 가족 모두를 뿌리치고 거의 한쪽 눈만 뜬 상태로 울면서 출근한다. 바뀌지 않는 현실에 대한 켄 로치의 단호한 냉담함이랄까. 그의 영화에서 이런 서늘한 엔딩을 본 적이 없다. 코로나19까지 겪은 이 시대를 바라보는 켄 로치의 다음 영화는 어떤 모습일지 진심으로 궁금해진다.

쿠엔틴
타란티노

관객과 게임을 멈추지 않는
장르 탐식가

1. 장고의
유구한 역사

프랑코 네로가 등장하는 왕년의 〈장고〉(1966)를 보며 한 번도 깨닫지 못한 것이 있다. 《클린트 이스트우드: 영화의 심장을 겨누고 인생을 말하다》를 쓰기도 했던 스파게티 웨스턴 전문가 하워드 휴스는, 《원스어폰 어 타임 인 더 이탈리안 웨스트》라는 책에서 세르지오 코르부치의 〈장고〉를 정밀 분석한다. 그는 할리우드 웨스턴 장르의 히어로들과 비교하며, 장고에 대해 장르적 컨벤션을 '폭로'(Debunk)한 인물이라고 말한다. 그리고 장고가 다른 웨스턴 히어로들과 결정적으로 다른 점은 느릿느릿 관을 끌고 다니면서 절대 말을 타지 않는 것이라고 말한다. 장고가 말을 타지 않고 늘 걸어 다닌다는 사실을 그제야 알게 됐다. 하지만 〈장고: 분노의 추적자〉의 장고(제이미 폭스)는 신나게 말을 타고 다니며, 과거 장고의 주무기였던 가공할 기관총도 가지고 있지 않다. 또한 결정적으로 그는 흑인이다. 말하자면 〈장고: 분노의 추적자〉는 〈장고〉의 리메이크가 아니라 장고라는 캐릭터와 오프닝의 낯익은 음악 정도만 빌려온, 그러니까 장고를 맥거핀으로 쓴 타란티노의 블랙스플로이테이션 무비다. 장고의 탈을 쓴 샤프트, 혹은 〈재키 브라운〉(1997)의 또 다른 변형이랄까.

'스파게티 웨스턴'은 기존의 정형화된 미국 웨스턴의 관습을 무참히 깨버린 일련의 이탈리아산 서부극를 말한다. 정확하게 말하자면 '이탈리안 웨스턴'이라고 해야겠지만 스파게티 웨스턴이라는 용어가 주는 묘한 키치적 일탈과 전복의 쾌감을 이미 누릴 대로 누린 터라 학계에서도 보통 그냥 그대로 칭하고 있다. 이에 대해 이탈리아계 미국인인 마틴 스코세이지도 "난 스파게티 웨스턴이라는 표현이 무척 싫다. 이탈리안 웨스턴이라고 하면 어떤 하나의 사조처럼 느껴지지만, 스파게티라고 하면 어딘가 정상에서 한참 벗어난 것처럼 낮춰 부르는 느낌을 주기 때문"이라 말한 적도 있다. 반면 아시아에서는 일본을 중심으로 엄청나게 인기를 끌면서 '마카로니 웨스턴'이라는 이름으로도 통용됐다. 아련한 추억의 작명법이다. 물론 그 전에도 독일에서 '유럽 웨스턴'이 만들어지기도 했지만, 이탈리아 제작자들에 의해 만들어진 세르지오 레오네의 〈황야의 무법자〉(1964)가 최초로 미국에서 반응을 얻기 시작하며 스파게티 웨스턴의 역사가 시작됐다.

2. 스파게티 웨스턴과 블랙스플로이테이션 무비의 결합

〈장고〉는 스파게티 웨스턴의 전형을 만든 〈황야의 무법자〉풍 영화지만, 〈황야의 무법자〉의 클린트 이스트우드가 '이름 없는 남자'였던 반면 후배인 〈장고〉의 프랑코 네로는 '장고'라는 이름을 확고히 각인시켰다. 이후 장고는 이름 없는 클린트 이스트우드는 물론 '튜니티'와 더불어 스파게티 웨스턴을 대표하는 가장 강력한 이름이 됐다. 프랑코 네로는 이후 〈다이 하드 2〉(1990)에서 비행기로 압송돼 오던 마약 대부 에스페란자 장군으로 출연했는데, 최근에는 〈레터스 투 줄리엣〉(2010)에서 소피(아만다 사이프리드)의 할머니(바네사 레드그레이브)의 첫사랑이었던 할아버지로 등장해 인상적인 모습을 선보였다. 당연히 〈장고: 분노의 추적자〉에도 카메오 출연했다. 악랄한 대부호 캘빈 캔디(레오나르도 디카프리오)와 함께, 리처드 플레이셔의 〈만딩고〉(1975)를 연상시키는 흑인 노예들 간의 처절한 싸움을 즐기는 또 다른 부호 아메리고 베세피로 출연했다. 그런 그가 바에 앉은 장고에게 "이름이 뭐지?"라고 묻는 장면이 흥미롭다. 할리우드 웨스턴을 교란시켰던 스파게티 웨스턴의 옛 영웅 장고가, 지금 이 시점에 블랙스플로이테이션 무비의 새로운 장고에게 자신의 캐릭터를 건네주는 의식처럼 느껴졌기 때문이다.

　〈장고: 분노의 추적자〉의 가장 중요한 특징은 스파게티 웨스턴과 '블랙스플로이테이션'(Blacksploitation) 무비의 결합이라는 점이다. 블랙스플로이테이션 무비는 1970년대 미국에서 흑인 관객들의 흥미를 유도하기 위해, 흑인 배우를 주연으로 해서 만든 다분히 상업적인 의도의 영화로, 범죄와 액션물들이 주류를 이루는 '엑스플로이테이션'(착취) 필름의 일종이다. 고든 파크스가 감독한 영화인 〈샤프트〉(1971)의 주제곡을 미국 남부 소울의 인기를 높인 아이작 헤이스가 작곡했다고 여겨지는데, 〈장고: 분노의 추적자〉에서 장고가 구하려는 여자 브룸힐다 폰 샤프트(케리 워싱턴)의 이름에서 보듯, 타란티노는 바로 그 샤프트의 조상 얘기를 하려 한 것이 아닐까 싶다. 존 싱글턴이 리메이크한 〈샤프트〉(2000)에서 샤프트를 연기한 사무엘 L. 잭슨이 〈장고: 분노의 추적자〉에서는 캘빈 캔디의 오른손이나 다름없는 악랄한 집사로 등장한다. 프랑코 네로의 카메오 출연만큼이나 흥미로운 캐스팅이다.

물론 이러한 결합 시도로는 이미 마리오 반 피블스의 〈파시〉(1993)
가 있었다. 여전히 흑인 노예제도가 있던 1887년 미국을 배경으로, 기
병대는 쿠바를 놓고 스페인과 전쟁을 벌이기 위해 흑인 용병 부대를 쓴
다. 하지만 백인들은 금을 독차지하기 위해 용맹스러운 흑인 총기병들
을 함정에 몰아넣어 몰살시키려 하고, 이를 눈치챈 흑인 용병들은 리더
제시 리(마리오 반 피블스)를 중심으로 똘똘 뭉쳐 금을 빼돌려 서부로 도
망친다. 또한 클린트 이스트우드의 〈용서받지 못한 자〉(1992)에서 네
드(모건 프리먼) 또한 매력적인 흑인 건맨으로 남아 있으며, 존 싱글턴의
〈로즈우드〉(1997) 또한 기억해둘 만하다. 〈로즈우드〉에서 나무에 목 매
달린 채로 그 줄마저 끊고 탈출하는 듬직하고 날렵한 흑인 영웅(빙 레임
즈)의 모습은 직접적으로 〈장고: 분노의 추적자〉를 연상시킨다. 이처럼
〈장고: 분노의 추적자〉는 영화 속에서 띄엄띄엄 존재했던 흑인 건맨의
역사를 다시금 복원시키는 작품이다.

타란티노가 사랑해 마지않았던 잭 힐의 블랙스플로이테이션 무비
〈코피〉(1973)의 주인공이었던 팸 그리어는 〈파시〉에도 출연했고, 이후
타란티노의 〈재키 브라운〉(1997)의 주인공으로 발탁됐으니 타란티노와
블랙스플로이테이션 무비의 인연은 깊다. 어려서 옆집 흑인 형의 청바
지를 탐내고 흑인 여성이 주인공으로 나오는 TV 시리즈에 열광했던 그
는 '블랙 컬처'의 열렬한 신봉자였다. 심지어 흑인 뱀파이어가 등장했던
(아프리카 왕자 마누왈데가 노예제도 종식을 요구하며 유럽에 도움을 청하러 갔
다가 드라큘라를 만나 노여움을 사게 되는) 〈블라큘라〉(1972)도 그가 사랑했
던 영화다. 그러다 보니 블랙스플로이테이션 무비들의 유행이 지나갔
을 무렵 '더 이상 볼 영화가 없다'며 엄청난 상실감에 빠지기도 했었다.

《원스 어폰 어 타임 인 더 이탈리안 웨스트》에서 하워드 휴스가 말

하길, 장고가 관을 끌고 다니는 모습은 〈장고〉가 웨스턴만큼이나 이탈리아 호러영화에 많은 빛을 지고 있음을 보여준다. KKK단의 변형으로 보이는, 붉은 머플러를 한 악당들의 모습은 직접적으로 이탈리아 호러영화의 거장인 마리오 바바의 〈킬, 베이비... 킬!〉(1966)의 영향이다. 그렇게 그는 〈장고〉에 대해 "기존 웨스턴 영화들과 비교해도 선정적인 색채와 침울한 조명을 보여줄 뿐만 아니라 그랑 기뇰(Grand Guignol)을 연상시킨다"고도 말한다. 그런 분위기 속에서, 모두가 궁금해하는 관 속에서 기관총을 꺼내 무시무시한 굉음과 함께 악당들을 단숨에 궤멸하는 장면은 그야말로 압권이었다. 심지어 라스트 신에서 악당들의 말발굽으로 양손이 짓뭉개져 망가진 장고는, 기어이 그 손으로도 악당들을 향해 총을 난사한다. 스파게티 웨스턴이 보여준 극단적 잔혹함의 백미이자, 스파게티 웨스턴 내에서도 극강의 (특정 집단을 겨냥해 고도의 선정성을 무기로 삼는) 엑스플로이테이션 무비였다. 그러니까 〈장고: 분노의 추적자〉는 스파게티 웨스턴과 블랙 무비 사이에서 진짜 엑스플로이테이션 무비가 무엇인지 경쟁하는 영화다.

3. 변함없는 장르의 탐식가

장르의 하이브리드 속에서 홀로코스트의 시대를 관통하는 타란티노의 집념을 잊어선 곤란하다. 그는 우월한 유전자를 지닌 흑인들을 지칭하는 만딩고의 학살과 유태인 홀로코스트를 겹쳐놓는다. 전작 〈바스터즈: 거친 녀석들〉(2009)에서 잔인한 독일군 한스를 연기한 크리스토

프 왈츠를 현상금 사냥꾼으로 등장시켜 장고와 파트너를 이루게 한 것
이다. 그가 보기에 남북전쟁 2년 전의 미국과 당시의 유럽은 그리 다르
지 않은 악랄한 제국의 시대였다. 물론 그것을 비꼬는 방식은 타란티노
답다. 남북전쟁 후에 생겨난 인종차별주의적 극우 비밀 조직 쿠 클럭스
클랜(Ku Klux Klan), 일명 KKK단을 "두건의 눈 구멍이 작아서 앞이 잘 안
보여. 이거 누가 만들었어?"라는 식의 대사를 내뱉는 우스꽝스러운 집
단으로 묘사한다. "알렉상드르 뒤마가 흑인인 걸 아나?"라는 대사도 인
상적이며, 그 최종 라스트는 '화이트 하우스'의 대폭발로 봐도 무방하다.
그런데 타란티노의 야심은 여기서 그치지 않는다. 〈바스터즈: 거친 녀석
들〉에 브래드 피트가 있었다면 〈장고: 분노의 추적자〉에는 레오나르도
디카프리오가 있다. 이제 마틴 스코세이지의 페르소나나 다름없는 디
카프리오를 끌어들여 선배와의 적극적인 만남을 모색한다. 그가 연기
하는 캘빈 캔디는 영락없이 샘 레이미의 〈퀵 앤 데드〉(1995)에서 그 마
을의 권력자(진 핵크만)의 아들이었던 풋내기 건맨 '더 키드'가 성장한 모
습이다. 아버지를 증오하는 것 만큼이나 아버지에게 인정받고 싶어 했
던, 쓰고 있던 모자가 너무 커 보였던 그 키드가 어느덧 아버지를 이어
만딩고 싸움을 즐기는 사디스틱한 절대 권력자가 돼 있다. 그렇게 타란
티노는 장르와 계보를 모두 아우르려 한다. 탐식가 타란티노의 여행은
아직 끝나지 않았다.

4. 흑인 최초의 건맨 배우
우디 스트로드(1914~1994)

〈장고: 분노의 추적자〉의 장고(제이미 폭스)와 〈헤이트풀8〉의 마커스 워렌(사무엘 L. 잭슨)을 보고 있으면 문득 서부영화의 흑인 건맨이 궁금해진다. 90년대 들어 흑인 건맨들이 대규모로 출연해 화제가 됐던 마리오 반 피블스의 〈파시〉(1993)가 시작하면, 마치 다큐멘터리의 한 장면처럼 한 흑인 노인이 나와 "역사란 우스운 것"이라고 말한다. 덧붙여 "과거 카우보이들의 3분의 1이 흑인이었어. 노예 해방이 이뤄지자 모두 서부로 몰려갔는데 LA 정착민 중 반수 이상이 흑인들이었지. 하지만 그런 역사는 숨겨져 있어"라며 탄식한다. 그 노인은 바로 할리우드 영화 사상 최초의 흑인 건맨 배우로 기억된 우디 스트로드다. 마리오 반 피블스가 흑인 카우보이가 주인공인 〈파시〉를 만들며 우디 스트로드에게 바치는 오마주인 것이다. 미식축구 선수 출신의 우디 스트로드는 시드니 포이티어(1927년생)와 비슷한 시기에 한 시대를 풍미했던 흑인 배우다. 〈토이 스토리〉의 주인공인 '우디' 이름이 그에게서 왔다는 사실은 이미 유명하다. 스탠리 큐브릭의 〈스파타커스〉(1960)에서는 그물에 삼지창을 들고 스파타커스(커크 더글라스)와 싸우다 이겼음에도, 차마 그를 죽이지 못하고 왕에게 달려들다 의로운 죽음을 맞았던 '드라바'로 깊은 인상을 남겼다. 이후 존 포드와 수많은 영화를 찍었는데, 〈리버티 밸런스를 쏜 사나이〉(1962)에서 주인공 존 웨인의 일을 도와주는 폼피로 나와 리마빈 일당에게 부상당한 제임스 스튜어트를 부축해 날랐다. 이후 액션 영화에서 비중 있는 역할들을 꿰찼는데, 리처드 브룩스의 〈4인의 프로페셔널〉(1966)에는 활쏘기에 능한 전사였고, 〈샬라코〉(1968)에서는 손

코네리와 호흡을 맞췄으며, 세르지오 레오네의 〈원스 어폰 어 타임 인
더 웨스트〉(1968)에는 찰스 브론슨을 처치하기 위해 보내진 도입부의
세 건맨 중 하나였다. 한참 세월이 흘러 〈퀵 앤 데드〉에도 카메오 출연했
다. 가장 기억에 남는 작품은 〈버팔로 대대〉라는 제목으로 개봉했던 존
포드의 〈러틀리지 상사〉(1960)다. 백인 소녀를 강간하고 살인했다는 누
명을 쓰고 재판을 받는 미 기병대의 흑인 군인 러틀리지 상사(우디 스트
로드)를 통해 인종주의에 대한 비판을 드러내고 있다. 흥미로운 것은 국
내에 〈서부의 불청객〉이라는 제목으로 출시된 〈케오마〉(1976)에서 오리
지널 장고인 프랑코 네로와 함께 출연했다는 점이다. 물론 그의 옛 노예
'조지'로 나오긴 했지만, 그와 함께 악당들을 처치해나가는 장면들의 쾌
감은 상당했다. 지금까지 살아 있었다면 무려 100세의 나이라 거의 불
가능에 가깝지만, 타란티노는 우디 스트로드와 프랑코 네로를 다시 한
숏에 담으려고 하지 않았을까.

5. '쿠엔틴 타란티노의 8번째 영화'라는 자막

〈헤이트풀8〉이 시작하면 '쿠엔틴 타란티노의 8번째 영화'라는 자막
이 뜬다. 타란티노가 아직 영화를 채 열 편도 만들지 않았나? 하는 놀라
운 생각과 더불어 그가 매번 그렇게 오프닝 자막을 띄우지 않았다는 생
각도 스쳐 지나간다. 제럴드 피어리의 《쿠엔틴 타란티노: 예술미와 현
실미의 혼합》에 따르면, 자막은 의도적으로 넣은 것이다. "나는 필모그
래피를 아주 소중하게 생각한다. 그래서 내 영화 하나하나가 고유한 의

미를 지니길 원한다"는 그는 〈킬 빌〉(2003) 때 처음으로 '쿠엔틴 타란티노의 4번째 영화'라는 자막을 넣었다. 그런 다음 〈데쓰 프루프〉(2007), 〈바스터즈: 거친 녀석들〉(2009), 〈장고: 분노의 추적자〉(2012)에도 그런 자막을 쓰지 않았다가 〈헤이트풀8〉에 이르러서야 다시 '8번째'라는 자막을 넣었다. 그만큼 〈헤이트풀8〉은 그가 지난 10년 동안 가장 남다른 태도와 의지로 만든 작품이라 해도 과언이 아니다. 같은 책에서 "내가 걸어온 길을 그런 자막을 넣어 상기하고 싶었다"고 말한 그에게, 또 (번복하길 바라 마지않지만) "열 편의 영화를 만들고 은퇴하겠다"고 공공연히 말해온 그에게 〈헤이트풀8〉은 지나온 여정의 결산과 새로운 시작 사이에서, 무척이나 중요한 작품이었을 것이다.

6. 흑인 주인공의 서부극
〈헤이트풀8〉

타란티노는 〈저수지의 개들〉(1992)로 데뷔한 이래 끊임없이 다채로운 장르의 여정을 이어왔다. 1990년대 이후 언제나 세계 영화 무대의 장르적 변주의 최정점에 있어왔다고 해도 틀리지 않다. 예외적으로 2003년, 2004년 연달아 만든 〈킬 빌〉 연작이 내러티브의 연속성이 살아 있는 시리즈의 개념이었다면, 그는 매번 신작을 내놓을 때마다 이전 영화로부터 멀리 달아나는 '탈주'의 태도로 필모그래피를 채워왔다. 그렇기 때문에 〈장고: 분노의 추적자〉와 〈헤이트풀8〉은 특별하게도 그가 연이어 만든 서부극이라는 점에서 중요한 의미를 갖고 있다. 실제로 타란티노는 여러 인터뷰에서 종종 서부극에 대한 매혹을 얘기해왔다. 단

'남북전쟁 이전 미국 남부의 노예사회'를 그려내고 싶어 했다. 그것이
바로 〈장고: 분노의 추적자〉이며 〈헤이트풀8〉은 남북전쟁 직후를 배경
으로 삼은 영화다. 그러니까 언제나 장르의 마침표를 찍는 것처럼 영화
를 만들었던 그에게, 〈장고: 분노의 추적자〉를 만들고도 하고 싶은 얘기
가 더 남았던 것이다. 〈헤이트풀8〉을 향한 기대의 핵심은 바로 거기 있
다. 실제로 타란티노는 〈바스터즈: 거친 녀석들〉을 작업하며 흑인 문제,
말하자면 평소 좋아했던 블랙스플로이테이션 무비 이상으로 흑인 인권
문제까지 아우르는 진정한 흑인 영화를 만들고 싶어 했다. 고든 파크스
의 〈샤프트〉(1971)가 그 시초로 여겨지는데, 〈헤이트풀8〉의 주인공인 사
무엘 L. 잭슨이 존 싱글턴이 리메이크한 〈샤프트〉(2010)에서 샤프트를
연기하기도 했으니 꽤 의미심장한 캐스팅이라 할 수 있다.

   아무튼 그의 세 번째 영화 〈재키 브라운〉(1997)은 과거 블랙스플로
이테이션 무비의 단골 주인공이었던 팜 그리어가 주연을 맡긴 했지만,
앞서 설명한 의미의 '흑인 영화'라고 말하기는 어려울 것이다. 반면 그
로부터 10년도 더 지나 만들어진 〈바스터즈: 거친 녀석들〉은 타란티노
의 의도대로라면, 제2차 세계대전 당시 흑인 문제까지 담고자 했었다.
애초 시나리오에는 미군 부대 내에서 갖은 수모와 핍박에 시달리던 흑
인 군인들 에피소드도 있었다. 하지만 완성된 영화에는 독일군 한스 란
다(크리스토프 왈츠)가 극장에 흑인 영사기사 마르셀(재키 이도)이 있다는
것을 알고 "극장에 흑인 직원이 있다던데, 영사기는 흑인이 돌리지 않았
으면 좋겠다"고 말하는 대사 정도만 남았다(그 마르셀 또한 타란티노가 사
무엘 L. 잭슨에게 특별 출연을 부탁했는데, 분량이나 스케줄 문제로 바뀌게 된 역
할이다). 말하자면 어려서부터 블랙스플로이테이션 무비를 좋아하며 흑
인 문화에 매력을 느껴왔던 타란티노가 그 이상으로 긴 세월 나름의 학

습을 통해 보다 성숙한 것이다. 그런 시각으로 보자면, 〈바스터즈: 거친 녀석들〉, 〈장고: 분노의 추적자〉, 〈헤이트풀8〉을 남북전쟁 전과 후, 그리고 이후의 제2차 세계대전까지 이어지는 '타란티노의 흑인 영화 3부작'이라 명명할 수도 있을 것이다. 그리하여 장고 캐릭터를 흑인으로 탈바꿈시켜 KKK단과 노예제도를 비웃었던 〈장고: 분노의 추적자〉에 이어 〈헤이트풀8〉에서는 북과 남, 흑과 백의 대립이 팽팽했던 남북전쟁 당시 남부 백인 장군이었던 샌디 스미더스(브루스 던)를 등장시켜 마커스 워렌(사무엘 L. 잭슨)으로 하여금 한없이 농락당하도록 만든다. 영화 전체를 통틀어 가장 압도적인 쾌감의 '말발'을 보여주는 이 장면은 과거 시나리오 작가 시절의 타란티노가 썼던 〈트루 로맨스〉(1993)에서, 클리포드(데니스 호퍼)가 마피아 보스 빈센조(크리스토퍼 월켄)에게 "시칠리아인의 조상은 흑인"이라며 유려한 말발로 자극하던 명장면을 떠올리게 만든다. 〈헤이트풀8〉의 이 장면은 타란티노의 과거를 떠올리게 만드는 향수 어린 장면이기도 하거니와, 지난 몇 년간 보았던 일대일 대화 신 중 가장 압도적이기도 하다. 진정 타란티노의 말발은 죽지 않았다.

7. 스파게티 웨스턴과 시네마 노보 운동의 결합

이제 '스파게티 웨스턴' 얘기를 해야 할 차례다. 앞서 만든 〈장고: 분노의 추적자〉의 원전이라 할 수 있는 세르지오 코르부치의 〈장고〉(1966)도 그 역사에서 빼놓을 수 없는 작품이다. 〈헤이트풀8〉은 여러모로 세르지오 레오네의 〈원스 어폰 어 타임 인 더 웨스트〉(1968)를 떠올리게 한다. 이처럼 언젠가 그를 떠올리게 하는 영화를 만들고 싶었던 건지 〈바스터즈: 거친 녀석들〉의 첫 번째 챕터 제목도 'Once upon a time... in Nazi-occupied France'였다. 〈헤이트풀8〉에서 마커스 워렌이 루스(커트 러셀), 도머그(제니퍼 제이슨 리)와 함께 미니의 잡화점에 도착했을 때 이미 자리를 잡고 있던 오스왈도 모브레이(팀 로스), 조 게이지(마이클 매드슨) 일당은 〈원스 어폰 어 타임 인 더 웨스트〉에서 프랭크(헨리 폰다)가 이끌던 악당들을 떠올리게 한다. 그들이 맨 처음 잡화점에 도착하던 모습은 바로 프랭크 일당의 모습 그대로였다. 이것은 〈킬 빌〉의 악당들인 '데들리 바이퍼스'의 변형처럼 보이기도 하는데, 그 또한 장철의 〈오독〉(1978)에 대한 오마주이기도 했다. 흥미로운 것은 타란티노의 이전 영화들에 등장했던 팀 로스(〈저수지의 개들〉의 '미스터 오렌지'), 커트 러셀(〈데쓰 프루프〉의 마초 변태 성욕자 '스턴트맨 마이크'), 마이클 매드슨(〈저수지의 개들〉의 '미스터 블론드'이자 〈킬 빌 2〉의 '버드')을 모두 등장시켜 다시 한 번 '데들리 바이퍼스' 비슷하게 꾸린 것이다. 말하자면 타란티노 영화의 역대 '좋은 놈, 나쁜 놈, 이상한 놈'을 모두 미니의 잡화점에 모이게 했으니, 그의 팬이라면 어찌 흥분하지 않을 수 있겠는가.

재미는 또 있다. 그런 '놈놈놈'에 이어 타란티노 영화의 '새로운 놈' 채닝 테이텀이 〈헤이트풀8〉에 출연한다는 것은 일찌감치 알려진 사실이었는데 상영시간 막바지에 이르도록 그는 등장하지 않는다. '이상하다. 더 등장할 캐릭터가 없는데?'라고 의아해하는 순간 탁월한 스토리텔러 타란티노는 관객과의 게임을 멈추지 않는다. 더불어 타란티노는 레오네의 껍데기만 가져온 것이 아니다. 〈헤이트풀8〉의 백인 악당들은 멕시코로 떠나려는 계획을 세우는데, 〈원스 어폰 어 타임 인 더 웨스트〉에서 백인 악당들이 멕시코에서 저지른 범죄들을 기억하고 있다면, 혹은 스파게티 웨스턴 영화들에서 라틴아메리카로 흘러들어간 백인 자본주의의 만행을 기억하고 있다면, 비록 스쳐 지나가는 대사라 할지라도 〈헤이트풀8〉이 〈원스 어폰 어 타임 인 더 웨스트〉의 프리퀄을 만들고자 하는 야심 찬 프로젝트의 산물이었다고 해도 이상하지 않을 것이다. 그를 통해 타란티노는 미니의 잡화점을 여전히 성차별과 인종차별이 존재하는, 온갖 모순이 뒤엉킨 현 미국 사회의 축소판으로 만든다. 그 안에 모두 몰아넣고 거대한 학살과 붕괴의 드라마를 써나가는 것이다.

그런데 여기서 끝이 아니다. 마지막 챕터의 제목은 바로 '흑인 사내, 백색 지옥'이다. 그것은 바로 '시네마 노보' 운동의 대표적 작품이자 '라틴 웨스턴'이라 불러도 이상하지 않을 글라우버 로샤의 〈검은 신, 하얀 악마〉(1964)로부터 따온 것이다. 라틴아메리카 특유의 마술적 리얼리즘이 당대의 빈곤의 미학과 만난 시네마 노보는 탈식민화를 외친 진보적 영화 운동으로, 이후 장 뤽 고다르 등 서구 예술가들에게도 크나큰 사상적, 미학적 영향을 미쳤다. 진정 타란티노가 거기까지 이르리라고는 상상하지 못했다. 이쯤에 이르면, 과시욕으로 넘치는 영화의 탐식가 타란티노의 여정이 도대체 언제쯤 끝날지 알 수가 없다. 그렇게 〈헤이트풀8〉은 능수능란한 테크닉으로 웨스턴을 둘러싼 영화사의 장르와 계보, 그 모두를 또 한 번 아우르려 한다. 앞서 얘기한 대로, 그의 영화적 여정이 아직 끝나지 않았다는 얘기는 이후 〈원스 어폰 어 타임 인 할리우드〉(2019)를 만들면서 다시금 증명되었다.

제 2 전시실 ⟶

배
우
관

윤여정

한마디로 정의할 수 없는
불균질한 비범함

1. 〈화녀〉와 〈미나리〉, 명자에서 순자까지

"31층? 떨어져 죽기 편리하겠다. 꺄르르." 시골을 떠나 친구와 함께 서울로 향하던 〈화녀〉(1971)의 명자(윤여정)는 서울에 31층짜리 빌딩이 있다는 얘기에 그렇게 답한다. 당시 충무로의 흐름이었던 이른바 '호스 티스 멜로드라마' 속에서는 이제 막 상경하여 서울의 고층 빌딩 앞에 주 눅 든 '시골 여자'라는 전형을 전혀 찾아볼 수 없다. 아마도 거기에는, 이후 김수현의 TV 드라마를 지나 TV 예능 프로그램 〈윤스테이〉까지, 그리고 최근 〈미나리〉(2020)에서 손자로부터 "할머니는 진짜 할머니 같지 않아 요"라는 말을 듣는 순자(윤여정)에 이르기까지, 우리가 그에 대해 익히 알고 있는 배우로서의 어떤 불균질한 비범함이 숨어 있다. 그리고 그것 은 당대의 표현주의 거장 김기영 감독과의 만남으로부터 비롯됐을 것 이다. 1966년 TBC 공채 탤런트로 데뷔한 윤여정에게 〈화녀〉는 25살 나 이에 찍게 된 영화 데뷔작이다. 순박했던 시골 처녀 명자는 가정부로 들 어간 그 집에서 남편(남궁원)과 불륜을 저지르고, 결국 임신과 낙태 끝에 그 집을 파멸로 몰아넣는다. 당시 〈화녀〉는 흥행 부진으로 고민하고 있 던 김기영 감독을 기사회생시켰고, 놀랍게도 윤여정은 이 영화로 청룡영 화상 여우주연상과 대종상 신인상을 동시에 수상했다. 데뷔작으로 최우

수연기상과 신인상을 모두 쓸어 담은 것이다. '윤여정의 시작'을 알고 싶
다면 〈화녀〉를 봐라. 데뷔작이어서가 아니라, 어느덧 연기 생활 50년을
넘어선 윤여정 이미지와 스타일의 출발이라는 점에서 〈화녀〉는 반드시
봐야 할 영화다.

2. 김기영, 윤여정을 만나 '명자'라는 이름을 떠올리다

　　김기영 감독은 〈하녀〉(1960)를 시작으로 〈화녀〉(1971)와 〈화녀 82〉
(1982)까지, 그렇게 〈하녀〉를 직접 10년 정도 주기로 리메이크하며 '〈하
녀〉 3부작'을 완성했다. 한 여성이 중산층 가정을 붕괴시키는 서사라는
점에서, 〈하녀〉와는 다른 실화를 영화화한 〈충녀〉(1972)와 이를 리메이
크한 〈육식동물〉(1984)까지 더하면 김기영의 '여(女) 5부작'으로 확장된
다. 이들 다섯 편을 하나로 묶는 이유는 실화를 바탕으로 했고, 기본적
으로 남자 주인공의 이름은 동식, 여자 주인공의 이름은 명자라는 점 때
문이다. 그런데 중요한 것은 〈하녀〉에서 하녀는 딱히 명자라고 불리지
않았고 그냥 이름 없는 인물이었는데, 김기영 감독이 〈화녀〉로 윤여정
이라는 배우를 만나면서 명자라는 이름을 떠올렸다는 점이다. 게다가
하녀와 명자를 연기한 네 명의 배우들 중에서 윤여정이 연기한 명자가
결정적으로 다른 지점은, 다른 하녀들은 어느 날 갑자기 영화 속에 불쑥
등장했던 데 반해서, 오직 윤여정이 연기한 〈화녀〉와 〈충녀〉의 명자만이
과거의 트라우마를 가진 인물로 그려진다. 〈화녀〉에서는 성폭력을 당할
뻔했던 기억과 그 후유증, 〈충녀〉에서는 오빠를 대학에 보내기 위해 어

쩔 수 없이 유흥업소에서 일해야 했던 비참한 현실이 그려지며, 설명할
수 없는 욕망과 설명할 수 있는 복수가 뒤섞인 보다 복합적인 연기를 보
여줬다고나 할까. 영화 속에서 불륜을 저지른 이후, 갑자기 큰 죄를 지
은 듯한 표정으로 욕조에 담긴 물을 손으로 퍼서 마시고, 급기야 부인
(전계현)과 함께 낙태 수술을 받으러 갔다가 마음이 바뀌어 달아나듯 철
문을 흔들다 쓰러지는 장면은 별다른 대사 없이도 급박한 감정의 전이
를 불러일으킨다. "이 집 남자는 애를 배게 하고 이 집 여자는 애를 떼게
하고 내 몸을 장난감처럼 다룬다"고 항변할 때도 오직 그만의 화법과 정
서가 발생한다. 영화 후반부에 다시 만난 인력소개소 소장이 그의 비밀
을 폭로하겠다고 협박하며 겁탈하려 할 때도 "내가 공갈을 무서워할 거
라 생각하겠지만, 예전의 내가 아니야"라며 깔깔 웃을 때처럼 명자는 같
은 영화 안에서 전혀 다른 사람이 되어 등장한다. 김기영 감독 특유의
독창적인 표현주의 세계 안에서 파격적인 상황 설정과 비일상적인 대
사, 그를 넘나드는 욕망의 지도는 전적으로 윤여정이라는 배우의 힘을
빌려 완성된다. 〈화녀〉는 괴물 감독과 괴물 배우의 만남, 당대 가장 독창
적인 감독과 배우가 만나 빚어낸 걸작이다.

3. 임상수 감독의
〈바람난 가족〉으로 복귀한 윤여정

  윤여정 배우는 김기영 감독의 〈천사여 악녀가 되라〉(1990) 이후 한
동안 영화계를 떠나 있다가, 임상수 감독의 〈바람난 가족〉(2003)으로 무
려 15년 만에 복귀한다. 시어머니 역할을 맡은 윤여정은 간암에 걸린 남

편을 두고 옛 연인과 대놓고 바람피우는 연기를 자연스럽게 소화하며 신선한 충격을 안겨줬다. 이를 좋지 않은 시선으로 바라보는 자식들에게 "태어나서 처음으로 오르가슴을 느껴봤다"며 "지금이 너무 좋다"고 얘기한다. 당시 한국 영화에서 보기 힘들었던 '욕망에 충실한 엄마'라는 도발적인 노년의 여성 캐릭터를 탄생시키면서, 〈바람난 가족〉 이후 〈하녀〉(2010)와 〈돈의 맛〉(2012)에 이르기까지 윤여정과 임상수는 2000년대 한국 영화 뉴웨이브의 중요한 한 축을 담당했다. 특히, 기억에 남는 장면이 있다. 병원 신세를 지고 있는 남편을 만나고 온 병한(윤여정)이 편안하게 마사지를 받으며 "난 왜 나를 평생 푸대접하면서 살았나 몰라, 바보같이"라고 말하는 장면이었다. 가정에 충실하며 오래도록 연예계를 떠나 있던 시간들에 대한 회한, 오랜 외국 생활로 인한 고독, 그리고 실제 이혼으로 인한 상실감 등을 한 번에 털어내는 것 같은 장면이었다. 과거를 잊고 새롭게 시작하겠다는 멋진 다짐처럼 느껴지기도 했다. 그렇게 〈바람난 가족〉으로 임상수 감독과 만난 이후 〈미나리〉에 이르기까지 윤여정은 그야말로 스스로를 제대로 대접하며 배우로서 멋진 시간을 보내왔다.

4. 리메이크작 〈하녀〉, 한국 영화사의 과거와 현재가 만나는 풍경

임상수 감독은 2010년에 김기영 감독의 〈하녀〉를 리메이크했다. 그러면서 윤여정 배우를 영화 속 하녀 은이(전도연)의 선배 하녀인 병식 역할로 캐스팅했다. 과거 〈하녀〉 3부작에서 하녀는 언제나 한 명이었지만, 세월이 흘러 여러 명의 하녀가 일하는 재벌 가문으로 배경을 설정하며 원작에 없던 하녀 역할을 추가로 만들어낸 것이다. 그처럼 원작의 주인 남자와 주인 여자, 그리고 하녀로 이어지는 삼각 구도 속에 오랫동안 재벌 가문의 일을 총괄해온 선배 하녀 병식이 들어가면서 새로운 구도가 형성된다. 세월이 한참 흘렀음에도 불구하고 과거보다 수직적인 계급관계가 강화된 것은 무척 의미심장하다. 주인 식구와 하녀 은이 사이에서 계속 갈등하던 병식은, 주인 식구가 은이에게 행하는 비인간적인 행동들을 보면서 분노하고 결국 은이의 처지에 동질감을 느낀다. 가장 멋진 장면이라면, 과거의 하녀 윤여정과 현재의 하녀 전도연이 만나서 아이를 낳을지 말지 얘기를 나누는 장면이다. 낙태를 권유했던 병식은 은이가 "저 이 아이 낳을 거예요"라고 말하자, 소파에 거의 눕다시피 앉아 우아하게 화이트 와인을 마시며 긴말 없이 딱 한 마디를 던진다. "그래라." 그 순간만큼은 마치 과거 〈화녀〉의 명자에게 빙의한 것처럼 '40년 전의 나는 아이를 낳지 못했지만 너는 꼭 아이를 낳아서 복수해'라는 느낌으로 다가왔다. 김기영 감독의 〈화녀〉로부터 40년 뒤 만들어진 임상수 감독의 〈하녀〉, 그렇게 한국 영화사의 과거와 현재가 윤여정이라는 배우를 통해 만나게 되는, 거기다 한국 여성 배우 역사의 상징적인 두 인물이자 선후배인 윤여정과 전도연이 하나로 만나는 기념비적인 장면이 아닐 수 없다.

5. '어머니가 더 잘 안다' 3부작

〈브로크백 마운틴〉(2006)과 〈라이프 오브 파이〉(2013)로 아시아 감

독으로서는 유일하게 아카데미 감독상을 2회 수상한 리안 감독은 앞서
〈쿵후 선생〉(1992), 〈결혼 피로연〉(1993), 〈음식남녀〉(1995)를 통해 주목
받기 시작했는데, 당시 그는 존경해 마지않는 대만 출신의 랑웅 배우를
세 영화 모두에 아버지로 출연시키면서 '아버지가 더 잘 안다' 3부작이
라고 부른 적 있다. 아버지 세대가 오랜 세월 겪어온 삶의 지혜가 서로
다른 영화처럼 보이는 이들 세 편의 영화를 관통하고 있다는 얘기였다.
그 얘기를 바꿔서, 윤여정 배우의 최근작들인 〈계춘할망〉(2016), 〈지푸
라기라도 잡고 싶은 짐승들〉(2018), 〈찬실이는 복도 많지〉(2019) 이 세
편을 '어머니가 더 잘 안다' 3부작으로 불러보면 어떨까 싶다. 〈계춘할
망〉의 할망 계춘(윤여정)은 "오래 살다가 보면 저절로 알게 되는 게 있어"
라며 밤의 어둠을 무서워하는 어린 손녀 혜지를 타이른다. 그렇게 세월
이 흘러 어느 날 갑자기 나타난 혜지(김고은)가 자신의 정체를 숨겼다는
것을 알고 있음에도 사랑으로 품어준다. 이야기는 혜지가 미술 대회에
출품한 〈고백〉이라는 그림으로 완성된다. 할망이 두 소녀의 팔을 잡고
물 위로 오르는 장면을 그린 그림을 통해 잃어버린 손녀를 10년 넘게 애
타게 찾아 헤맨 할망에게 더 이상 혜지가 진짜인지 가짜인지는 중요하
지 않게 된 것이다. 부제를 '가족의 탄생'이라 달 만한 이 그림은 〈계춘할
망〉이 힘겹게 다다른 주제이다. 이어 〈지푸라기라도 잡고 싶은 짐승들〉
에서 윤여정이 연기하는 순자는 〈계춘할망〉이나 〈미나리〉에서처럼, 깊
은 과거에 갇혀버린 치매 노인이다. 하지만 돈 가방을 둘러싸고 펼쳐지
는 이 처절한 싸움 속에서, 아이러니하게도 제정신을 가진 유일한 인물
이기도 하다. 순자는 최악의 선택을 할 수밖에 없었던 아들(배성우)에게
그 순간만큼은 정말 멀쩡한 정신상태로, "두 팔, 두 다리만 멀쩡하면 언
제든지 새로 시작할 수 있다"며 영화의 메시지를 전달하는 지혜로운 노

인이 된다. 전도연, 정우성 등 그야말로 '명배우 열전'이라 부를 수 있는 이 영화에서 적은 분량에도 불구하고 '결국 윤여정이 윤여정했다'라는 표현이 어떤 의미인지 확실히 알게 된다. 〈찬실이는 복도 많지〉에서는 딱 한 문장으로 주인공 찬실(강말금)이 다시 꿈을 꿀 수 있게끔 해준다. 글을 몰라 한 자 한 자 한글을 배우던 주인집 할머니(윤여정)는 시 쓰기에 도전하여 그 결과물을 찬실에게 보여주는데, 비록 맞춤법은 다 틀렸지만 영화의 꿈을 포기했던 찬실로 하여금 기어이 울음을 터트리게 만든다. "사람도 꽃처럼 다시 돌아오면은 얼마나 좋겠습니까." 세상을 떠난 그리운 딸이 꽃처럼 다시 돌아와 피었으면 좋겠다는 바람을 시로 표현한 것이다. 그제야 찬실은 버리려고 내놨던 영화 잡지와 비디오테이프들을 방으로 가져가, 다시 영화를 하겠다고 다짐한다.

6. 〈죽여주는 여자〉와 〈미나리〉, 지금 윤여정의 두 얼굴

페이크다큐 〈여배우들〉(2009)과 〈뒷담화: 감독이 미쳤어요〉(2013)를 함께한 이재용 감독도 윤여정을 얘기할 때 절대 빼놓을 수 없는 인물이다. 두 사람의 세 번째 영화이자, 윤여정 배우가 이른바 '박카스 할머니' 소영을 연기한 〈죽여주는 여자〉(2016)도 그런 오랜 신뢰가 있었기에 가능한 영화가 아니었을까 싶다. 이제는 사라져가는 낡은 서울의 풍경 속에서 트랜스젠더 집주인과 장애를 가진 피규어 작가, 그리고 어느 날 갑자기 이들과 함께 살게 된 코피노 소년까지. 우리 주변 소수자들의 모습이 따뜻하게 담겨 있다. 그 안에서 동두천을 시작으로 종로, 그리고 멀리 필리핀에 이르기까지 소영이 살고 접해온 세월은 한국 현대사의 비극을 그대로 압축해서 보여주고 있다. 부일영화상 여우주연상을 안겨준 〈죽여주는 여자〉는, 윤여정이라는 이 '죽여주는 배우'가 영원히 도전을 멈추지 않는 배우라는 것을 잘 보여준 영화였다. 그 도전은 드디어 〈미나리〉와 미국 아카데미 시상식으로 이어졌다. 〈죽여주는 여자〉와 〈미나리〉 사이의 간극은 윤여정이 보여줄 수 있는 서로 다른 두 얼굴이다. 우리가 지금껏 익숙하게 보아온, 이른바 '이민자 영화'에서 흔하게 등장하는 세탁소나 편의점이 아닌 미국 아칸소주 시골 마을의 낯선 풍경과 '아무 데서나 잘 자라는' 미나리를 가져와 키우는 할머니 순자(윤여정)의 평범함은 아무런 위화감 없이 겹쳐진다. '어머니가 더 잘 안다'라고 임의로 이름 붙인 일련의 영화들에서 연기한 할머니의 모습과 비교해도 〈미나리〉의 할머니 순자(윤여정)는 또 다르다. 어쩌면 매 순간 익숙한 전형성으로부터 탈피하고자 하는 그 의지가 지금의 윤여정을 만든 것이 아닐까 싶다.

그렇게 매번 새로운 시도를 두려워하지 않았던 윤여정의 아카데미 여우조연상 수상을 보면서, 문득 떠오르는 장면이 있다. "한동안 두 명의 상수하고만 일했다"고 농담처럼 얘기했을 정도로, 그는 임상수가 아닌 홍상수 감독과도 여러 영화를 함께했는데, 이자벨 위페르가 직접 한국에 와서 촬영한 〈다른 나라에서〉(2012)에서 윤여정과 이자벨 위페르가 사찰을 찾아 함께 절을 하는 모습은 돌이켜 생각해보니 참으로 놀라운 장면이다. 당시 윤여정의 영어 연기가 굉장히 뛰어나다는 것도 알았고, 프랑스와 한국을 대표하는 두 여성 배우가 함께 한 프레임에 담긴다는 것만으로도 무척 감격적이었다. 이자벨 위페르는 이후 출연한 〈엘르〉(2017)로 골든글로브는 수상했지만 정작 아카데미 여우주연상은 수상하지 못했다. 반대로 윤여정은 골든글로브 후보 지명은 불발됐지만 아카데미상은 수상했다. 별것 아닌 기억이자 비교일 수 있겠지만, 아카데미 수상 소식을 접하고 문득 〈다른 나라에서〉에서 윤여정과 이자벨 위페르가 함께 서 있던 그 광경이 떠올랐다. 어쩌면 수상 이후 윤여정 배우가 앞으로는 한국이 아닌 '다른 나라에서' 더 활발하게 활동하게 될지도 모를 일이다.

그런데 그 예상과 바람은 곧장 이뤄졌다. 애플TV 오리지널 시리즈 〈파친코〉에서 노년의 '선자' 역할로 이야기의 확고한 중심을 잡아주며 다시 한번 화제의 중심에 섰다. "역사가 우리를 망쳐놨지만 그래도 상관없다"라는 강렬한 첫 문장의 주체가 바로 윤여정이 연기하는 선자다. 재미교포 작가 이민진의 원작 소설은 일제강점기 부산 영도에서 오사카로 건너가 4대를 걸쳐 살아온 한국인들의 파란만장한 사연들을 담고 있다. 일제강점기를 지나 1980년대 일본 거대 경제의 한 축이면서도 사행산업이라 손가락질 받는 경멸적 공간인 '파친코'는 재일교포가 살아남기 위해 결국 뛰어들 수밖에 없었던 굴레를 상징한다. 그처럼 가혹한 역사의 소용돌이 속에서 고난과 생존의 역사가 장대하게 펼쳐지는 가운데 윤여정은 강인한 생명력과 사려 깊은 포용력을 지닌 선자를 명쾌하게 포착해낸다. 4대에 걸쳐 낯선 배우들이 연기하고, 때로는 어지럽게 시간과 공간을 넘나드는 이 시리즈에서 길을 잃지 않을 수 있는 것은, 순전히 윤여정의 존재감 덕분이다. 〈미나리〉 이후 애초에 이 배우에게 영역과 경계라는 것이 무의미하다는 것을 이처럼 빨리 증명하리라고는 생각조차 못했다. '이 배우가 어디까지 갈 수 있을지 지켜보고 싶다'라는, 주로 신인급 배우에게 즐겨 쓰는 상투적인 문장을 지금의 윤여정 배우에게 써도 전혀 이상하지 않다는 것이 너무 감격적이고 또한 감사하다.

전도연

스크린을 잊게 만드는
손에 잡힐 것 같은 생생함

1. '해피엔드'와 '여인2'라는
아이디로 불린 두 주인공

〈코르셋〉(1996)으로 한국 영화계에 신선한 바람을 일으킨 제작사 '명필름'의 두 번째 영화 〈접속〉은 서울 관객 67만을 동원하며, 최진실 주연 〈편지〉(72만)에 이어 1997년 한국 영화 흥행 2위를 기록했다. 흥행 원동력 중 하나는 이제 막 기지개를 켜던 'PC통신'이었는데, 이를 통해 〈접속〉은 변화하는 90년대 트렌드를 잘 반영하면서 새로운 스타일의 멜로영화로 자리매김했다. 프린터기로 영화 티켓을 출력해서 가져가는 장면 또한 신선했다. 지금이야 모바일 티켓이 더 익숙하지만 그때만 해도 '자신의 집에서 영화 티켓을 프린트할 수 있다'는 것 자체가 놀라움이었다. 물론 동현(한석규)과 수현(전도연)이 각자의 본명이 아니라 각각 '해피엔드'와 '여인2'라는 아이디로 등장해 익숙함을 주었다는 것도 핵심이다. 더 나아가 〈접속〉은 한국 관객이 사랑한 멜로영화들을 절묘하게 발전적으로 재구성했다. 두 주인공이 마지막에 가서야 만나는 구조는 노라 에프론의 〈시애틀의 잠 못 이루는 밤〉(1993)을 떠올리게 했고, 민영혜라는 여자인 척 거짓말을 하는 수현의 모습은 이와이 슌지의 〈러브레터〉(1995) 도입부와 겹쳐진다. 당시 〈러브레터〉는 공식 개봉 전이었지만 이미 엄청나게 많은 영화 팬들이 음성적으로, 불법적으로 영화를 공유한 뒤였다. 또 관객은 두 사람을 알고 있지만, 영화 속 동현과 수현은 서로를 모르는 가운데 레코드점의 좁은 계단으로 스쳐 지나가는 장면은 왕가위의 〈중경삼림〉(1994)과 〈타락천사〉(1995)를 연상시켰다. 그처럼 빌드업을 하다가 마지막에 이르러 "당신이 어떤 사람인지 다 알 것 같았는데…"라고 말하던 여인2의 전화 음성은 〈접속〉이 보여준 고유한 핵심 정서다. 서로의 아이디로만 불리며 생전 일면식도 없는 누군가와 오직 PC통신만으로도 깊게 교감할 수 있다는 것이 당시로서는 신선한 충격이었다. 각자 힘든 일상을 살아가는 주인공들이 PC통신 세계에서 즐겁게 대화를 나누는 모습도 마찬가지였다. '친구의 친구를 사랑한' 수현은 혼자 기철(김태우)을 찾아갔다가 친구에게 들켜 힘들어한다. 방송국 일을 그만두고 호주로 이민을 가려고 했던 동현도 현실에서는 그 누구와 한마디도 하지 않을 정도로 괴롭다. 하지만 PC통신 세계에서만큼은 두 사람 모두 먼저 말을 꺼내는 것이 전혀 어렵지 않다. 오프라인의 자아와 온라인의 자아가 다를 수 있음을 보여준 것이다.

이처럼 PC통신이라는 소재와 기존 멜로영화의 성공 요인을 영리하게 끌어올 수 있었던 것은 이른바 '기획 영화' 시스템의 안착 덕분이었다. 90년대 한국 영화계에서 대두되기 시작한 용어인 기획 영화란 감독의 아이디어나 작가의 작품, 혹은 원작의 영화화에서 출발하는 것이 아니라 당대 트렌드를 철저히 연구한 영화 제작사의 '기획실'에서 먼저 아이템을 개발하고, 이에 맞는 작가와 감독을 섭외하는 영화 제작 방식을 말한다. 그 시초로 이야기되는 최민수, 심혜진 주연, 신씨네 제작 〈결혼이야기〉(1992)의 경우 당시 결혼에 대해 달라진 관념을 보여주는 신혼부부들의 앙케트 조사로부터 시작됐다. 그들과의 생생한 인터뷰 내용이 영화에 그대로 반영된 것이다. 창작자 고유의 아이템보다 당대의 트

렌드가 깊게 반영된 현실의 이야기가 영화로 만들어지며 주류 관객과
의 접점을 넓힐 수 있었다. 한국 영화로는 처음으로 1998년 한국능률협
회 히트상품에 선정된 〈접속〉도 당시 유행하던 PC통신을 적극적으로
끌어안은 기획 자체가 참신했고, 상영관의 거대한 스크린을 컴퓨터 모
니터의 글자들로 채우는 방식도 신선하게 다가왔다. 그러다 보니 이미
〈닥터 봉〉(1995)과 〈은행나무 침대〉(1996)를 성공시키며 톱스타의 자리
를 굳힌 한석규라는 베테랑 배우와 전도연이라는 신인 배우를 파트너
로 만드는 과감한 시도가 성공할 수 있었다. 마치 온라인에서 아이디로
먼저 알았던 상대를 오프라인에서 처음 만나는 것 같은 캐스팅이었다.

2. 한국 영화 OST 판매량
역대 1위 〈접속〉

〈접속〉 OST 판매 기록은 매체마다 다른데, 대략 80만 장 이상으로
100만 장 가까이 팔린 것으로 집계된다. 휘트니 휴스턴의 노래 〈I Will
Always Love You〉로 기억되는 〈보디가드〉(1992)의 OST가 100만 장 넘
게 팔리며 역대 OST 최대 판매 기록을 가지고 있는데, 〈접속〉이 그 뒤를
이어 2위이며 한국 영화로서는 놀랍게도 역대 1위이다. 1980년대까지
만 해도 한국 영화는 외국곡 사용에 대한 저작권 개념이 희박했다. 하지
만 조영욱 음악감독이 참여한 〈접속〉은 외국곡에 대한 저작권료를 온전
히 지불했고, 오히려 영화 제작비를 충분히 회수할 만큼의 OST 판매 수
익을 올렸다. 조영욱 음악감독은 주인공 동현(한석규)의 영화 속 직업이
팝송을 주로 다루는 라디오 음악 프로그램 PD라는 것에 착안해 과감하

게 해외 팝 명곡들을 선곡했다. 그중 벨벳 언더그라운드의 〈Pale Blue
Eyes〉, 사라 본의 〈A Lover's Concerto〉가 큰 인기를 끌면서 엄청난 기
록을 세운 것이다. 〈접속〉 이후 한국 영화에 외국 팝 명곡들이 삽입되는
유행이 생겼는데 〈약속〉(1998)에서 제시카의 〈Goodbye〉, 〈쉬리〉(1999)
에서 캐롤 키드의 〈When I Dream〉을 OST로 사용한 것이 그 유행의 연
장이었다.

3. 〈접속〉과 〈밀양〉
사이의 10년

　데뷔작 〈접속〉으로 청룡영화상 신인여우상을 수상한 전도연은 이
후 〈약속〉(1998), 〈해피 엔드〉(1999), 〈내 마음의 풍금〉(1999), 〈나도 아
내가 있었으면 좋겠다〉(2000), 〈피도 눈물도 없이〉(2002), 〈스캔들-조선
남녀상열지사〉(2003), 〈인어공주〉(2004), 〈너는 내 운명〉(2005) 등에 출
연하며 단숨에 한국 영화계를 대표하는 배우가 됐다. 1987년 베니스국
제영화제에서 〈씨받이〉로 강수연 배우가 아시아 최초로 여우주연상을
수상한 일이, 개인적인 기억으로는 한국 영화와 관련된 기사가 일간지
1면을 대문짝만하게 장식한 최초의 순간이었다. 그로부터 20년 뒤 드
디어 전도연이 〈밀양〉(2007)으로 칸영화제 여우주연상을 수상하게 된
다. 이후 역시 칸영화제 경쟁 부문에 초청된 〈하녀〉(2010)를 지나 〈무뢰
한〉(2015)으로 칸영화제 주목할 만한 시선 부문에 초청되며 칸영화제
레드카펫을 벌써 세 번이나 밟았다. 2014년에는 한국 배우 최초로 심사
위원 자격으로 칸을 찾기도 했다.

개인적으로는 박흥식 감독과 함께한 전도연의 영화를 좋아한다. 〈생일〉(2019)에 함께 출연한 설경구와 맨 처음 호흡을 맞췄던 〈나도 아내가 있었으면 좋겠다〉(2000), 그리고 〈인어공주〉(2004)와 〈협녀, 칼의 기억〉(2014)에 이르기까지 전도연과 가장 많은 작품을 함께한 감독이 바로 박흥식이다. 전도연이 야심차게 1인 2역을 했던 15년 전 작품 〈인어공주〉는 당시 배우로서의 중요한 전환점으로 기억된다. 아직 결혼 전인 젊은 시절의 해녀 연순(전도연)과 현재 연순(고두심)의 딸 나영(전도연) 모두를 연기하면서, 전도연은 외향적인 사랑의 주체이자 내성적인 사랑의 관찰자로 1인 2역 연기를 펼쳤다. 어쩌면 그때까지 전도연이 출연한 영화들 중에서 가장 많은 표정을 보여준 작품이었다. 풋풋한 첫사랑과 가장으로서 생계를 떠맡은 어른스러운 책임감, 그에 따른 사랑의 고통, 그리고 연순이 아닌 나영이 보여주는 가족에 대한 환멸과 망설임 모두 그의 얼굴에 파노라마처럼 담겼다. 당시 인터뷰에서 전도연은 자신이 어딘가 '헝그리'한 캐릭터와 잘 맞는 것 같다고 했다. 헝그리한 캐릭터가 편하다는 그 말은 배우 전도연의 연기관을 집약해서 보여준다. 〈인어공주〉는 물론 언젠가 함께 작업하기를 원했던 허진호 감독과 드디어 TV 시리즈로 만난 〈인간실격〉에 이르기까지, 예나 지금이나 '꾸미지 않은' 캐릭터를 연기할 때 전도연은 빛나 보였다. 늘 어딘가에서 우리의 손에 잡힐 것만 같은 생생한 인물들이었다. 전도연의 힘은 결국 솔직함과 가공되지 않은 자연인으로서의 면모에 있다.

4. 밀양(密陽), 시크릿 선샤인의 의미

〈밀양〉에서 개인적으로 가장 감동적인 순간을 고르라면, 거의 마지막 장면에 이르러 양장점 주인(김미경)과 신애(전도연)가 나눴던 대화다. 그 주인은 신애의 충고대로 가게 인테리어를 밝게 바꿨더니 실제로 손님도 늘고 매상도 올랐다며 좋아한다. 영화의 어느 지점부터 전혀 웃는 모습을 보이지 않던 신애의 얼굴에 살짝 미소가 감돈다. 영화의 초반부, 밀양에 이사 온 지 얼마 안 된 신애가 처음 양장점에 들렀을 때 "가게 인테리어를 바꾸면 장사가 더 잘될 것 같아요"라고 오지랖 넓게 건넸던 충고가 드디어 통하게 된 것이다. 그 충고 이후 양장점 주인은 동네 사람들에게 신애에 대한 뒷담화를 하며 서먹한 관계가 이어졌었다. 말하자면 영화 속 하나님의 말씀은 신애를 신앙의 길로 이끄는 데 실패한 반면, 신애의 말씀은 양장점 주인을 가게 리모델링의 길로 이끄는 데 성공한 것이다. 누군가 내 얘기를 진심으로 들어주었다는 것, 나로부터 어떤 긍정적인 영향을 받았다는 것은 소중한 경험이다. 이 장면이 출구가 없어 보이는 영화 안에서 이창동 감독이 신애에게 마련해준 유일한 출구처럼 느껴졌고, 전도연 또한 인생을 완전히 포맷하고 새로이 시작하려는 신애의 얼굴을 절묘하게 표현해냈다.

〈밀양〉에서 신애 캐릭터는 그야말로 압도적이어서 달리 설명할 길이 없다. 일단 유괴범이 너무나도 빨리 잡힌다. 유괴범이 누구냐, 그를 잡느냐 마느냐, 하는 장르적 전개에는 애초에 관심이 없다. 사건 이후의 감정을 포착하는 것이 중요한 만큼 전도연은 일찌감치 감정의 황무지로 내몰린다. 속으로는 갈가리 찢어 죽이고 싶었으면서도 정작 유괴범을 마주했을 때는 시선을 피했던 신애, 장례식장에서는 그저 멍하게 서 있으며 시어머니로부터 "너는 눈물도 없나"라는 소리를 들었던 신애의 감정을 감히 측량할 수 없다. 그러다 '상처받은 영혼을 위한 기도회'라는 현수막을 발견하고 들어가서는 뒤늦게 오열하고 통곡한다. 기침으로 시작해서 통곡으로 이어지다가 서서히 잦아드는 모습에서 전도연이라는 배우의 존재가 완전히 지워지고, 그저 어느 날 교회에서 마주할 수 있을 것 같은 내 주변의 상처받은 누군가를 바라보는 느낌이었다.

〈밀양〉의 영어 제목은 'Secret Sunshine', 밀양의 지역명 한자 그대로인 '비밀스러운 햇빛'이라는 뜻이다. 마지막 장면에서 그 뜻처럼 비밀스러운 빛 한 줄기가 축축하고 누추한 마당의 한구석을 비추고 신애의 잘린 머리카락이 굴러다닌다. 그 전에 신애는 정신병원에서 퇴원하고 머리를 자르려고 미용실에 들렀다가 아들을 죽인 유괴범의 딸과 마주쳤었다. 소년원에서 미용 기술을 배웠다는 그 딸도 살인자의 딸이라는 낙인과 함께 힘겨운 삶을 이어왔을 것이다. 그래서 신애의 마음이 다소 누그러들 수도 있으리라, 그 딸에게 화해의 손길을 내밀 수도 있으리라 생각했건만, 신애는 "왜 하필 이 집이냐"며 자리를 박차고 나갔다. 그 장면에서, 이창동 감독은 혹시 관객이 원할 수도 있는 훈훈한 만남조차 위선이라고 생각하는지도 모르겠다는 생각이 들었다. 그렇게 퇴원한 이후 마지막 순간까지 치유가 되지 않은 상태로 영화가 끝나나 싶었지만 신애는 결국 자신의 머리카락을 직접 잘랐다. 바람에 날리는 잘린 머리카락을 따라 카메라가 가만히 이동한다. 거기에는 텅 빈 세제통이 있고 깨끗한지 어떤지 알 수 없는 물이 고여 있다. 결국 신애가 찾는 삶의 의미와 구원은 하늘 저 멀리 있는 것이 아니라 내가 발 딛고 있는 현실 속에서 스스로 찾아야 하는 것으로 보였다.

5. 전도연의 서로 다른 두 모습,
〈집으로 가는 길〉과 〈무뢰한〉

〈밀양〉 이후 전도연은 〈집으로 가는 길〉(2013)에서 다시 한번 '엄마' 정연으로 출연한 적 있다. 전자에서는 아이와 사별했고 후자에서는 아이와 오랜 시간 뚝 떨어져 지냈다는 점에서, 우리가 흔히 얘기하는 모성 애와는 다른 차원의 캐릭터였고, 그래서 전도연이라는 배우를 이야기할 때 두 영화를 언급하는 것은 무척 흥미롭다. 두 영화 모두 아이와 호흡을 맞추는 장면은 초반에만 짧게 등장한다. 차이점이라면 〈집으로 가는 길〉을 찍을 당시에는 전도연에게 실제 딸이 있었다는 것이다. 인터뷰 당시 전도연은 영화 속 딸보다 좀 더 어린 딸이 있어서, 유독 기억에 남는 장면이 "아이와 함께 문방구에 가고 즐겁게 노래 부르며, 아이와 호흡하는 장면"이라 했다.

〈집으로 가는 길〉이 소재로 삼은 이야기는, 실제 2004년 10월 30일 벌어진 일로 2006년 KBS 〈추적 60분〉에 일명 '장미정 사건'으로 소개된 바 있다. 한국에서 비행기로 22시간 거리, 낯선 타국인 프랑스 교도소에서 재판도 없이 2년이라는 긴 시간 동안 악몽 같은 나날을 보낸 한 여성이 겪은 충격적인 사건을 스크린에 옮긴 것이다. 영화의 극적인 재미를 위해 설정상 조금씩 달라진 부분은 있지만, 평범한 주부가 원석을 운반하다가 그게 마약이라는 사실이 밝혀지면서 수감된 부분은 영화와 실화가 똑같다. 전도연의 필모그래피를 얘기할 때, 이른바 '베스트'로 언급되는 영화는 아니지만 나는 이 영화에 유독 기억에 남는 장면이 있다. 교도소 이송 도중, 폭행을 당하던 정연이 잠깐이나마 숲속에서 이송 차량을 탈출해 너른 바다로 나가는 장면. 있는 그대로의 자연이 너무 아름다워서 순간 모든 것을 잊게 되는 먹먹한 해방감이 그대로 담겼다. 교도소의 독방과 재판장만 오가던 정연은 그때 오랜만에 바다를 만나 해방감을 맛본다. 서울에서 힘들게 살면서 카리브해로의 해외여행을 꿈꿨지만 전혀 그럴 형편이 되지 못했던 정연이 교도소에 수감된 상태로 꿈에 그리던 그 관광지(?)에 도착한 것은 거대한 아이러니다. 그런 아이러니가 스며든 복잡미묘한 표정 또한 전도연이기에 가능한 것 같다는 느낌마저 든다. 개봉 당시 방은진 감독을 인터뷰했을 때, 그 장면에 대한 이야기가 나왔는데, 본인은 전도연에게 딱 한 마디만 건넸다고 한다. "어떤 느낌인지 알지?"

〈밀양〉 이후 전도연은 〈무뢰한〉을 통해 또 한 번 도약했다. 사람을 죽이고 잠적한 애인을 기다리는 술집 여자 김혜경 역을 맡았는데, 그녀는 화류계에서 나이도 들고 세속에 찌든 사람이다. 어두우면서도 그 안에서 순수한 면과 희망을 찾으려고 하는 복합적인 캐릭터를 역시 '전도연답게' 잘 표현해냈다. 전도연이 연기한다는 것만으로도, 잡채를 만들거나 머그컵에 소주를 따라 마시는 사소한 장면마저 무언가 색다른 의미를 담고 있는 것 같은 놀라운 체험을 하게 된다. 특히 강렬한 붉은색 원피스를 입고 외상값을 받으러 가서 "나 김혜경이야!"라고 소리치는 장면의 카리스마는 그야말로 어마어마하다. 뭐랄까, 〈밀양〉 이후 전도연은 인간계를 넘어선 연기의 신 같은 느낌마저 든다. 〈무뢰한〉의 오승욱 감독은 재곤(김남길)과 함께 자신의 집에 있던 혜경이 "상처 위의 상처, 더러운 기억 위에 더러운 기억…"이라는 문어체 대사를 너무나도 완벽하게 구사해내서, 시나리오를 직접 쓴 감독으로서 시나리오에 없는 정서를 대배우가 새로이 만들어내는 쾌감을 느꼈다고 한다. 더불어 그는 전도연이 연기한 김혜경 캐릭터에 대해 "〈아일랜드의 연풍〉(1952)에서 굉장히 독립적이고 자기식대로 흉악한 두 남자와 당당히 대결하며 자기 것을 끝까지 관철시키는 모린 오하라, 〈원스 어폰 어 타임 인 더 웨스트〉(1968)에서 역시 자기만의 세계를 일구는 클라우디아 카르디날레, 그리고 한국 영화 중에서는 이만희 감독의 〈귀로〉(1967)에서 본능과 헌신 사이에서 갈등하는 문정숙을 떠올렸다"고 했다. 〈무뢰한〉을 넘어 전도연이라는 배우가 지닌 탁월한 카리스마와 개성을 너무나도 잘 포착한 평가일 것이다. 그처럼 데뷔 이후 거의 한 해도 거르지 않고 꾸준히 자기만의 영역을 넓혀가면서, 그 반복과 차이 모두를 끌어안으며 반경을 견고하게 확장해온 당대의 한국 배우는 전도연이 거의 유일하다 해도 과언이 아니다. 그렇게 전도연은 우리와 함께 호흡하며 든든히 같은 시대를 살아왔다.

CGV 전도연관이 생길 때, 전도연이라는 배우의 동시대성에 대해 다음과 같이 얘기한 적 있다. "한국 영화의 지나간 100년과 다가올 새로운 100년을 든든하게 이어줄 이름." 실제로 이 말이 전도연관 옆에 현판처럼 붙어 있어 가문의 영광이기도 한데, 개인적으로는 한국 배우에게 했던 최고의 찬사였으며 그 생각은 지금도 변함이 없다. 의미를 부여하기 위해 딱딱하게만 썼던 이 얘기에 더해, 내가 몸담고 있는 유튜브 채널 〈무비건조〉에 출연한 변영주 감독은 전도연이라는 배우의 위대함에 대해, 다음과 같이 근사하게 얘기했다. "전도연은 과대평가하는 사람조차 과소평가하는 영역이 있는 배우다." 그 어떤 말로도, 그 누구라도 이 배우의 위대함을 다 표현한다는 것은 근본적으로 불가능하다는 얘기다. 신은 원래 평가받는 존재가 아니니까.

설경구

시나리오 속 무궁한 세계는
그의 연기로 완성된다

1. 〈박하사탕〉,
설경구라는 괴물의 등장

"제가요, 워커에 물이 차서요." 〈박하사탕〉은 1999년 제4회 부산국제영화제 개막작이었다. 한국 영화로는 최초였다. 1980년 5월 18일 광주의 기억을 끌어안은 이창동 감독의 〈박하사탕〉에서 주인공 영호(설경구)는 총기 사고로 민간인을 죽게 했고, 그 또한 핏물이 찬 워커를 신고 고통스러운 얼굴로 흐느꼈다. 부산 영화의전당이 생기기 이전 개막작 상영을 비롯해 부산국제영화제의 중요한 행사들이 열렸던 당시 수영만 야외상영장에는, 설경구의 울음소리만 가득 퍼져나갔다. 그 소리와 함께 차가운 밤공기와 바닷바람이 온몸을 휘감으며 그 어떤 공포영화보다 무섭고 섬뜩한 관람 체험을 선사했다. 그렇게 설경구라는 배우가 우리에게 다가왔다. 혹은 설경구의 울음소리로 한국 영화계의 2000년대가 열렸다.

언젠가부터 언론에서도 '중요한 순간'을 일컫는 의미로 '모먼트'라는 말을 즐겨 쓰고 있다. 어떤 일을 일으키는 계기나 동기를 말하기도 한다. 그런 점에서 2000년대 이후 한국 영화계를 얘기할 때 가장 중요한 모먼트라고 한다면 바로 〈박하사탕〉이다. 거칠게 정리하자면, 한국 영화계에는 전과 후를 나눌 수 있는 몇몇 영화가 있는데 무려 그런 영화가

1999년에 두 편이나 등장했다. 영화산업으로는 '〈쉬리〉 이전과 이후', 작가영화로서는 '〈박하사탕〉 이전과 이후'가 있다고 할 수 있다. 1999년 2월, 천만 영화 〈쉬리〉의 대대적인 흥행 이후 〈박하사탕〉이라는 영화가 없었다면 당시 한국 영화가 얼마나 빈곤했을까, 하는 안도감마저 든다. 〈쉬리〉 이후 산업적인 팽창 일변도로 2000년대를 시작한 한국 영화계가 〈박하사탕〉이라는 백신을 맞았다고 표현하면 어떨까.

　　〈박하사탕〉은 2000년 1월 1일, 새로운 천 년의 시작과 함께 개봉했다. 하지만 영화는 마치 눈만 뜬 채 죽어 있는 사람처럼 누워 있는 영호의 얼굴로 시작한다. 데뷔작 〈초록물고기〉(1997) 이후 이창동 감독은 20년의 시간을 역순으로 구성하며 '시간이 거꾸로 흐르는 영화'를 만들었다. 영화 속 현재 시점, 영호의 나이는 마흔 살쯤 되는데 당시 이 영화를 만들던 이창동 감독의 또래쯤 된다(설경구 배우는 30대가 된 지 얼마 안 된 시점이었다). 그래서 〈박하사탕〉은 40대의 나이를 꽤 보낸 이창동 감독의 자기 반영적인 작품이자 '앞으로 어떻게 살아야 할까'를 고민하던 그의 실존적 여행기라 할 수 있다. 현재 시점의 영호가 자기 인생이 망가진 것에 대해 끊임없이 남 탓을 하고, 죽기 위해 총을 구해놓고도 혼자 죽기 아깝다며 괴로워하는 모습으로부터 본격적으로 시간은 거꾸로 흐른다. 그런데 그 영호라는 개인의 시간은 결국 1980년 5월 18일 광주의 기억, 즉 거대한 역사의 한 순간으로 이어진다. 흥미로운 것은 이창동 감독이 〈초록물고기〉보다 앞서 구상했던 영화가 바로 〈박하사탕〉이었다는 것이다. "당시 30대 후반이었는데 산다는 것에 대한, 밑도 끝도 없는 회의에 빠져 있을 때였다. 1990년대 들어서 별로 달라진 게 없는 것 같은데, 세상 사람들이 뭔가 달라졌다고 규정하고 있는 분위기였다. 이건 좀 아니라는 존재론적 회의가 있었지만, 구체적인 대책은 없던 시절이었다." 그런 고민이 담긴 영화가 〈박하사탕〉이었고, 도대체 어디서부터 잘못된 것인지 그 근원을 찾아 설경구와 함께 영화적 여정을 떠난 것이다.

그 여정에서 목격하게 되는 가장 끔찍한 풍경은 외면하고 싶은 과거를 다시 마주하게 되는 장면이다. 그런데 그것은 지극히 폭력적인 장면이며, 그 또한 이창동 감독이 말하고자 하는 것이다. 〈초록물고기〉에서 태곤(문성근)과 미애(심혜진)는 그들이 죽인 것이나 다름없는 막동(한석규)의 가족이 운영하는 닭백숙집에 가게 되고, 〈박하사탕〉에서 영호는 형사 시절 고문했던 운동권 청년(김경익)을 역시 한 식당에서 만나게 된다. 당시 별명이 개였던 그는 이제 아버지가 된 그 청년의 아이 앞에서 개 흉내를 낸다. 어쩌면 고문은 인간이 인간에게 행할 수 있는 가장 잔인하고 끔찍한 행위일지도 모른다. 우발적 살인이라는 말은 있어도 우발적 고문이라는 말은 없지 않은가. 그처럼 과거 자신을 고문했던 사람을 아무렇지도 않게 동네 식당에서 만날 수 있다는 것, 그것이야말로 독재정권 시기를 관통한 한국 사회의 맨얼굴일 것이다. '세상이 별로 달라진 걸 모르겠다'는 이창동 감독의 말, 그 핵심이 바로 거기 있다.

설경구는 첫사랑 앞에 수줍어하는 순수한 청년의 얼굴과 거의 고문기계와도 같은 악마의 얼굴을 한 양면적인 영호의 얼굴을 너무나도 절묘하게 표현해낸다. 총기 사고로 흐느끼는 장면과 개 흉내를 내는 장면 외에 유독 기억에 남는 장면이 있는데, 유흥 주점에서 접대를 받는 상황이면서도 꼴에 형사랍시고 화장실에 다녀오는 여성 종업원의 길을 막으며 "너 미성년자지?"라고 물으면서 거울을 쳐다보고 손짓하는 모습이다. 자기도취와 자기모멸이라는 지독한 이중성이 그대로 담겨 있는 얼굴이랄까. 어쩌면 그것은 급속한 현대화를 관통하며 격동의 세월을 모순적으로 끌어안은 당대 한국인의 얼굴이라 할 것이다. 마지막에 이르러 영호는 야유회를 와서 빙 둘러앉아 노래 부르던 사람들 무리에서 혼자 빠져나와 다리 밑에 가만히 눕는다. 마치 무언가에 이끌려 온 것처럼 엷은 햇살이 비치는 돌무더기 위에 눕는다. 거기서 설경구의 오묘한 표정을 통해 영화 속 20년의 시간은 하나로 만난다. 20년 후의 영호가 마치 20년 전의 영호에게 들어간 것처럼, 마지막 장면만큼은 시간이 거꾸로 흘러간 게 아니라 현재의 영호의 모습을 보는 것 같다. 그때 그 시절 순수했던 우리의 모습과 만나자는 이창동 감독의 간절한 부탁은, 그처럼 설경구의 얼굴로 완성된다. 〈박하사탕〉에서 설경구가 연기한 건 비단 영호만이 아니라 한국인의 얼굴 그 자체가 아니었을까.

2. 〈공공의 적〉, 대한민국 대표 경찰 강철중

"경찰이라면 누구나 해야 할 것이 있다. 하지만 나는 아무 일도 하지 않는다." 〈공공의 적〉(2002)은 스스로 아무 일도 하지 않는 경찰이라고 공표하는 설경구의 오프닝 내레이션이 무척 신선했다. 게다가 기주봉 배우가 연기하는 선배 형사의 존재를 두고, 당시 한국에서도 큰 인기를 끌었던 〈리셀 웨폰〉이나 〈48시간〉류의 형사 버디무비라고 생각했으나, 그 또한 거의 영화 시작과 동시에 형사가 죽고 마약이 든 가방을 들고 튀는 설경구의 모습을 통해 기대가 배반된다. 그만큼 〈공공의 적〉은 오프닝부터 여러 기대를 비켜가며 신선하게 시작했다. 하지만 무엇보다 명령형도 청유형도 아닌, 구어체와 문어체를 절묘하게 오가는 형사 강철중(설경구)의 대사의 향연이 압권이었다. 사우나에서 만난 조폭을 향해 "그러지 마라. 형이 돈이 없다고 해서 패고, 말 안 듣는다고 해서 패고, 어떤 새끼는 얼굴이 기분 나빠서 패고, 그래서 형한테 맞은 애들이 4열 종대 앉아 번호로 연병장 두 바퀴다. 지금 형이 굉장히 피곤하거든. 조용히 씻고 가라"라는 경고는 강철중식 미란다 원칙이라고 할 수 있다. 영화 후반부에 횟집에서 만난 조폭들은 그의 경고를 무시하고 기어이 덤볐다가 두 손 들고 벌을 서게 되는데, 그런 그들을 향해 "깍두기는 깍두기 세계에서 산다. 깍두기는 민간인의 세계로 오지 않는다!"라고 큰 소리로 복창하게 만드는 장면도 백미다. 이런 '대사빨'은 여러 명의 시나리오 작가가 머리를 맞댄 결과인데, 〈공공의 적〉은 제작 당시 네 명의 시나리오 작가가 협업했다고 해서 화제였다. 이를 두고 여러 매체에서 '할리우드식 작업'이라고 표현했는데, 물론 이러한 성과는 표정과 말투, 제스처 등 꽤 긴 시간 벗어나기 힘들어 보였던 '〈박하사탕〉의 설경구'를 완전히 떨쳐낸, 자신과의 싸움을 이겨낸 설경구 덕분에 얻어진 것이리라.

설경구의 완전히 달라진 모습이라면, 사실상 '비리 경찰'이라고 불러도 이상하지 않을 그의 이면에 감춰진 해맑은 순수성이다. 나름 열심히 살고 있는 전과자에게 가서 "공무집행방해 등으로 2년 썩을래? 아니면 절도로 6개월 썩을래?"라고 협상하는 모습은 영락없이 비리 경찰의 모습이지만, 그 모습은 패륜 범죄자를 집요하게 추적하는 은근과 끈기로 모두 상쇄된다. 혹자는 이것을 〈범죄도시〉 시리즈의 마석도 형사(마동석)까지 이어지는, 사소한 비리 정도는 일상으로 퉁치고 넘어가는 이른바 '한국적' 형사의 전형이라 부를지도 모른다. 서랍을 열면 볼펜 하나밖에 보이지 않지만 필요할 때 그 집요함만큼은 남다르다. 그처럼 한국 영화사에는 90년대 이후 경찰인지 깡패인지 그 경계가 애매한 강력반 형사 캐릭터의 계보가 있다. 〈인정사정 볼 것 없다〉(1999)의 우 형사(박중훈)를 시작으로 〈공공의 적〉의 강철중(설경구), 〈살인의 추억〉(2003)의 박두만(송강호), 〈추격자〉(2007)의 엄중호(김윤석), 〈베테랑〉(2014)의 서도철(황정민)을 지나 〈범죄도시〉 시리즈의 마석도로 이어진다. 그중에서도 가장 철없고 순진한 형사가 바로 강철중이다. 대표적인 것이 용의자 조규환(이성재)과의 대결이다. 그가 손쉽게 18억을 얻게 된다는 것을 알게 된 강철중은, 영화에서 후배 형사(김정학)와 선배 반장(강신일)을 만났을 때 그의 살인 동기가 명백하다며 반복적으로 돈 얘기를 꺼낸다. "네가 잘나가는 사람이야. 600만 원 정도 번다고 쳐. 요즘 헤퍼졌어. 그런데 부모님에게 18억이 있어." 딱히 경제관념이 없기에 잘나가는 사람의 기준을 한참 생각하다가 600만 원을 예로 드는 그 모습은 심지어 귀엽기까지 하다. 게다가 나중에는 결과적으로 조규환이 370억 원을 버는 것을 알게 된 뒤, 텅 빈 사무실에 앉아 A4지에 큼지막하게 "370-18"을 써서 계산하는 모습도 마찬가지다. "자식이 부모를 죽이면 되겠냐, 안 되겠냐. 나 강철중, 민중의 지팡이. 그런 놈을 패륜아라고 부른다. 우리 시대 공공의 적은 패륜아다!"라고 선언하는 모습은, 은근히 한국 관객이 선호하는 순수성과 퇴행성의 교집합과도 같은 장면이다. 절대 있어서는 안 될 공권력의 비리나 형사 개인의 독단적 수사를 이른바 '인간적' 면모라는 이름으로 손쉽게 치환해버리는 것은 경계해야겠지만, 어쨌건 거기에 이런 경찰영화 혹은 관료영화를 소비하는 한국 관객의 무의식이 깊이 담겨 있음을 부정할 수 없다.

그래도 영화는 강철중에게 통렬한 자기반성의 시간을 할애한다. 징계 차원에서 교통경찰로 업무를 보게 된 그는 거리에서 신호위반을 한 운전자로부터 "제발 한 번만 봐달라"며 만 원짜리 지폐를 건네받는다.

여태껏 보아온 강철중의 성질대로라면 얼굴에 돈을 던지며 화를 낼 것 같지만, 소심하고 무기력한 표정으로 그냥 가게 한다. 불법을 저지르고도 지폐 한 장으로 경찰을 내 맘대로 부릴 수 있다고 생각하는 사람을 보면서, 세상 사람들이 우리 경찰을 어떻게 생각하는지 체감하며 오히려 경찰로서의 의지를 다지게 되는 장면이다. 운전자가 거의 반사적으로 지갑에서 돈을 꺼내게 된 것은 바로 우리 경찰의 잘못 때문이다. 경찰이 그들을 그렇게 만든 셈이다. 그래서 그는 사표를 쓰려던 마음을 고쳐먹는다. 물론 강철중답게(?) '사표'를 한자로 쓰지 못한 것도 사표를 못 낸 이유 중 하나이다.

한편, 조규환을 의심하게 된 결정적 계기는, "울면서 다리 떠는 거 봤냐?"며 부모의 죽음에 슬퍼하는 것 같으면서도 사실상 아무렇지 않았던 그의 모습을 보며 가졌던 '직감' 때문이다. 그 전까지 무능한 경찰처럼 보였던 그가 본능적인 '촉'을 발휘하며 사건에 몰입하기 시작한다. 〈살인의 추억〉에서 박두만 형사(송강호)가 가장 먼저 무속인을 찾았던 것처럼 그 촉 또한 한국 관객에게 어필할 수 있었던 중요한 요소다. 그처럼 〈공공의 적〉이 절묘하게 포착한 지역성과 장르성의 결합은 의외로 다면적인 캐릭터인 강철중을 통해 완성된다. 설경구였기에 가능했다는 말은 더해서 무엇 하랴. 실제로 접촉 사고를 낸 택시 기사를 찾아가 죽이고, 심지어 뷔페에서 자신에게 음식물을 쏟았다는 이유로 그의 집을 찾아가 죽이는 조규환은 "사람이 사람 죽이는 데 이유가 있냐?"고 반문하는, 당시 한국 영화에서 사실상 최초로 등장한 본격 사이코패스 캐릭터였다. 강우석 감독은 그런 캐릭터를 대중에게 납득시키는 것이 중요해서, 강철중 캐릭터는 온전히 설경구 배우에게 맡겨두고 조규환 캐릭터에만 집중했다고 한다. "이성재가 연기하는 악역이 한국 영화에 전에 없던 악역이라 실패하면 안 된다는 생각에, (설)경구에게 '난 조규환만 볼 테니까 강철중은 알아서 잘 만들어줘'라고 말했다"는 것이 강우석 감독의 얘기니, 설경구라는 배우가 더 놀랍다. "권선징악이지만 닭살 돋지 않는 영화를 만들고 싶었다"는 강우석 감독의 바람은 오로지 그가 완성한 것이나 마찬가지다.

3. 〈역도산〉과 〈나의 독재자〉, 유명한 실존 인물과 무명한 실존 인물 사이

한때 설경구를 '한국의 로버트 드 니로'라 부르던 기사가 넘쳐나던 시절이 있었다. 외모부터 말투까지 언제나 영화 속 인물로 완벽하게 변신하는 모습을 보면서, 그를 이른바 '메소드 연기'의 대명사로 인식하기 시작했다. 〈분노의 주먹〉(1980)의 로버트 드 니로처럼 걱정스러울 정도로 살인적인 체중 조절을 감행했던 작품이 바로 송해성 감독의 〈역도산〉(2004)이다. 함경남도 출신으로 일본에 건너간 김신락은 역도산이라는 이름으로 일본 프로레슬링의 대부가 되고, 미국의 프로레슬러를 때려눕히면서 패전의 상실감에 빠져 있던 일본인들의 영웅으로 떠오른다. 하지만 바로 그 최고의 자리에서 그의 삶은 조금씩 어긋나기 시작한다. 〈오아시스〉(2002)와 〈실미도〉(2003)에 깡마른 체구로 등장했던 설경구가 불과 1년 만에 거구의 프로레슬러 역도산으로 변신해서 놀라움을 안겨줬다. 거의 30킬로그램이나 찌워서 90킬로그램이 넘는 몸을 만들었을뿐더러, 일본어 대사 연기도 완벽하게 소화했다. 이른바 '배우의 변신'이라는 측면에서 〈역도산〉은 설경구 배우의 눈부신 집념이 매 장면 묻어나는 야심작이다.

　〈역도산〉이 유명한 실존 인물을 영화화한 것이라면 〈나의 독재자〉(2014)는 정반대의 경우다. 자신을 김일성이라 굳게 믿는 남자 성근(설경구)과 그런 아버지로 인해 인생이 꼬여버린 아들 태식(박해일)의 이야기를 그린 〈나의 독재자〉는 실존 인물을 영화화하되, 배우의 상상력이 자유롭게 숨 쉬는 영화다. 7·4 남북공동성명으로 남북 간에 해빙 기류가 흘렀던 1972년부터 김일성이 사망한 1994년까지, 격동의 22년간 한 가정에서 빚어졌던 원망과 화해의 이야기를 담고 있다. 이해준 감독은 '대통령이 남북정상회담 전에 실제와 같은 리허설을 치렀다'는 기사로부터, 첫 남북정상회담 당시 김일성의 대역이 존재했다는 역사적 사실에 집중했다. 국가정보원의 전신인 중앙정보부 내에서 김일성처럼 말하고 표정 짓고 행동하도록 훈련받은 사람은 과연 어떤 마음이었을까. 흔히 배우들은 역할로부터 빠져나오기 위해 큰 고통을 겪기도 하는데, 김일성이라는 문제적 인물을 연기한 사람은 과연 어땠을까. 메소드 연기의 대가 설경구에게 그것은 쉬이 지나치기 힘든 매혹이었을 것이다. 영화에서 무명 배우 성근은 회담 리허설을 위한 김일성의 대역 오디션에 합격한다. 무명 극단의 무명 배우에 지나지 않았던 그가 생애 첫 주인공이 된 것이다. 하지만 회담은 무산되고 그는 자신이 김일성이라고 믿으며 남은 인생을 살아간다. 마찬가지로 설경구 배우의 메소드 연기라는 관점에서 보자면, 자신이 맡은 배역에서 빠져나오지 못한 한 배우의 기구한 삶을 그린 작품이라는 점에서 무척 흥미롭다. 남들이 볼 때 이 배우는 그저 미친 사람에 지나지 않겠지만, 바꿔 말해 '이 정도로 미치지 않고서는 배우가 될 수 없는 것 아니냐'는 의미심장한 질문을 던지는 영화이기도 하다.

4. 〈불한당: 나쁜 놈들의 세상〉, 설경구 '지천명 아이돌'이 되다

"우와, 혁신적인 또라이다!" 〈불한당: 나쁜 놈들의 세상〉(이하 〈불한당〉, 2017)을 보면서 들었던 첫인상은 영화에서 재호(설경구)가 현수(임시완)를 보면서 내뱉었던 위의 평가와 비슷하다. 일단 영화의 주무대인 교도소 설정부터가 한국 교도소와는 전혀 다르고, 그 안에서 죄수들의 회식 장면도 의도적으로 레오나르도 다빈치의 '최후의 만찬'을 그대로 패러디해 미장센을 구성했으며, 패싸움을 하면서 설경구가 장난스럽게 이소룡 흉내를 내는 것까지 말 그대로 '혁신적인 또라이' 같은 누아르 영화라는 생각이 들었다. 전체적으로 그런 만화적인 감각이 돋보이는 가운데 의미를 숨겨놓는 변성현 감독 특유의 센스도 돋보였다. 사실 '최후의 만찬' 자체가 성경의 내용 중 "너희 가운데 하나가 나를 배반하리라"라고 한 예수의 말에 대해 제자들이 깜짝 놀라는 장면을 그림으로 옮긴 것이기에, 영화에서 그 비밀스러운 교도소 만찬 자리에 실제로 배신자가 있다는 것을 패러디를 통해 암시하고 있는 것이다.

〈불한당〉은 쉽게 말해 〈무간도〉처럼 비밀 잠입 경찰이 등장하는 '언더커버' 영화다. 경찰이 자신의 정체를 숨기고 범죄 조직에 들어가 정보를 얻어내는 일을 하다가 결국 발각되는 것이 핵심적인 이야기의 골격이다. 〈불한당〉의 열성 팬들이 스스로 '불한당원'이라 지칭하며 팬클럽을 결성했는데, 그들이 매혹된 장면 중 하나가 바로 '형나경'이라 부르는 장면이다. 하나뿐인 어머니의 죽음에 괴로워하는 현수를 향해 "사람을 믿지 마라, 상황을 믿어야지"라고 재호가 조언하는데, 그때 언더커버 현수가 재호에게 "형, 나 경찰이야"라고 얘기하며 자신이 경찰임을 고백하

는 장면이다. 비슷한 장면은 거의 30년도 더 전에 임영동 감독의 〈용호
풍운〉(1987)에서 볼 수 있었다. 언더커버로 활동하던 추(주윤발)가 그와
깊은 우정을 나눴던 조직원 호(이수현)에게 "나도 경찰이야" 하고 고백
했던 것이다. 〈용호풍운〉은 쿠엔틴 타란티노가 훗날 자신의 데뷔작 〈저
수지의 개들〉(1992)에 대해 '거의 베꼈다'고 고백했을 만큼, 언더커버 영
화의 진짜 원조라 부를 만한 작품이다. 물론 그 이전에도 언더커버 영화
는 있었지만 〈용호풍운〉처럼 단순한 직무 수준의 잠입이 아닌, 아예 조
직 내에서 살아가는 경찰을 본격적으로 그린 경우는 없었다. 자신의 정
체를 속이고 위장 잠입한 첩자, 언더커버를 중국어로는 '워디'(臥底)라
고 부른다. 〈용호풍운〉은 워디 영화의 진짜 원조나 다름없으며, 〈불한
당〉에도 꽤 많은 영향을 미쳤다. 하지만 〈용호풍운〉에서는 마지막에 경
찰의 포위망에 걸려든 뒤 그런 고백의 순간이 찾아왔다는 점에서 〈불
한당〉과 결정적인 차이가 있다. 그리고 현수는 정체가 발각되어 최후를
맞는 것이 아니라, 그 스스로 선택한 길을 가기로 했다는 것도 중요한 차
이점이다.

　무엇보다 설경구라는 배우가 보여준 변신이 인상적이었다. 한국
영화사 전체를 봐도 기념비적인 캐릭터들이라 할 수 있는 〈박하사탕〉
의 영호나 〈공공의 적〉의 철중을 제외하면, 인간 설경구를 잘 보여주는
캐릭터는 〈나도 아내가 있었으면 좋겠다〉(2001)의 김봉수나 〈해운대〉
(2009)의 최만식이었다고 생각되는데, 일단 봉수나 만식이라는 이름부
터가 친근하다. 그만큼 그는 정치인 김운범을 연기한 〈킹메이커〉(2022),
이전에는 〈그놈 목소리〉(2006)의 뉴스 앵커 한경배 정도를 제외하고는
영화에서 딱히 매끈한 정장을 입고 출연한 적이 별로 없었다. 앞서 얘기
한 것처럼 언제나 친근한 동네 이웃 혹은 보통 사람을 연기해왔고, 그것

은 언제나 그가 이른바 리얼리즘 영화라는 세계 안에서만 활동해왔다는 의미이다. 그런 점에서 필름 누아르 장르에 어울릴 법한 세련된 정장에다, 장난스레 이소룡 흉내를 내며 상대 조직원들과 싸우는 〈불한당〉의 만화적인 세계는 배우 설경구에게 있어 사실상 최초의 장르적 시도로 기억될 만하다. 말하자면 그 전까지 그의 연기는 작가주의 영화건 흥행을 노린 기획 영화건 간에 사실주의 전통에서 절대 벗어나지 않았다. '언제나 진짜로 보였으면 좋겠다'라는 마음으로 살아온 배우가 처음으로 변신을 시도한 것이다. 그 시도는 적중하여 어느덧 그는 뒤늦게 '지천명 아이돌'이라는 이름으로 엄청난 팬덤을 형성했다.

설경구는 어쩌면 자신의 대변신이 될지도 모를 〈불한당〉을 위해 변성현 감독의 전작이자 지성, 김아중이 주연을 맡은 〈나의 PS 파트너〉(2012) 당시의 인터뷰를 찾아봤다고 한다. 감독의 여러 말 중에서도 "배우 지성 씨가 반듯한 이미지인데 구겨버리고 싶었다"는 얘기가 인상적이었다고 했다. 그래서 "이 영화(〈불한당〉)를 한다면 저도 구길 거냐"고 물었더니 변성현 감독은 "(설경구) 선배님은 이미 잔뜩 구겨져 있어서 빳빳하게 펴고 싶다"고 했고, 그 감독의 말이 〈불한당〉에 출연하기로 마음먹는 결정적인 계기가 됐다. 변성현 감독은 설경구를 위한 오마주 장면도 넣었다. 교도소에서 현수의 죄수 번호가 1526인데 그것은 〈실미도〉당시 설경구가 연기한 인찬의 죄수 번호였다. 사실 인찬이 처음에 잡혀 들어왔을 때는 1016번이었는데 사형선고를 받고 최재현 준위(안성기)를 만나게 됐을 때 달게 된 번호가 바로 1526번이었다. 그리고 재호의 631번은 변성현 감독이 고등학교 때 타고 다니던 통학 버스의 번호라고 한다. 〈불한당〉에서 나중에 재호가 출소한 현수를 데리러 왔을 때타고 온 차량의 번호가 바로 '1526 631'이다. 게다가 영화의 첫 장면과 끝 장면은 절묘한 대구를 이룬다. 빨간 스포츠카에 누운 처음의 재호가 나중에는 현수로 바뀐다. 불한당원들이 〈불한당〉을 퀴어영화로 이해할 때, 여러 장면들을 굳이 경유하지 않고도 두 사람은 죄수 번호를 통해 이미 일심동체였다.

5. 〈자산어보〉,
언제나 권력 바깥에 서 있는 아름다운 사람

〈자산어보〉(2021)가 설경구의 첫 번째 사극영화라는 것을 알고 난 다음, 거꾸로 많은 것을 생각하게 됐다. 이 배우가 그동안 우리에게 왜 그렇게 가깝게 느껴졌는지, 그가 오랜 시간 서로 다른 스타일의 감독들과 작업하면서도 어떻게 캐릭터를 초월하는 한 명의 개인으로 다가왔는지, 새삼 깨닫게 됐다. 그러고 보니 그는 〈자산어보〉 이전 〈역도산〉 정도를 제외하고는 또래 다른 유명 배우들과 비교해도 거의 언제나 동시대의 인물을 연기했다(〈역도산〉도 그의 필모에서 상업적으로 성공한 영화는 아니다). 그에 비춰보자면 대중에게 지금도 마치 현재진행형의 끔찍한 기억으로 남아 있는, 조두순 사건을 소재로 한 〈소원〉(2013)과 세월호 참사를 소재로 한 〈생일〉(2019) 모두 그가 출연했다는 사실은 굉장히 의미심장하다. 거기서 더 나아가자면 그는 영화에서 늘 '보통 사람'이었다. 사극인 〈자산어보〉 또한 그런 맥락 위에 있다.

한국 영화계의 대표 남성 배우를 이야기할 때 여전히 1962년생 최민식, 1964년생 한석규, 1967년생 송강호와 설경구를 한데 묶어 4대 천왕이라고 할 수 있는데, 설경구와 다른 세 배우의 결정적인 차이점은 그가 '왕'을 연기한 적 없다는 사실이다. 물론 최민식도 왕 자체를 연기한 적 없지만, 여전히 변함없는 역대 한국 영화 박스오피스 1위 〈명량〉(2014)에서 그만한 존재감을 지닌 성웅 이순신을 연기한 바 있다. 한석규는 TV 시리즈 〈뿌리깊은 나무〉(2011)는 물론 〈천문: 하늘에 묻는다〉(2019)에서도 세종 대왕을 연기하며 아마도 왕에 가장 익숙하다고 할 수 있고, 설경구만큼이나 보통 사람 이미지가 강한 송강호도 〈사도〉(2015)와 〈나랏말싸미〉(2019)에서 각각 영조와 세종 대왕을 연기한 바 있다. 반면 〈자산어보〉에서 설경구가 연기한 정약전은 이미 권세를 잃고 귀양을 떠난 선비다.

어쩌면 〈공공의 적 2〉(2005)가 전편만큼 성공을 거두지 못한 것은, 갑자기 그가 강력반 형사 강철중이 아닌 멀끔한 슈트를 입고 중앙지검 강력부 검사로 출연했기 때문일지도 모른다. 사학재단 비리를 다룬 〈공공의 적 2〉는 설경구가 똑같은 이름의 강철중으로 출연하고, 심지어 강신일 배우가 상사로 출연한다는 것도 동일함에도, 말도 안 되게 역할과 직업을 완전히 바꿔 사실상 다른 사람이 되어 등장한 이상한 속편이 됐다. 물론 수사관들을 모아서 '위급할 때 발포해도 된다'는 취지로 "나쁜 놈 인권 보호하다가 내 사람 다치는 건 못 봅니다"라고 얘기하는, 여전히 삼겹살에 껍데기를 좋아하는 '서민적' 검사이긴 하나 어쨌건 논리적으로 말이 안 되는 속편이었다. 그래서 3편인 〈강철중: 공공의 적 1-1〉(2008)을 만들 때는 설경구가 은행 대출도 제대로 받지 못하는 강동서 강력반 강철중으로 다시 돌아왔다는 것을 알리기 위해, 제목에 강철중을 넣고 '공공의 적 1-1'을 부제목으로 정하며 1편의 그 캐릭터와 이야기가 다시 시작되는 본격 시퀄 무비임을 강조했다. 이것만 봐도 설경구라는 배우가 소구하는 관객성의 본질을 잘 알 수 있다. 그는 현대물이건 사극이건 간에 언제나 '권력'의 바깥에 있는 사람이었다. 스크린과 관객, 스타와 관객 사이에는 당연히 거리 두기가 있을 수밖에 없지만 그걸 체질적으로 못 견뎌 하는 한 인간의 영화적 몸부림이 아닐까 싶다.

　바로 그런 점이 설경구라는 배우가 보여준 중요한 미덕이다. 그는 〈박하사탕〉 개봉 이후 팬들에게 사인을 해줄 때마다 '그래도 삶은 아름답다'라는 말을 꼭 쓴다. 〈박하사탕〉의 챕터 제목 중 하나인 '삶은 아름답다'에 '그래도'를 덧붙인 것이다. '그래도'를 덧붙이면서 지금은 물론 앞으로도 쭉 우리의 삶이 아름다워지기를 바라는 강한 의지가 담긴다. 혹은 여러 방식으로 관객과의 거리를 최대한 좁히고자 애썼던 영화배우로서, 얼핏 동떨어진 것으로 보이는 현실의 삶과 영화의 삶이 같아지기를 바라는 마음일 수도 있다. 그렇게 설경구는 언제나 우리에게 아름다운 배우로 남을 것이다.

공효진 × 봉태규

한국 영화의
새로운 감각과 정서

1. 〈가족의 탄생〉,
이해심의 주체는 누구인가

봉준호 감독의 천만 영화 〈괴물〉(2006)을 제치고 대종상 작품상을 수상한 〈가족의 탄생〉(2006)은, 당시 봉준호 감독이 애정 표현을 아끼지 않아 화제가 됐다. 부산국제영화제에서도 "김태용 감독의 〈가족의 탄생〉은 정말 좋은 영화"라며 칭찬을 아끼지 않았고, 대한민국 영화대상 시상식에서는 감독상을 받으며 굳이 "태용 씨 미안해요"라고 말하기도 했다. '〈괴물〉보다 좋은 영화'라는 의미였을까, 어쨌건 청룡영화상 시상식에서는 함께 감독상 후보에 올랐다가 〈가족의 탄생〉의 김태용 감독이 호명되자 뛸 듯이(?) 기뻐했다. 오죽하면 당시 기사 제목 중 하나가 "청룡상 못 받아 더 기쁜 봉준호 감독!"이었을까.

많은 사람들이 '내 인생의 한국 영화'라고들 얘기하는 〈가족의 탄생〉은 마치 시간 여행을 하는 것처럼 여러 커플의 이야기를 마술처럼 엮어놓은 영화다. 먼저 누가 보면 연인 사이라 오해할 만큼 다정한, 친구 같고 애인 같은 남매 미라(문소리)와 형철(엄태웅)이 있다. 아마도 한국 드라마에 흔한 이복 남매 정도 될 것 같다. 그저 제멋대로 살아가는 형철은 5년 동안 소식이 없다 불현듯 20살 연상녀인 무신(고두심)과 함께 누나인 미라의 춘천 집으로 찾아온다. 이후 세 사람은 어색한 동거를 시작한다. 한편, 선경(공효진)은 가정이 있는 유부남(주진모)과 오래도록 만나온 엄마 매자(김혜옥)가 늘 못마땅하다. 남자 친구 준호(류승범)와의 애정 전선에도 잔뜩 먹구름이 꼈다. 그리고 언제나 주변 사람들에게 애정이 넘치는 채현(정유미)과 그를 받아들이기 힘든 경석(봉태규)이 있다. 질투라고 하기에는 애정결핍이라고 할 만한 상황 속에서, 어쩌면 경석이 이들 중 가장 힘든 삶을 살아가고 있는지도 모른다.

당시로서는 독특하고도 신선한 가족 구조를 보여줬고, 관객의 궁금증도 딱히 해결해주지 않았던 이야기의 시작은 다음과 같다. 김태용 감독은 우연히 라디오에서 어느 청취자의 사연을 듣게 되었다. 오빠가 결혼해 함께 살게 된 올케와 시누는 갑작스러운 교통사고로 오빠가 죽은 후에도 여전히 같이 살게 됐다. 그리고 그들에게는 입양한 딸이 있었다. '그 여성들은 같이 살면서 서로를 어떻게 불렀을까? 왜 둘이 계속 같이 살기로 했을까? 입양된 아이는 나중에 자라서 그들을 어떻게 부르게 될까? 또 그 딸이 애인을 데려온다면 어떻게 소개를 할까?'라는 식으로 호기심이 꼬리에 꼬리를 물기 시작했다. 그 호기심을 따라 배치된 영화 속 배우는 고두심과 문소리, 그리고 정유미와 봉태규다. 특히 봉태규와 정유미가 연기하는 커플은, 당시 충무로의 모든 청춘 멜로영화를 통틀어서 가장 '리얼'했다. "너 너무 헤퍼", "그만해"라고 시작되는 싸움은 끝날 기미가 보이지 않는다. '굳이 뭘 그렇게 힘들게 사귀나, 헤어지는 게 낫겠다'라는 관객의 마음은, 사실상 그것이 우리 모두의 일상을 대신 보여주는 것임을 증명한다.

연인 사이에서 이해해주고 싶은 마음과, 한편으로 이해받고 싶은 마음의 균형은 쉬이 잡기 힘들다. 그것은 경석이 누나 선경(공효진)에게 "누나는 엄마랑 똑같잖아"라고 무심코 건네는 얘기로도 이어진다. "네

가 엄마에 대해서 뭘 알아? 엄마는 구질구질한 게 아니라 정이 많으셨
던 거야." 사실 경석도 어렴풋이 알면서 성장했을 것이다. 그래서 엄마도
싫고 정 많은 채현도 싫다. 영화 속 대사처럼 "너 나한테 집중 좀 해주면
안 되냐?"라는 생각뿐이다. 그 싸움의 끝에서 채현과 경석은 오피스텔
복도에 선다. 그들의 불안한 관계를 드러내는 듯 복도의 센서 등이 계속
꺼졌다 켜졌다를 반복한다. 채현이 자고 가라고 하지만 경석은 "너 옆에
있으면 나 외로워서 죽을 거 같아. 넌 꼭 나 아니어도 되잖아. 너 전에 만
났던 남자 친구가 왜 떠났는지 알 것 같아. 지겨워"라는 말을 남기고 떠
난다. 실제로 두 배우는 이 장면을 촬영하기 위해 하루 종일 말도 안 하
고 지냈다고 한다. 하지만 두 사람은 습관처럼 다시 만난다. 여전히 봉
합되지 않은 상태로 말다툼은 계속되고 자동차 사고가 날 뻔한 다음, 채
현이 묻는다. "경석아, 그런데 헤픈 게 나쁜 거야?"

2. 영화의 또 다른 주인공, 춘천의 마당 넓은 집

〈가족의 탄생〉의 또 다른 주인공은 바로 '집'이다. 두 세대에 걸쳐 긴
시간 엮이고 엮이는 관계들 안에서 미라가 살고 형철과 무신이 찾아오
고, 성인이 된 채현과 경석이 만나 하늘을 올려다보는 그 집만이 오직
그대로다. '춘천시 약사동 130-43'이라는 주소 쪽지만을 들고 어린 채
현이 이 집에 찾아와 초인종을 누르고는 대뜸 엄마 무신을 찾는다. 무
신은 당황해하며 화분을 깨뜨리고 만다. 집주인 미라는 당황하지만, 형
철은 "우리랑 같이 살면 되잖아. 우리 능력에 애 하나 못 키우겠어!"라며

대책 없이 책임지겠다고만 한다. 만날 사고 치고 감방 가는 게 일인 형철의 무능력과 무책임에 넌덜머리가 난 미라는 "너 나한테 왜 이래? 당장 나가!"라고 소리치지만, 그다음 컷은 다 같이 식사하는 장면이다. 머쓱한 형철은 만 원짜리 한 장을 들고 밖으로 나가고, 미라와 무신 두 여자만 밥을 먹는 가운데 마당에서는 드디어 엄마를 찾아 기쁜 채현과 개가 뛰어논다. 마치 꿈을 꾸는 것처럼 마당을 중심으로 시간의 경과를 보여주는 마술과도 같은 장면이다. 그 장면 이후 형철은 다시 집으로 돌아오지 않았고, 홀로 남은 미라는 비 오는 집 마당에 앉아 담배를 피운다. 시간의 경과에 대한 별다른 설명이 더해지지 않았지만, 한 시퀀스 안에서 인물들의 기나긴 삶이 설명되는 매혹적인 장면이다. 김태용 감독의 다음 영화인 〈만추〉(2011)에도 그런 비슷한 장면이 있다. 애나(탕웨이)와 훈(현빈)이 시애틀의 한 놀이공원 뒤편에서 범퍼카를 타고 놀다가 맞은편에서 말다툼을 하는 연인을 발견한다. 훈은 장난삼아 자기 마음대로 상상하며 더빙을 시작하고, 이를 무심히 지켜보던 애나도 자신의 감정을 이입해 더빙에 참여한다. 짧은 대답 정도를 제외하고는 말을 아끼던 애나가 먼저 입을 떼는 순간이다. 애나와 훈의 더빙으로 대화를 나누던 그들은 마지막으로 춤을 추면서 하늘로 올라간다. 집착과 권태 사이에서 번민하던 연인에게 영화가 선물한 초현실의 마술이다.

　　영화는 거기서 좀 더 나아간다. 경석이 채현의 춘천 집에 방문한 뒤, 어느덧 나이 들어 함께 살고 있는 현재의 미라와 무신을 만난다. 미라는 무신을 자연스레 '언니'라 부르고 채현은 미라와 무신 모두를 '엄마'라고 부른다. 곧이어 생일 축하 자리가 마련되고 피 한 방울 섞이지 않은 미라와 무신과 채현이 어깨동무를 한 채로 웃고 있는 장면은, 개인적으로 이 영화에서 꼽는 단 하나의 컷이기도 하다. 여기서 자리를 함께하지 못한 또 다른 사람은 바로 경석의 누나 선경이다. 경석이 "TV에 우리 누나 나온다"며 TV를 틀고, 특집방송의 성가대 장면에서 노래 부르는 선경을 보게 된다. 그렇게 전파를 통해 선경도 그들과 한자리에 함께 있다. 성가대가 마지막 곡을 부를 때 카메라는 위로 솟아오르며 춘천 집 옥상의 불꽃놀이를 비춘다. 우리 삶의 리얼한 단면들 위로 아무렇지도 않게 스며드는 판타지가 〈가족의 탄생〉이 보여주는 최고의 미덕이 아닐까 싶다. 한편, 평소 이 집이 궁금하여 영화에 드러난 주소 그대로 인터넷 스트리트 뷰를 찾아본 적 있다. 그런데 웬걸, 영화 속 모습을 그대로 간직한 채로 그 집이 거기 있었다. 언젠가 꼭 한번 찾아가리라 다짐했다.

〈가족의 탄생〉 DVD에는 몇 군데의 삭제 장면이 실려 있다. 그중에서 기억에 남는 것은, 만 원짜리 한 장 들고 나간 형철이 어떤 시간을 보냈을까 하는 장면이다. 집을 나갔지만 딱히 갈 데는 없는 그가 한 장례 행렬의 상여를 따라간다. 어쩌면 형철의 내면의 풍경을 보여주는 것일 텐데, 세 여성의 이야기라는 큰 줄기 안에서 이 장면은 최종적으로 편집됐다. 그 전에도 선경과 어린 경석이 만나는 순간, 우연히 그 옆을 지나던 형철도 그들 사이에 끼어 만나게 되는 장면이 있는데 그 또한 편집됐다. 그런 장면들 없이 우리가 보게 된 영화의 개봉 버전은, 영화의 첫 장면처럼 다시 임신한 여자를 데리고 춘천 집에 찾아오는 형철과 문을 걸어 잠그며 그들을 단호하게 외면하는 미라의 모습으로 마무리된다. 그것은 문소리의 전작 〈바람난 가족〉(2003)에서, "잘할게"라며 찾아온 남편 영작(황정민)에게 호정(문소리)이 "당신, 아웃이야"라고 선언하던 마지막 장면과도 연결된다. 이전까지 가족을 소재로 한 한국 영화에서 보기 드문 혁신적인 장면이랄까. 그 두 장면의 주인공이 바로 문소리다. 다시, 그리하여 영화 속 형철은 오직 현재 시점에만 존재하고 그의 내면을 조금이나마 엿보는 것 같은 플래시백 장면들은 모두 사라졌다. 사실상 처음과 끝에만 등장하는 형철의 존재는 그것으로 충분하다. 처음부터 존재했던 캐릭터의 설정을 영화를 만드는 과정에서 과감하게 덜어낸 김태용 감독의 탁월한 선택이다. 말 그대로 제목을 확장하여 '남자 없는 가족의 탄생'이라는 기념비적인 순간이기 때문이다.

3. 〈두 얼굴의 여친〉과 〈미나문방구〉 사이의 봉태규

봉태규의 가장 지질하고 불쌍하고 인간미 넘치는 연기를 볼 수 있는 영화는 〈두 얼굴의 여친〉(2007)이다. 〈엽기적인 그녀〉(2001) 이후 충무로에서 수많은 청춘 로맨틱코미디영화들이 만들어졌는데, 그 흐름에서 가장 개성 넘치는 영화가 아니었나 싶다. 남들이 먹다 남긴 과자 부스러기를 몰래 먹을 정도로 지질하게 살아가는 취준생 구창(봉태규)은, 어느 날 2개의 서로 다른 인격을 가지고 있는 아니(정려원)라는 여자와 만나게 된다. 아니와 있을 때는 평화롭지만, 그녀가 거친 성격의 하니(정려원)로 변신하게 되면 고생이 시작된다. 맥주병에 맞고 각목에 맞고, 심지어 변태로 몰려서 가족들한테까지 맞는다. 그야말로 서러움과 억울함의 끝판왕이다. 특히 그가 외로움을 견디지 못해 돼지머리와 키스를 하고 '인간 붓'이 되어 아르바이트를 하는 장면은 눈물 없이 볼 수 없는 명장면이다. 영화 속 상대나 관객에게 전혀 위협을 주지 않고 언제나 가깝게 느껴지는, 봉태규 특유의 독보적인 친근함의 매력을 확인할 수 있는 영화다.

〈미나문방구〉(2013)에서 봉태규가 연기하는 최강호 선생은, 지금
껏 한국 영화에서 본 남자 초등학교 선생님 중 가장 마음에 드는 캐릭
터가 아닐까 싶다. 영화에서 미나(최강희)는 아버지가 갑자기 쓰러지면
서 아버지가 운영하던 문방구를 억지로 떠맡게 된다. 어릴 때부터 너무
나 싫었던 문방구를 통째로 팔아버리려고 하지만, 초딩 단골들의 저항
이 만만치 않다. 게다가 어렸을 적 동네 친구이자 이제 초등학교 선생이
된 최강호를 다시 만나게 되어 상황은 더 꼬인다. "공부 못해도 좋고 운
동도 못해도 된다. 친구들 괴롭히고 때리고 못살게 구는 사람은 절대 되
지 마라. 그런 친구들은 내가 정의의 이름으로 용서하지 않겠다"라고 학
생들에게 얘기하고, 또 학생들 사이의 관계를 개선하기 위해서 "이제부
터 '칭찬합시다!'라는 시간을 가져보기로 해요"라며 전인교육에 힘쓰는
그의 모습을 모두가 따라 했다면, 아마도 언제나 끊이지 않는 그 수많은
'학폭' 사건은 일어나지도 않았을 것이다. 그리고 문방구에서 쪼그리고
앉아 전자 게임을 하고 있는 선생님의 모습을 연기할 수 있는 성인 남자
배우가 과연 몇 명이나 있을까 싶다. 오직 봉태규만이 소화 가능한 캐릭
터다. 초등학생들과 전혀 위화감 없이 오락기 앞에 앉아 있는 봉태규의
모습을 보고 있으면, 〈몬티 쥬베이의 삶과 죽음〉(2022)이라는 단편영화
와 더불어 그의 신작 영화를 어서 만나보고 싶다는 열망만 강해진다.

4. 무해하고 억울한 봉태규라는 얼굴, 〈이공〉부터 〈펜트하우스〉까지

다시, 〈가족의 탄생〉에서 봉태규라는 배우의 얼굴이 당대 한국 영화

의 흐름 안에서, 얼마나 남다르고 독보적인지 보여주는 대사가 등장한다. 영화의 후반부에 경석이 채현의 춘천 집에 가게 된 날, 미라와 무신은 각자의 첫인상에 대해 한마디씩 남긴다. 한참을 지켜보던 미라는 "되게 세련되게 생기셨네요"라고 말하고, 무신은 "아이고 개성 있게 생겼다. 누나라고 불러!"라며 즐거워한다. 와 잘생겼다, 라는 말이 선뜻 나오지는 않지만 분명히 호감이 가고 채현의 남자 친구로 별문제 없다는 안도의 인사다. 김태용 감독은 여러 인터뷰에서 그를 두고 "억울해하는 표정 연기만큼은 봉태규가 전 세계에서 1위"라며 '최고'라는 표현 대신 굳이 '세계 1위'라고 힘주어 강조했다. 당시 남긴 순위가 현재 바뀌었는지는 알 수 없다. 뭐랄까, 봉태규의 가장 큰 매력이자 독보적인 지점은 같은 작품 안의 남성에게든 여성에게든 아무런 위협도 안 되는 존재라는 점이다. 사실상 그는 작품 속에서 언제나 당하기만 하는 사람이었다. 그런데 딱히 그걸 즐기는 타입도 아니다. 그가 등장하는 작품의 재미는 'A라는 상황에 마지못해 놓여 있는 B'라는 상황과 인물의 불화에서 온다. 그래서 특유의 억울한 표정이 나오는 것일 텐데, 어쨌건 김태용 감독은 그것을 '전 세계 1위'라고 표현했다.

놀라운 데뷔작 〈눈물〉(2001) 이후 〈정글쥬스〉(2002)의 '고딩' 땅개로 나올 때도 이미 억울했다. 〈바람난 가족〉(2003)에서 어쩌다 관계를 갖게 된 호정(문소리)을 만족시켜주지 못했을 때도 억울했다. 심지어 경찰 역할로 마지막에 잠깐 카메오 출연을 한 〈아라한 장풍대작전〉(2004)에서도 억울하게 쓰러졌다. "봉 순경, 자네 괜찮은가!"라는 상환(류승범)의 외침이 아직도 귀에 선하다. 그즈음 그는 한국영화아카데미 출신 20여 명의 감독들이 참여한, 아카데미의 20주년을 기념하는 의미로 제작된 디지털 단편 옴니버스 프로젝트 〈이공〉(異共, 2005)에서 조민호 감독의

〈이십세법〉에 출연했다. 세상의 모든 문제는 남성의 폭력성에 기인하기 때문에 모든 남자는 20세가 되기 전에 죽기로 하고, 20세가 넘은 남성들을 찾아다니는 여성 킬러가 있다는 독특한 설정의 작품이었다. 전쟁으로 인한 인류의 몰락을 막기 위해 남성은 스무 살까지만 살 수 있다는 '이십세법'이 통과되는데, 영화 속 봉태규는 때마침 20세 생일을 맞게 된다. 그 또한 앞서 설명한 무해하고 억울한 이미지의 연장선이다.

세월이 흐르고 흘러, 배우로서 가장 긴 시간 참여한 작품이라고 할 수 있는 SBS TV 시리즈 〈펜트하우스〉는 그 이미지의 결정판이라고도 할 수 있다. 공식 홈페이지에 올라온 봉태규가 연기하는 고상아(윤주희)의 남편이자 이민혁(이태빈)의 아빠 이규진에 대한 설명을 요약하면 아래와 같다. "빅토리 로펌 이혼 전문 변호사. 정계 입성까지 성공. 법조인 재벌가의 외아들로 허세뿐인 속 빈 강정에 찌질함의 끝판왕. 어렸을 때부터 엄마가 시키는 대로 살아왔더니 어느새 변호사가 되어 있었다. 당연히 스스로 할 줄 아는 건 없고, 결정 장애에 모든 걸 누나나 엄마에게 컨펌받아야 마음이 편한 마마보이다. 규진은 상아가 매일같이 엄마에게 볶여도 방패막이가 되어줄 생각이 없다. 기 센 누나들이 집으로 들이닥쳐 아내를 잡도리해도 모른 척했다. 세상은 등가교환의 법칙에 의해 돌아가는 것." 뭐랄까, 캐릭터 자체는 그때그때 다르지만 봉태규는 억울해하면서도 언제나 세상 흘러가는 대로 살아가는 인물이었다. 그 흐름을 바꿀 생각은 당연히 없고 딱히 그 흐름에 몸을 내맡긴 것도 아니다. 그냥 그와 무관하게 숨만 쉬며 살아가는 존재다. 그런데 결국 그런 사람들이 뜻하지 않은 '개이득'을 얻기도 한다.

대표적인 게 바로 〈펜트하우스〉 5회였다. 드라마 속 다른 부모와 자식들이 서울대 음대에 합격하기 위해 수단과 방법을 가리지 않고 치고 박고 싸우며 아수라장이 됐을 때, 결국 성적이 꼴찌였음에도 불구하고 자신의 위가 다 날아가니까 어부지리로 가만히 앉아 합격의 영광을 얻은 것은 바로 규진의 아들이었다. 다른 가족들의 처절한 혈전이 끝난 다음, 음대에 합격한 아들을 머리에 기마 자세로 태워 활짝 웃고 있는 규진의 표정이, 어쩌면 봉태규라는 사람이 보여주는 매력의 숭고한 열매라는 생각도 들었다. 억울하고 되는 일 하나 없는 것 같지만, 결국 마지막에 웃는 사람은 바로 그다.

5. 〈미쓰 홍당무〉, 양미숙이라는 전대미문의 캐릭터 탄생

"세상이 공평할 거란 기대를 버려. 우리는 남들보다 더 열심히 살아야 돼." -양미숙

한국 영화에는 '이전'과 '이후'를 나눌 수 있는 여러 기념비적인 영화들이 존재한다. 대부분 흥행작으로서 산업적인 변화나 해외 영화제에서의 평가가 기준이 될 텐데, 그런 구체적인 성과나 기준을 설명하기 힘든, 하지만 분명히 어떤 영향력을 행사하며 중요한 분기점이 된 영화들이 있다. 〈가족의 탄생〉도 그러하지만 이경미 감독의 〈미쓰 홍당무〉(2008)도 마찬가지다. 현재 한국 영화계를 설명하는 중요한 화두라고 할 수 있는, 이른바 '여성 서사'라는 관점에서 〈미쓰 홍당무〉는 분명 한국 영화의 이전과 이후의 경계 위에 우뚝 서 있는 영화다. 그런 점에서 서두에 언급한 '듣보잡' 양미숙의 경구(警句)가 영화의 오프닝에 등장할 때

일단 당황했다. 보통 성경 구절 혹은 유명한 작가나 철학자의 경구로 영화를 시작하는 경우가 흔했기 때문이다. 그런데 이 영화는 난데없고 과감했다. 돌이켜보면, 그 오프닝이 새로운 감각의 한국 영화, 그리고 독보적인 여성 캐릭터의 등장을 알리는 신호가 됐다.

시도 때도 없이 얼굴이 빨개지는 안면홍조증에 걸린 양미숙(공효진)은 비호감에다 툭하면 삽질을 일삼는 고등학교 러시아어 교사다. 같은 학교의 서종철 선생(이종혁)이 회식 자리에서 옆에 앉았다는 이유만으로 자신을 좋아하는 게 분명하다는 착각에 사로잡힌 양미숙은, 어딘가 서 선생과 가까워 보이는 인기 많고 예쁜 이유리 선생(황우슬혜)을 미워한다. 그러던 중 러시아어가 인기가 없다는 이유로 중학교 영어 교사로 발령 난다. 자신이 영어 교사로 발령 난 것도, 서 선생의 마음을 얻지 못한 것도 모두 이유리 때문이라고 생각한 양미숙은, 서 선생과 이 선생의 사이를 방해하기 위해 서 선생의 딸이자 싸가지 없는 전교 왕따 서종희(서우)와 모종의 비밀스러운 동맹을 맺게 된다.

양미숙은 한국과 해외 영화의 경계를 넘어서도 그야말로 전대미문의 캐릭터다. 어느 특정 인물을 모델로 하지도, 자료수집을 거치지도 않은 오롯이 이경미 감독의 상상력으로만 창조된 캐릭터다. 과거 고등학교 시절, 소풍 단체 사진 촬영에서 난데없이 불쑥 삐져나온, 아니 바다의 날치처럼 튀어나온 안면홍조증 양미숙의 이미지가 잘 보여주듯 그는 이른바 '아싸' 캐릭터의 대명사다. 비록 제대로 찍히지 못하더라도, 자신이 소풍 때 그 자리에 있었다는 것을 필사적으로 증명하기 위해 한껏 튀어 오른 양미숙의 점프는 이 영화를 볼 때마다 경이롭고 숭고하게 느껴진다. 너무나도 인기가 많은 이유리 선생을 향해 "네가 캔디냐, 다 너만 좋아하게!"라고 울부짖는 순간에도, 결코 포기하거나 좌절하지 않는다. 중요한 건 사진에 찍히기 위해 있는 힘껏 점프하는 것처럼, 양미숙은 예나 지금이나 정말 열심히 살아가는 사람이라는 점이다. 집에 있는 각종 건강보조기구와 간식들은 또 어떤가. 시도 때도 없이 하는 '삽질'도 그를 증명한다. 어느덧 '공연히 쓸데없는 짓을 하다'라는 의미로 사전에도 실리게 된 그 삽질을 하게 될지언정 매 장면 가만히 있는 법이 없다. 양미숙은 1분 1초도 헛되이 보내지 않는 사람이다. 그처럼 시궁창과도 같은 현실에서 벗어나려 발버둥 치는 미숙의 모습은, 이경미 감독이 직접 작사한 〈미쓰 홍당무〉의 주제가 '나도 공주가 되고 싶어'에 잘 담겨 있다. "점집으로 향했어. 나의 전생 뭐였을까. 나는 공주였을까. 현생에선 이 고생인데. 점쟁이가 말했어, 넌 전생에 노예였다고. 씨발 졸라 충실한 개 같은 노예. (중략) 나도 공주 한번 되고 싶어. 나도 공주 한번 되고 싶어. 나도 공주 한번 되고 싶어."

안면홍조증 때문에 꺼려야 할 음식임에도 불구하고, 기어이 선글라스를 끼고 닭발을 먹는 그 순간에도 종희에게 사무엘 베케트의 《고도를 기다리며》라는 연극을 하자고 한다. 이 연극은 영화 안에서 굉장히 중요한 두 가지 의미를 지니고 있다. 먼저 《고도를 기다리며》는 '고도'라는 사람을 기다리는 두 부랑자의 대화가 주요 내용으로, 특별한 사건 없이 인간의 부조리를 파헤친 현대 부조리극의 대표작인데, 〈미쓰 홍당무〉가 바로 그 계보 위에 놓여 있음을 보여준다. 두 번째로 별다른 줄거리 없이 그저 '기다린다'는 상황을 블랙 유머로 표현하고 있는데, 그 '기다린다'는 양미숙의 '삽질한다'와 비슷한 의미를 지니고 있다. 추후 얻게 될 결과와 무관하게 어쨌건 그들은 늘 기다리고 삽질한다. 고도가 오지 않더라도, 서 선생이 마음의 문을 열게 되지 않더라도 그들의 행위는 그 자체로 의미 있다. "사람이 비상식적인 행동을 할 때는요, 다 이유가 있잖아요"라고 항변하는 순간에도 진심이다. 영화 속 박찬욱 의사(배성우) 앞에서 쉬지 않고 독수리 타법으로 "커진다, 커진다"라고 묘사하며 승전보를 전하듯 기뻐서 얘기하는 광기의 장면은 또 어떤가. 나의 비상식적인 행동 하나가 당신의 상식적인 행동보다 더 아름다울 수 있다는 자신감, 오히려 최근 들어 거의 남발하듯 많은 이들이 얘기하는 '높은 자존감'의 화신이 바로 〈미쓰 홍당무〉의 양미숙이다. 그가 영화에서 중학교 영어 교사로 가게 된 다음, 칠판에 다음과 같은 문장을 쓴다. "Who am I?" 그것은 양미숙이 관객에게 던지는 질문이기도 하고, 이 영화 자체가 그를 찾아가는 여정임을 암시하는 장면이기도 하다. 〈미쓰 홍당무〉의 미덕이 바로 그 질문에 있다.

  하지만 양미숙은 자신이 '별로'라고 생각한다. "나도 알아, 내가 별로라는 거"라고 얘기하는 장면을 연기할 때 실제로 배우 공효진과 이경미 감독이 함께 엉엉 울었다고 한다. 양미숙이라는 인물을 만들고, 또 그 인물을 연기했던 두 사람이 흘렸던 그 눈물의 의미를 알 것 같다. 자신의 자존감과 무관하게 언제나 도달하기 힘든 목표 아래 살아가는 예술가로서 느끼는 결핍일 수도 있고, "나는 내가 너무 창피해"라는 양미숙의 또 다른 대사처럼 역시나 채워지지 않는 인정욕구의 다른 모습일 수도 있다. 그래서 앞서 얘기한 것처럼 "Who am I?"라는 질문이 중요하고, 핸드폰을 꼭 쥐고 있지 않으면 언제나 불안해하던 양미숙이 그를 내려놓고 종희와 함께 마지막 교내 축제한마당 무대에 오르는 것도 중요하다. 사건 관계자들이 모두 모인 후반부의 교실 장면에서, 서 선생의 부인(방은진)이 내놓은 두 가지 선택지 앞에서 "사모님, 2번 '새 출발'로 하겠습니다"라고 말한 약속을 빠른 시일 안에 스스로 지킨 것이다. 물론 이경미 감독은 미숙과 종희가 모두의 환대를 받으며 끝나는 휴머니즘을 원하지 않는다. 두 사람이 애써 준비한 공연을 무대에 올리지만 학생 관객은 온갖 물건을 다 집어 던진다. 심지어 돌도 날아온다. 그럼에도 두 사람은 즐겁기 그지없다. "그동안 여러 가지로 고마웠어." 그렇게 두 사람의 웃는 얼굴만으로도 충분하다. "난 이제 뭐 하면서 살지?"라는 독백에 대한 답은 천천히 찾으면 된다. 그래서 마지막에 미숙이 카메라를 쳐다보며 했던 "난 네가 참 맘에 든다"라는 대사의 여운이 오래도록 남는다. 오프닝에서 인용한 미숙의 대사를 살짝 바꿔 말하자면, 하늘은 스스로 열심히 사는 자를 돕는 법이다. 그렇게 양미숙은 자신이 직접 칠판에 썼던 "Who am I?"라는 질문의 답을 스스로 찾았다.

6. 단편 〈잘돼가? 무엇이든〉과 두 번째 장편영화 〈비밀은 없다〉, 그리고 박찬욱

〈미쓰 홍당무〉는 영화가 시작하고 10분 안에 무려 박찬욱, 봉준호 감독이 모두 출연하는 대단한 영화다. 봉준호 감독은 학원 수강생으로 공효진 배우와 함께 카메오 출연하고, 이 영화로 데뷔한 배성우 배우가 피부과 전문의 박찬욱으로 출연한다. 후자는 말장난이라고 할지 모르겠지만, 이 영화의 제작자이기도 한 박찬욱 감독도 나중에 양미숙이 소풍 단체 사진을 찍을 때 실제로 아무런 대사 없이 카메오 출연했다. 그 장면에서 사진을 촬영하는 사람이 바로 정정훈 촬영감독이고, 그때 프레임 안에 들어왔다가 빠져달라고 해서 급하게 나가는 사람이 바로 박찬욱 감독이다. 2002년 제작사 모호필름을 만들고 창립작으로 〈친절한 금자씨〉(2005)를 내놓은 박찬욱 감독이 첫 번째로 제작한 다른 감독의 영화가 바로 이경미 감독의 데뷔작 〈미쓰 홍당무〉다. 그 전에 이경미 감독은 단편 〈잘돼가? 무엇이든〉(2004)으로 부산국제단편영화제 최우수작품상과 서울국제여성영화제 아시아단편경쟁 최우수상과 관객상, 그리고 미쟝센 단편영화제 비정성시 부문 최우수작품상을 수상했다. 미쟝센 단편영화제에서 이 작품을 보고 마음에 들었던 박찬욱 감독은, 그의 표현을 그대로 빌리자면 '납치하다시피 모호필름으로 데려왔다'고 한다. 그렇게 이경미 감독은 〈친절한 금자씨〉의 스크립터로 일하게 된다.

박찬욱 감독이 눈여겨본 단편 〈잘돼가? 무엇이든〉은 이후 〈미쓰 홍당무〉를 지나 〈비밀은 없다〉(2016)에 이르기까지, 혹은 넷플릭스 시리즈 〈보건교사 안은영〉(2020)까지 다다르는 이경미 감독의 세계관을 집약해놓은 작품이다. 그의 필모그래피 중 가장 마지막으로 이 단편을 접하게 된 사람이라면 아마도 '이경미 감독은 원래 그런(?) 사람이었구나' 하고 느끼게 될 것이다. 지난해 이경미 감독이 펴낸 첫 번째 에세이집의 제목도 《잘돼가? 무엇이든》일 정도로 그 또한 이 작품에 대한 애착이 크다. 이제 막 중소 식품 회사 경리과에 입사해 성실하게 일하던 지영(최희진)에게 탈세를 위한 조작 업무가 주어진다. 이미 그런 업무에 익숙한 동료 직원 희진(서영주)과 함께 야근을 하면서 지영은 부당함과 불합리함을 느낀다. 성격도 스타일도 다른 그들이 매일 밤 나란히 한 책상에 앉아 야근을 하며 서로를 알아간다. 기본적으로 지영과 희진의 관계는 불길한 조화와 대립의 경계 위에 있는 〈미쓰 홍당무〉의 양미숙과 서종희, 〈비밀은 없다〉의 김연홍과 김민진을 연상시킨다. 이른바 '여성 서사'라는 관점 위에서 이경미 감독이 가진 중요한 미덕이라면, 언제나 여러 명의 여성이 등장해 복잡한 관계를 맺는다는 점일 것이다. 중심인물이 한 명의 여성이라면, 그것을 남성으로 바꿔도 스토리텔링에 아무런

무리가 없는 경우가 많은데 이경미 감독의 작품들은 다르다. 그의 작품은 언제나 두 여성의 버디무비 구조다. 그리고 기본적으로 이경미 감독의 모든 작품은 스릴러다. 그것은 그의 멘토라고 불러도 좋을 박찬욱 감독도 마찬가지다.

무엇보다 이경미 감독이 창조한 여성들은 하나같이 '집착 쩌는' 혹은 '저세상 텐션을 가진' 워커홀릭들이다. 그로 인해 누군가는 인물들에 대한 호불호가 갈린다고도 말할 수 있겠으나, 개인적으로는 어쨌거나 그 자체로 매력적이다. 야근에 시달리는 〈잘돼가? 무엇이든〉의 두 여성은 물론이고 〈미쓰 홍당무〉에서 이유리 선생을 괴롭히기 위해 선생과 제자라는 경계를 넘어 밤새워 머리를 맞대고 고민하는 두 여성, 그리고 〈비밀은 없다〉에서 실종된 딸을 찾기 위해 딸이 남긴 단서들을 집요하게 추적하는 주인공의 모습은 그야말로 경이롭다. 스토리텔러로서의 이경미 감독이 지닌 파워가 바로 거기 있다고 생각한다. 〈잘돼가? 무엇이든〉의 첫 장면부터 지영은 택시를 타고 생긴 거스름돈 백 원을 챙기려고 한다. 그냥 갈 법도 하지만 "백 원 주셔야죠, 아저씨"라고 말하는데, 결국 받지는 못한다. 회사 책상에는 궁서체로 "적일수록 가까이 두어 배워야 한다"라는 경구가 붙어 있다. 〈미쓰 홍당무〉에서 집 거울에 "1등에 목을 매느니 목을 매겠다"라는 정체불명의 표어를 붙여놓은 양미숙과도 닮아 있다. 희진 또한 〈미쓰 홍당무〉의 양미숙처럼 사무실에서 숙식을 해결하기도 한다. 힘겹게 업무를 해나가던 희진이 갑자기 아버지로부터 전화가 왔을 때 경상도 사투리로 대화하는 장면은 〈비밀은 없다〉에서 김연홍(손예진)이 갑작스레 구수하고 격정적인 전라도 사투리로 통화하는 장면과 닮아 있다. 한편으로 〈미쓰 홍당무〉와 〈비밀은 없다〉 그리고 〈보건교사 안은영〉은 이야기의 무대가 모두 학교라는 공통점도 있다.

　'작가는 평생 하나의 테마를 다룬다'라는 명제 위에서 〈미쓰 홍당무〉와 〈비밀은 없다〉는 닮은 구석이 좀 더 있다. 교내 왕따라고 할 수 있는 두 여성이 밀가루를 뒤집어쓴 채 공연하는 장면이 두 영화 모두에 있다. 같은 공간의 다른 이들 모두 짜증을 내는데 오직 그들만 즐겁다. 이어서 양미숙과 서종희가 이유리 선생을 조종하고 협박하는 것처럼 〈비밀은 없다〉의 두 학생도 은밀한 동영상을 갖고 있다며 손소라 선생(최유화)을 협박한다. 결정적으로 두 영화에서는 얼핏 말만 들어서는 기괴하게 느껴지는 '삽을 든 여자'라는 이미지가 중요하다. 〈미쓰 홍당무〉의 양미숙은 서 선생의 시선을 피하려고 삽질로 땅을 파고, 〈비밀은 없다〉의 김연홍은 무책임한 남편을 팰 때 삽을 쓴다. 다시 그의 멘토 박찬욱이라는 이름을 한 번 더 빌리자면, 〈올드보이〉의 장도리를 든 남자에서 〈미쓰 홍당무〉와 〈비밀은 없다〉의 삽을 든 여자로 이어지는 한국 영화의 10년은, 당대 여성 캐릭터들이 스토리의 전면에 나서기 시작한 가장 역동적인 시기였다. 박찬욱의 〈헤어질 결심〉(2022)에서 양동이로 백사장의 모래를 파서 들어가 있던 송서래(탕웨이)에게서도 양미숙의 얼굴을 봤다면 지나친 비약일까. 앞서 이경미 감독의 영화로도 한국 영화의 이전과 이후를 나눌 수 있다고 했던 말의 근거가 바로 거기에 있다.

메릴 스트리프

호흡 하나까지 자유자재로
가지고 노는 명민함

1. 메릴 스트리프의
구체성과 정확성

　메릴 스트리프의 할리우드 오디세이의 초창기는 무척 험난했다. 최초로 아카데미 여우조연상을 안겨준 〈크레이머 대 크레이머〉(1979) 촬영 당시 더스틴 호프먼과 사이가 좋지 않았던 일이 대표적이다. 사이가 좋지 않았다기보다 이제는 성추행 파문 등 그 실체가 거의 만천하에 드러난 더스틴 호프먼이 당시 일방적으로 그를 몰아붙였다. 노아 바움백의 〈결혼 이야기〉(2019)가 개봉했을 때 많은 이들이 실감 나는 이혼소송 장면 등이 비슷하다는 이유로 선배 영화라며 입을 모았던 〈크레이머 대 크레이머〉에서, 테드(더스틴 호프먼)와 조안나(메릴 스트리프)는 부부다. 하지만 어느 날, 조안나는 아내와 어머니로서의 생활에 염증을 느끼며 남은 삶은 자신을 위해 써야겠다며 훌쩍 떠난다. 그러다 조안나가 아들 빌리를 키우겠다고 하면서, 두 사람은 전쟁을 방불케 할 만큼 치열한 양육권 법정투쟁을 벌인다. 영화를 찍으며 철저하게 테드에게 몰입한 더스틴 호프먼은 상대방의 감정을 자극해서 원하는 연기를 끌어내기 위해, 불과 42세에 폐암으로 사망한 메릴 스트리프의 전 남자 친구 존 카잘을 언급하며 신경을 건드린다. 존 카잘은 〈대부〉(1972)에서 마이클(알파치노)의 둘째 형 프레도 콜레오네를 연기한 배우로 대중에게 친숙하며, 〈디어 헌터〉(1978)에서는 메릴 스트리프와 함께 연기했으나 안타깝게도 개봉도 보지 못하고 세상을 떴다. 로버트 벤튼 감독은 〈크레이머 대 크레이머〉의 각색 과정을 거치며 배우들이 상당 부분 자신의 대사를 직접 쓸 수 있게끔 배려했는데, 더스틴 호프먼의 목적은 오로지 조안나를 이기적인 아내로 만드는 데 있었다. 하지만 메릴 스트리프는 그가 조안나를 '가정을 버린 악녀'로 만드는 것을 거부했다. 그 의지는 오랜만에 떨어져 있던 테드를 다시 만난 자리에서 했던, 메릴 스트리프의 대사에 잘 담겨 있다. "난 평생 누군가의 아내나 엄마, 누군가의 딸로 살았어. 우리가 같이 살 때도 난 내가 누군지 몰랐어. 그래서 떠나야 했지. 근데 캘리포니아로 와서 지내면서 내 자신을 찾았어. 직장도 구했고 좋은 정신과 치료도 받고 있어. 난 지금 어느 때보다도 내 모습이 좋아. 내 자신에 대해 더 많이 알게 됐어." 더스틴 호프먼이 불같이 화를 내며 "그딴 페미니스트 앞잡이 노릇 좀 그만하고, 제발 그냥 연기를 해"라고 윽박지르기 일쑤였지만 그는 아랑곳하지 않았다. 영화에서의 조안나의 '선택'에 대한 논란을 떠나 메릴 스트리프는 조안나를 어떻게든 '이해할 수 있는' 캐릭터로 만들고자 했다. 한 여성의 힘든 선택의 여정을 따라가는 작품이라는 점에서, 이후 〈소피의 선택〉이라는 영화 이전에 이미 〈조안나의 선택〉이라는 영화가 있었던 것이다.

한편으로, 메릴 스트리프의 그런 면모는 사실상 별로 알려지지 않았는데, 그래서인지 이후 국내에도 출간된 평전 《퀸 메릴》에 실린 내용들은 꽤 의미심장하다. 그런 면모를 가족들이 알아서였을까. 그의 아버지는 배우가 된 딸 메릴에게 언제나 "나중에 혹시 아카데미상을 수상하게 되면 무대에 올라가서 제발 정치 얘기는 꺼내지 말아라"라고 충고했다고 한다. 또 예일 레퍼토리 시어터에서 연기를 배우던 시절에 메릴 스트리프는 죽음을 연기하라는 즉흥 과제에서 낙태하다가 죽는 여성을 연기했다고 한다. 다들 '비련의 여주인공' 혹은 '극단적 선택'이라는 추상적 상황을 연기할 때 메릴 스트리프는 너무나도 구체적 상황에 놓인 여성을 연기한 것이다. "나는 관객들이 대상화하기 쉽지 않은 배우나 연기를 좋아해요"라는 그의 관점은 이후 출연작에도 반영되는데, 우리가 메릴 스트리프의 연기를 보면서 느끼는 매혹의 본질이 바로 그 구체성과 정확성에 있다고 할 수 있다.

2. 〈아웃 오브 아프리카〉
1910년대의 멋진 언니 농장주

단순하게 말하자면, 결국 배우란 대사를 통해서 영화의 주제를 전달하는 사람이다. 표정이나 제스처도 중요하지만 배우의 궁극적인 목표는 시나리오의 언어를 완벽하게 전달하는 것에 있다. 메릴 스트리프를 명배우라 부를 수 있는 가장 중요한 이유는 바로 그가 '언어의 마술사'라는 점이다. 그에게 아카데미 여우주연상을 안겨준 〈소피의 선택〉 (1982)에서 그는 아우슈비츠 수용소의 생존자를 연기하며 폴란드인이 구사하는 억양의 영어를 완벽하게 소화했다. 과거 소피(메릴 스트리프)는 수용소로 가는 도중 소피의 미모에 반한 독일 장교로부터 그녀의 두 아이 중 한 명만을 살려주겠다는 제안을 받았고, 어쩔 수 없이 한 아이를 선택하고야 말았다. 치유할 수 없는 전쟁의 상처, 두 자식을 두고 '선택'의 기로에 놓인 상황의 끔찍함은 바로 완벽한 언어 구사로부터 극대화된다.

카렌 블릭센의 동명 원작 소설을 영화화한 〈아웃 오브 아프리카〉 (1985)는 "나는 아프리카 은공 언덕 기슭에 농장을 갖고 있었다"라는 멋진 문장으로 시작한다. 1910년대의 격변기를 살아가는 한 여성의 '나'라는 1인칭으로 시작해, 역시나 세계열강의 격전지였던 아프리카에서 '농장을 갖고 있다'는 당당함이, 요즘식으로 말하자면 '멋진 언니'의 위엄을 보여준다. 영화는 1910년대 광활한 아프리카를 배경으로, 덴마크 여성인 카렌 블릭센(메릴 스트리프)과 데니스 핀치 해튼(로버트 레드포드)의 애틋한 사랑과 이별을 그리고 있다. 시드니 폴락 감독과 워낙 친한 사이였던 로버트 레드포드가 남자 주인공으로 일찌감치 정해졌고, 여자 주인공으로는 주디 데이비스, 줄리 크리스티, 케이트 캡쇼 등이 물망에 올랐다. 이미 스크린 테스트를 거친 배우들도 꽤 됐다. 무엇보다 덴마크어를 구사할 수 있어야 했고, 작가라는 정체성을 잘 표현할 수 있는 배우여야 했다. 〈소피의 선택〉에서 폴란드어 억양의 영어를 완벽하게 구사했던 것처럼 덴마크 출신 주인공이라는 설정을 메릴 스트리프처럼 잘 소화할 수 있는 배우는 없었다. 더군다나 메릴 스트리프는 '아프리카에서 홀로 거대한 농장을 경영하는 한 여성 주인공의 이야기'라는 점에 끌렸다. 여성 주인공의 내레이션으로 시작하는 영화가 드물던 시절이었다.

실화 소설이라고 할 수 있는 원작에 푹 빠진 메릴 스트리프는, 카렌을 한층 더 풍부한 캐릭터로 만들고 싶었지만, 시드니 폴락 감독은 이 영화를 아프리카의 풍광을 배경으로 펼쳐지는 사랑의 대서사시로 만들고자 했다. 실제로 두 사람은 딱 한 번 갈등을 빚기도 했다. 연인이 다른 여자와 어딘가 필요 이상으로 깊은 관계를 맺고 있다고 생각한 카렌이 "내가 허락 못 해요"라고 말하는 대사가 있는데, 메릴이 이를 꺼려 했던 것이다. 카렌이 공공연하게 질투하고 지나치게 집착함으로써 두 사람의 '밀당'의 균형이 완전히 무너지는 장면이라고 메릴은 생각했다. 결국 "관계를 완성하려면 각자의 결함을 보여줘야 한다"는 시드니 폴락 감독의 얘기에 동의해 찍긴 했지만, 속이 상하는 건 어쩔 수 없었다. 그럼에도 영화의 주인공이 남편 브로르 블릭센을 연기한 클라우스 마리아 브랜다우어와 로버트 레드포드 사이의 카렌 블릭센이란 사실은 변함없다. 특히 카렌이 데니스의 부고를 듣는 장면에서의 연기는 압도적이다. 담배를 들고 있던 손이 미세하게 떨리더니 이내 아무렇지도 않게 다시 책을 읽는다. 앞서 〈실크우드〉(1983)를 함께했던 마이크 니콜스 감독은 바로 그 연기에 반해 〈제2의 연인〉(원제: Heartburn, 1986)을 함께하자고 했고, 잭 니콜슨과 메릴 스트리프의 만남이 이뤄졌다.

게다가 영화에서 카렌을 좋아하는 펠리시티(수잔나 해밀턴)는 그를 향해 "언젠가 저도 당신처럼 제 삶을 살고 싶어요"라고 말한다. 펠리시티는 베릴 마크햄이라는 실존 인물을 모델로 삼았는데, 데니스의 또 다른 연인으로 알려진 인물이다. 영화를 준비하던 당시 생존해 있었기에 시드니 폴락 감독이 직접 만나 조언을 구하기도 했다. 힐러리 클린턴이 "역사상 가장 위대한 여성 모험가 중 한 사람"이라고 추천하며 유명세를 타기도 했던 베릴 마크햄의 《이 밤과 서쪽으로》는 국내 출간돼 있다. 18세 때 아프리카에서 여성 최초로 경주마 조련사 자격증을 취득했고, 20대 말에는 비행기 조종법을 배워 직업조종사가 되었고, 1936년에는 영국에서 캐나다 케이프브레턴 섬에 이르는 역사적인 북대서양 횡단 단독비행에 성공한 기념비적 인물이기도 하다. 어쩌면 카렌 블릭센의 선한 영향력을 받은 인물이라고도 할 수 있는데 "넘어갈 수 없는 지평선은 없다"는 것이 베릴 마크햄의 지론이었다.

영화가 보여주는 인간사의 국면도 중요하지만, 사실 압도적인 대

자연의 풍광이야말로 이 영화의 백미다. 그 풍광 아래서 데니스가 카렌의 머리를 감겨주는 장면은 이후 〈사랑과 영혼〉(1990)에서 패트릭 스웨이지와 데미 무어의 도자기 신이 등장하기 전까지, 할리우드에서 가장 달콤하고 선명하고 상업적인 멜로드라마의 이미지였다. 두 사람이 비행기를 타고 탄자니아 응고롱고로 분화구 위를 나는 장면은 정말로 아름답다. 분화구 위를 지나갈 때 비행기라는 기계는 그저 한 점에 불과하다. 그 비행의 경험은 실제로 카렌 블릭센에게 심오한 정서적 의미를 남겼다. "신이 인간보다 상상력이 풍부하다는 것을 알게 됐다. 이제 나는 천사가 된다는 게 어떤 건지 알 것 같다"는 게 실제 블릭센의 이야기다. 은은하고도 섬세한 존 배리의 영화음악도 그 분위기를 탁월하게 살려내고 있다. 실제로 메릴 스트리프는 〈아웃 오브 아프리카〉라는 영화에 푹 빠져 지냈다. 실제로 영화를 찍고 미국에 돌아오자마자 뉴욕 도심을 떠나 코네티컷주 솔즈베리 교외로 집을 옮기기도 했다. 매일 아침 숙소에서 일어나 창밖을 보면 안개 낀 킬리만자로산이 눈앞에 펼쳐졌으니, 뉴욕의 집이 무척이나 답답하게 느껴졌을 것이다. 할리우드에서 '여성 배우가 30대가 되면 전성기는 지났다'고 말하던 시절, 〈아웃 오브 아프리카〉는 메릴 스트리프에게 새로운 시작점이 됐다.

3. 〈철의 여인〉
논란의 여성 정치인을 연기한다는 것

마거릿 대처라는 논란의 정치인을 다뤘다는 점에서 〈철의 여인〉(2011)은 사실상 '메릴 스트리프가 마거릿 대처를 연기했다'는 그 자체로 큰 의미를 가진다. 어떤 관객에게는 오직 그것만이 전부일 수도 있다. 마거릿 대처가 살아 있을 때 영화가 개봉하긴 했는데, 보지는 못했다고 한다. 다만 '정계 은퇴 이후 대처의 정신적 쇠락을 우습게 묘사했다'며 격분한 영국 보수당 정치인들은 많았다. 다른 한편에서는 영화평론가 로저 에버트가 '논란 많은 인물에 대해 영화의 태도가 불분명하다'고 비판했다. 영화는 26세의 야심만만한 옥스퍼드 졸업생 마거릿이 세상을 바꿔보겠다는 부푼 꿈을 안고 지방의회의원 선거에 나가지만 낙선하고, 이후 남편의 전폭적 지지 속에 의회 입성에 성공한 뒤 모두가 불가능하리라 여겼던 영국 최초의 여성 총리로 선출되는 과정을 그리고 있다. 그리고 연거푸 3선에 성공하며 '철의 여인'이라 불리던 시절부터 정계를 떠난 뒤의 삶까지도 담아내고 있다. 개봉 당시 영화는 메릴 스트리프의 높은 싱크로율로 화제였는데, 아카데미 시상식에서는 여우주연상 수상과 더불어 마크 콜리어와 J. 로이 헬런드가 분장상도 받았다. 메릴 스트리프는 〈소피의 선택〉 때부터 오직 한 명에게만 헤어를 맡겨온 것으로 유명한데, 〈아웃 오브 아프리카〉를 지나 〈철의 여인〉에 이르기까지 로이 헬런드가 언제나 그의 헤어를 담당했다.

메릴 스트리프는 이 작품을 택한 이유에 대해 "실존 인물을 연기한 적은 꽤 있으나 〈철의 여인〉처럼 40여 년의 긴 세월을 연기한 적은 없어 흥미로웠다"며 "마거릿의 싸우고자 하는 열정, 싸움에 대한 그 욕구가 가장 흥미로웠다"고 했다. 사실 정치적 성향에 따라 마거릿 대처는 그저 "배우는 주어진 역할에 충실할 뿐"이라는 명제를 적용하기가 힘든 인물이기도 하다. 메릴 스트리프 같은 대배우에게 있어 어떤 기회라고 보기도 힘들다. 그렇기에 '배우로서 40대부터 80대까지 한 인물의 긴 세월을 연기해보고 싶었다'라거나 '정치적 성향을 떠나 그 인물의 싸움에 대한 욕구를 들여다보고 싶었다'는 말은 무척 흥미롭게 들린다. 앞서 메릴 스트리프와 함께 〈맘마 미아!〉(2008)를 성공시켰던 여성 감독 필리다 로이드는 "정치영화가 아니라 남자만 있는 세상에서 여성 혼자서 느껴야 하는 고립과 고독감에 집중한 영화다"라고 말하기도 했다. 개인적으로는 당연히 메릴 스트리프가 자신과 정치적 견해가 같을 수 없는 인물을 연기했다고 생각한다. 하지만 메릴 스트리프는 한 인터뷰에서 "계급주의와 성차별을 뚫고 정당하게 차례로 단계를 밟아 총리 자리에 오른 여성 정치인이라는 점에서, 정말 어마어마한 일을 해냈다. 사람에 따라서는 역사적 논란을 가라앉힐 수 있을 만큼 가치 있는 일을 해냈다고 볼 수 있을 것"이라고 말하기도 했다. 일단 세상에는 '여성 정치인'을 다룬 영화 자체가 드물기도 하다. 또한, 시나리오를 쓴 애비 모건이 바로 이후 여성 참정권 투쟁을 그린 〈서프러제트〉(2015)의 작가라는 점도 주목할 만하다.

사실 그런 점에서 보자면 〈아웃 오브 아프리카〉와 〈철의 여인〉은 메릴 스트리프의 평소 철학과 맞닿아 있는 부분도 있다. 가령 〈아웃 오브 아프리카〉에서 남성들만 가득한 클럽의 회원들이 카렌을 초청하는 장면이 있는데, 그 장면에서 "그때 '난 너희 클럽에 들어가고 싶지 않아'라고 말하고 싶었지만 딱 한 잔 마시고 나왔다"라는 대사를 메릴 스트리프도 무척 좋아했다고 한다. 남성들 속의 여성이라는 이미지를 통해 보여주는 남성 세계 안에서 고군분투하는 여성의 숭고함이라는 테마는 그의 필모그래피 전체를 관통하고 있기도 하다. 그리고 그것은 이름으로도 이어진다. 〈아웃 오브 아프리카〉에서는 "내 이름을 불러주겠어?"라는 카렌 블릭센의 마지막 말에, 하인 파라(말릭 보웬스)는 떠나는 그를 향해 남편의 성 블릭센을 떼고 "마님은 카렌입니다"라고 얘기한다. 남편 성을 따르는 관습을 벗어난 것이다. 〈철의 여인〉에서도 마거릿 대처가 아니라 정치인을 꿈꾸며 맨 처음 출마했을 때의 이름인 마거릿 로버츠라는 이름이 중요하게 등장한다. 그 이름을 준 아버지는 언제나 마거릿 로버츠에게 "남에게 휘둘리지 마. 네 생각대로 살아"라는 생각을 심어주었다. 그런 점에서 두 영화의 주인공 모두 지금과는 완전히 다른 사회 분위기였던 시대 배경과 겹쳐서 보자면 '집 안에 갇혀 있기를 거부한 여성'이라는 공통점을 가지고 있다.

4. 〈어거스트: 가족의 초상〉과 〈플로렌스〉, 메릴 스트리프의 완벽한 두 얼굴

〈어거스트: 가족의 초상〉(2013)은 메릴 스트리프의 필모그래피 중 가장 예민하고 어두운 내면을 그린 영화다. 메릴 스트리프의 가장 피곤한 얼굴이 바로 이 영화에 있다. 아버지가 세상을 떠나면서 뿔뿔이 흩어져 살던 가족들이 어머니 바이올렛(메릴 스트리프)을 찾아 함께 모이는데, 애도의 마음은 잠깐뿐이고 서로를 헐뜯고 상처를 후벼 파는 막장 드라마가 펼쳐진다. 줄리아 로버츠, 이완 맥그리거, 베네딕트 컴버배치, 크리스 쿠퍼 등 초호화 캐스팅을 자랑하는 이 영화에서 메릴 스트리프는 세상을 떠난 아버지의 아내이자, 집안의 가장 높은 어른을 연기한다. 오랜 기간 항암 치료를 받으면서 가발을 쓰지 않으면 안 될 정도로 외모가 망가졌지만, 언제나 담배를 손에서 놓지 않고, 약 기운이 올라올 때면 마음에도 없는 얘기를 마구 쏟아내는 독설가다. 그러는 가운데 가족 내의 숨겨진 비밀이 드러나고 바이올렛은 그야말로 천국과 지옥을 오가는 명연기를 펼쳐 보인다. 그야말로 배우가 보여줄 수 있는 '테크닉'의 최고 경지랄까. 정신이 약에 완전히 지배당한 상태를 연기할 때, 중얼중얼거리는 발음으로 호흡을 대충 흘리는데도 모든 대사가 귀에 쏙쏙 들어온다는 게 놀랍다. 스스로 '못되고 고약한 엄마'라고 고백하는 장면은 그야말로 경이롭다. 그처럼 〈어거스트: 가족의 초상〉은 주변 배우들과의 절묘한 호흡이 빛나는, 이른바 앙상블 연기의 교과서라고 할 수 있다.

〈어거스트: 가족의 초상〉과 어쩌면 가장 거리가 먼, 메릴 스트리프가 그동안 연기했던 인물 중 가장 귀엽고 낙천적인 캐릭터로 등장한 영화가 바로 〈플로렌스〉다. 1940년대 미국에 실존했던 음치 소프라노 플로렌스 젱킨스의 이야기를 영화화한 것인데, 플로렌스(메릴 스트리프)는 막대한 재산으로 음악가들을 후원하면서 자신이 직접 오페라 공연을 펼치며 소프라노로서 제2의 인생을 시작한다. 하지만 기본적인 음정과 박자도 소화하지 못하는 음치였고, 매니저이자 남편인 베이필드(휴 그랜트)의 도움으로 그걸 모르며 살 수 있었다. 플로렌스는 급기야 카네기홀 공연도 가지게 된다. 메릴 스트리프의 필모그래피를 굳이 살펴보자면, 코미디영화가 드물다는 점에서 〈플로렌스〉는 보석 같은 작품이다. 캐릭터에 완전히 동화돼서 공기 반 소리 반으로 음을 자유자재로 가지고 노는 메릴 스트리프를 보고 있으면, 실로 경이롭기까지 하다. 동시에 예술을 대하는 우리의 이중적 태도에 대해서도 생각해보게 된다. 한편으로 메릴 스트리프라는 배우가 없었다면 과연 〈플로렌스〉라는 프로젝트가 제작 궤도에 오를 수 있었을까, 하는 생각도 든다. 배우가 산업을 바꿀 수 있다는 말이 과장이 아닐 수도 있다.

5. 〈더 포스트〉,
대가 스필버그와 메릴 스트리프의 페미니즘 영화

　마이클 코넬리의 '형사 해리 보슈' 시리즈의 첫 번째 작품인《블
랙 에코》에서, 해리 보슈는 베트남전 참전 당시 겪었던 끔찍한 악몽
에 시달리며 살아간다. 그러던 어느 날, 베트남에서 자신과 함께 '땅굴
쥐'(Tunnel Rats) 부대에 복무했던 전우의 시체와 맞닥뜨린다. 베트콩이
파놓은 수많은 땅굴에 들어가 탐색과 폭탄 설치 등 토벌 작전을 맡았던
부대라 그런 이름이 붙었는데, 땅굴에서 함정에 빠지거나 덫에 걸리거
나 죽창에 찔리는 일이 흔할 정도로 위험천만한 임무였다. 당시 베트콩
들의 중요한 은신처였던 그 땅굴들은 하나같이 입구가 작았는데, 덩치
큰 미군들이 들어오지 못하게 하기 위해서였다. 그러다 보니 작은 체구
를 가진 수많은 히스패닉 군인들이 땅굴쥐 부대원으로 활약했다.
　베트남전 당시의 히스패닉 군인들 얘기를 꺼낸 이유는, 스필버그가
연출한 〈더 포스트〉의 거의 마지막에 나오는 법원 장면 때문이다. 법원
에 간 〈워싱턴 포스트〉의 사주 캐서린 그레이엄(메릴 스트리프)은 정부 측
의 한 젊은 여성 직원의 안내로 줄을 서지 않고 현장으로 향하는데, 그
직원은 정부 측에 속해 있으면서도 "전 여사님이 이겼으면 좋겠어요"라
고 말하며 "우리 오빠도 아직 베트남에 있거든요"라고 덧붙인다. 당시 베
트남전이 후반부로 치달을 때 무수히 많은 흑인, 히스패닉 군인들이 베
트남으로 향했다. 군인이 된다는 것은 미국 사회의 당당한 일원으로 인
정받는 것이었기 때문이다. 목숨을 걸고서라도 인정받고 살아남고자 했
다. 흑인, 히스패닉 군인들이 베트남전에서 용맹을 떨쳤다고 알려져 있
는데, 바꿔 말하면 백인 군인들보다 더 위험한 임무에 투입됐다는 얘기

이다. 베트남에 파병된 전체 군인 사망자의 20퍼센트는 바로 그들이었다. 백인 군인보다 훨씬 더 많이 죽었다. 베트남전은 TV로 중계된 사상 최초의 전쟁이었지만 대중은 〈더 포스트〉에 드러나는 것처럼 그 실체를 잘 알지 못했다.

스필버그는 영화를 통해 미국 근현대사를 기록해왔다고 해도 과언이 아니다. 미국 남북전쟁 시기를 다룬 〈링컨〉을 비롯해 〈워 호스〉를 통해 제1차 세계대전을 다뤘고, 〈태양의 제국〉, 〈쉰들러 리스트〉, 〈라이언 일병 구하기〉를 통해 특히 제2차 세계대전을 많이 다뤘다. 〈스파이 브릿지〉 또한 동서 냉전이 극심했던 1957년을 배경으로 하고 있다. 그런데 유독 베트남전에 무심했다. 심지어 1969년이 배경인 〈캐치 미 이프 유 캔〉, 1972년 뮌헨 올림픽을 다룬 〈뮌헨〉 등 시기적으로 보면 베트남전 (1960~1975년)과 시간적 배경이 겹쳐지는 영화를 두 번이나 만들었지만 베트남에 대한 얘기는 딱히 없었다. 그래서 한편으로는 스필버그가 베트남전의 기억을 일부러 피하는 건가, 하는 생각도 했다.

그런 점에서 〈더 포스트〉는 스필버그의 첫 번째 베트남전 영화가 아닐까 싶다. 게다가 앞서 얘기한 것처럼 오빠를 베트남으로 떠나 보낸 정부 측 히스패닉 젊은 여성 직원을 등장시키고, 〈워싱턴 포스트〉의 워터게이트 사건 보도를 다룬 또 다른 영화 〈모두가 대통령의 사람들〉에는 아예 등장하지도 않았던 캐서린 그레이엄까지 등장시켰다. 이를 통해 보다 스펙트럼이 넓고 디테일이 풍부한 페미니즘 영화를 완성했다. 메릴 스트리프의 존재감은 이제껏 딱히 주목받지 못했던 캐서린 그레이엄에게 풍부한 서사를 선물한다. 언론사의 남성 이사진들 사이에서 고뇌하는, 그리고 사실상 최종 결정권을 가진 여성으로서 중요한 선택을 내리는 장면은 압도적이다. 그리고 이를 연기한 것이 메릴 스트리프이기에 더욱 압도적이다. 아무튼 보는 내내 감탄했던 〈더 포스트〉의 가장 멋진 마침표는 바로 젊은 히스패닉 여성과 마주한 캐서린 그레이엄의 위엄이었다. 하지만 이어지는 장면에서 백인 남자 선배 직원에게 야단맞던 그 직원이 이후 정부 안에서 잘 승진하며 버텼을지, 또 그 오빠는 베트남에서 살아서 돌아왔을지 생각하면 마음이 무겁긴 하다. 그래서 더 찾아봤더니 1968년 셜리 치좀이 최초의 흑인 여성 하원의원으로 등장했던 것에 비해, 2009년에 와서야 소니아 소토마요르가 최초의 히스패닉 여성 대법관으로 임명됐고(오바마 대통령의 임명), 2016년에는 캐서린 코테즈 매스토가 첫 번째 히스패닉 여성 상원의원이 됐다. 그처럼 그 직원은 이후 얼마나 오래 유리천장을 깨기 위해 노력하며 살아야 했을까.

6. 타임스 업!
인클루전 라이더를 향하여

할리우드의 유리천장을 이야기할 때, 메릴 스트리프만큼 어떤 '대표성'을 가지고 있는 배우가 또 있을까. 메릴 스트리프는 데뷔 이후 지금까지 살아 있는 전설이라 불러도 될 만큼 꾸준하다. 할리우드의 유일무이한 대배우로 굳건히 자리를 지키는 메릴 스트리프는 지난 2018년 제90회 아카데미 시상식에서 〈더 포스트〉로 여우주연상에 노미네이트되며, 총 21회라는 아카데미 역사상 최다 노미네이트 기록을 세웠다. 이는 지난해 메릴 스트리프 본인이 세웠던 20회 노미네이트 기록을 경신한 것으로, 총 12회 노미네이트되었던 캐서린 헵번, 잭 니콜슨과 압도적인 격차를 보여주고 있다. 하지만 그에 비해 상복은 없는 편이어서 4회 수상으로 역대 아카데미 최다 수상 기록을 갖고 있는 캐서린 헵번의 기록에는 미치지 못한다. 메릴 스트리프는 프랜시스 맥도먼드와 잉그리드 버그먼과 같은 3회 수상 기록을 갖고 있다.

바로 그 프랜시스 맥도먼드와 메릴 스트리프의 절묘한 호흡이 빛났던, 2018년 제75회 골든글로브 시상식은 수상자가 아닌 '블랙 드레스'가 주인공이었다. 엠마 왓슨, 메릴 스트리프, 나탈리 포트만 등 할리우드 여배우들이 영화계 내 성폭력에 항의하며 블랙 드레스를 입고 시상식에 대거 참석했다. '이제는 끝이다'(Time's Up)라는 의미의 '타임스 업'은 할리우드의 배우, 프로듀서, 작가 등 여성 300여 명이 영화계 내 성폭력과 성차별에 반대하기 위해 그해 1월 1일 결성한 운동 단체로서, 첫 번째 공식 행사가 바로 골든글로브 시상식이었다. 특히 이날 시상식에서 〈쓰리 빌보드〉(2017)의 프랜시스 맥도먼드가 경쟁하던 〈더 포스트〉(2017)의 메릴 스트리프를 제치고 여우주연상을 수상했는데, 다른 여성 영화인들에게 이 운동에 동참하자고 호소했다. "지금 이 자리에 있는 모든 부문 여성 후보들께서 저와 함께 일어서주시면 너무나 감사하겠습니다"라고 얘기했지만 다들 망설이자, 메릴 스트리프를 지목하며 일어나주길 부탁했다. "메릴, 당신이 일어나면 아마 다들 일어날 거예요." 메릴이 웃으며 일어나자 그 자리에 있던 여성 제작자, 감독, 작가, 촬영감독, 작곡가, 디자이너가 모두 일어났다. 그 덕분에 프랜시스 맥도먼드는 '인클루전 라이더'(Inclusion Rider)라는 두 단어를 힘주어 얘기할 수 있었다. 인클루전 라이더란 영화를 제작할 때 배우와 스태프의 성적·인종적 다양성을 일정 수준 이상으로 보장한다는 내용의 계약조항을 뜻한다. 여성과 유색인종, 성소수자, 장애인 등을 영화 제작 과정에서 배제하지 말고 '포함'시켜야 한다는 얘기다. 비록 수상은 못 했어도 객석의 메릴 스

트리프는 그 누구보다 환하게 빛나 보였다. 할리우드에서 메릴 스트리
프는 바로 그런 존재다.

주성치

**액션과 코미디를 넘나드는
능청스러운 재주꾼**

1. 모레이타우,
무리수 개그의 폭격

　　〈서유쌍기〉라 한데 묶어 부르는 〈서유기: 월광보합〉과 〈서유기 2:
선리기연〉은 1994년에 만들어졌다. 〈도성〉으로 주성치를 스타덤에 올
려놓은 유진위 감독의 야심이 집대성된 작품이면서, 변함없는 주성치
식 코미디가 빛을 발하는 결정판이다. 주성치의 영화들을 크게 〈도성〉,
〈정고전가〉, 〈도학위룡〉, 〈007 북경특급〉, 〈희극지왕〉 등의 현대물과 〈심
사관〉, 〈녹정기〉, 〈무장원 소걸아〉, 〈당백호점추향〉, 〈구품지마관〉 등의
사극으로 나눌 수 있다면 〈서유쌍기〉는 그의 사극을 대표하는 작품이자
〈희극지왕〉과 더불어 가장 가슴 뭉클한 멜로드라마다.
　　주성치는 현대물로 필모그래피를 시작했다. 〈벽력선봉〉(1988)에서
주인공 형사 이수현의 정보원으로 일하며 갖은 구박을 받던 시절부터
이후 〈도성〉(1990)으로 홍콩 박스오피스를 뒤흔들기까지 귀엽고 앳된
외모에 능청스러운 그의 표정은 홍콩 영화를 대표하는 얼굴이 됐다. 성
규안을 무척이나 괴롭히던 〈정고전가〉(1991), 대머리 맥가와 함께 출연
한 〈신격대도〉(1991), 파트너 종진도와 침 뱉기 대결을 벌이던 〈신정무
문〉(1992), 교복을 입고 학교로 잠입한 〈도학위룡〉(1992) 등은 주성치의
엽기 행각이 가장 빛을 발하던 시기의 영화이다. 특히 〈신격대도〉에서

글래머 캐릭터 애플(엽자미)의 오바이트를 키스하듯 다 받아먹거나 아침에 계단에서 굴러 내려오며 이 닦기와 옷 갈아입기를 한꺼번에 해결하는 모습이나 〈도학위룡〉에서 콘돔으로 풍선을 불거나 혀로 휴대전화를 누르는 장면 등은 언제 봐도 흐뭇한 장면들이다. 이처럼 주성치는 일상성과는 거리가 먼 황당하고 어이없는 디테일, 억지스러운 상황을 더 억지스러운 전개로 돌파하는 난센스 코미디, 이른바 모레이타우(無厘頭)라고 불렀던 주성치식 코미디로 1997년 홍콩 반환 전후 홍콩 사람들의 마음을 휘어잡았다. 한동안 모레이타우를 어떻게 우리식으로 표현할까 고민한 적 있는데, '무리두'라는 한자어에서 문득 '무리수'라는 단어가 떠올랐다. '무리수 개그'라 불러도 되겠다는 생각이 든 것이다. 그런 인기에 힘입어 무려 1990년에 열한 편, 1991년에 아홉 편, 1992년에 여덟 편의 주성치 주연 영화가 개봉했다.

2. 도저히 미워할 수 없는 주성치

많은 사람들이 당대 최고 코미디의 제왕이 된 주성치를 설명하며 허관문이라는 선배의 존재를 이야기하기 시작했다. 〈미스터 부〉 시리즈로 유명한 허관문, 허관영, 허관걸 '허씨 3형제'는 홍콩 코미디영화의 원조나 다름없다. 특히 주성치처럼 감독을 겸하며 소시지를 쌍절곤처럼 돌리던 〈반근팔량〉(1976)의 허관문은 황당무계 혹은 서민적 광둥어 코미디의 전형이라는 점에서 주성치의 직속 선배나 다름없다. 주성치가 이소룡과 더불어 가장 존경한다고 말하는 영화인이 바로 허관문이기도

하다. 그러다 주성치는 1992년 〈심사관〉, 〈녹정기〉, 〈무장원 소걸아〉를
통해 사극에도 성공적으로 안착한다. 일상적인 구어체 말장난, 기존 영
화들의 현대식 패러디가 주무기였고, 허관문의 적자처럼 여겨지던 주
성치의 차별화 시도였다. 〈심사관〉이 시공간만 바뀐 주성치 영화라면,
같은 해 〈신룡교〉라는 속편까지 내놓은 〈녹정기〉에서는 홍콩 스타들이
라면 누구나 한 번쯤 꿈꿔봤을 김용 소설의 주인공이 됐다. 김용이 창조
한 캐릭터 중 가장 현실적이고 세속적인 인물로 평가받는, 엉큼하고 약
삭빠르고 거짓말을 서슴지 않는 위소보의 모습은 주성치와 너무나 잘
어울렸다. 아니, 주성치를 통해 결코 미워할 수 없는 매력적 캐릭터로
완성됐다. 〈무장원 소걸아〉는 〈서유쌍기〉를 비롯한 최근 주성치 영화들
이 보여주는 페이소스의 원조 같은 작품이다. 하루아침에 거지가 된 오
맹달과 주성치 부자(父子)는 개밥까지 함께 나눠 먹으며 정을 과시한다.
늘 코믹한 감초로서만 호흡을 맞춰왔던 오맹달이 처음으로 세심하고
인간적인 모습의 아버지로 등장했고, 주성치 역시 달라진 눈빛을 보여
줬다. 〈서유쌍기〉에서 이룰 수 없는 사랑에 눈물 흘리는 인간미 넘치는
지존보(주성치)의 모습은 그렇게 천천히 만들어지기 시작했다. 주성치
의 단짝이자 이제는 고인이 된 오맹달도 빼놓을 수 없다. 그는 주성치
영화에서 아버지나 친구, 또는 조력자로 등장했고 때로는 악역(〈식신〉,
〈희극지왕〉)으로도 등장했다. 〈서유쌍기〉에서는 주성치만 심금을 울리
는 게 아니다. 오맹달은 춘삼십낭과의 사이에서 아이를 얻고 평생 그녀
를 위해 살겠다고 다짐하지만, 원하던 아이가 아니었던 관계로 춘삼십
낭은 아이에 대해 절대 발설하지 말라고 한다. 춘삼십낭이 사람들 앞에
서 그를 아버지가 아닌 유모라고 말할 때, 오맹달의 그 슬픈 표정은 자
하를 두고 돌아서는 주성치 못지않다.

3. 〈월광보합〉,
주성치 무리수 개그의 진수

〈킬 빌〉 1, 2편의 구조, 혹은 〈어벤져스: 인피니티 워〉와 〈어벤져스: 엔드게임〉의 구조와 같다고 생각하면 될 〈서유기: 월광보합〉(이하 〈월광보합〉)과 〈서유기 2: 선리기연〉(이하 〈선리기연〉)은 현대물과 사극 모두를 정복한 주성치가 새로운 차원으로 점핑하는 계기가 됐다. 유진위 감독은 주성치와 함께 익숙한 중국 3대 기서 중 하나인 《서유기》의 기존 형식과 내용을 완벽하게 해체하면서 전혀 새로운 희비극(喜悲劇)의 세계를 완성했다. 가슴 아픈 멜로드라마인 〈서유쌍기〉에서는 이전에는 보여주지 않았던 주성치의 가장 슬픈 얼굴을 볼 수 있다. 주성치가 유진위의 출연 제의에 망설였던 이유도 자신의 멜로영화가 관객들에게 먹힐까, 하는 점이었다. 당시 그의 입장에서 지나치게 파격적이라고 생각했기 때문이다. 물론 〈월광보합〉도 여느 주성치 영화처럼 배꼽 잡게 만드는 장면들의 연속이다. 부적 때문에 자기들이 안 보이는 줄 알고 알몸으로 훌라춤을 추는 주성치와 오맹달의 능청스러움, 거시기에 불이 붙었을 때 그곳을 마구 짓밟아 불을 끌 수밖에 없는 주성치의 눈물은 그들의 고통만큼 관객들을 웃게 만든다. 특히 《서유기》는 영화와 드라마로도 무수히 만들어졌지만 역대 가장 말 많은 삼장법사로 등장한 배우 나가영을 빼놓을 수 없다. 너무 말이 많아서 손오공에게 두들겨 맞을 뿐 아니라 심지어 관세음보살도 팔을 내뻗어 그 목을 조를 정도다. 게다가 묶여 있는 그의 옆에 선 말 없는 보초들은 도무지 그 수다를 참지 못해 자살을 시도한다. 압권은 "오직 너만이 나와 함께 불경을 가져올 수 있단다"라고 개사한 〈Only You〉를 손오공을 향해 부르는 장면. 그는 〈007 북경특급〉에서 괴짜 발명가 다비치였다.

〈월광보합〉에서 관세음의 벌을 받은 손오공(주성치)은 500년 후 오악산 산적 무리들의 우두머리인 '지존보'로 태어난다. 당삼장(나가영)과 함께 서경을 구하러 가지 않고 그를 먹으면 불로장수한다는 우마왕의 말에 현혹돼 당삼장을 죽이려 했기 때문. 그러던 어느 날, 당삼장을 찾아 다니는 춘삼십낭(남결영)과 백정정(막문위)이란 요괴가 나타난다. 인간으로 환생한 지존보는 전혀 기억을 못 하지만 알고 보니 백정정은 500년 전 그가 손오공이던 시절 그의 연인이었다. 다시 만난 백정정은 자신을 버렸던 손오공을 뼛속 깊이 증오하고 있는 상태. 이후 우마왕까지 나타나 요괴와의 결전이 벌어지는 사이 지존보와 백정정은 사랑을 나누게 되고, 부두목 이당가(오맹달)도 춘삼십낭의 실수로 인해 사랑에 빠진다. 여러 일들을 겪으며 자신이 손오공이란 사실을 알게 된 지존보는 시간 이동을 가능하게 해주는 월광보합을 찾아 자살하기 직전의 백정정을 살리려 한다. 하지만 여러 번의 시도 끝에 그만 500년 전으로 돌아가게 되고 백정정의 스승이기도 한 반사대선 자하(주인)를 만나게 된다. 배우 주인은 장민, 구숙정과 더불어 주성치 영화 속 가장 아름다운 여인 빅 3 중 한 명이다. 특히 사극에서는 최강의 미모를 뽐냈다. 〈도학위룡 2: 첩혈위룡〉(1992)에서 주성치와 학생 신분으로 만난 이후 〈서유쌍기〉는 그의 최고작이라 할 수 있다. 주성치를 사랑하고 주성치가 사랑한 여인들 중 최후의 1인이라고나 할까. 그 외 다른 영화에서 큰 존재감을 드러내지 못한 건 아쉬움으로 남는다. 이후 주인은 유진위가 자신의 작품을 리메이크한 〈월광보합〉(2010)에서 다시 자하 역을 맡았다.

첫 번째 이야기 〈월광보합〉은 〈선리기연〉의 가슴 뭉클한 사랑의 아픔으로 나아가기 위한 워밍업 같은 작품이다. 마치 오우삼의 〈적벽대

전〉연작에서 본격적인 이야기가 펼쳐지기 직전의 1편 같다고나 할까. 그래서 여느 주성치 영화의 패러디처럼 보이는 장면들이 익숙하게 펼쳐진다. 〈서유쌍기〉가 그 자체로 왕가위의 〈동사서독〉(1994)에 대한 패러디라면, 첫 장면부터 낡은 모자에 누더기 같은 옷을 걸치고 모래언덕 너머 지나가는 사람을 엎드려 바라보는 산적들의 모습은 영락없이 〈동사서독〉의 구양봉(장국영)과 홍칠(장학우)을 연상시킨다. 다른 여자 때문에 내 여동생을 버렸다며 황약사(양가휘)를 죽여달라고 구양봉을 찾아온 모용연(임청하)의 1인 2역 또한 춘삼십낭과 백정정을 떠올리게 한다. 지존보가 가끔씩 꿈속에서 목격하는 파도의 풍경도 〈동사서독〉과 닮았다. 이처럼 〈월광보합〉은 〈동사서독〉의 비장한 음악을 가져온 것은 물론 노골적으로 그런 디테일들을 드러내는데, 실제로 왕가위와 그저 평범한 코미디 감독 정도로만 알려져 있는 유진위는 무명 시절 함께 시나리오를 썼을 정도로 절친한 사이다. 홍콩 영화인들 사이에서도 가장 의아해하는 관계랄까. 비슷한 시기 〈동사서독〉의 배우들이 거의 모두 유진위의 〈동성서취〉(1993)에 출연할 수 있었던 것도 그런 이유 때문이다. 하지만 〈선리기연〉으로 나아가기 위한 유진위의 야심은 왕가위 못지않다. 일단 주성치 영화들 중 공간의 집중도가 이처럼 강한 작품은 드물었다. 춘삼십낭과 우마왕이 싸우고 백정정을 살리려는 손오공의 노력이 거의 한 세트 안에서만 촬영됐음은 물론, 긴 시간 여행을 하기에 앞서 거의 실시간으로 진행되는 이야기 구조도 긴장감을 자아낸다. 포도로 둔갑해 등장했다가 사실 별 도움 되지 않는 퇴마사 보리노조로 등장한 덩치 좋은 배우가 바로 왕가위 감독의 절친이자 〈동사서독〉 촬영이 지연되면서 그 배우들과 함께 〈동성서취〉를 완성했던 유진위 감독이다. 〈동성서취〉는 친구의 배우들을 빼내 만든 저렴한 패러디 무비가 결코

아니다. 촬영이 계속 늘어지면서 엎어질 뻔했던 〈동사서독〉의 후반 제
작비는 중간에 급조해서 만든 〈동성서취〉로 인해 마련될 수 있었다.

4. 〈선리기연〉
왕가위와 만난 주성치

〈선리기연〉에서 500년 전으로 이동한 지존보는 또 다른 사랑을 만
나게 된다. 자하는 평소 자청보검을 뽑을 수 있는 사람이 자신의 낭군이
될 거라 굳게 믿고 있었는데, 지존보가 우연히 별 힘 안 들이고 자청보
검을 뽑는 것을 본 것. 문제는 500년의 시간 이동을 하면서 떨어뜨린 월
광보합을 자하(주인)가 가로채 가지고 있다는 점이다. 하지만 백정정을
살리기 위해 월광보합을 뺏어야 하는 지존보는 자하에게 거짓으로 사
랑한다고 말한다. 하지만 지존보에게 사랑하는 여자가 있음을 알게 된
자하는 떠나고 지존보는 자하를 찾아온 백정정을 다시 만난다. 500년
전의 백정정은 둘의 사이를 알 리 없으니 지존보는 앞으로 그들에게 이
런저런 일들이 일어나 서로 사랑하는 사이가 될 거라며 한참을 설명해
준다. 하지만 시간이 흐르면서 백정정 역시 지존보의 마음이 자하에게
기울어져 있음을 알게 된다. 이때 '뽀로뽀로미'는 시간 이동을 하려는 주
성치가 달빛 아래 월광보합을 들고 외치는 주문이다. 힘들게 주문을 외
우며 〈롤라 런〉(1998)이나 〈엣지 오브 투모로우〉(2014)처럼 계속 시간
을 돌려 무려 네 번의 시도를 거듭해 백정정을 살리려 했으니 500년 전
으로 거슬러 올라가 만난 백정정 앞에 마음이 다급해지는 것도 당연하
다. '사실 우리가 앞으로 사랑하게 될 사이'라는 것을 보여주기 위해 서

로 마구 옷을 벗기며 서로를 탐하려 했던 기억 등 〈월광보합〉에서 있었던 일들을 보리노조와 함께 재연하며 하이라이트로 요약해서 보여주는 장면은 압권이다. 이형환영대법으로 저팔계와 자하의 몸이 바뀌고, 우마왕의 여동생과 사오정의 몸이 뒤바뀌는 설정도 폭소를 자아낸다. 오맹달이 연기하는 저팔계에게 키스하려다 구역질을 하고 마는 주성치의 고통이라니!

〈선리기연〉은 〈월광보합〉에서 못다 한 임무를 완수한다. 원작의 손오공이 자기의 의지와 무관하게 삼장법사와 여정을 함께하는 인물이었다면, 유진위는 손오공에게 감정을 부여했다. 머리에 금강권을 쓰고 어렵사리 속세의 사랑과 인연을 끊고 길을 나서는 손오공의 슬픔을 그려낸 것이다. 그러면서 〈동사서독〉뿐만 아니라 〈중경삼림〉(1994)까지 끌고 들어온다. 〈중경삼림〉에서 점프컷으로 임청하와 마주쳤던 금성무의 기억처럼 "그때 검과 내 목과의 거리는 0.01밀리미터밖에 되지 않았다" 라거나 "만약 사랑의 기한을 정해야 한다면 만년으로 하겠소"라는 원작의 대사를 주성치는 언제나처럼 자신이 오리지널인 양 천연덕스레 읊는다. 〈동사서독〉에서 자애인(장만옥)은 구양봉이 자기를 잊어주길 바라며 인간이 번뇌가 많은 까닭은 기억력 때문이라고 했다. 그리하여 구양봉은 많은 일을 잊고 복사꽃을 좋아한 것만 기억하기로 했다. 복사꽃은 〈서유쌍기〉의 지존보도 들고 있다. 무려 500년의 시간을 이동하다 보니 그 번뇌의 두께는 구양봉보다 지존보가 더할지도 모른다. 중요한 것은 〈선리기연〉이 패러디를 반복하고 또 더하는 가운데 원작의 감흥 못지않은 카타르시스를 선사한다는 점이다. 〈동사서독〉에서 과거의 기억을 지워준다는 취생몽사라는 술은 농담이지만 그를 패러디하는 주제(!)에 〈선리기연〉은 그걸 진담처럼 느끼는 것 같다. 어쩌면 진짜 취생몽사

를 마시고 떠난 사람은 구양봉이 아니라 지존보일지도 모른다. 유진위
와 주성치의 〈서유쌍기〉는 〈A Chinese Odyssey〉라는 거창한 제목을 달
만한 이유가 있는 작품이다.

　　한편, 모래바람이 이는 〈서유쌍기〉의 사막 촬영지는 중국 서북 지
구다. 닝샤(寧夏) 후이족 자치구의 성도인 은천(銀川) 교외 지역으로 도
심에서 서쪽으로 약 30킬로미터 이상 떨어져 있다. 오래전 대하(大夏)왕
국 시절부터 남아 있는 문화유적지들이 많으며 영화 속 사막 지역이기
도 한 너른 사파두 사막, 주성치가 결혼식 복장을 하고 서 있던 서하왕
릉 등이 있다. 주요 무대는 중국 서부의 영화 제작 전초기지인 서부영시
성(西部影視城)으로 〈서유쌍기〉의 장면 대부분이 이곳에서 촬영됐다. 영
화 속에 등장하는 낡은 성 등은 본래 명나라 시절 군사요충지로 쓰이던
고성으로 그저 황폐하게 버려져 있던 것을 영화와 드라마 세트장으로
개조해 지금에 이르고 있다. 〈서유쌍기〉는 물론 장이모우의 〈붉은 수수
밭〉, 서극의 〈신용문객잔〉 등이 이곳에서 촬영됐다. 촬영 당시의 성곽과
사원은 물론 소품 등도 전시되어 있어 많은 관광객들이 찾고 있다.

5. 뽀로뽀로미와
반야바라밀의 차이

　　'뽀로뽀로미'와 '반야바라밀'의 차이는 뭘까. 〈월광보합〉과 〈선리기
연〉 연작에서 시간 이동을 하려는 주성치가 달빛 아래 월광보합을 들고
외치는 주문이 바로 뽀로뽀로미다. 실제 대사인 '반야바라밀'의 광둥어
발음을 보다 더 귀엽고 '주성치스럽게' 풀어낸 것이다. 이를 해석하자면,

불교에서는 반야(지혜)를 최고의 바라밀(보살이 부처가 되는 과정에서 실천해야 하는 덕목)이자 열반으로 가는 최상의 길로 설파하고 있다. 즉, '반야바라밀'은 열반의 피안에 이르기 위하여 보살이 수행을 하는 중 진리를 인식하는 깨달음의 지혜를 얻는 것을 말한다. 물론 이러한 '팩트'를 모르는 바 아니지만, 주성치의 팬들이라면 오래전 VHS 비디오로 출시됐던 〈서유기〉 시리즈의 자막이었던 뽀로뽀로미에 대한 깊은 애착이 있는 것이다.

그런데 일부 애호가들이 번역은 무조건 가감 없이 실제와 가까워야 한다는 이유로, 뽀로뽀로미를 정확하게 반야바라밀로 바꿔달라고 출시사에 항의 메일을 보냈었다고도 한다. 하지만 뽀로뽀로미가 실제 발음과 딱히 크게 다르지도 않을뿐더러, 영화 속에서 이형환영대법으로 저팔계(오맹달)와 자하선자(주인)의 몸이 바뀌고, 우마왕의 여동생과 사오정의 몸이 뒤바뀌면서, 주성치는 오맹달에 뽀뽀를 하려다 그만 구역질을 하고 마는 등 뽀뽀가 남발되는 영화 속에서 뽀로뽀로미라는 주문은 너무나 잘 어울린다. 번역자가 누구신지는 모르겠으나, 당시 주성치의 팬이었기에 가능한 재치 넘치는 번역이었다고 생각한다. 오랜 홍콩 영화 팬들이라면 주윤발을 저우룬파라 불러서 왠지 최불암의 웃음소리가 떠오르고, 장국영을 장궈룽이라 불러서 왠지 4월 1일에 서오룽에 가야만 할 것 같은 서글픈 요즘, 관객들이 너무 빡빡하다는 생각이 드는 것이다.

만화 〈슬램덩크〉에서 강백호가 아니라 원래 원작 이름 그대로 사쿠라기 하나미치가 "왼손은 거들 뿐"이라고 말하면 왠지 오른손도 거들어야 할 것 같고, 북산고도 원작 그대로 쇼호쿠 고등학교라고 하면 왠지 다니던 학교가 통폐합되어 사라진 것 같은 느낌마저 든다. 하지만 같은 텍스트를 두고 새로운 독자와 관객들이 계속 등장하는데, 언제까지 '카나가와현의 북산고 1학년 강백호'라는 90년대식 표현을 고집할 수도 없는 노릇이다. 게다가 북산고의 경우 비디오 버전에서는 한자를 그대로 우리말 독음으로 읽어 '상북고'로 나왔고, SBS에서 방영된 애니메이션 버전에서는 '신성고'로 나왔다. 별 기준 없이 학교 이름이 세 번이나 바뀐 것이다. 말하자면 번역에 있어 흔들림 없는 '원칙'과 유연한 '균형' 모두 중요하다. 그래서 번역은 어렵고 상상 이상으로 창조적인 작업인 것이다.

6. 〈쿵푸 허슬〉
혼돈의 1940년대 상하이로 간 주성치

〈쿵푸 허슬〉은 이소룡과 홍콩 무협영화의 전통에 끊임없이 애정을 바쳐온 주성치가 감독으로서 완성한 꿈의 세계다. 홍콩 영화 역사 전체에 대한 주성치의 재해석이랄까. 그래서 가장 진지한 표정의 주성치를 엿볼 수 있는 영화이기도 하며 주성치 특유의 황당무계한 개그, 낙오자들에 대한 연민, 그리고 감독으로서의 절대적인 비전, 그 모두가 한데 어우러진 주성치 최고 걸작 중 하나다. 1940년대 중국 상하이. 난세를 틈타 어둠의 세력을 평정한 도끼파의 잔인함에 신음하고 있던 시기, 가난한 하층민들이 평화롭게 모여 사는 돼지촌에 소심한 건달 싱(주성치)이 흘러 들어온다. 그는 특유의 허세로 돼지촌을 굴복시켜서 도끼파에 들어가고 싶었지만, 아이부터 할아버지까지 남다른 힘을 지닌 주민들은 호락호락하지 않다. 그러다 도끼파와 돼지촌 주민 간에 정면 대결이 펼쳐지고, 돼지촌의 주인 부부 양과(원화)와 소용녀(원추)는 물론 찐빵 가게 주인(동지화)과 양복점 주인(조지릉), 짐꾼(석행우)까지 복잡한 속세를 떠나 돼지촌에 숨어 있던 강호의 고수들이 그 실체를 드러내기 시작한다.

　1940년대 상하이는 중국 대륙을 집어삼키려는 열강들의 치열한 각축전이 벌어지던 장소였다. 일본은 중국의 거의 모든 도시를 점령하고 마지막으로 상하이를 손에 넣기 위해 호시탐탐 기회를 노리고 있었다. 그렇게 세계의 절반이 전쟁 중이었던 1940년대, 상하이는 바로 그 열강들의 다툼을 축소시켜놓은 도시였고, 열강들의 식민 지배를 반대하는 저항군들의 주요 활동 무대가 됐다. 또한 이러한 혼란을 틈타 돈을 벌고자 하는 온갖 상인들과 암흑가 세력이 군부와 결탁해 매춘, 도박, 아편 등 밤의 경제가 만연해 있었다. 혼돈의 시대였던 만큼 이를 배경으로 삼은 영화도 많았다. 오우삼의 〈첩혈가두〉(1990)의 무대를 상하이로 옮겨놓은 진혁리 감독의 〈천당구〉(2007)와 리안 감독의 〈색, 계〉(2007)는 물론 존 쿠삭과 공리, 그리고 주윤발이 출연한 미카엘 하프스트롬 감독의 〈상하이〉(2010) 역시 이를 배경으로 삼고 있다. 혹은 1920년대 상하이를 배경으로 삼았던 위가휘의 〈화평본위〉(1995)도 떠오른다. 전설의 킬러 아평(주윤발)은 화려한 과거를 뒤로하고 '화평반점'이라 불리는 자신만의 도시를 건설한다. 이곳은 '모든 도망자를 보호하며 일체의 숙식을 제공한다. 그러나 아무도 이곳에서 떠날 수는 없다'는 절대적인 불문율이 지배하는 곳이다. 하지만 정체를 알 수 없는 한 밤무대 가수가 피신해 오면서 피바람이 불기 시작한다. 이처럼 당시 시대적 배경을 영화화한 작품들에는 하나같이 저항군, 혁명가, 스파이 등이 등장했다. 하지만 〈쿵푸 허슬〉은 가상의 범죄 조직 도끼파 외에는 그러한 정치적 색채가 뚜렷이 드러나지 않는다. 철저히 영화 속 무대를 돼지촌으로 한정시켜 시대적 배경과는 무관한 이야기를 하고 있다. 주성치는 '혼돈의 상하이'라는 설정을 보여주는 것으로 충분하다고 생각한 것 같다. 오히려 돼지촌이라는 공간을 상하이 혹은 홍콩으로 치환시켜볼 때, 자신의 오 랜 터전을 중국 무술의 힘으로 지켜내려는 주성치식 무협 판타지라 부 를 수 있을 것이다.

7. 이소룡과 김용에 대한 변함없는 애정

장철과 호금전이라는 무협영화의 위대한 감독들에 대한 애정을 넘 어, 주성치는 세계적인 스타이기도 했던 이소룡과 무협소설의 거장 김 용 작가에 대한 애정도 잊지 않는다. 먼저 이소룡은 주성치가 언제나 자 신의 변함없는 우상이라고 얘기해온 인물이다. 〈도성타왕〉(1990), 〈신 정무문〉(1991) 등 직접적으로 그를 흉내 낸 작품들의 리스트는 굳이 따 로 열거하지 않아도 될 정도다. 기본적으로 주성치가 연기하는 모든 캐 릭터에는 이소룡의 그림자가 비친다. 〈신정무문 2〉(1991)에서는 격투 기 선수로 나와 이소룡의 트레이드마크라 할 수 있는 노란색 트레이닝 복을 입고 사각의 링에 올랐다. 그리고 주성치는 〈쿵푸 허슬〉을 제작하 며 합마공, 일양지, 양과, 소용녀, 신조협려 등 김용 무협소설에 등장하 는 이름들을 사용하기 위해 한 인물당 1만 위안씩 총 6만 위안의 판권 사용료를 지불했다. 실제로도 가까운 사이라고 하는 김용에 대한 애정 이 깊어서, 이미 그는 김용 원작을 영화화한 〈녹정기〉(1992)에서 주인 공 위소보를 연기한 적도 있으며 〈무장원 소걸아〉(1992)에서는 강룡십 팔장, 〈식신〉(1996)에는 암연소혼반(암연소혼장의 패러디)이라는 무공을 등장시키기도 했다. 무엇보다 〈쿵푸 허슬〉이 갖는 의미는 과거 수많은

TV 시리즈나 영화에서 제대로 살려내지 못했던 김용 창조의 각종 무공들을 매끄럽고 훌륭하게 재현해내고 있다는 점이다. 그런 점에서 〈쿵푸 허슬〉이 '어린 시절 꿈의 재현'이라는 주성치의 말은 일리가 있다. 소설 《사조영웅전》의 서독 구양봉이 구사하던 합마공(두꺼비처럼 내공을 모았다가 일시에 터트리는 기술)은 화운사신(국내 개봉 자막에서는 '야수'로 표기)이 완벽하게 구사한다. 이미 주성치는 〈식신〉에서 합마공을 시도했었지만 두 영화의 차이는 실로 엄청나다. 그 외 가야금 연주 소리에 공력을 실어 공격하는 탄금신공도 그렇고, 돼지촌의 촌장 부부 원화와 원추를 소설 《신조협려》의 양과와 소용녀로 설정한 것에서도 남다른 애정이 드러난다.

8. 돼지촌의 세 고수, 쇼브라더스를 향한 오마주

〈쿵푸 허슬〉에서 가장 감동적인 장면 중 하나는 바로 도끼파를 돼지촌의 숨은 세 고수가 물리치는 장면이다. 주인 부부인 원화와 원추는 수수방관하고 양복점 주인 조지릉과 짐꾼 석행우, 그리고 찐빵 가게 주인 동지화가 정말 가슴 뭉클한 결투를 벌인다. 조지릉은 부끄러움이 많고 소심한 양복점 재단사로 보이지만 돼지촌에 위기가 닥치자, 홍가철선 권을 구사한다. 과거 성룡 주연 〈사형도수〉(1978), 〈용적심〉(1985) 등에 단역 출연한 적 있는데, 그가 팔에 장착하는 방어 무기가 바로 〈사형도수〉에서 이미 썼던 무기다. 석행우는 양복점 주인 혹은 찐빵 가게 주인과 비교하면 힘 잘 쓰는 짐꾼으로, 그들과 함께 힘을 합쳤을 때 화려한

발 기술의 십이로담퇴를 구사한다. 과거 MBC 프로그램 〈대단한 도전〉
에서 소림사 승려로 직접 출연해 시연을 보이기도 했으며, 이후 〈도화
선〉(2007)을 비롯해 여러 편의 액션영화에 출연했다. 동지화는 그저 말
없고 성실한 분식점 아저씨로 보이지만 역시 돼지촌에 위기가 닥치자,
봉을 들고 오랑팔괘곤을 구사한다. 과거 장철의 〈대상해 1937〉(1987)
등에 출연했으며 장철이 강대위, 적룡, 진관태 등을 잇는 스타로 키우고
자 했지만 미처 그 꿈을 이루지 못한 배우다.

　　보통 중국 무술을 남권북퇴(권=손, 퇴=발)로 정리하고 가장 일반적
인 무기술을 봉술이라고 한다면, 이들은 중국 무술의 정수를 모아 삼위
일체로 돼지촌을 지켜낸다. 그리고 마지막 대결에서 주성치는 거대하
고도 위대한 마침표를 찍는다. 이소룡과 김용, 장철과 유가량의 영화를
오가던 주성치가 드디어 최후의 오마주를 홍콩 무협영화의 위대한 거
장 호금전에게 바치고 있다. 쓰러진 양소룡은 〈협녀〉(1971)의 한영걸처
럼 항복하는 시늉을 하며 주성치를 공격하고, 〈협녀〉에서 수도승 교굉
의 머리 뒤로 태양이 내리쬐던 숭고한 열반의 숏은 무려 30년이 훌쩍
지나 주성치의 머리 뒤에서 다시 펼쳐진다. 이윽고 솟구치는 부처님의
손바닥 '여래신장', 이것은 정말 무협영화라는 거대한 강을 건너 홍콩 영
화사를 가로지르는 가장 숭고한 애정의 시퀀스다. 그럼에도 주성치는
역시 주성치다. 이 마지막 장면에서 날아오른 주성치는 도약력이 약해
질 수밖에 없고, 그때 아주 우아하게 독수리의 등을 사뿐히 지르밟으며
'끼룩' 하는 소리로 웃음을 던져주고야 만다. 현실과 초현실이 난무하고,
패러디와 오마주가 한끝 차이로 공존하며, 액션과 코미디가 서로를 거
울처럼 비추며 무한 확장하는 주성치의 세계는 즐거운 싸구려를 넘어
고결한 대가의 경지에 이르렀다.

찰리 채플린

세상의 희비극에 통달한
가장 위대한 코미디언

1. 히틀러를 예견한
찰리 채플린

찰리 채플린 최초의 유성영화이자 1인 2역을 연기한 〈위대한 독재자〉는 〈황금광 시대〉(1925)와 〈시티라이트〉(1931), 그리고 직전에 만든 〈모던 타임즈〉(1936)를 거쳐 위대한 코미디언이자 탁월한 감독으로 성장한 그의 절정기를 보여주는 작품이다. 제2차 세계대전의 비극을 예언한 영화로도 언급되며, 전쟁과 파시즘에 반대하는 관용과 평화의 메시지를 던지고 있는 〈위대한 독재자〉의 마지막 연설 장면은 영화사에 길이 남을 명장면으로 회자되고 있다. 때는 제1차 세계대전의 전장, 토매니아 제국의 유태인 이발사 찰리(찰리 채플린)는 전투 중에 부상당한 슐츠 장교(레지날드 가디너)를 도와 비행기를 타고 탈출한다. 그런데 비행기가 추락하면서 기억상실증에 걸리고, 그가 병원에서 지내는 동안 토매니아 제국에는 힌켈(찰리 채플린)이라는 독재자가 나타나 유태인을 탄압한다. 그렇게 찰리는 세상 물정을 모르는 채 자신의 이발소로 돌아와 일을 시작한다. 이후 유태인 탄압 정책에 의해 돌격대원에게 잡히지만, 우연히 다시 만나게 된 슐츠 장교의 도움으로 무사히 풀려난다. 또한 같은 마을에 사는 씩씩한 유태인 처녀 한나(폴레트 고다르)와 사랑하는 사이가 된다. 한편, 세계 정복을 꿈꾸는 힌켈은 오스테를리히라는 나라를 침략하기 위해, 급기야 이웃 나라인 박테리아국의 독재자 나폴리니(잭 오키)와 맺은 불가침조약을 어기고 오스테를리히를 침략한다. 그사이 수용소에 붙잡혀 있던 슐츠와 찰리는 우여곡절 끝에 군복을 훔쳐 달아난다. 두 사람을 잡기 위해 혈안이 된 군인들은 찰리와 똑같이 생긴 힌켈을 체포하고, 반대로 장교복을 입고 있던 찰리는 힌켈을 대신하여 연단에 오른다. 그는 힌켈과는 전혀 다른 연설 내용으로 민주주의와 세계 평화를 호소한다.

〈위대한 독재자〉는 나치 독일에 의한 제2차 세계대전의 비극을 예언한 영화로도 칭송받고 있는데, 나치 독일은 아돌프 히틀러 치하의 1933년부터 1945년까지의 독일을 가리킨다. 나치 독일은 일본 제국, 이탈리아 왕국과 동맹을 맺었고 이들 국가는 제2차 세계대전을 일으킨 주축국들이다. 〈위대한 독재자〉의 힌켈은 아돌프 히틀러, 나폴로니의 박테리아국은 이탈리아 왕국으로 치환해 생각하면 될 것이다. 나치 독일은 제1차 세계대전 패전으로 빼앗긴 구독일 제국령의 프로이센, 제1차 세계대전과 관계없이 1921년 폴란드인들의 반란으로 빼앗긴 서부 폴란드 회랑, 남부 슐레지엔의 반환을 요구했다가 거부당하자 1939년 폴란드를 침공했고 독소 불가침조약에 따라 폴란드를 분할 점령했다. 이에 영국과 프랑스가 선전포고를 하면서 제2차 세계대전이 시작됐다. 찰리 채플린이 〈위대한 독재자〉를 완성하기 직전 영국과 프랑스가 나치에 대해 선전포고를 했는데, 그가 쓴 자서전 《찰리 채플린: 나의 자서전》에 따르면 요트를 타고 한 섬에서 주말을 보내던 중 라디오를 통해 그 소식을 전해 들었다고 한다. 1940년 영화가 개봉했고, 그 이듬해 히틀러는 러시아 침공을 단행했다.

2. 가장 급진적인
정치영화이자 코미디

영화 사상 가장 위대한 코미디언으로 불리는 찰리 채플린으로부터 〈위대한 독재자〉라는 '반전'(反戰) 걸작 영화이자, 치열한 '정치영화'가 만들어졌다는 것은 시사하는 바가 무척 크다. 영화 촬영이 절반 정도 진행됐을 무렵, 반(反)히틀러 영화를 만드는 것에 대한 사회적 우려도 컸다. 소재상의 문제로 인해 향후 영화를 상영할 수 있을지 장담할 수 없었기 때문이다. 하지만 실제 유태인이기도 한 찰리 채플린은 직접 영화관을 빌려서 상영하는 한이 있더라도 꼭 이 영화를 만들고 싶어 했다. 앞서 언급한 자서전에 따르면 "히틀러를 웃음거리로 만들어, 나치의 '순혈주의'라는 말도 되지 않는 억지 주장을 웃음거리로 만들고 싶었기 때문"이다. 더불어 그가 유태인이기에 그런 고집을 꺾지 않는 것 아니냐는 시선에 대해서는 "나치에 반대한다고 해서 모두 유태인인 것은 아니다. 정상인이라면 모두 나치에 반대한다"고 힘주어 말했다. 그런 노력이 있었기에, 세계 영화계는 역사상 가장 웃긴 코미디언이자 감독이었던 찰리 채플린에 의해 만들어진 가장 급진적인 정치영화를 만나게 되었다.

앞서 〈모던 타임즈〉(1936)에서 자본주의와 물질문명의 폐해를 거론하며 사회비판적 시선을 보여준 찰리 채플린은 〈위대한 독재자〉에서 그 비판의 표적을 보다 구체화했다. 제2차 세계대전의 전운이 감돌던 당시 히틀러와 무솔리니를 정면으로 풍자한 것. 〈모던 타임즈〉를 끝내고 관계가 소원해져가던 부인 폴레트를 주인공으로 하는 영화를 구상 중이었지만, 자서전에 따르면 "가증스러운 히틀러가 전쟁이라는 광기를 부추기고 있는 시대에 어떻게 여자의 변덕이나 궁리하고 앉아서 로맨스며 사랑을 입에 올릴 수 있겠는가. 다시 전운이 감돌기 시작했다. 나치가 무섭게 세력을 확장해나가고 있었다. 우리는 4년 동안 지속된 지옥과도 같은 제1차 세계대전의 상흔을 어떻게 그토록 빨리 잊을 수 있었을까"라며 〈위대한 독재자〉에 착수했다. 제작 기간 중 주변의 우려 섞인 반응이 있기도 했지만 결과적으로 영화는 흥행에 크게 성공했다. 하지만 당시 나치에 점령된 국가들에서는 상영이 금지됐고, 스페인에서는 독재자 프랑코가 죽은 후인 1975년에야 개봉했으며, 이탈리아에서도 무솔리니는 물론 그 부인이 사망한 2002년에야 뒤늦게 공개됐다. 한편, 히틀러는 당시 〈위대한 독재자〉를 몰래 본 것으로 알려져 있는데 그의 감상평에 대해서는 알려진 바가 없다.

3. 영화사에 길이 남을 마지막 연설 장면

가장 위대한 무성영화 배우라 할 수 있는 찰리 채플린은 감독 겸 배우, 더 나아가 작곡가로서도 최고의 능력을 발휘했다. 마릴린 몬로나 제임스 딘, 그리고 이소룡처럼 영화 사상 가장 인기 있는 아이콘 중 하나인 그는, 몸집에 비해 큰 바지를 입고 콧수염을 기르고 중절모를 쓴 채 지팡이를 흔들어대는 그만의 이미지를 만들어냈다. 그런 그가 〈위대한 독재자〉에서는 1인 2역에 도전했다. 1937년 알렉산더 코르다 감독이 그에게 히틀러를 소재로 한 영화를 제안했는데, 히틀러와 똑같은 콧수염을 한 외모가 닮은 평범한 사람이 히틀러로 오해를 산다는 것이 기본 줄거리였다. 자서전에서 그는 이에 대해 "히틀러를 연기하는 것은 코미

디와 팬터마임을 결합할 수 있는 좋은 기회였다"고 말했다. 그는 우여곡
절 끝에 힌켈이 아닌 찰리로서 연단에 올라 진정한 자유와 민주주의를
설파한다. 마지막 연설 장면은 6분 정도 이어지며, 지금 세계의 현실과
도 맞아떨어지는, 위대함을 넘어 소름 끼치는 장면이기도 하다. 찰리 채
플린은 당시 개봉 이후 미국애국여성회관에서 〈위대한 독재자〉의 마지
막 연설을 라디오를 통해 낭독하기도 했다. 내용은 다음과 같은데, 최근
의 다양성이라는 화두와도 겹쳐지는 것이 놀랍다. "유감스럽게도 나는
황제가 되고 싶지 않습니다. 그것은 제 관심사가 아닙니다. 나는 누구를
다스리거나 정복하고 싶지도 않습니다. 가능하다면 유태인, 기독교인,
흑인과 백인 모두를 돕고 싶습니다. 우리 모두가 서로 돕기를 원합니다.
인간이란 그런 것입니다. 우리는 다른 사람의 불행이 아니라 행복에 의
해 살기를 원합니다. 우리는 서로 증오하고 멸시하고 싶지 않습니다. 세
상에는 모두를 위한 자리가 있고 풍요로운 대지는 모두를 위한 양식을
줍니다. 삶을 자유롭고 아름다운 방법으로 살 수 있었지만, 우리는 그
방법을 잊어버렸습니다. 탐욕이 인간의 영혼을 중독시켰고, 세계를 증
오의 장벽으로 가로막은 것도 모자라 불행과 죽음으로 이끌었습니다."

4. 〈살인광 시대〉
채플린 최초의 흥행 실패작

　30년이나 은행원으로 성실하게 살아온 베르두(찰리 채플린)는 불황
으로 하루아침에 실업자가 되자 새로운 사업을 시작한다. 그는 유한마
담들이 놀고먹는 것을 보고 그런 사회 기생충을 말살하는 것은 죄가 아

니라고 생각하게 된다. 그 결과는 돈 있는 과부들을 설득해서 결혼한 뒤 신부를 죽임으로써 여자들의 재산을 빼앗는 것이다. 베르두는 사람을 죽여도 독이 검출되지 않는 동물 안락사용 독약의 처방을 알아낸다. 약을 실험하기 위해 거리에서 방황하는 젊은 여자를 집으로 데려오지만, 그녀에게 감동해서 차마 독약을 먹이지 못하고 오히려 돈을 줘서 보낸다. 대신 그 약은 베르두를 수상히 여기고 추적하던 형사가 마시고 죽는데, 그는 심장마비로 판명된다. 베르두의 다음 계획은 그로스니 부인과의 결혼이었다. 끈질긴 구애 작전 끝에 결혼식을 하는 날, 리옹에 있어야 할 몇 번째인가의 아내 보뇌 부인이 나타난다. 놀란 베르두는 허둥지둥 달아나고 급기야 결혼식은 무산된다. 그로스니 부인은 그를 찾아달라고 신고하고 경찰은 다시 수사에 착수한다. 마침내 베르두는 체포되어 형장의 이슬로 사라지는데, 그는 끝내 사회가 자신을 그렇게 만들었다고 믿는다.

〈살인광 시대〉는 채플린의 영화 중 최초로 흥행에 실패한 작품이다. "죄악 없이는 인간의 역사가 이루어질 수 없다"고 채플린은 주장했지만, 당대의 관객은 제2차 세계대전을 겪은 인류에 대한 채플린의 그 심오한 비관주의를 받아들이지 못한 것이다. 그의 비판자들은 공산주의에 경도된 채플린이 서서히 사회를 공격하고 있다고 느끼기 시작했다. 〈살인광 시대〉를 통해 채플린은 자본주의의 사회제도, 그리고 국가 간에 일어나는 전쟁이란 이름의 대량 살인에 대해 비판했다. 〈살인광 시대〉의 다음 작품 〈라임라이트〉(1952)에서 채플린은 쇠락한 코미디언 칼베로를 연기하면서 드디어 처음으로 자신의 본래 얼굴을 드러냈다. 익살스러운 가면 뒤에 숨겨져 있던 맨얼굴이 드러나는 순간 관객들은 그가 이미 광대 찰리가 아닌, 시대를 거스를 수 없는 한 인간의 얼굴을 하고 있음을 알아차렸다.

5. 갈수록 우울하고
비관적으로 변해간 채플린

찰리 채플린은 20세기를 풍미한 '코미디의 왕'이다. 그는 사람들을 웃기기만 했던 게 아니라 웃음 속에 눈물을 담아 가난한 서민의 아픔을 영상으로 표현했고 대중의 지지를 받았다. "삶은 가까이에서 보면 비극이지만 멀리서 보면 희극"이라는 그 유명한 말의 주인공이기도 하다. 하지만 채플린이 우리에게 웃음을 주었음과 동시에 채플린의 영화는 점점 더 우울해지고 세상에 대해서 비관적이 되었다는 사실을 기억해야 한다. 〈키드〉(1921)나 〈황금광 시대〉(1925)에 나타났던 쾌활함과 승리에 대한 확고한 믿음이 〈살인광 시대〉(1947)나 〈라임라이트〉(1952)에 이르러서는 사라지고 영화는 시종일관 어둡고 음울한 분위기를 띤다. 찰리가 죽일 목적으로 아내를 2층의 침대로 데려가는 한 장면에서 가장 사악한 것으로부터 가장 시적인 것을 뽑아내는 채플린 연출의 진면목이 드러난다. 찰리가 아내에게 달콤한 목소리로 속삭일 때 그의 어조는 마치 뱀처럼 그녀의 몸을 감고 돈다. 아내가 침대로 들어왔을 때 찰리는 창가에 서서 잠시 보름달을 본다. "거기서 뭐 해요?"라고 젊은 아내가 묻는다. "아냐. 아무것도"라고 찰리가 답한다. 그의 그림자는 화면에서 빠져나간다. 음악은 고조되고 밤은 아침으로 바뀌며 모든 것이 끝나 있다.

6. 기억해야 할 또 다른 이름
버스터 키튼

찰리 채플린(1889~1977)과 버스터 키튼(1895~1966)은 동전의 양면 처럼 1920년대를 통과했다. 구소련에서 몽타주 이론의 싹이 자라고 있을 때 미국에서 찰리 채플린과 버스터 키튼은 마임의 리듬을 영화 매체의 리듬으로 승화시켰다. 하지만 채플린이 특유의 걸음걸이나 익살스러운 표정 등에 의존해 웃음을 유발했던 반면 'Great Stone Face'라 불렸던 버스터 키튼은 주위 상황에도 아랑곳없이 시종 무표정으로 일관했다. 1895년 미국에서 태어난 버스터 키튼은 보드빌 무대에서 공연하며 아크로바틱 기술을 익혔다. 그 후 프랑스에서 군 복무를 마친 뒤 1920년대 초반 자신이 연출한 코미디 시리즈에 출연하면서 특유의 무표정한 얼굴의 슬랩스틱을 완성했다. 줄에 매달린 채 폭포에서 떨어지는 여자를 서커스 하듯 구해내는 엄청난 스턴트를 보여준 〈우리의 환대〉(1923), 영화 속 영화를 통해 영화와 꿈을 결합하는 영화의 원조 격인 〈셜록 주니어〉(1924), '배'라는 한정된 공간 안에서 자유자재로 펼쳐지는 슬랩스틱 코미디를 보여준 〈항해자〉(1924), 기계와 대립하는 채플린과 달리 기차 제너럴호 위에서 기계를 자신의 동맹자로 만들 수 있음을 보여준 〈제너럴〉(1927), 무너지는 건물의 창틀 하나 사이를 통과하며 살아남는 기발한 스턴트를 선보인 〈스팀보트 빌 주니어〉(1928) 등을 만들었다. 그의 모든 영화들은 '언어'에 잠식당한 전 세계 수많은 영화인들의 잠재적 원천이자 해방구가 되었다. 공공연히 그의 후계자로 불리는 홍콩의 성룡 영화들은 말할 것도 없고, 엽기적인 '슬랩스틱 슬래셔' 무비라고 부를 수 있을 만한 〈데드 얼라이브〉의 피터 잭슨은 이렇게 얘기했다.

"나의 영웅은 버스터 키튼이다. 〈데드 얼라이브〉의 주인공도 그렇다. 그 건 피범벅이 된 버스터 키튼이니까."

7. '총알 탄 사나이' 레슬리 닐슨에게서 버스터 키튼의 향기가

'총알 탄 사나이'라는 절묘한 별명으로 기억되는 사나이, 그리고 평 생 흰머리로 살았을 것만 같은 웃긴 아저씨 레슬리 닐슨은 지난 2010 년 세상을 떴다. 1926년 캐나다에서 태어나 제2차 세계대전 중 공군으 로 종군한 경험이 있는 그는 전쟁 이후 라디오 아나운서로 일을 시작 해(목소리가 좋은 이유가 있었다) TV와 영화계로 진출했다. 사실 지금 우 리가 기억하는 레슬리 닐슨은 당시 〈에어플레인〉(1980)과 〈특급비밀〉 (1984) 같은 작품으로 신선한 바람을 일으켰던 ZAZ 사단(데이비드 주커 와 제리 주커, 그리고 짐 에이브럼스 감독의 성에서 한 글자씩 땄다)을 경유해서 다. 그 전까지 그는 주로 진지한 드라마 배우였다. 〈에어플레인〉 당시 캐 스팅 디렉터가 레슬리 닐슨을 추천했을 때도 데이비드 주커와 짐 에이 브럼스는 〈포세이돈 어드벤처〉(1972)의 선장 정도로 그를 기억하고 있 었다. 지금에 와서 〈포세이돈 어드벤처〉를 다시 보면 책임감 넘치는 그 의 진지한 모습이 무척 생경하기까지 하다. 하지만 그들은 레슬리 닐슨 을 만나 얘기를 나누고 시나리오를 함께 읽으며 그의 독특한 오프비트 (Offbeat) 스타일 개그에 흠뻑 빠져들었다.

레슬리 닐슨은 자기는 웃지 않으면서 남을 웃기는, 이른바 버스터 키튼 스타일의 대표적인 코미디언이었다. 데이비드 주커와 함께한 〈총

알 탄 사나이〉(1988 ~) 시리즈가 대표적이다. 사소한 일이건 큰일이건 자라목을 만들며 뻣뻣하게 같은 강도로 깜짝 놀라는 표정, 황당한 순간마다 능청스럽게 카메라를 쳐다보는 얼떨떨한 모습, 그리고 그 나이대에 딱 알맞을 정도로만 액션을 구사하는 몸 개그도 발군이었다. 〈총알 탄 사나이〉에서 야구 경기를 지속하기 위해 심판으로 위장해 제멋대로 판정을 내리고, 〈총알 탄 사나이 2〉에서 영화 속 환경보호론자 박사를 가짜라고 착각한 나머지 엉덩이를 벗겨 가짜 점을 지운다면서 마구 때를 밀기도 하는 등, 그 외 이루 말할 수 없는 명장면들을 낳았다.

　　이후 레슬리 닐슨은 환갑이 넘은 나이에도 클린트 이스트우드, 숀 코네리, 잭 니콜슨 못지않게 당당한 단독 주연배우로 활동했다. 아니, 클린트 이스트우드나 숀 코네리도 그보다 3살 어리고 잭 니콜슨은 그보다 10살 이상 어리니 당시 그 나이로 할리우드 메이저 영화의 주인공을 맡는 경우는 사실상 그가 거의 유일했다. 〈리포제스트〉(1990), 〈못 말리는 드라큐라〉(1995), 〈스파이 하드〉(1996), 〈미스터 마구〉(1997), 〈롱풀리 어큐즈드〉(1998) 등은 모두 국내에서 와이드 릴리즈 개봉을 한 영화들이었다. 2000년대 들어 그의 전성기는 끝났지만 데이비드 주커가 다시 〈무서운 영화 3〉(2003)부터 시리즈의 메가폰을 이어받자 〈무서운 영화 4〉(2006)까지 코믹한 대통령 역할로 출연했다. 이때가 이미 여든 살의 나이였고 이후 〈슈퍼히어로〉(2008) 등 몇 편의 영화에 더 출연했다. 그렇게 환갑이 다 돼서야 코미디언으로서의 새로운 전성기를 구가했던 백발의 노배우는 안타깝게 세상을 떴다. 그는 우리에게 언제나 '깜놀'한 얼굴의 총알 탄 사나이다.

오드리 헵번

**세상을 사랑에 빠뜨린
영원한 페어 레이디**

1. 〈로마의 휴일〉
오드리 전설의 시작

"이제 전 세계가 오드리와 사랑에 빠질 거예요."〈로마의 휴일〉(1953) 1차 편집을 끝낸 윌리엄 와일러 감독은 당시로선 무명에 가까웠던 신인 배우 오드리 헵번을 과감하게 캐스팅한 자신의 믿음이 틀리지 않았음에 들떠 있었다. 비록 당대 최고의 스타 엘리자베스 테일러를 섭외하는 것에 실패했지만 〈미니버 부인〉(1942)과 〈우리 생애 최고의 해〉(1946)로 아카데미 시상식에서 감독상을 두 번이나 수상한(이후 1959년 작 〈벤허〉로 세 번째 감독상을 수상하게 된다) 그는, 감독 경력 20년 만에 첫 번째 로맨틱코미디영화를 만들면서 그녀가 자신을 새로운 성공으로 이끌어줄 것임을 직감한다. 〈로마의 휴일〉은 왕실의 제약과 정해진 스케줄에 싫증이 난 앤 공주(오드리 헵번)가 로마에 머무르던 중 왕실을 몰래 빠져나가 기자 조(그레고리 펙)를 만나고 자유를 만끽하는 내용이다. "하루 종일 내 마음대로 해보고 싶어요"라며 일상복을 입고 로마 시내 곳곳을 여행하는 앤 공주의 '일탈'은 전 세계 영화 팬들을 설레게 했다. 로마라는 도시는 그렇게 낭만의 도시가 됐다. 트레비 분수와 콜로세움 광장을 비롯해 조가 앤 공주를 놀리던 진실의 입 조각상은 유명 관광지가 되었고, 앤 공주가 아이스크림을 먹으며 유명해진 스페인 광장은 워낙 많이 몰려드는 관광객들로 인해 이제는 계단에 앉아 음식물을 섭취하는 것이 금지됐을 정도다.

앤이 공주임을 알게 된 그는 몰래 찍은 사진으로 특종 기사를 내려다가 공주의 미래를 위해 두 사람의 하루 동안의 로마 여행을 가슴속에 묻어두기로 한다. 로마에서 올 로케이션 촬영된 〈로마의 휴일〉은 이후 〈노팅 힐〉(1999) 등 '낯선 여행지에서의 짧은 사랑' 혹은 '사회적 신분과 계급을 초월한 사랑'이라는 테마를 다루는 로맨틱코미디영화의 교과서가 됐다. 당시 영화계 블랙리스트에 오른 시나리오 작가 달턴 트럼보가 자신의 이름을 숨기고 쓴 작품으로도 유명한데, 그로 인해 아카데미 각본상을 수상하고도 자신의 정체를 드러낼 수 없었고 이후 개봉 50주년이 되었을 때 드디어 자신의 이름을 크레디트에 올리게 된다. 할리우드에서 '디자인'이라는 개념이 희박할 때, 의상 제작에 두각을 드러낸 파라마운트의 전속 디자이너 에디스 헤드가 참여한 것으로도 화제였다. 여성 배우의 관능미가 대세였던 시절, 그녀는 과감하게 오드리 헵번의 긴 목을 드러내는 의상을 제작하는 등 과감한 시도의 의상들로 주목받았고 결국 아카데미 의상상을 수상했다.

2. 오드리 헵번의 생애

〈로마의 휴일〉 이전 오드리 헵번은 촉망받는 발레리나였다. 1929년 벨기에 브뤼셀에서 태어난 그녀는 벨기에뿐만 아니라 영국 및 네덜란드에서도 유년기를 보냈다. 아버지는 영국 귀족 출신의 은행가였고

어머니도 네덜란드 출신의 귀족이었다. 부모의 이혼 후 네덜란드에서
지낼 때는 제2차 세계대전 당시의 식량난으로 제대로 먹지 못해 빈혈에
걸리고 온갖 질병에 시달렸다. 그녀가 마르고 야윈 이유가 그때의 고생
으로 인한 것이라는 얘기까지 있을 정도다. 이후 런던에서 발레 학교를
다니던 중 웨스트엔드 뮤지컬 극장에서 코러스 걸로 활동하고 몇몇 영
화에 단역 배우로도 출연하다가, 드디어 프랑스 여성 극작가 콜레트의
소설《지지》를 원작으로 한 1951년 브로드웨이 연극에서 주연을 맡았
다. 그리고 연극의 인기와 더불어 채 공연이 끝나기도 전에 〈로마의 휴
일〉 출연 제의가 들어왔다. 심지어 이 영화는 운도 좋았다. 아카데미 시
상식을 앞두고 홍보 활동을 하던 중, 왕족이 평민과 사랑에 빠지는 일이
실제로 벌어진 것이다. 영국의 마거릿 공주가 영국 공군 출신으로 무려
16살이나 많고 자식도 둘이나 있던 이혼남 피터 타운젠드와 결혼하겠
다고 발표한 것이다. 결과적으로 왕실의 격렬한 반대에 부딪쳐 마거릿
공주는 결혼을 포기할 수밖에 없었지만 실제로 그런 영화 같은 일이 벌
어지게 된 것에 사람들은 열광했다. 그런 절묘한 타이밍 덕분에 영화는
뜻하지 않은 행운을 입어 아카데미 시상식 10개 부문 후보로 올랐고, 오
드리 헵번은 신인 배우로서 여우주연상을 수상하는 영광을 누리게 된
다. 그렇게 오드리 헵번의 시대가 시작됐다.

  이후 오드리 헵번은 〈사브리나〉(1954), 〈전쟁과 평화〉(1956), 〈티파
니에서 아침을〉(1961), 〈샤레이드〉(1963), 〈마이 페어 레이디〉(1964) 등
에 출연하며 배우로서의 탁월한 존재감은 물론 당대의 패션 아이콘으
로도 자리매김하며 승승장구했다. 나이가 들면서는 작품 활동을 하기
보다는 1988년 유엔 유니세프 명예 대사가 되어 남은 삶 대부분을 아
프리카와 남아메리카, 아시아의 소외된 나라들을 돌아다니며 자선가로

서 헌신했다. 1993년 스위스에서 대장암 투병 끝에 세상을 떠날 때까지 대사직을 수행했는데, 그녀의 유작이 '천사'로 출연했던 스티븐 스필버그 감독의 〈영혼은 그대 곁에〉(1989)였다는 것은 의미심장하다. 그렇게 그녀의 삶과 영화는 하나가 되었다. 《아름다운 인생 오드리 헵번》을 쓴 전기 작가 알렉산더 워커는 오드리 헵번의 삶에 대해 이렇게 정리한다. "남작 가문의 엄마, 나치에 협력한 아빠, 죽음의 문턱을 넘나든 전쟁 시절의 기억, 발레리나에서 대스타로의 길, 두 번의 결혼과 이혼, 그리고 사랑. 평화를 향한 유니세프 활동, 너무나 빨리 찾아온 죽음, 영원히 기억되는 소녀, 오드리 헵번."

3. 헵번 스타일의 창시자

영화배우로서의 오드리 헵번은 스타의 화려함과 기품 있는 미니멀리즘을 동시에 품은 '헵번 스타일'을 창시했다. 두 번의 세계대전을 거치면서 계속된 영화와 패션의 침체기는 헵번 스타일과 만나 1950년대에 접어들어 화려하게 부활했다. 자기 외모와 스타일에 딱 맞는, 그녀를 필요로 하는 영화에 어울리는 이미지를 만들어낼 줄 아는 배우였다. 오죽하면 "내 역할에 맞는 제대로 된 의상을 입고 있으면 그때서야 내 표정과 행동이 결정된다"고까지 말했다. 그만큼 의상은 작품의 스토리텔링만큼이나 중요한 것이다. 또한 매 작품 감독과 제작사는 달라져도 의상을 담당한 지방시와의 우정은 계속되었는데, 이에 대해 기호학자 롤랑 바르트는 다음과 같이 묘사했다. "이 세상 언어로 묘사할 수 있는 형용사가 부족한 오드리 헵번은 1950년대에 위베르 드 지방시의 옷을 입어 전 세계 사람들로부터 칭송받았고, 지방시는 이를 통해 자신의 천재성을 인정받았다." 그렇게 오드리 헵번은 세계대전 이후 등장한 최초의 영화적 아이콘이었다.

데뷔작이자 대표작인 〈로마의 휴일〉로부터 모든 것이 시작되었다. 이탈리아 로마에서 올 로케이션 촬영을 진행한 것 자체가 세계에서 전쟁이 종식되었음을 선언하는 것이었고, 오드리 헵번 또한 한 편의 영화로 아카데미상, 골든글로브상, 그리고 BAFTA상을 동시에 수상한 최초의 배우가 됐다. 그녀가 세상을 뜨고 몇 년 뒤, 1999년 미국영화연구소(AFI)에서 선정한 '지난 100년간 가장 위대한 100명의 스타' 리스트에서는 캐서린 헵번과 베티 데이비스에 이어 여성 배우로서는 무려 3위에 오르기도 했다. 매 작품 화려하게 변신하고 귀족 같은 품위를 유지하면서도, 그 특유의 귀여움과 친근감은 마치 대중과 동떨어진 삶을 살아가는 것처럼 여겨졌던 '스타'라는 존재를 훨씬 더 가깝게 느껴지도록 만들었다. 어쩌면 그것이야말로 동시대에 활동했던 다른 여성 배우들과는 완벽하게 차별화되는 배우로서의 오드리 헵번이 지닌 고유한 매력이자 진정한 스타성이라 할 것이다.

4. 되짚어야 할 대표작들

〈사브리나〉(1954)

〈선셋 대로〉(1950)와 〈뜨거운 것이 좋아〉(1959)로 유명한 빌리 와일

더 감독, 필름 누아르 장르의 대표 배우 험프리 보가트와의 만남으로 화
제가 됐다. 부유한 롱아일랜드 가문에서 일하는 운전기사의 외동딸 사
브리나(오드리 헵번)는 이 가문의 첫째 아들이자 냉철한 사업가인 라이
너스(험프리 보가트)와는 달리 사고뭉치인 둘째 아들 데이비드(윌리엄 홀
든)를 오랫동안 짝사랑해왔는데, 이를 걱정스럽게 여긴 아버지의 결정
에 따라 파리에 있는 요리 학교로 유학 가게 되고 2년 뒤 전혀 다른 사
람이 되어 돌아온다. 그 2년의 시간 동안 사브리나가 완전히 달라진 부
분은 바로 '패션'이었는데, 이를 위해 〈로마의 휴일〉을 함께했던 디자이
너 에디스 헤드 외에도 지방시가 '의상 협찬'으로 참여하며 헵번의 의상
을 책임졌다. 이후 지방시는 〈화니 페이스〉(1957), 〈티파니에서 아침을〉
(1961), 〈샤레이드〉(1963)까지 협업으로 참여하며 '헵번 스타일'의 창조
자가 됐다. 이 작품은 패션 외에도 오드리 헵번이 〈라 비 앙 로즈〉를 부
르는 장면으로도 유명하며, 1995년에 줄리아 오몬드, 해리슨 포드, 그
렉 키니어 주연으로 리메이크되기도 했다.

〈화니 페이스〉(1957)

각각 당대 최고의 뮤지컬영화 감독이자 배우였던 스탠리 도넌, 프
레드 아스테어와 함께한 영화다. 로마를 배경으로 한 〈로마의 휴일〉이
엄청난 성공을 거둔 것처럼 〈화니 페이스〉는 파리를 배경으로 촬영했
고, 국내 개봉 제목도 '파리의 연인'이었다. 뉴욕의 한 패션 잡지 사진작
가 딕(프레드 아스테어)이 그리니치 빌리지의 서점 점원 조(오드리 헵번)를
새로운 모델로 발탁하는 이야기로, 〈악마는 프라다를 입는다〉(2006)의
앤 해서웨이처럼 조가 하나씩 패션을 알아가며 변해가는 모습이 눈길
을 끈다. 오드리 헵번이 파리 곳곳에서 사진 촬영하는 장면들은 그 자체

로 화보 같다. 〈라라랜드〉(2016)에서 미아(엠마 스톤)가 스타가 되어 촬영하는 장면들 중 빨간 풍선이 등장하는 장면은 〈화니 페이스〉에서 조가 파리 튈르리 정원에서 화보 촬영하는 장면을 오마주한 것이다.

〈티파니에서 아침을〉(1961)

영화 속 오드리 헵번을 대표하는 이미지 중 하나는 바로 〈티파니에서 아침을〉에서, 홀리(오드리 헵번)가 뉴욕 티파니 보석상 앞에 서서 블랙 원피스에 선글라스, 그리고 화려한 액세서리로 치장한 채 빵과 커피를 들고 있는 모습일 것이다. 뉴욕의 한 아파트에 살면서 부유한 남자와의 만남을 통해 신분 상승을 꿈꾸는 홀리에게는 그것이 바로 일상적인 아침 식사. 그 장면은 의상과 더불어 헵번의 선글라스를 유명하게 만들었는데, 안경을 패션의 영역으로 올려놓았다고 얘기되는 앤드류 올리버와 레이 골드스미스의 브랜드 올리버 골드스미스가 바로 그 선글라스를 디자인했다. 올리버 골드스미스의 선글라스는 이후 윌리엄 와일러 감독과 오드리 헵번이 다시 만난 〈백만 달러의 사랑〉(1966)에도 등장했다. 지방시가 디자인한 블랙 원피스 또한 한참 세월이 흘러 약 10억 원에 팔렸는데, 그 수익금은 전액 인도의 굶주리는 아동을 위해 기부되어 헵번의 정신을 이어나갔다.

〈마이 페어 레이디〉(1964)

〈화니 페이스〉 이후 오드리 헵번이 출연한 두 번째 뮤지컬영화로, 역시 이 장르의 대가였던 조지 쿠커 감독과의 만남으로 화제가 됐다. 런던을 배경으로 한 이 영화는 언어학자인 히긴스 교수(렉스 해리슨)가 극장 앞에서 남루한 복장과 품위 없는 말투로 꽃을 팔고 있는 일라이자(오드리 헵번)를 세련되고 우아한 귀부인으로 만들 수 있을지 없을지 내기를 하는 내용이다. 히긴스 교수의 집에서 걸음걸이부터 화법과 식사 예절 등을 차례로 익혀가며 우리가 기억하는 오드리 헵번으로 변해가지만, 당시에는 그녀가 처음으로 하층민 역할을 소화해 눈길을 끈 영화였다. 막대한 제작비가 투입된 뮤지컬 대작으로 아카데미 시상식에서 무려 12개 부문에 노미네이트되어 작품상, 감독상, 촬영상, 남우주연상 등 8개 부문을 수상했다. 비록 오드리 헵번이 수상의 영광을 얻지는 못했지만 〈마이 페어 레이디〉의 화이트 드레스와 챙이 넓은 모자는 그녀를 대표하는 이미지 중 하나가 됐다.

제 3 전시실 ──────────┐
                              │
←─────────────────────────────┘

장
르
관

'홍콩 누아르'의
발명

〈영웅본색〉
시리즈의 추억

1. 주윤발,
정장을 차려입은 최초의 홍콩 스타

〈영웅본색〉은 모든 것을 바꿔놓았다. 1980년대 홍콩 영화계의 일 방통행이 되어버린 이른바 '홍콩 누아르'는 바로 〈영웅본색〉에서 출발 한다. 무사들의 검은 총으로 대체됐고, 폭력과 죽음의 순간을 슬로모션 으로 늘여낸 액션 신은 더없이 화려해졌다. 주인공들은 마치 장철의 몸 과 장 피에르 멜빌의 머리가 만나고, 일본 사무라이 영화들의 기리닌조 (義理人情)를 익힌 듯한 인물이었다. 〈영웅본색〉이 태어난 1986년은 본 토 반환을 앞둔 홍콩이 대만과 중국 정부 사이의 미묘한 긴장 아래 놓 여 있던 시기였다. 〈영웅본색〉은 1997년 반환을 앞둔 홍콩 주민들의 근 대적 사고의 붕괴와 더불어 무의식적인 불안감을 절묘하게 투사해냈 다. 홍콩의 영화학자 스티븐 테오는 〈영웅본색〉을 두고 "새로운 것 없이 도 과거 영화들의 조합과 '모던 룩'만으로 이루어낸 신화"라고 말하며, 〈영웅본색〉이 어떻게 당대의 현실과 만나며 새로운 신화가 되었나 추적 했다. 또 다른 홍콩 영화평론가 로우 카는 "이제 총이 검의 자리를 대신 했다. 무예를 겨루는 무림 분파들은 도시의 골목을 누비는 라이벌 갱들 로 대체됐다. 신화적 공간인 강호는 복잡한 콘크리트 정글, 바로 현대의 홍콩이 됐다"고 말했다. 〈영웅본색〉은 개봉과 동시에 홍콩 영화사에서

1960년대의 장철과 호금전, 1970년대의 이소룡과 성룡이 이루어낸 성
취를 1980년대에 해냈다. 로맨틱한 영웅주의, 동성애를 연상시키는 의
리와 우정, 유혈이 낭자한 총격 신, 유려한 슬로모션에 드러나는 폭력의
미학은 〈영웅본색〉을 단숨에 현대 누아르 영화의 만신전에 올려놓았다.

　〈영웅본색〉의 주윤발은 당시까지만 해도 웃통을 벗은 이소룡과 성
룡의 액션에 열광하던 한국 관객들에게 신선한 충격이었다. 선글라스
를 번쩍이며 위조지폐에 담뱃불을 붙이고, "영어도 할 줄 아냐?"는 적
룡의 말에 "오브 코오스!"라고 답하던 주윤발의 '쿨'한 넉살에 소위 '필'
이 꽂혀버렸다. 나중에 송자호(적룡)의 체포 소식을 접한 소마(주윤발)
가 육교 위에서 가만히 신문을 떨굴 때는 그야말로 내가 육교 위에서 추
락하는 듯한 비감에 젖어 들었다. 그러다 얼굴에서 미소를 지운 주윤발
은 친구의 복수를 위해 홀로 풍림각에 쳐들어간다. 슬로모션으로 문이
열리고 주윤발은 일체의 시선 변화도 없이 조직원들을 향해 무차별 난
사한다. 악당들이 죽었는지 제대로 확인도 하지 않은 채 쌍권총을 내던
지던 주윤발의 쿨한 카리스마는 감동 그 자체였다. 비운의 일격을 당한
그는 다리를 절뚝거리며 복수를 마무리 짓는다. 주윤발은 홍콩 영화계
에 있어 중요한 단절의 순간이었다. 강대위와 함께 장철 감독의 〈복수〉
(1970), 〈권격〉(1971), 〈자마〉(1973) 등에 출연하며 기골이 장대한 미남
액션 스타로 엄청난 인기를 누렸던 적룡 또한 홍콩 영화계의 중심으로
되돌아왔고, 가수로서 더 큰 입지를 다져가던 장국영은 같은 해 출연한
〈천녀유혼〉의 성공과 더불어 주윤발 이상의 스타덤에 오르게 된다. 적
룡의 컴백과 신인 장국영의 약진도 주목할 만한 일이었으나, 역시 그 사
이에서 주목받은 사람은 결국 집도 가족도 없는 '낭만적 루저' 주윤발이
었다. 한국 가수 구창모의 〈희나리〉를 번안한 나문의 노래 〈기허풍우〉가

흘러나오는 가운데 드라마틱한 과거를 얘기하던 주윤발의 모습, 친구를 위해 홍콩을 떠나던 모터보트의 방향을 틀던 의리의 순간은 단숨에 '주윤발 신드롬'을 형성했다. 주윤발 스스로 '평생을 두고 사랑할 캐릭터'라고 말하는 〈영웅본색〉의 소마는 '풍부한 열정, 감성, 우수, 행복 모두를 갖춘' 고전적 신사이기도 했다. 결국 오우삼은 사라져가는 의리와 도덕, 전통적 가치의 복원을 믿는 이상주의자였던 것이다.

2. 오우삼, 최고의 액션 스타일리스트

1974년 오우삼은 드디어 친구의 돈을 빌려 〈철한유정〉을 찍게 되지만 지나친 폭력성을 이유로 상영이 금지된다. 어쩔 수 없이 그는 잠시 꿈을 접은 채 코미디 장르 등의 골든 하베스트의 기획 영화들을 연출한다. 세월이 흘러 오우삼이 스스로 '〈영웅본색〉의 전편'이라고 말했던 〈호협〉(1979)은 중요한 전환점이 된다. 액션영화의 구도 속에서 보여지는 남성들의 우정과 멜랑콜리의 세계는 여기서부터 확립된다. 이후 쇼브라더스를 나온 그는 시네마시티의 도움으로 '전영공작실'을 차린 후배 서극을 만난다. 둘은 배우로도 활발히 활동했던 용강 감독의 1967년작 〈영웅본색〉(Story of a Discharged Prisoner)을 리메이크하자고 의기투합했다. 고전적 무협영화가 현대적 각색으로 재탄생하는 순간이었다. 거의 10년 넘게 감옥에 있다 출소한 한 남자(〈영웅본색〉의 적룡)가 그를 다시 조직으로 끌어들이려는 보스, 그리고 경찰인 동생(〈영웅본색〉의 장국영) 사이에서 갈등하는 내용의 영화였다. 원작과 비교하면 주윤발 캐릭

터의 비중이 굉장히 커진 셈인데, 재미있는 것은 주인공을 맡은 사현이
바로 배우 사정봉의 아버지이자, 〈소림축구〉에서 선글라스를 낀 악마
팀 감독을 연기한 배우였다는 사실이다. 악당 보스는 바로 〈용쟁호투〉
(1973)에서 섬의 주인 '한'을 연기한 석견이었다.

〈영웅본색〉을 다시 보며 놀라게 되는 점은, 오우삼의 다른 액션영화
들과 비교해 액션 신의 비중이 그리 크지 않다는 것이다. 오프닝부터 유
려한 총격전이 벌어지는 이후 영화들인 〈첩혈쌍웅〉(1989), 〈첩혈속집〉
(1992)과 비교할 때 〈영웅본색〉의 첫 총격 신은 영화가 시작하고 거의
20분이 지나서야 등장한다. 그러니까 20여 분이 지나기까지는 마치 홍
콩 관객들에게 '코미디 감독'으로 각인돼 있던 오우삼의 '낡은 것과 새
것' 사이의 갈등을 보는 것 같다. 장국영의 여자 친구 주보의가 첼로 가
방으로 서극의 차 유리를 박살 내면서 슬랩스틱 코미디를 하고, 비즈니
스차 대만(타이완)으로 갈 예정인 이자웅에게 주윤발이 조심하라는 의
미로 "애들 장난인 줄 알아? 차이완(홍콩 북동부 지역)이 아니라 타이완이
야!"라며 말장난하는 장면들은 영락없이 이전 오우삼의 코미디영화들
을 보는 것 같다. 물론 그 결정판은 〈종횡사해〉(1991)라고 할 수 있다.

홍콩에 대한 오우삼의 개인적 애정을 느낄 수 있는 대목은, 많은 사
람들이 잘못 알고 있는 것이기도 한데, 주윤발이 피 묻은 안대를 하고
"버리기 아까운 야경이야" 운운할 때 등장하는 짧은 야경이, 흔히 관광
객들이 피크 트램을 타고 올라가서 빅토리아 피크에서 내려다보곤 하
는 그 화려한 홍콩의 밤거리가 아니라는 사실이다. 주윤발이 얘기할 때
비행기가 착륙하는 모습이 보인다는 것이 힌트다. 지금의 홍콩 첵랍콕
공항이 아닌 당시의 카이탁 공항은 김포공항처럼 거의 도심에 있어서
비행기가 빌딩들 사이를 오가듯 사람들 가까이 이착륙을 했다. 홍콩 사

람들의 애잔한 향수가 배어 있는 그곳은 바로 카이탁 공항에서 그리 멀지 않은 구룡성채가 내려다보이는 외딴 산이다. 〈성항기병〉(1984)과 〈아비정전〉(1990)의 무대이기도 했던 구룡성채는 영국과 중국 두 나라의 통치를 전혀 받지 않는 무법지대이자 극도의 초고층, 고밀도 슬럼 지역으로 〈공각기동대〉(1995)의 미래 도시에 시각적 영감을 줬던 곳이자 주성치가 〈쿵푸 허슬〉(2004)의 무대 돼지촌을 구상하면서 오마주를 바쳤던 공간이기도 하다. 빅토리아 피크에서 내려다보는 야경이 워낙 홍콩을 대표하는 이미지이다 보니, 〈영웅본색〉에서 주윤발이 그토록 버리기 아까워했던 곳도 그곳이라 생각했는데, 사실은 내가 알던 곳과 전혀 다른 곳이었다는 걸 알게 되면서 그 비애가 더 크게 다가왔다.

3. 〈영웅본색〉은
절묘한 반복법의 교과서

〈영웅본색〉의 영어 제명은 원작의 영어 제명인 'Story of a Discharged Prisoner'도 아니고 'A True Colors of the Heros'도 아닌 〈A Better Tomorrow〉(더 나은 내일)다. 영화의 암울한 분위기는 한국의 80년대 분위기와도 맞아떨어졌다. 〈영웅본색〉은 한국에서 1987년 6월 23일 화양, 명화, 대지 극장에서 개봉했지만 별다른 반응을 얻지 못했다. 하지만 이후 10년간 한국 영화 시장을 송두리째 흔들어놓을 사건이 일어나고야 말았다. 〈영웅본색〉이 재개봉관과 동시상영관을 돌며 뒤늦은 컬트 바람을 일으킨 것이다. 청소년들을 중심으로 일어난 주윤발, 장국영에 대한 신격화와 더불어 홍콩 영화의 수입 가격은 몇 년 새 천정부지로 뛰었다. 이렇게 〈영웅본색〉은 한국에서 소위 '홍콩 누아르'라 불리는 일군의 홍콩 액션영화들의 '원본'이 됐다. 물론 그 전에도 성룡, 홍금보, 원표 트리오의 현대물들이 한국 시장에서 인기를 구가하고 있었지만, 그것은 성룡의 아크로바틱한 액션에 기댄 탈시대적인 판타지였다. 반면 1997년 홍콩 반환 정서의 무의식을 드러내듯 홍콩의 야경을 바라보며 버리기 아깝다고 말하던 〈영웅본색〉은, 뒤늦게 만난 동시대의 홍콩영화였다. 즉, 〈영웅본색〉은 한국에 처음으로 도착한 '현대' 홍콩 영화였던 셈이다.

주윤발이라는 스타, 새로운 현대적 감각의 홍콩 등 정서적인 면을 떠나 〈영웅본색〉은 왜 이런 큰 성공을 거두었을까, 생각해보면 그야말로 군더더기 하나 없는 깔끔한 영화적 기법의 교과서라는 점이 눈에 띈다. 영화 팬들에게 〈영웅본색〉을 다시 보길 권하는 이유가 바로 거기 있다. 거대한 '벽돌 핸드폰' 장면 정도만 빼면 세월이 흘러도 특별히 촌스럽다는 생각이 들지 않는데, 아마도 그런 정격의 구조 때문일 것이다. 또한 당시 〈영웅본색〉이 만들어낸 커다란 감정적 진폭의 원인으로 영화 내내 펼쳐지는 대조와 반복법을 꼽을 수 있을 것이다. 그런 수사들이 무의식중에 반복 축적됐을 터인데 그것들을 쭉 대조하며 정리해보면 다음과 같다.

(형의 정체를 모를 때) 이제 막 경관이 된 장국영이 적룡을 뒤에서 덮치는 장면과 (형의 정체를 알고 난 뒤) 장국영이 적룡을 정말로 미워하면서 뒤에서 덮쳐 신분증을 요구하는 장면, 타이베이에서 적룡이 경찰에 체포됐다는 소식을 보고 신문을 떨어트리는 주윤발(대사 "강호의 의리가 땅에 떨어졌어")과 나중에 거의 불구가 된 주윤발을 멀리서 바라보며 신문을 읽고 있는 적룡, 콜록콜록 기침을 하는 조직의 '초짜' 이자웅에게

약 사 먹으라며 지폐 몇 장을 건네는 주윤발과 나중에 거의 막일꾼이 돼서 주윤발이 이자웅의 리무진 차창을 닦아주자 밥이나 사 먹으라며 땅에다 지폐를 몇 장 팍팍팍 떨어트려주는 이자웅, 타이완으로 떠날 때 흰 슈트를 입고 있는 적룡과 나중에 홍콩에 돌아와 새로운 보스가 돼 흰 슈트를 입고 있는 이자웅, 시아버지를 죽이러 온 킬러를 잡기 위해 방의 불을 끄는 주보의와 자신의 생일을 잊어먹은 것 같은 장국영에게 삐쳐서 방의 불을 끄는 주보의, 적룡이 출소해서 돌아온 뒤 다시 시작하자며 적룡의 뒷덜미를 낚아채는 주윤발과 형에게 제발 잘하라며 장국영의 뒷덜미를 낚아채는 주윤발, 적룡을 범죄자 취급하는 장국영을 보고 열받아 그의 총을 자기 머리에 겨누는 주윤발과 라스트 액션 신에서 그와 똑같은 구도로 서 있다 진짜로 머리에 총 맞아 죽는 주윤발(대사 "형제란…"), 몰래 적진에 잠입한 장국영을 핸드헬드로 쫓아 총상을 입히는 성규안과 라스트 액션 신에서 바로 그 장국영의 총에 맞는 성규안, 그 밖에도 감옥에서 줄서기를 하는 적룡과 심각한 얼굴로 경찰 수업을 받고 사격 연습을 하는 장국영의 모습도 교차편집으로 보여진다. 혹시 〈영웅본색〉을 다시 보게 된다면 이 같은 정서 이면의 구조를 놓치지 말길 바란다.

한편, 농담처럼 얘기하자면 배우의 반복법도 있다. 홍콩 누아르의 3대 인상파 악역이라면 성규안, 진지휘, 황광량이 있는데 그중 리더(?) 격이라 할 수 있는 성규안은 1편에서 죽어놓고 2편에 또 등장한다. 주윤발도 쌍둥이가 있었다는 식으로 2편에 등장했는데 성규안 역시 쌍둥이였던 걸까. 그는 2009년 비인두암 투병 중 안타깝게 환갑도 되기 전에 세상을 뜨고 말았다. 적룡을 배신한 뒤 〈영웅본색〉 최고의 명장면인 풍림각 신에서 주윤발의 총에 맞아 죽었던, 즉 주윤발의 다리를 못 쓰게 만들었던 악당 진지휘는 이후 〈열혈남아〉(1988)의 최고 명장면인 포장마차 액션 신에서도 유덕화의 칼에 숨을 거두었다. 그렇게 진지휘를 통해 홍콩 누아르 두 걸작의 꿀잼 연결고리가 생겼다. 끝으로 황광량은 〈천장지구〉(1990)에서 끝까지 유덕화를 괴롭히다 결국 죽음을 맞은 악당이었다.

4. 〈영웅본색 2〉(1987), 더욱 정교하고 공상적인 액션 판타지

〈영웅본색〉 이후 오우삼뿐만 아니라 주윤발의 입지도 완전히 달라졌다. 그는 임영동 감독의 또 하나의 걸작 〈용호풍운〉(1987)을 포함하여, 〈영웅본색〉 1편과 2편 사이의 1년여 동안 무려 열네 편의 영화에 출연했다. 덧붙여 〈영웅본색 2〉 드라마의 실제적인 주인공이라고 할 수 있는 용 씨 아저씨 역의 석천은 의외의 캐스팅이었다. 과거 성룡 영화에서도 종종 코믹한 역할을 맡았던 그는 과거 코미디 배우로 이름을 날리던 배우였다. 오우삼 역시 그를 주인공으로 〈활계시대〉(1981)라는 코미디영화를 만들기도 했다. 변신은 성공적이었다. 드디어 2편에서 운명을 달리하게 되는 장국영의 공중전화 박스 신 역시 지워지기 힘든 인상을 남겼다. 그리고 라스트에 이르러 검은 양복을 차려입은 이들의 모습은 쿠엔틴 타란티노의 〈저수지의 개들〉(1992)에 직접적인 영감을 줬다.

당초 속편에 대한 생각이 별로 없었던 오우삼은 〈영웅본색〉의 놀라운 성공에 힘입어 서극과 함께 3부작 제작을 꿈꾸게 된다. 〈무간도〉 프리퀄을 만든 현재의 유위강처럼 오우삼과 서극 역시 '홍콩판 〈대부〉'

를 만들고자 했던 것이다. 그것은 뿌리 없는 땅 홍콩, 역사의 흐름 속에서 필연적으로 소멸될 수밖에 없는 그 땅에 대한 자신들의 뚜렷한 서명을 남기는 일이었다. 〈영웅본색 2〉(1987)는 1편에서 죽은 주윤발의 쌍둥이 형제를 등장시킨다. 미국에 사는 한 중식당의 주방장으로 설정된 그는 여전히 감정과 정의를 중요시하는 오우삼의 간결한 드라마 구조 속에서 자신의 본분을 다한다. 바닥에 떨어진 볶음밥을 주워 먹으면서까지 식당에서 행패를 부리는 백인 마피아들을 꾸짖는 주윤발은, 마치 〈당산대형〉(1971)의 이소룡처럼 화교 사회의 '대형'으로 등장한다. 무엇보다 〈영웅본색 2〉의 화력은 전편의 몇 배나 됐다. 서양 평론가들은 이 시리즈를 두고 'Heroic Bloodshed' 장르라고도 불렀다. 이때부터 제작자들은 수많은 아류작들을 쏟아내기 시작했고, 홍콩 영화계의 과도한 폭력 경도 양상에 대해 훗날 〈타임〉지는 "침사추이 거리가 베이루트로 변했다"고까지 말했다.

　　그처럼 오우삼은 몇 배나 더 강력하고 환상적인 액션영화를 만들고자 했다. 함께 재빨리 시나리오를 써낸 오우삼과 서극은 정소동 무술감독을 불러들였다. 서극의 〈제일유형위험〉(1980)과 〈도마단〉(1986)의 무술감독을 맡았던 그는 〈천녀유혼〉(1987)을 통해 감독으로서도 이제 막 전성기에 들어선 순간이었다. 전통적 무협액션과 현대적 기술을 접목하는 데 뛰어났던 정소동은 전편보다 업그레이드된 안무를 선보였다. 마틴 스코세이지의 〈택시 드라이버〉(1976)로부터 온 것임을 분명히 한 여관 복도 총격 신을 비롯해, 클라이맥스의 맨션 습격 신에 이르면 그 화력과 인명 살상의 정도는 전편의 몇 배에 달하게 된다. 로우 카는 "오우삼이 2편에 이르러 더욱 정교하고 공상적으로 됐다"고 말했고, 역시 이에 주목했던 미국의 영화학자 데이비드 보드웰은 "초창기의 아이디어로 돌아간 오우삼을 보여준다"고 말했다. 오우삼은 2편을 끝으로 〈영웅본색〉 시리즈에서 손을 떼게 된다. 그리고 〈첩혈쌍웅〉과 〈첩혈가두〉(1990)를 통해 또 다른 경지로 들어서게 된다. 스티븐 테오는 오우삼을 두고 이렇게 말했다. "폭력영화를 만드는 젠틀맨, 오우삼은 홍콩 영화계의 가장 거대한 역설이다."

5. 〈영웅본색 3〉
난민의 영화

〈영웅본색 2〉 촬영 도중 오우삼과 서극의 사이가 벌어지면서 〈영웅본색 3〉는 서극 혼자 연출을 맡는다. 베트남전을 소재로 〈영웅본색 3〉를 만들고 싶었던 오우삼은 결국 직접 독립 프로덕션을 차리고 〈첩혈가두〉를 만들게 된다. 1974년의 베트남으로 무대가 바뀌면서 주윤발은 더 이상 암흑가의 신화가 아니다. 중국에 아버지가 있지만 문화대혁명 중이라 갈 수 없고, 그저 삼촌을 홍콩에 데려가려고 베트남에 온 평범한 가족의 구성원이다. 서극은 홍콩 반환을 앞둔 홍콩 주민들의 불안한 심리를 1970년대 베트남이 공산화되면서 그곳을 떠날 수밖에 없는 화교들로 상징화했다. 전작들이 삶의 해방구를 찾던 사람들의 달콤한 판타지였다면 〈영웅본색 3〉는 그러한 불안감을 직접적으로 건드렸다. 〈영웅본색 3〉 이전에도 〈호월적고사〉(1981)와 〈투분노해〉(1982) 등 홍콩의 운명을 베트남의 현실과 치환하는 영화들을 만든 허안화 감독이 있었다. 특히 주윤발이 주연으로 출연한 〈호월적고사〉의 '호월'은 그가 〈영웅본색〉의 소마와 더불어 가장 사랑한다고 말해왔던 역할이다. 주윤발은 〈호월적고사〉와 〈영웅본색 3〉 모두 '난민의 영화'라고 말했다.

　사람들은 〈영웅본색 3〉에서 〈영웅본색〉 소마의 젊은 시절을 보게 됐다는 즐거움보다 역사의 무거움에 짓눌렸다. 결국 서극이 만들고자 한 것은 모로코가 아닌 베트남을 배경으로 한 〈카사블랑카〉(1942)였다. 여성을 늘 부차적인 인물로밖에 설정하지 않는 오우삼과 달리, 서극은 적룡과 장국영의 형제애 대신 주윤발과 매염방의 로맨스에 더 큰 비중을 부여했다. 그런데 역사의 무게 앞에서 홍콩 누아르의 현란한 총격전도, 가슴 설레는 로맨스도 모두 다 무상하게 보였다. 〈영웅본색 3〉의 클라이맥스 총격전은 전편들보다 정교하고 현란하지는 못하지만 가장 잔혹하고 덧없어 보인다. 〈영웅본색〉에서 "신을 믿나?"라는 질문에 "내가 바로 신이야. 자기 운명을 잡을 수 있는 자가 바로 신이지"라고 당당하게 말했던 주윤발이, 20년 전 시점의 〈영웅본색 3〉에서는 매염방과의 대화 도중 "운명은 사람 마음대로 할 수 있는 게 아냐. 신이 정해놓으셨어"라는 운명론을 얘기한다. 〈영웅본색 3〉는 시간을 거슬러 올라가 근본적으로 어디서부터 잘못되었나를 묻는다. 〈영웅본색〉 시리즈는 홍콩의 현대사와 겹쳐지는, 우리가 생각한 것 그 이상의 야심적인 프로젝트였다.

B무비의 거장들

**켄 러셀과
존 워터스**

1. 켄 러셀,
불경함의 대명사

영화사의 변방에서 세상과의 불화를 택했던 예술가, 성적 과잉과 신성모독을 일삼으며 스스로 이단이 되기를 자처했던 인습 타파주의자 켄 러셀은 2011년 11월 27일 세상을 떴다. 향년 84세, 병원에서 노환으로 사망했다. 그의 열혈 팬들이라면 지나치게 평범한 죽음이라 여길지도 모르겠다. 그만큼 그가 만든 영화들은 논쟁적이고 사악했다. 추모 기사를 쓴 평론가 토드 맥카시는 그에 대해 "1960년대 후반부터 1970년대에 이르기까지 세계 영화계의 대표적인 문화적 반란과 불경함의 대명사였다"라고 말한다. 물론 그런 작업들을 '예술적 치기'로 여긴 영화인들도 많았다. 대표적으로 당시 가장 영향력 있는 평론가 중 하나였던 폴린 카엘은 그의 과잉의 미학에 대해 '갑상선 기능 항진증의 캠프 서커스 단장'이라고 혹평을 하기도 했다. 그렇게 그는 당대의 공기와 무관한 듯 보이는 개인적인 작업들을 이어갔다. '프리 시네마'에 몸담았던 젊은 동료 '앵그리 영 맨' 영국 감독들과 달리 개인과 사회의 관계, 참여를 통한 연대 같은 문제보다는 인간의 어두운 내면이나 욕망 그 자체에 천착했던 것. 그는 전과 후, 그 어떤 계보도 이을 수 없는 독보적인 이단의 필모그래피를 써나갔다. 굳이 그의 '한 핏줄 감독'들을 찾는다면 위로는

〈피핑 톰〉(1960)의 마이클 포웰, 아래로는 〈카라바지오〉(1986)의 데릭
저먼일 것이다. 켄 러셀의 〈악령들〉(1971)은 단편영화를 만들던 시절의
데릭 저먼이 프로덕션 디자이너를 맡았던 영화이기도 하다.

2. 〈악령들〉
성직자들의 권력 다툼 잔혹극

　켄 러셀은 1927년 영국 사우스햄튼에서 태어났다. 영화감독이 되
기 이전 해군과 공군에서 복무했고 발레단 댄서, 연극배우, 사진작가로
도 활동했다. '영화계의 D. H. 로렌스'라 불릴 만큼 도발적인 영화들을
만들었고 실제로 로렌스의 원작을 영화화한 〈우먼 인 러브〉(1969)는 그
의 가장 성공한 영화들 중 하나로 아카데미 여우주연상(글렌다 잭슨)을
수상하기도 했다. 이후 만든 〈악령들〉(1971)은 켄 러셀의 모든 것이 집
약된 작품이다. 루이 13세 시대의 프랑스, 리슐리외 추기경(크리스토퍼
로그)은 자신의 통제권 밖에 있는 도시를 장악하기 위해 음모를 꾸민다.
추기경과 그 추종자들이 권력을 장악하기 위해서는 그랑디에 신부(올리
버 리드)를 제거해야 한다. 그랑디에 신부는 요새화된 도시를 운영하는
성직자로 리슐리외 추기경이 프랑스 전체를 장악하는 데 방해가 되는
인물이었다. 이에 리슐리외는 권력가이자 호색한인 그랑디에 신부를
고발하기로 하고, 그랑디에 신부에게 성적으로 집착하는 잔느 수녀(바
네사 레드그레이브)를 그 음모에 끌어들인다. 악마에 홀려 있는 그 수녀는
그랑디에 신부에 대한 성적인 강박관념에 사로잡힌 인물이다. 악마로
고발당한 그랑디에의 재판이 진행되면서 수녀원은 점차 폭력과 광기로

물들어간다. 광적인 마녀사냥이 점점 극단적으로 변해가고 인간의 악마적인 본성이 적나라하게 드러난다. 올더스 헉슬리가 소설로 썼던 〈악령들〉 속 사건은 17세기에 일어났던 실화로 정치적 음모와 탐욕, 지옥으로 변해버린 현실이 신성모독으로 비난받았던 집단 누드와 고문 장면을 통해 악몽처럼 다가온다. 그의 악마적 비주얼 감각이 절정에 달한 작품으로, 성적으로 뒤틀린 곱사등이 수녀를 중심으로 성직자들 간의 권력 다툼과 마녀사냥의 피비린내 나는 잔혹극 속으로 관객을 데려간다. 가장 고귀하고 도덕적으로 청렴해야 할 수녀원은 퇴폐와 문란, 폭력으로 가득하고 신에 대한 숭고한 사랑마저 성적으로 타락해버린다.

3. 진정한
이단아

1970년대는 켄 러셀의 작품 세계가 만개한 전성기였다. 그것은 〈뮤직 러버〉(1971)의 차이코프스키, 〈말러〉(1974)의 구스타프 말러, 〈토미〉(1975)의 더 후, 〈발렌티노〉(1977)의 루돌프 발렌티노 등 기존의 예술가들을 끌어와 그들의 신화에 자유로운 상상력을 덧붙이는 식이었다. 가령 〈말러〉는 루키노 비스콘티의 〈베니스에서의 죽음〉(1971)에서 말러(더크 보거드가 연기하는 영화 속 캐릭터 이름은 '구스타프 아셴바흐')가 미소년과의 사랑이 이뤄졌으면 어땠을까, 하는 도발적인 오마주를 보여줬다. 더 후의 앨범을 바탕으로 만들어진 록 오페라 〈토미〉는 종교의 위선을 공격하는 원작의 메시지를 가져가면서 타락한 엔터테인먼트 산업에 직격탄을 날렸다. '더 후'의 창단 멤버이자 압도적인 카리스마를 자랑했던

로저 달트리는 〈토미〉에 출연한 이후 역시 켄 러셀의 〈리스토마니아〉에
서 주인공 프란츠 리스트를 연기했으며 이후 배우로도 활발한 활동을
이어갔다. 〈E.T.〉(1982)에 출연하기 전 '아기' 시절 드류 베리모어의 데뷔
작 〈올터드 스테이트〉(1980)와 〈크라임 오브 패션〉(1984)으로 미국에도
진출한 켄 러셀은 다시 영국으로 돌아와 〈고딕〉(1986), 휴 그랜트의 풋
풋한 모습을 볼 수 있는 〈백사의 전설〉(1988) 등을 만들며 그 명성을 이
어갔다. 1980년대 들어 영화와 TV를 오가며 오페라 연출에도 손댔던
그는 1983년 〈나비부인〉을 미국 무대에 올리며 중매인 '고로'를 매춘굴
의 기둥서방으로, 나비부인 '초초상'을 고로가 데리고 있는 창녀로 묘사
해 구설수에 오르기도 했다. 그렇게 그는 끝까지 논쟁과 불화를 즐기며
정신병자와 혁신가 사이를 오갔던, 신성불가침의 환각에 빠지기를 두
려워하지 않았던 진정한 이단아였다.

4. 악취미의 제왕
존 워터스

〈핑크 플라밍고〉(1972)는 〈록키 호러 픽쳐 쇼〉(1975)와 더불어 1970
년대 미국 심야영화의 전성기를 대표하는 컬트영화다. 〈록키 호러 픽쳐
쇼〉는 내용상으로 〈핑크 플라밍고〉와의 접점을 찾기 힘들지만, 심야상
영 문화를 통한 컬트 현상의 진원지라는 점에서 맥락을 함께한다. 리처
드 오브라이언의 기괴한 뮤지컬을 스크린에 옮긴 〈록키 호러 픽쳐 쇼〉
는 〈핑크 플라밍고〉만큼이나 설명하기 난해한 캐릭터들과 상황들로 점
철돼 있다. 〈록키 호러 픽쳐 쇼〉처럼 영화를 보며 따라 하건, 〈핑크 플라

밍고〉처럼 역겨움에 치를 떨건 간에 두 영화 모두 오직 심야의 집단 관람 문화에서나 가능했던 텍스트였다. 더 나아가 '악취미의 제왕' 존 워터스 감독은 노골적으로 '영화 역사상 가장 역겨운 영화'를 표방했다. 그는 자신의 페르소나와도 같은 거구의 여장남자 '디바인'을 통해 성별, 계급, 미추(美醜)를 초월하여 '아메리칸 드림'의 허상과 중산층의 이데올로기를 난도질한다. 개똥을 먹는 장면 등 비위가 약한 사람들은 절대 볼 수 없는 장면들을 모아둔 극단적 악취미의 영화다. 언제나 화려한 화장과 의상을 자랑하는 뱁스 존슨(디바인)을 두고, 언론은 '지구상에서 가장 추잡한 여자'라는 칭호를 선사했다. 뱁스 부인은 교외의 한 트레일러에서 세상에서 계란을 가장 좋아하는 어머니 에디(이디스 마시), 하나뿐인 아들이자 유난히 귀여운 닭을 좋아하는 크랙커스(대니 밀스), 그리고 그런 크랙커스를 질투 어린 시선으로 쳐다보는 또 다른 여자 코튼(메리 비비언 피어스)과 함께 산다. 그리고 파랑 머리의 남자 레이먼드 마블(데이비드 로처리)과 빨강 머리의 코니 마블(밍크 스톨) 커플은, 그들 가족을 향한 '세상에서 가장 추잡한 사람들'이라는 칭호를 훔치고 싶어 한다. 그를 위해 마블 커플은 하수인인 채닝(채닝 윌로이)을 시켜 젊은 여성을 납치해 임신시키는 등 그 칭호에 어울리는 파렴치한 행각을 벌인다. 급기야 우편으로 똥을 보내고 뱁스의 트레일러를 불태우는 등 본격적인 공격을 시도한다. 언제나 서로의 발가락을 빨아가면서까지 사랑을 확인하는 마블 커플은, '세상에서 제일 추잡한 사람'이 되기 위해 비인간적인 범죄도 서슴지 않는 것이다. 그처럼 〈핑크 플라밍고〉는 비정상을 극단으로 추구하는 장면들의 연속이다. 영문을 모르고 잡혀온 여자와 채닝이 주고받는 대사는, 그 자체로 관객들 내면에서 요동치는 심경의 반영이다. 물론 그것은 존 워터스가 의도한 반응이다. 급기야 정액을 주사기

로 여자 성기에 넣어 임신시키는 장면 등을 보며 관객들은 하나같이 "그
만둬!"라고 소리치고 싶을 것이다. 결국 마블 커플을 붙잡은 뱁스 가족
은 여러 언론사 기자들을 불러 모은 뒤 그들을 공개적으로 총살한다.

5. 컬트문화와
그 맹목적 지지자들

1970년대에 만들어진 〈핑크 플라밍고〉는 1950년대 미국을 향한,
그러니까 세계 초강대국의 위용을 서서히 드러내기 시작한 미국의 그
시절로 거슬러 올라가는 발칙한 회고담이다. 《컬트영화, 그 미학과 이
데올로기》에 실려 있는 '1950년대의 중심부를 향한 여행: 범속성의 컬
트'라는 글을 통해 앨리슨 그래엄은 "1950년대는 미국의 정신 병력의
첫 단계에 해당한다"고 본다. 냉전의 공포, 인종차별, 성적 금욕주의 등
현대 미국의 신화를 떠받치는 요소들이 각기 제자리를 잡아가기 시작
한 것이다. 그렇게 미국 도시인들의 순응성과 더불어 사회적으로 욕망
의 투사와 억압 등이 본격적으로 드러났다. 그런 전제하에서 그는 〈핑
크 플라밍고〉야말로 그 당대의 미국 문화를 탈신비화하는 진정으로 불
경스러운 영화"라고 덧붙인다. 그리고 그것은 당대의 정서와 은밀하게
통했다. 불과 1만 2천 달러의 제작비로 완성한 〈핑크 플라밍고〉는 거의
500배에 가까운 수익을 올렸다. 1960년대부터 확산되기 시작한 심야
상영(Midnight Movie) 문화는 1970년대에 이르러 화려하게 안착한다.
도심 소극장이나 교외의 드라이브 인 시어터 등에서 자정 무렵에 상영
됐던 심야영화들의 주 관람층은 10대 후반부터 20대 중반에 이르는 젊

은 관객들로, 주된 상영 프로그램은 그들을 타깃으로 한 B무비들이 대부분이었다. 갱스터, 웨스턴, 호러 영화 등 흥행성 높은 장르영화들이 대부분이었던 B무비들도 세월이 흘러 보다 극단적인 형태로 나아갔는데, 바로 〈핑크 플라밍고〉와 〈록키 호러 픽쳐 쇼〉가 그 기념비적인 작품들이다. 기존 B무비 팬들도 호불호가 갈릴 정도였는데, 그처럼 소수 팬들의 광적이고 맹목적인 지지를 받던 일련의 영화들을 가리켜 '컬트'(Cult) 영화라 지칭했다. 일상으로부터 탈출한 듯한 해방감과 더불어 신비로운 연대감이 그 기반이었다. 더불어 그것은 팀 버튼이 〈에드 우드〉(1994)로 영화화하기도 한, 할리우드 역사상 최고의 괴짜 감독이라 불리는 '에드 우드'로 대표되는 극단적인 비주류 영화 혹은 '추한 예술'에 대한 지지로까지 나아갔다. 굳이 심도 깊은 영화사적 의미를 부여하자면, 예술의 허위의식에 대한 까발림 혹은 주류 문화를 향해 내던진 하위문화의 폭탄이라 할 것이다. 말하자면 〈핑크 플라밍고〉가 남들이 보기에는 한없이 볼품없고 저급하다 할지라도, 컬트 팬들에게는 세상 그 어떤 영화보다 숭고하고 감동적인 영화일 수 있다. 그렇게 심야상영 혹은 컬트 현상을 통해 대중문화의 수용과 소비 스펙트럼은 무한대로 확장되기 시작했다.

6. 존 워터스와 디바인, 추한 것은 아름답다

존 워터스와 디바인은 볼티모어 출신으로 고등학교 동창이다. 188센티미터의 거구에 150킬로그램에 육박하는 디바인(이 예명도 존 워터스가 지어준 것이다)은 존 워터스의 거의 모든 영화에 출연하며 악취미로 가득한 비주류 스타 배우로 떠올랐는데, 여장을 할 때의 모델이 바로 10대 시절부터 무척 흠모했던 엘리자베스 테일러였다. 이후 〈핑크 플라밍고〉는 물론 〈암컷 소동〉(1974), 〈헤어스프레이〉(1988) 등에서 디바인은 언제나 분열적이고 비정상적인 캐릭터를 연기했다. 〈헤어스프레이〉의 경우 2007년 아담 쉥크만 감독에 의해 리메이크되기도 했는데, 주인공 트레이시(니키 블론스키)의 거구의 엄마 '에드나'를 연기한 존 트라볼타가 바로 디바인에 대한 오마주라 할 수 있다. 이처럼 존 워터스가 과장된 스타일의 디바인을 캐스팅한 것은 기존의 성(性)적 전형성에 대한 조롱이라 볼 수 있다. 더불어 존 워터스와 디바인은 〈핑크 플라밍고〉의 밥스 캐릭터를 만들며 프랭크 타쉬린의 〈더 걸 캔트 헬프 잇〉(1956)의 배우 제인 맨스필드 캐릭터를 그대로 흉내 냈다. 제인 맨스필드는 육감적인 금발 글래머로 많은 인기를 모았던 배우로, 당시 실제로 살이 꽤 찐 상태였던 디바인에게 금발 메이크업은 물론 타이트한 원피스를 입게 했다.

　존 워터스의 영화들을 관통하는 핵심 테마는 바로, 그가 늘 얘기했듯 '추한 것은 아름답다'이다. 어쩌면 지금의 젊은 관객이라면 그 어떤 컷 하나도 납득하기 힘든, 그 시대에나 유효했을 법한 미학이자 저항의 한 방식이라 볼 수도 있겠다. 심지어 알레한드로 조도로프스키 감독은 "나는 존 워터스 감독을 가장 존경한다. 나를 토하게 만든 유일한 감독이기 때문"이라고 말한 적도 있다. 그러한 '추악함의 미학'이 〈핑크 플라밍고〉를 가득 채우고 있는데, 앨리슨 그래엄은 앞서 언급한 글에서 "〈핑크 플라밍고〉의 악취미는 대중문화와 개인적 진실 사이의 불일치, 핵가족의 단란함과 고향의 편안함이라는 전후에 생긴 신화들의 억압적인 측면을 가장 정확히 드러내준다"고 썼다. 그러니까 뱁스 부인이라는 황당무계한 캐릭터와 불가해한 가족 관계의 양상, 그리고 평온해 보이는 보금자리인 트레일러 주변에서 벌어지는 기괴한 일들은 세계 초강대국 미국 사회 성장의 이면에 숨겨진 진실의 폭로인 셈이다. 또한 이러한 언더그라운드 문화로서의 컬트영화들은 그 모호한 정체성에도 불구하고, 어떤 식으로든 '위반'과 '반역' 혹은 '경계선 침범'이라는 본질적 테마에 충실히 복무한다. 그리하여 앨리슨 그래엄은 존 워터스를 다음과 같이 정리한다. "대중문화의 파편들에 대한 전문가인 존 워터스는 컬트영화 세계에서 가장 눈부신 '탈신비주의자'였다."

프랑스 영화는
어렵지 않다

장 피에르 멜빌과

클로드 샤브롤

1. 장 피에르 멜빌(1917-1973), '프렌치 누아르'의 거장

　'프렌치 누아르'의 거장 장 피에르 멜빌은 지속적으로 지적인 범죄 영화들을 만들어왔다. 그는 갱스터라는 자신만의 영화 언어를 통해 유럽 영화의 혁신을 가져왔다. 〈밀고자〉(1962)부터 본격적인 그의 세계가 펼쳐지는데, 주인공 실리앙(장 폴 벨몽도)은 감정을 쉽게 드러내지 않지만 법을 어겨서라도 친구를 위해서라면 무엇이든 하는 인물이다. 이러한 인물형에서부터 〈밀고자〉는 이후 멜빌 영화의 전범이라 말할 수 있다. 명예와 도덕 사이에서 갈등하는 주인공의 모습은 멜빌의 최고 걸작으로 추앙받는 〈고독〉(1967)과 비교해볼 만하다. 장 폴 벨몽도는 전작 〈레옹 모랭 신부〉(1961)에 이어 '멜빌의 페르소나'라고 불러도 될 만큼 감동적인 연기를 펼쳤지만, 이후 그 페르소나의 자리는 알랭 들롱에게 넘겨주게 된다. 배신과 속죄, 범죄와 의리, 암흑가 내에서의 정의에 대해 얘기하는 〈밀고자〉는 장 피에르 멜빌이 축조한 거대한 프렌치 누아르 세계로 들어가는 입구와도 같다. 이후 1960년대 중반 세 편의 영화인 장 폴 벨몽도 주연 〈페르쇼가의 장남〉(1963), 리노 벤추라 주연 〈두 번째 숨결〉(1966), 알랭 들롱 주연 〈고독〉(1967)은 이러한 멜빌의 야심에 도달해 있는 작품들이다. 그는 할리우드 갱스터영화와 필름 누아르에 마

음을 빼앗긴 시네필이었고, 그 장르의 특징을 흡수하여 자신만의 이미
지로 번안하는 데 탁월한 능력을 발휘했다. 흔히 '프렌치 누아르'라 불리
는 멜빌의 작품 속 인물들은 눈앞에 자신의 무덤이 있다는 것을 알면서
도 그 속으로 말없이 걸어가곤 한다. 〈고독〉의 제프, 〈암흑가의 세 사람〉
의 보석털이범, 〈그림자 군단〉의 레지스탕스에게서 신화적 영웅의 강렬
한 운명성이 엿보이는 것은 이 때문이다. 〈형사〉(1972) 역시 빼놓을 수
없는 그의 걸작이다. 거대한 숙명 안에서 주어진 운명과 싸우는 주인공
들의 모습은 누아르 장르를 완전히 혁신시켰다. 장 피에르 멜빌은 1947
년 〈바다의 침묵〉으로 데뷔해 1973년 세상을 떠날 때까지 단 열세 편의
장편영화만을 만들었지만, 동시대와 후배 감독들에게 미친 영향은 지
극히 컸다. 극도로 적은 예산을 가지고 자유롭게 촬영된 멜빌의 초기 영
화들은 누벨바그 감독들에게 큰 영향을 미쳤으며, 장 뤽 고다르는 데뷔
작 〈네 멋대로 해라〉(1960)에 그를 출연시킴으로써 경의를 표하기도 했
다. 그로부터의 영향을 고백한 적 있는 타란티노는 "웨스턴 장르에서 셀
지오 레오네가 했던 것을, 필름 누아르 장르에서 장 피에르 멜빌이 이뤘
다"고 말했다. '홍콩 누아르' 세대인 오우삼과 두기봉 또한 젊었을 적 그
의 영화의 열렬한 팬이었음을 고백했다.

2. 〈그림자 군단〉 레지스탕스, 바람과 함께 사라지다

〈그림자 군단〉은 실제 레지스탕스로 활동한 경험이 있는 장 피에
르 멜빌 감독의 자전적 기억에 바탕을 둔 프랑스 레지스탕스 운동에 대

한 누아르 영화다. 거대한 파국을 향해 달려가는 인물들의 처연한 운명을 그 특유의 과묵하고 담담한 화법으로 그려낸, 장 피에르 멜빌의 대표적인 후기 걸작이다. 나치 점령기의 프랑스, 레지스탕스 대원 필립 제르비에(리노 벤추라)는 동료의 배신으로 체포되어 포로수용소로 보내진다. 하지만 이송되는 틈을 노려 독일군 보초를 죽이고 이발소에 숨어 있다가 가까스로 탈출에 성공한다. 필립은 마르세유에서 동료 펠릭스(폴 크로셰), 비종(크리스티앙 바르비에), 마스크(클로드 만) 등과 합류하여 자신을 밀고한 배신자 폴 두나(알랭 리볼트)를 처형한다. 한참 어린 폴을 죽이는 것에 대해 고심하지만 '처형'은 번복되지 않는다. 이어 레지스탕스에 새로 합류한 장 프랑수아 자르디(장 피에르 카셀)는 파리의 마틸드(시몬느 시뇨레)에게 무선송신기를 가져다주고 형인 뤽(폴 뫼리스)을 찾아간다. 이후 레지스탕스 조직의 총대장인 뤽과 제르비에는 잠수함을 타고 런던에 간다. 런던에서 두 사람은 드골 장군을 만나고, 뤽은 훈장을 받는다. 이때 펠릭스가 리옹에서 체포된다. 소식을 들은 대원들은 독일군 위생병으로 위장하여 펠릭스를 구출해낼 계획을 세운다.

뛰어난 심리묘사로 정평이 난 작가 조셉 케셀의 《그림자 군단》을 원작으로 삼고 있다. 레지스탕스의 일원으로 런던에 체류하던 시절 읽었으며 일찌감치 영화화하고자 마음먹었던 것으로 알려져 있다. 자막으로 등장하는 시대적 배경은 1942년이다. 레지스탕스 운동의 중후반기이며, 영화에도 등장하는 것처럼 드골 장군이 런던으로 망명한 이후의 이야기다. 드골은 치욕의 나치 점령으로 독일의 허수아비가 된 정부를 거부하고 1940년 6월 17일 런던으로 망명했고, '자유 프랑스' 방송을 시작하여 프랑스인들에게 대독 항전을 호소했다. '국민 통합'의 가치를 내건 그는 1969년까지 망명 정부의 수반이었으며 이후 총리로, 또 대통령으로 오랫동안 프랑스를 이끌었다. 레지스탕스는 프랑스어로 '저항'이라는 뜻으로, 제2차 세계대전 당시 독일에 대한 프랑스 시민들의 저항운동을 일컫는 말이지만, 포괄적으로는 파시즘에 저항하는 시민군을 가리키는데, 일제강점기 당시 일제에 대한 한민족의 저항도 레지스탕스라고 부를 수 있을 것이다. 〈그림자 군단〉의 시대적 배경인 1942년은 프랑스 레지스탕스의 활동이 활발해지며 최전방에서 독일군 고위층 암살, 군사시설 파괴 등을 적극적으로 전개하던 시기다. 〈그림자 군단〉의 레지스탕스 단원들은 이제 막 그 세력을 집약적으로 형성해가던 과도기의 인물들이다. 그러니까 당시 프랑스 레지스탕스의 경우 실질적인 지도자격 단체가 드골의 자유 프랑스가 아닌 프랑스 공산당이었으며, 사실상 반공주의자인 드골을 신봉하는 사람들은 일부였다. 그러다 1943년 5월 전국 저항 평의회가 결성되고 기존 프랑스 공산당의 레지스탕스인 프랑스 인민해방군뿐만 아니라 드골의 자유 프랑스 군대도 다수 참가하면서, 레지스탕스의 수는 약 10만 명에 달하게 됐다. 이때부터 프랑스 레지스탕스는 '프랑스 국내군'(FFI)이라는 이름으로 통합됐다.

영화에서 인상적인 대사는 "우리가 이 아름다운 영화를 프랑스에서 볼 수 있는 날이 아마도 프랑스가 자유를 되찾는 날이 될 것이다"라는 뤽의 얘기다. 필립 제르비에가 런던에 가서 뤽을 만나고는, 극장에서 할리우드 영화인 〈바람과 함께 사라지다〉(1939)를 보는데, 이때 뤽의 대사다. 당시 연합군 국가인 미국의 할리우드 영화를 프랑스에서 자유롭게 볼 수 있다는 얘기는 바로 프랑스가 해방되었다는 뜻이기 때문이다. 말하자면 할리우드 영화의 애호가인 멜빌 입장에서 '국가의 해방'은 '영화의 해방'이기도 하다. 영화 속에서 레지스탕스 활동의 정당성을 부여하는 방법이, 어떤 정치적 구호나 거대한 사건이 아니라 예술적 취향의 발로라는 점이 무척 인상적이다.

3. 갱스터와
필름 누아르 장르의 현대화

장 피에르 멜빌은 할리우드 갱스터영화와 필름 누아르의 열렬한 팬이었다. 그는 그것을 흡수하여 자신만의 화법으로 재창조해냈는데, 그가 만들어낸 인물들은 하나같이 정해진 운명을 향해 무표정한 얼굴로 덤덤히 걸어가는 사람들이었다. 〈그림자 군단〉의 레지스탕스 역시 불안한 미래에 대해 아무런 희망도 갖지 않고 숨어 지낸다. 어쩌면 그 무력함은 그가 실제로 젊은 시절 경험했던 전쟁의 기억으로부터 잉태된 것인지도 모른다. 그는 1937년 입대해 드골이 런던에서 조직한 '자유프랑스군'의 일원으로 가담하여 레지스탕스로 활동했다. 이 시절 그는 본명인 장 피에르 그룸바흐 대신 좋아했던 작가 허먼 멜빌의 이름을 따 '멜빌'이라는 가명을 사용했는데, 그것은 감독으로서 평생 그의 이름이 됐다. '진정한 비극은 전쟁을 통해서만 경험할 수 있다'고 믿었던 그의 관점에서 보자면, 그의 모든 작품을 관통하는 허무주의와 비관주의는 전쟁의 어두운 그림자로부터 비롯됐음을 알 수 있다. 할리우드 필름 누아르의 새로운 변형과 재구성을 꿈꿨던 그의 작품들에 전쟁의 상처가 깊이 개입돼 있고, 그것이 누아르 장르에 새로운 생명력을 부여하는 뜻밖의 계기가 된 것이다. 더구나 멜빌은 여러 영화의 오프닝 시퀀스에 인상적인 격언을 삽입했는데, 〈그림자 군단〉은 다음과 같은 격언으로 시작한다. "나쁜 기억들이여, 어서 오라, 너는 나의 멀어진 청춘이다." 전쟁의

'나쁜 기억'은 바로 그의 영화 인생, 더 나아가 프렌치 누아르 전반에 드리운 핵심적인 정서다.

영화평론가 로저 에버트가 말하길, 장 피에르 멜빌은 '스크린에서는 색채를, 캐릭터에게서는 대사를 빼앗은' 감독이다. 덧붙여 그는 장 피에르 멜빌의 스타일에 대해 "화가나 음악가처럼, 영화감독도 단지 몇 번의 움직임만으로 완벽하고 탁월한 솜씨를 뽐낼 수 있다. 장 피에르 멜빌 감독은 대사 한마디 등장하기도 전에 빛의 마법으로 관객들을 사로잡는다. 우중충한 날의 새벽빛처럼 차가운 빛으로, 회색과 청색의 색깔로도 마법을 건다. 그리고 단어 대신 행동으로 관객에게 말을 건다"고 썼다. 〈그림자 군단〉은 액션이 아니라 캐릭터와 분위기를 통해 사건을 진행하고 서스펜스를 구축하는 탁월하고 세련된 방법을 보여준다. 덧붙여 〈그림자 군단〉은 인위적인 액션 장면이나 작위적인 결말을 끔찍이도 싫어했던 그의 취향을 극명하게 드러낸다. 그런 점에서 장 피에르 멜빌의 영화는 동시대 다른 감독들에 비해 무척이나 '현대적'인 영화다.

4. 클로드 샤브롤(1930~2010), 프랑스의 히치콕

클로드 샤브롤은 '프랑스의 히치콕'이라는 별명답게 히치콕식의 스릴러 서스펜스 문법을 자기만의 화법과 유럽풍의 감성으로 재해석한 영화들을 만들어왔다. 이후 누벨바그의 기수가 되는 동료들인 프랑수아 트뤼포, 에릭 로메, 장 뤽 고다르와는 좀 다른 감성을 지닌 사람이었다. 그는 영화의 고전적 향기를 그대로 살려내려 했으며, 그가 사랑한 할리우드 영화의 스타일을 자기만의 방식으로 고스란히 옮겨오고 싶어했다. 그의 영화에 자주 등장하는 중산층들은 겉으로는 우아하고 평온해 보이지만, 내적으로는 강박관념과 성적인 억압에 시달리면서 종종 살인 사건 같은 암울한 파국으로 치닫는다. 이러한 중산층의 허위를 들여다보는 날카로운 심리 스릴러는 샤브롤만의 독특한 서명이 됐다. 클로드 샤브롤은 약학과 법학을 공부했지만 전공 수업보다는 파리 곳곳의 시네마테크를 돌아다니는 것에 더 열중했다. 여기서 프랑수아 트뤼포, 자크 리베트 등을 만나 친분을 쌓는다. 그들은 새로운 영화 잡지 〈카이에 뒤 시네마〉의 기자가 됐고 누벨바그 '운동'을 시작했다. 특히 에릭 로메와 함께 영국에서의 히치콕의 작품들을 분석하여 그를 '작가'라 칭송하는 단행본을 펴내며 그에 대한 애정을 분명히 했다. 1959년 샤브롤은 고향으로 내려가 데뷔작 〈미남 세르주〉를 완성했다. 로카르노 영화제에서 찬사를 받은 이 작품은 샤브롤이 분명 '히치콕의 아이'임을 증명함과 동시에 '샤브롤식 스릴러'의 전범으로서 그의 재능을 증명했다. 두 번째 영화 〈사촌들〉(1959)은 어둡고 잔인한 아이러니가 넘치는 보헤미안 기질의 파리 학생들의 이야기를 그린 것으로, 베를린국제영화제 금곰상의 영예를 안겨주고 상업적인 성공 또한 거두면서 그의 존재를 확고하게 해주었다. 〈사촌들〉은 〈미남 세르주〉로부터 또 한 번 변신을 거듭하며 이후 그의 영화 세계에 등장하는 인물들의 전형성과 주된 테마를 확립시켰다는 점에서 중요한 의미를 가진다. 이후 그는 아짐 영화사를 차려 누벨바그 친구들의 영화 제작을 돕는 한편, 일련의 작품들을 통해 제한된 인물들 사이에서 벌어지는 살인 심리학과 오이디푸스 콤플렉스, 살인을 불러일으키는 질투의 복잡한 구조를 시험했다. 샤브롤의 60년대 최고 걸작으로 평가받는 〈도살자〉(1969)는 지금까지의 작품들

과는 달리 집단적 광기의 산물로서의 살인범을 등장시켰다. 이렇듯 '프
랑스 사회와 부르주아의 해부학자'라는 명성을 쌓아가던 그도 1970년
대 중반부터 슬럼프에 빠져들었다. 하지만 베니스국제영화제에 소개돼
열광적인 반응을 끌어냈던 걸작 〈의식〉(1995)은 그가 만든 영화들의 집
대성이라고까지 불리며, 그가 재기할 수 있게끔 만들어주었다. 그의 쉰
두 번째 영화이자 베니스국제영화제 경쟁 부문에 올랐던 〈초콜릿 고마
워〉(2000)는 부르주아 가족들 사이를 조용하게 파고드는 사악한 욕망
과 침묵으로 가장된 위선의 세계를 마치 독이 든 초콜릿 같은 치명적인
달콤함으로 그려낸다. 그리고 보들레르의 시 〈악의 꽃〉을 제목으로 따
온 〈악의 꽃〉(2003) 역시 베를린국제영화제 경쟁 부문에 초청되며, 샤브
롤 코미디의 수준을 한 차원 높였다는 평가를 받았다. 이렇듯 누벨바그
이면서도 그로부터 한 걸음 멀리 떨어져 있었던 클로드 샤브롤은 자기
만의 일관된 소우주를 만들어낸 '작가'로 재평가돼야 할 것이다. 이후 다
시 이자벨 위페르와 〈코미디의 힘〉(2006) 등을 만들며 건재함을 과시하
다가 〈벨라미〉(2009)를 유작으로 남겼다.

5. 〈의식〉
샤브롤의 90년대 최고 걸작

클로드 샤브롤의 90년대 최고 걸작이라 불리는 〈의식〉은 계급투쟁
의 문제를 주인집과 가정부 사이의 화해할 수 없는 관계로 풀어낸 치명
적인 블랙코미디다. 조용하고 내성적인 성격의 소피(상드린 보네르)는 상
류층인 릴리브르 씨(장 피에르 카셀) 가족을 위해 일하는 가정부다. 이 집

의 무능력한 부부와 버릇없는 두 아이를 위해 매일 식사를 준비하고 청소를 하며 집을 돌본다. 그런데 그녀는 글을 읽지 못한다는 사실을 숨기고 있다. 소피는 정열적이며 세상 물정에 밝은 우체국 직원 잔느(이자벨 위페르)와 친구가 되는데, 잔느는 그녀를 위해 쇼핑 리스트를 읽어주기도 하고 릴리브르 가족에 대한 온갖 이야기들을 들려주기도 한다. 일단 〈의식〉이라는 제목부터 의미심장하다. 소피는 매일 의식을 치르듯이 무능력하고 못된 부르주아 가족을 위해 헌신하고 있기 때문이다. 그래도 부르주아의 근본적인 성격은 절대 변하지 않는다. 소피가 문맹이라는 사실이 드러나면서 상황이 급변하자, 항상 부르주아 가족으로부터 무시당한다고 생각했던 소피와 잔느의 분노가 폭발하게 된다. 엽총을 든 그들의 모습에는 묘한 전복적 쾌감이 있다. 샤브롤의 영화가 기본적으로 부르주아 계급에게 던지는 냉소적인 시선의 결과물이라면, 〈의식〉은 그가 1970년대 이후의 침체기를 겪고 난 뒤 화려하게 자신의 본령으로 돌아온 작품이다. 고다르식의 급진적인 장치들을 이용하지 않고도 〈의식〉을 통해 계급투쟁이 여전히 끝나지 않았다는 정치적 발언을 하고 있다. 그럼으로써 부르주아의 자유주의라는 이데올로기가 결국은 계급체계를 유지하는 데 사용되는 일종의 파시즘이라는 것이 드러난다. 그렇게 현실에 숨겨진 폭력성과 불안정성을 묘사하며 치명적인 결말로 치달으면서도 서늘한 유머를 잊지 않는다. 영국 작가 루트 렌델의 원작 소설《스톤가의 심판》을 각색한 〈의식〉은, 발표 당시 프랑스 영화지 〈카이에 뒤 시네마〉로부터 "최근 몇 년간 나온 프랑스 영화들 중 가장 위대하다"는 격찬을 받았다.

6. 〈초콜릿 고마워〉
이자벨 위페르는 영원하다

무엇보다 〈의식〉을 보면 두 여배우의 환상적인 연기에 매료될 수밖에 없다. 심지어 가정부 소피 역의 상드린 보네르와 우체국 직원 역의 이자벨 위페르는 베니스국제영화제에서 공동 여우주연상 수상이라는 놀라운 성과를 내기도 했다. 이자벨 위페르가 출연한 〈초콜릿 고마워〉(2000)는 '프랑스의 히치콕'이라는 별명을 가진 샤브롤의 작품답게 히치콕의 〈서스피션〉(1941)을 새롭게 끌어들인다. 명망 높은 피아니스트 앙드레 폴란스키(자크 뒤트롱)는 유명한 초콜릿 회사 사장 미카(이자벨 위페르)와 재결합한다. 그들에게는 아들 기욤(로돌프 폴리)이 있는데, 그는 앙드레가 미카와 헤어져 지내던 동안 함께 살았던 여자 리즈베스가 낳은 자식이다. 한편, 피아노 대회에 참가하려고 연습에 몰두하고 있던 잔느(안나 모글레리스)는 어머니와 친구의 대화를 듣다가 놀라운 사실을 알게 된다. 태어나던 날 병원에서 자신이 기욤과 바뀌었다는 것이다. 잔느는 아버지라 믿는 앙드레의 집을 무작정 방문하고, 앙드레는 잔느의 말을 믿지 않으면서도 그를 받아들인다.

히치콕이 〈레베카〉에 이어 할리우드에서 만든 두 번째 영국 영화 〈서스피션〉은 살해 의도를 품은 남편과 그를 의심하는 아내라는 설정이었다. 특히 캐리 그랜트가 독을 넣은 것으로 추정되는 유리잔을 들고 계단을 올라가는 장면은, 시각효과를 위해 잔 안에 꼬마전구를 넣은 연출로도 유명했다. 현실에서는 좀처럼 일어날 수 없을 법한 일이, 〈초콜릿 고마워〉에서는 아주 태연하게 벌어진다. 샤브롤 감독은 마치 이런 황당한 일을 즐기는 듯 힘 있게 이야기를 전개해나간다. 미카는 무표정하게 남편으로 인해 벌어진 일들을 모두 받아들이는 듯 보이지만, 잔느는 미카가 식구들에게 타 주는 초콜릿 음료 속에 독약이 들어 있다는 사실을 우연히 알게 된다. 그때부터 영화는 마치 히치콕의 스릴러를 보는 듯 흥미롭게 펼쳐진다. 독약의 진위 여부는 그다지 중요하지 않다. 그것이 밝혀져나가는 동안, 평범해 보였던 인물들이 자신의 본성 깊숙이 잠재된 잔인하고 사악한 욕망을 마구 드러낸다는 것이 중요하다. 거기에 앙드레의 우아한 피아노 선율이 더해지면서 영화는 더욱더 잔인하고 치명적으로 다가온다. 제목에서부터 샤브롤식의 서늘한 유머와 풍자가 느껴지는 이 영화에서, '초콜릿'은 사람들 내면에 감춰진 뒤틀린 욕망을 은유한다. 초콜릿은 달콤하지만 한편으로 씁쓸하기도 하다. 이처럼 달콤하지만 결국 독약처럼 쓴 치명적인 파멸의 영화인 것이다. 엄청난 음모를 감추고 있으면서도 흔들리지 않는 주인공 미카 역의 이자벨 위페르는, 다시 한번 섬세하면서도 소름 끼치는 연기를 훌륭하게 소화해낸다. 홍상수 감독과도 여러 편의 영화를 찍은 그는 프랑스의 대표적인 국민배우이기도 한데, 클로드 샤브롤이 과거 자신의 페르소나였던 스테판 오드랑에 이어서 발견했던 대배우다.

7. 〈악의 꽃〉
세대를 넘나드는 욕망과 위선

〈악의 꽃〉은 프랑스 어느 지방 부르주아 집안의 3대에 걸친 음모와 배신, 그리고 살인에 관한 블랙코미디다. 영화 속에서 가장 인상적인 연기를 펼쳐 보이는 숙모 린의 비밀과 더불어 앞으로 벌어질 비극은, 샤브롤의 이전 영화들과 비교하면 다소 예상 가능하게 전개된다. 그렇게 샤브롤은 스릴러의 공식을 다소 비껴가고 서사에 치중하면서, 그가 줄곧 다뤄온 주제와 소재를 조금 더 확장시킨다. 프랑수아(브누아 마지멜)와 미셸(멜라니 두티)은 의붓남매지간이면서도 서로에게 사랑을 느낀다. 그들은 가족들의 시선을 피해 비밀스러운 사랑을 나누고, 그들의 숙모 린(수잔 플론)은 그 사이를 알면서도 묵인해준다. 그런데 그녀에게는 평생토록 숨겨온 가족사의 엄청난 비밀이 있었다. 영화는 제2차 세계대전 이후 대를 이어가며 내려온 한 가족의 원죄와 그 속에 묻혀진 범죄에 대해 이야기한다. 샤브롤의 이전 영화들보다 중심인물의 수도 제법 많고 이야기의 흐름 또한 산만하다는 느낌이 있을 정도다. 하지만 샤브롤은 이리저리 뻗어나가는 가지들을 하나의 원으로 헤쳐 모은다. 주제 의식 자체에서는 이전 영화들과 큰 차이점을 발견할 수 없지만, 그 뒤틀린 욕망과 위선의 함정을 더욱 넓고 긴 시대에 걸쳐 드러내고 있다는 점이 인상 깊다. 아마도 샤브롤은 70대 중반의 나이가 되어 자신의 작품 세계를 총정리하고 싶었는지도 모른다. 흥미로운 것은 〈악의 꽃〉 크레디트에서 여러 명의 샤브롤을 볼 수 있다는 점이다. 음악은 아들인 마티유 샤브롤, 스크립트 슈퍼바이저는 두 번째 부인인 오로레 샤브롤이 맡았다. 주연배우들 중 한 명인 토마스 샤브롤은 첫 번째 부인이었던 스테판 오드랑과의 사이에서 낳은 아들이다. 한 가족의 내밀한 비밀을 다룬 영화인 〈악의 꽃〉은 그것만으로도 '샤브롤 가문의 영화'라 불리며 큰 화제가 됐다.

흑인 인권영화

〈노예 12년〉과
〈셀마〉

1. 흑인 노예와
네이티브 아메리칸의 만남

'자유가 아니면 죽음을 달라.' 1775년 리치먼드에서 열린 민중 대회에서 독립운동가 패트릭 헨리가 영국의 식민지 정책에 반대하며 외쳤던, 그리하여 미국 독립운동의 불씨가 됐던 그 유명한 말은 정작 흑인과, 우리가 '인디언'이라 불러온 미국 원주민 앞에서 휴지 조각이 됐다. 아메리칸 드림의 개척 정신 이면에서 노예와 원주민 하나쯤은 어떻게 되어도 상관없다는 더러운 역사의 진실이 그렇게 드러난다. 보통 흑인이나 미국 원주민들이 각자 주인공으로 등장하는 영화에서도 그들은 함께 등장하는 경우가 드물었다. 같은 처지에 있으면서도 딱히 가깝지도 멀지도 않은 애매한 관계로 묘사되는 경우가 많았다. 과거 카리브해 일대를 지배하던 스페인이 광물 채취를 위해 미국 원주민들에게 혹독한 노동을 시켰고, 이후 유럽 열강들이 미국 대륙을 점령해나가면서 기존 미국 원주민들의 노동력을 아프리카 흑인들로 대체했다. 더 많은 노동력이 필요해지면서 16세기 무렵부터 흑인 노예들의 강제적인 미국 이민이 시작됐던 것. 그것은 미국 남북전쟁이 끝난 뒤 1865년 노예제 폐지법이 의회를 통과하기 전까지 무려 400년 가까이 지속됐다. 그러니까 흑인 노예와 미국 원주민은 딱히 행복하게 만날 일이 없었다. 아니, 백인은 미국 원주민들을 '보호구역'이란 허울 좋은 이름으로 압박해 들어가면서 흑인의 전투력을 사용하기도 했다. 말하자면 미국의 역사는 백인들이 다른 인종을 부려먹어온 역사인 셈이다. 그 대상이 지금 아시아인과 히스패닉으로 바뀌었다고 하면 이상할까?

그런 점에서 〈노예 12년〉의 가장 인상적인 장면 중 하나는 흑인 노예들이, 우리가 그동안 인디언이라 불러온 '네이티브 아메리칸'(미국 원주민)들과 마주치는 장면이다. 경계 태세를 늦추지 않는 묘한 긴장감이 흐르는 가운데, 그다음 컷은 바로 그들이 한데 어울려 노래 부르며 어울리는 장면이다. 말도 통하지 않을 그들이 무척이나 다정한 표정으로 작은 잔치를 벌인다. 영화 속에서 솔로몬 노섭(치웨텔 에지오포)이 자유를 박탈당한 이후 거의 유일하게 평화로운 순간이다. 어쩌면 그 땅에서 백인들에 의해 원치 않게 '니그로'라 불리는 흑인과 '인디언'이라 불리는 미국 원주민의 비참한 운명은 통하는지도 모른다. 전자는 끌려왔고 후자는 쫓겨났다. 그들은 똑같이 백인들에 의해 자유를 박탈당한 사람들이다. 그렇게 그들은 영국에서 온 흑인 감독 스티브 맥퀸에 의해 함께 만난다.

2. 〈노예 12년〉이 다루는 시기가 왜 중요한가

솔로몬이 살던 1840년대는 노예 수입은 금지됐지만(1807년 영국이 대영제국 전역에서 노예무역을 금지한 이후, 미국에서는 1808년에 노예무역이 금지됐다) 여전히 노예제 자체가 폐지되지는 않았던, 그리하여 비인간

적인 흑인 인신매매가 횡행했던 시기였다. 말로만 '금주'했던 금주법 시
기와 별다를 바 없는 대혼란의 시대였다. 이후 미국 남북전쟁(American
Civil War)이 일어났다. 1861년 4월, 노예제를 지지하던 남부 주들이 모
여 남부 연합을 형성하며 미합중국으로부터의 분리를 선언한 뒤, 아메
리카 남부 연합군이 사우스캐롤라이나주 찰스턴 항의 섬터 요새를 포
격하며 시작된, 1861년부터 1865년까지 4년 동안 벌어진 전쟁이다. 결
국 남부 연합군이 패했고, 미국 전역에서 노예제를 폐지하는 중요한 계
기가 됐다. 전쟁이 한창이던 1863년 1월 1일을 기해 링컨 대통령은 육
해군 총사령관으로서 몇몇 주에 노예제 폐지를 포고했다. 비록 남부 연
합군의 영향이 미치지 않는 몇 개 주에서만 포고하는 것에 낙담했지만,
결국 참모들과 함께 남북전쟁을 지휘하여 승리로 이끌었다. 미국 역사
상 다른 어떠한 사건과도 비교될 수 없는 혁명적인 인간관계를 창조한
선언이었지만, 반란 상태에 있는 여러 주에만 국한된 것이었기에 현실
적으로는 단 한 사람의 노예도 해방시키지 못했다. 실제 솔로몬 노섭은
인신매매를 당해 10년 이상 노예가 되어 끔찍한 삶을 산 뒤, 1853년 동
료와 친구들의 도움으로 해방될 수 있었고, 같은 해《노예 12년》이라는
회고록이자 자전소설을 썼다. 즉 남북전쟁도 일어나기 전, 링컨 대통령
의 노예해방선언이 발표되기 전의 일이다. 개인이 해방됐을지는 몰라
도 세상은 전혀 바뀌지 않은 시기였던 셈이다. 적어도 영화 〈셀마〉가 등
장하는 거의 100년 뒤에 이르기까지도 마찬가지였다.

  미국 원주민들의 삶도 별반 다르지 않았다. 과거 말론 브란도가 〈대
부〉(1972)로 아카데미 남우주연상을 받게 됐을 때, 시상식에 직접 가지
않고 미국 원주민 공주를 대신해서 보낸 일화는 워낙 유명하다. 그는 공
주를 대신 보내어 장문의 연설문을 읽게 하며 수상 거부 의사를 밝혔다.

할리우드 영화에서 미국 원주민을 묘사하거나 다루는 방식에 항변하며 남우주연상을 수상할 수 없다는 내용이었다. 그런 생각에 영향을 받은 후배 배우는 말론 브란도와 함께 제레미 레븐의 〈돈 주앙〉(1995)에 출연하며 가까이 지냈던 조니 뎁이다. 실제 외가 쪽으로 체로키 인디언의 피가 흘렀던 그는 평소에도 그 사실에 늘 자부심을 갖고 있었다(체로키 인디언의 피가 흐르는 또 다른 스타로는 엘비스 프레슬리도 있다). 짐 자무시의 〈데드 맨〉(1995)에서 인디언 '노바디'의 도움으로 개척기의 서부를 경험했던 그는, 감독 데뷔작인 〈브레이브〉(1997)에서 직접 인디언 라파엘로 출연하기까지 했다. 이후 〈론 레인저〉(2013)에서 매력적인 인디언 악령 헌터로 나온 것도 그와 무관하지 않다.

3. 스티브 맥퀸, 〈헝거〉와 〈셰임〉으로부터 온 것들

스티브 맥퀸의 장편 데뷔작 〈헝거〉(2008)는 북아일랜드 메이즈 형무소에서 아일랜드 공화군 출신 정치범들의 권리 회복을 주장하며 단식투쟁을 주도했던 보비 샌즈(마이클 패스벤더)의 이야기를 그리고 있다. 두 번째 장편영화인 〈셰임〉(2011)에서는 그 무엇으로도 고독의 허기를 달래지 못하고 더 '센' 것을 찾으며 이중적 삶을 살아가는 브랜든(마이클 패스벤더)의 이야기를 그리고 있는데, 스티브 맥퀸은 〈노예 12년〉에서 가장 악랄한 백인 주인으로 등장하는 마이클 패스벤더를 페르소나 삼아 줄곧 황폐한 개인의 내면을 헤집는 영화를 만들어왔다. 그러니까 시공간적 배경을 논외로 하면 그의 영화가 다루는 대상이 죄수, 여

피, 노예로 바뀌어왔다고 말할 수 있다. 그런 점에서 〈헝거〉와 〈셰임〉에
서 주인공의 절대적 고독을 환각에 가깝게 그려낸 그는, 〈노예 12년〉
에서도 솔로몬이 처한 상황을 섬뜩한 공포로 담아낸다. 자신을 관리하
는 백인 티비츠(폴 다노)에게 대든 이후 거대한 마당에 덩그러니 남겨진
그의 뒷모습이 가장 압권이다. 스티브 맥퀸이 흑인 주인공을 등장시켰
던 과거 비디오 아트를 연상케 하는 순간이 펼쳐진다. 솔로몬에게 모욕
을 당했다고 느낀 티비츠는 기어이 다른 일행을 데려와 솔로몬을 습격
하여 나무에 매단다. 왜소한 햇살과 희미한 바람 소리만 들리는 가운데,
그가 느꼈을 공포감은 도무지 짐작이 가지 않는다. 보복을 당하는 것이
당연하다는 그 체념의 기분이 과연 어떠할까. 농장에서 가장 눈에 잘 띄
는 곳이지만 숨을 곳이 없기에 그는 거기 있을 수밖에 없다. 목이 매달
린 채 발끝으로 간신히 서 있는 그의 뒤로 마치 아무 일도 일어나지 않
았다는 듯 다른 노예들은 일을 하고 아이들은 뛰논다. 그 누구도 쳐다보
지 않는다. 흑인들에게 그것은 그냥 아무렇지도 않은 일상이었다.

4. 블랙 시네마의
새로운 경향

　　사무엘 L. 잭슨 주연으로 리메이크되었던 고든 파크스의 〈샤프트〉
같은 '블랙스플로이테이션 무비'의 장르성과, 스파이크 리의 〈똑바로 살
아라〉(1989) 이후 존 싱글턴의 〈보이즈 앤 후드〉(1991) 등으로 분화되어
나간 흑인 영화의 정치성을 한데 아우르는 보다 넓은 의미의 '블랙 시
네마'는 '아메리칸 뉴시네마'처럼 어떤 뚜렷한 사조로 언급되어야 할 개

념이다. 그런 점에서 〈노예 12년〉은 타란티노의 〈장고: 분노의 추적자〉(2012)와 리 다니엘스의 〈버틀러: 대통령의 집사〉(2013) 등 최근 오바마 정부가 들어선 이후 블랙 시네마의 중요한 흐름의 연장선에 있다. 흑인의 자유가 보장됐던 미국 내 자유주와 노예주의 극단적 대비가 등장하고, 성경의 교리를 제멋대로 해석하여 노예제도를 정당화하는 백인 농장주의 비열한 위선과 독단도 보여주며, 무엇보다 백인들이 마음대로 나무에 흑인 노예들의 목을 매다는 잔인한 장면이 일상적으로 등장한다. 또한 〈장고: 분노의 추적자〉로 묘사하기 전까지 그다지 다뤄지지 않았던, 백인 남자의 성(性)적 보호 아래 사실상 백인과 비슷한 지위를 누렸던 흑인 '첩'의 존재도 등장한다. 그러니까 솔로몬이 경험하는 그 모든 것들은 우리가 익히 알고 있거나 미처 알지 못했던 '흑인 노예사'의 이모저모다.

〈버틀러: 대통령의 집사〉에서 세실(포레스트 휘태커)의 아버지는 세실의 어머니이자 자신의 아내가 외딴집으로 끌려가 백인 주인에 의해 겁탈을 당하는 순간에도, 세실에게 "무슨 짓을 당해도 가만있어야 해. 세상 주인은 백인이고 우리는 없는 거야. 어서 가서 일해"라고 말한다. 그런 다음 딱 한 번 반항했다가 아들의 눈앞에서 머리에 총을 맞고 쓰러진다. 〈노예 12년〉에서는 또 어떤가. 솔로몬은 주인마님의 심부름으로 잠시나마 농장을 벗어날 기회가 주어지자 마구 산속을 뛰어간다. 그때까지만 해도 그는 자유를 찾아 농장을 탈출할지, 아니면 그냥 돌아갈지 하는 고민에 그 내면이 마구 요동쳤을 것이다. 하지만 결정의 순간은 간단히 찾아온다. 느닷없이 두 명의 흑인을 나무에 매달아 처형하는 백인 무리와 딱 마주쳤기 때문이다. 두려운 표정으로 가득한 그 흑인들은 몸을 부르르 떨며 죽어간다. 그때 솔로몬은 아마도 자신의 미래, 그러니까 바로 다음 날 자신의 모습을 봤을 것이다. 유태인들을 탄압했던 제2차 세계대전을 다룬 영화의 '가스실' 장면이 홀로코스트 영화의 컨벤션이라면, 백인들이 교수형을 하듯 흑인들을 나무에 목매다는 장면 또한 과거 흑인 노예사를 다루는 영화들의 컨벤션이라 할 수 있다. 다만 익숙한 설정임에도 차마 다시 보기는 두려운 기억들의 총체랄까. 〈버틀러: 대통령의 집사〉에서도 세실이 평생 떨쳐내지 못하는 기억이 바로, 어렸을 때 보았던 목매달려 죽은 한 흑인 커플의 이미지다. 백인 마초 감독 마이클 만이 〈알리〉(2001)를 만들며 한동안 그 흐름이 끊겼던 진지한 블랙 시네마의 10년의 공백 이후, 〈노예 12년〉을 분기점으로 아카데미 시상식에서 주제가상을 수상한 〈셀마〉(2014), 아카데미 시상식에서 작품상을 수상한 〈문라이트〉(2016)와 〈그린북〉(2018), 그리고 심지어 마블 시네마틱 유니버스의 〈블랙 팬서〉(2018)에 이르기까지 새로운 조류는 그야말로 멋지게 확장되고 있다.

5. 〈셀마〉도 다루는 시기가 중요하다

아마도 〈셀마〉를 보면서 많은 사람들은 "내겐 꿈이 있습니다"라는 마틴 루서 킹의 그 유명한 연설이 나오는 순간을 기다렸을지 모른다. 하지만 그 연설이 있었던 워싱턴 대행진은 링컨 대통령의 노예해방선언이 있었던 날로부터 100년 뒤인 1963년의 일로, 〈셀마〉가 셀마 몽고메리 행진을 다루며 시대적 배경으로 삼은 1965년 이전의 일이다. 또한 1965년은 마틴 루서 킹이 노벨평화상을 수상한 1964년 이후의 시간이며, 그로 인해 존슨 대통령이 노예해방(1863년) 100년 만에 인종차별을 금지하는 인권법에 서명한 이후의 시간이기도 하다. 마틴 루서 킹과 다른 길을 걷던 말콤 엑스도 이슬람 국가운동과의 결별을 선언하고 다른 민권운동가들과 연대하고 싶다는 뜻을 밝힌 1964년 이후이기도 하다. 그러니까 미국 내 흑인 인권 상황이 많이 달라졌을 거라고 여겨지는 시점일 텐데, 영화 초반부에 나오듯 남부 앨라배마의 한 침례교회에서 백인들의 폭탄 테러로 겨우 10살이 지난 흑인 소녀 네 명이 숨지고 만다. 존 콜트레인은 그 슬픔과 충격으로 〈앨라배마〉라는 곡을 만들기도 했다. 신참 목사였던 마틴 루서 킹이 새로운 흑인 지도자로 부각되며 주목받기 시작한 것은 로자 파크스로 인해 촉발된, 1955년 몽고메리에서 있었던 버스 보이콧 운동을 시작으로 흑인 민권운동이 본격화되면서다. 말하자면 〈셀마〉는 마틴 루서 킹이 등장한 지, 무려 10년이 지난 뒤의 이야기다. 후반부에 한 청년은 10년 전 몽고메리에서 혈기왕성했던 그의 연설을 똑똑히 기억하고 있다고 말한다. 하지만 마틴 루서 킹 스스로 인정하듯 10년이라는 세월 동안 세상도 변했고 그도 변했다. 영화 속에서 그는 종종 지쳐 있고 적당히 타협하려는 모습까지 보인다. 그래서 1965년 셀마에서 몽고메리로 향하는 그 행진은 바로 마틴 루서 킹이 10년 전의 자신과 마주하러 가는 여정인 셈이다.

6. 위대한
셀마 몽고메리 행진

셀마 몽고메리 행진은 흑인 참정권을 요구하는 미국 인권운동의 최고조기를 형성한 '피의 일요일'을 포함한 세 번의 행진을 가리킨다. 사실 미국은 남북전쟁 종전 5년 후인 1870년 수정헌법 15조를 통과시켜 인종에 관계없이 참정권을 허용했다. 하지만 유권자 등록 같은 투표 세부 업무를 각 주에 위임하면서, 노예해방에 반대했던 남부 주들은 '문맹(文盲) 검사' 같은 방법으로 흑인들의 투표 참여를 제한했다. 게다가 투표하려는 흑인들에게 투표세(Poll Tax)를 내도록 했다. 현재 화폐 가치로 20달러가량인 투표세는 남북전쟁에서 패배한 남부 백인들이 노예 출신 흑인의 참정권을 막으려고 도입한 교묘한 장치였다. 〈셀마〉 도입부에서도 투표권을 행사하기 위해 등록소를 찾은 애니 리 쿠퍼(오프라 윈프리)가 담당자의 어처구니없는 요구로 인해 발길을 돌리게 된다.

　1965년 3월 7일에 셀마를 출발해 앨라배마주의 주도인 몽고메리까지 이르는 것을 계획한 1차 행진, 3월 9일에 2차 행진, 3월 21일에 3차 행진이 있었다. 피의 일요일이라 불리는 사건은 3월 7일에 있었던 첫 번째 행진 때 일어났다. 이 행진은 미국 앨라배마주 셀마에서 아멜리아 보인튼 로빈슨과 그녀의 남편이 시작한 투표권 쟁취 운동의 정점이었다. 이 부부는 마틴 루서 킹, 짐 베벨, 호시아 윌리엄스를 비롯한 많은 저명한 미국 인권운동가들을 셀마로 불러들였다. 하지만 주(州) 경찰은 셀마시 경계에서부터 폭력 진압으로 시위대를 해산했고, 당시 부상자가 속출해 피의 일요일이라 불리게 됐다. 이틀 후인 3월 9일엔 흑인 인권운동가 마틴 루서 킹 목사가 주도한 시위대가 2차 행진을 시도했지만, 시위에 참여한 백인 제임스 리브가 백인 인종차별주의자들로부터 공격을 당하는 일이 발생하게 되고, 심지어 셀마의 모든 병원들이 치료를 거부해 사망하고 말았다. 이를 계기로 전국적인 시민 불복종 시위로 번졌고, 사태의 심각성을 인식한 린든 존슨 대통령은 연방군을 파견해 3차 행진을 호위했으며, 마틴 루서 킹과 시위대는 나흘 만에 몽고메리에 도착했다. 셀마에서 몽고메리로 이어지는 길은 이후 셀마 몽고메리 국립역사로(Selma to Montgomery National Historic Trail)로 기념되고 있다. 이 위대한 행진은 같은 해 존슨 대통령이 발의한 '투표권리법' 통과의 촉매제가 되어, 주정부 차원의 투표권 차별을 어떤 이유로든 금지하도록 했고 흑인들은 진정으로 참정권을 보장받기 시작했다.

2015년에는 '셀마-몽고메리 행진' 50주년 기념식이 앨라배마주 셀마에서 열리기도 했다. 이날 기념식엔 버락 오바마 대통령과 조지 W. 부시 전 대통령을 비롯해, 낸시 펠로시 민주당 하원 원내대표 등 100여 명의 의원이 참석했다. 그런데 안타깝게도 실제로 이 시위에 참여했던 운동가들은 이제 하나둘 세상을 떠나고 없다. 영화에서 긴박하게 공중전화를 통해 뉴스를 보도했던, 실제로 영화를 만들 때 당시의 기억을 바탕으로 큰 도움을 줬던 〈뉴욕타임스〉의 기자 로이 리드는 2017년에 87세의 나이로 세상을 떴다. 더불어 워싱턴 행진은 물론 셀마 몽고메리 행진에도 참여했고, 이후 하원의원에도 당선되며 '의회의 양심'이라 불렸던 존 루이스 하원의원도 2020년에 80세의 나이로 세상을 떴다. 이날의 행진을 포함해 당시 흑인 인권운동의 이른바 '거물'들 중에서 유일한 생존자였던 그도 이제 세상에 없다.

7. 여성 감독
에바 두버네이의 여정

〈아이 윌 팔로우〉(2010), 〈미들 오브 노웨어〉(2012)에 이어 세 번째 장편영화로 〈셀마〉를 내놓은 에바 두버네이 감독은 이후 여러 좋은 극영화 제안들이 있었지만 과감하게 다큐멘터리를 만들었다. 넷플릭스에서 만든 다큐멘터리 〈미국 수정헌법 제13조〉(2016)는 '공식적으로 노예 제도를 폐지하고, 범죄자를 제외하고서 비자발적인 예속을 금지시킨' 미국 헌법 수정 조항에도 불구하고 '왜 지금도 많은 흑인들이 감옥에 있을까'라는 질문을 던진다. 이 조항과 제도를 악용하여 합법적이면서도 사람들이 인식하기 어려운 방법으로 흑인에 대한 차별과 탄압이 지속되고 있음을 보여준다. 미국 내 변함없는 인종차별에 대한 충격적인 분석이라는 점에서 에바는 〈셀마〉에서 스스로 미진했다고 느낀 부분에서 더 나아갔다. 이후 2018년에는 디즈니 제작으로 판타지 영화 〈시간의 주름〉을 만들었다. 시간을 주름처럼 접는 5차원의 이동 원리를 알아낸 후 알 수 없는 힘에 의하여 어둠에 갇힌 물리학자 아버지를 구하기 위해 기상천외한 모험을 떠나는 한 소녀의 이야기다. 〈셀마〉의 제작자 겸 배우였던 오프라 윈프리가 출연한 것은 물론, 〈노예 12년〉의 노예 시장에서 윌리엄 포드(베네딕트 컴버배치)에 의해 어머니와 헤어질 수밖에 없었던 흑인 소녀 에밀리를 연기한 스톰 레이드가 훌쩍 성장해 5차원의 이동 원리를 알게 된 주인공 소녀를 연기했다.

한국 공포영화

〈여고괴담〉과
〈알포인트〉

1. 〈여고괴담〉의 시작,
학생 말고 귀신이 선생을 죽인다

　　한국 영화계에서 〈여고괴담〉 시리즈가 지닌 의미는 상당하다. 먼저 '괴담'이라는 단어 자체가 지상파의 뉴스를 비롯해 평상적인 언어로 스며드는 데 큰 영향을 미쳤고, 3편 이상의 시리즈 제작이 힘든 한국 영화계의 상황에서 놀라운 뚝심을 보여주며 지금에 이르렀으며, 수많은 재능 있는 감독과 배우들을 배출하며 '여고괴담 사관학교'라는 별명도 가지게 됐다. 또한 장르영화가 척박한 충무로에서 1970년대 이후 사실상 맥이 끊겼던 공포영화 장르가 새로운 생명을 얻게 했다. 게다가 〈여고괴담〉 이후 한국 공포영화들은 주로 여름을 겨냥해 매해 끊이지 않고 제작됐지만 시리즈로 살아남은 것은 〈여고괴담〉이 유일하다. 1998년 1편 개봉 이후 해마다 여름이면 드물게나마 공포영화들이 만들어지는 시장의 생명력이 바로 여기서 기인했다. 하지만 그 시작은 고난의 기록이다. 공포영화에 대한 인식이 현저하게 낮은 탓에 제작진은 〈여고괴담〉이라는 무시무시한 제목을 숨기고, '아카시아'라는 제목의 청춘영화로 학교 공간을 섭외하러 다녔다는 웃지 못할 에피소드도 있다. 〈여고괴담〉 기획서를 최초에 썼던 오기민 PD는 과거 학창 시절을 떠올릴 때, 누구나 '죽여버리고 싶었던 악질 선생이 한 명쯤 있었다'는 공통된 기억을 갖고 있는 것에 착안했다. 학생이 선생을 죽이면 문제가 될 것 같은데 '학생이 아니라 귀신이 선생을 죽이면 말이 되지 않을까?'라는 것이 이야기의 출발이었다. 그는 지금의 미쟝센 단편영화제처럼 젊고 재능 있는 감독들의 등용문이었던 당시 서울단편영화제에서 〈과대망상〉으로 초청된 박기형 감독에게 주목했고, 이제는 고인이 된 씨네2000의 이춘연 대표가 제작에 나섰으며, 투자사인 시네마서비스의 강우석 감독도 〈여고괴담〉이라는 제목 자체에 꽂혀 바로 투자를 결정했다. 또한 오마주의 의미로 학교 경비 아저씨로 김기영 감독을 섭외했고 약속까지 받았지만, 안타깝게도 그는 촬영이 들어가기 전 화재 사고로 세상을 떠나고 말았다.

2. 〈여고괴담〉 시리즈가 배출한 엄청난 한국 영화인들

박진희, 최강희, 박예진, 김규리, 공효진, 박한별, 송지효, 조안, 김옥빈 등 〈여고괴담〉 시리즈가 배출한 배우들의 리스트는 가히 어마어마하다. 어쩌면 이 시리즈가 다른 모든 한국 영화들의 신인 여성 배우 오디션을 '대리'로 해줬다고 해도 될 만큼 화려한 명단을 자랑한다. 영화 관계자들 사이에서는 '영화는 망해도 배우는 뜬다'는 얘기가 돌 정도였으니 〈여고괴담〉은 오디션부터 엄청난 열기를 동반했다. 〈여고괴담〉 시리즈는 충무로의 훌륭한 인력 양성소 구실까지 했다. 이제 와서 1편의 엔딩 크레디트를 보면 거의 믿기지 않는 수준이다. 한국영화아카데미 출신으로 이후 아카데미 원장까지 역임한 최익환 감독은 당시 조감독이었는데, 나중에 〈여고괴담 4: 목소리〉(2005)를 연출하며 7년 만에 이 시리즈의 감독으로 돌아온 경우다. 〈화려한 휴가〉, 〈타워〉의 김지훈 감독은 연출부 출신이고, 〈S 다이어리〉, 〈새드 무비〉의 권종관 감독은 제작부 출신이며, 〈주먹이 운다〉, 〈부당거래〉, 〈베테랑〉, 〈모가디슈〉의 류승완 감독은 '소품' 크레디트에 이름을 올렸다. 〈용의자〉, 〈살인자의 기억법〉, 〈봉오동 전투〉 등을 연출한 원신연 감독은 스턴트맨 시절 이 영화에 참여하여 '스턴트' 크레디트에서 그 이름을 확인할 수 있다. 이후 TV 시리즈 〈네 멋대로 해라〉(2002), 〈아일랜드〉(2004) 등의 각본을 쓰게 되는 인정옥 작가의 시나리오 데뷔작도 바로 〈여고괴담〉이다. 2편도 그 못지않다. 〈고양이를 부탁해〉, 〈태풍태양〉의 정재은 감독이 스크립터였고, 〈사과〉의 강이관 감독은 조감독이었으며, 〈꽃미남 연쇄 테러 사건〉의 이권 감독도 연출부 출신이다.

3. 〈여고괴담〉의 미덕, 귀신과의 싸움이 아닌 대화

〈여고괴담〉이 당시 큰 반향을 불러일으킨 이유는, 입시 위주의 교육과 억압적인 학교 사회에 대한 비판적 메시지를 던졌기 때문이다. 영화가 시작하면 닫힌 교문과 태극기가 보이고, 교실에는 5만 원권의 주인공이 되기 전 '현모양처'의 대명사 신사임당 액자가 걸려 있으며, '분수에 맞게 살자'라는 급훈도 보인다. 그야말로 숨이 턱턱 막히는 풍경이다. '미친개'라 불리는 선생(박용수)은 그야말로 모든 억압과 폭력의 화신으로 등장한다. '미투'는 물론 교사의 성추행 개념도 희박했던 그 시절, 그 미친개는 회초리로 여학생의 가슴팍을 찌르는 것은 물론 목덜미와 귀까지 만지며 "여자는 고분고분한 맛이 있어야 한다"는 말까지 서슴지 않는다. 떠드는 학생에게 "(공부하기 싫으면) 나중에 공장에 취직하든가 집에서 살림이나 해라"라는 차별적 발언도 일상적으로 입에 달고 다닌다. 원래 친한 사이였던 소영(박진희)과 정숙(윤지혜)도 선생들이 비교하기 시작하면서 거리가 멀어졌다. 그 한 명의 선생을 전혀 세대가 다른 학생(김규리)과 해당 학교를 졸업한 선생(이미연)이 공유하는 것이 이 영화의 핵심 중 하나다. 굳이 파고들자면 희미한 여성 연대의 고리라고도 볼 수 있을 텐데, 학생은 그를 '미친개'라 부르고 선생은 그를 '변태'라 부르며 동질감을 느끼게 된다.

더 나아가 〈여고괴담〉의 결정적인 미덕이자 장르성을 비껴가는 독특한 지점이라면, 공포영화에서 이른바 '악령'으로 묘사되는 귀신과의 대결이 장르적 재미의 거의 전부인 것과 달리, 이 영화는 라스트에 이르러 그 귀신을 응징하지 않고 설득해서 다시 돌려보낸다는 것이다. 학교를 떠나지 못하는 귀신은 "우리 조금만 있으면 예전으로 돌아갈 수 있어"라고 말하고, 친구는 "이제 더 이상은 안 돼. 사람들을 해치면서 계속 학교를 다닐 수는 없어"라며 거의 토론을 벌이는 것 같다. 사실 그 귀신이 학교를 떠나지 못했던 이유는 진짜 친구를 만나지 못해서였는데, 어렵사리 만나게 된 친구는 그 사연을 알게 되면서 "나도 널 진심으로 사랑해. 하지만 이건 아니야"라고 설득한다. 유혈이 낭자한 대결 없이도 학교를 떠나고 싶어도 떠나지 못했던 그 '한'(恨)의 정서가 당시 젊은 관객에게 통했다는 것은 꽤 의미심장하다. 당시 그 라스트 신을 보면서 감동받았던 이유는, 좀 뜬금없지만 〈영웅본색〉에서 가장 좋아하는 장면이 떠올랐기 때문이다. 배신을 당하고 감옥에 들어간 친구 송자호(적룡)의 복수를 하느라 한쪽 다리를 못 쓰게 된 마크(주윤발)는, 잘 지내고 있다고 편지에 거짓말까지 써가며 그 친구를 기다리고 있었다. 송자호는 화려했던 날을 뒤로한 채 세차 일을 하며 푼돈을 벌고 있는 마크를 멀리서 바라보게 된다. 하지만 친구가 출소하기만을 기다리며 온갖 수모를 감내하고 살았던 마크(주윤발)에게 돌아온 송자호는 안타까운 얼굴로 말했다. "너 왜 아직도 여기서 이러고 있어? 여긴 이제 우리 세상이 아니야." 손 씻고 새로운 세계로 가자는 송자호와 멋지게 복수하고 다시 조직의 권력을 되찾자는 마크는 그렇게 대립하게 된다. 정서와 스타일 그 어느 하나 닮은 점을 찾기 힘든 두 영화 모두 '떠나지 못하는 사람들의 한'을 그렸다고 하면 지나친 비약일까. 게다가 〈여고괴담〉의 이미연이 과거 강우석 감독 〈행복은 성적순이 아니잖아요〉(1989)의 주인공으로 당시 학원 청춘영화 붐을 일으킨 장본인이었기에, 그로부터 10년 뒤 〈여고괴담〉의 선생으로 돌아와 마치 〈영웅본색〉의 적룡처럼 귀신을 설득하는 그 모습에서 단순한 오마주 이상의 의미를 읽을 수 있었다. 그렇게 귀신은 돌아가고 그 피눈물이 '분수에 맞게 살자'라는 급훈과 신사임당 액자를 붉게 적시며 흘러내린다.

4. 〈여고괴담〉 이후의 한국 공포영화, 기나긴 침묵의 시간

〈여고괴담〉과 〈퇴마록〉이 나온 1998년 이후 한국 공포영화는 해마다 여름이면 찾아오는 트렌디한 장르가 됐다. 2000년에 〈가위〉, 〈하피〉, 〈해변으로 가다〉, 〈찍히면 죽는다〉가 동시에 개봉했고, 2002년에는 〈가위〉 이후 공포영화 전문 감독처럼 인지되며 이후 중국에도 진출한 안병

기 감독의 〈폰〉이 추정 관객 220만을 모았으며, 영화관입장권통합전산
망 시스템이 시작된 2003년에는 김지운 감독의 〈장화, 홍련〉이 314만
관객을 동원하며 지금까지 그 기록이 깨지지 않고 있는 역대 한국 공포
영화 흥행 1위에 올랐다. 같은 해 〈여고괴담 3: 여우계단〉이 178만 관객
을 동원하며(〈여고괴담〉의 추정 기록은 전국 200만이다) 공식적으로는 시
리즈 중 최고 기록을 세웠다. 2004년에는 코믹 호러를 표방한 〈시실리
2km〉까지 포함하면 무려 일곱 편의 공포영화가 개봉했다. 유상곤 감독
이 연출한 신현준, 송윤아 주연의 〈페이스〉를 시작으로 안병기 감독의
세 번째 공포영화인 〈분신사바〉, 김태경 감독, 김하늘 주연의 〈령〉, 공수
창 감독의 〈알포인트〉, 정용기 감독의 〈인형사〉, 송일곤 감독의 〈거미숲〉
까지 이어졌다. 2005년에도 임필성 감독의 〈남극일기〉와 김용균 감독
의 〈분홍신〉이 있었다. 이후 한국 공포영화는 이른바 '정가 형제'라 불린
정범식, 정식 사촌 형제의 〈기담〉이 등장한 2007년, 〈건축학개론〉과 〈서
복〉을 만든 이용주 감독의 데뷔작인 〈불신지옥〉을 비롯해 〈여고괴담 5〉,
〈요가학원〉, 〈독〉이 개봉한 2009년 정도만이 기억할 만하다. 그리고 거
의 10여 년의 세월이 흘러 267만 관객을 동원하며 한국 공포영화 역대
흥행 3위에 오른 정범식 감독의 〈곤지암〉(2018)이 개봉하기까지 한국
공포영화는 긴 침묵의 시간을 보냈다.

5. 〈알포인트〉
베트남전의 악몽과 마주하다

공수창 감독은 시나리오 작가 출신이다. 이른바 '운동권' 독립영화

창작 집단인 장산곶매에 몸담으며 〈오! 꿈의 나라〉(1989), 〈파업전야〉
(1990)를 썼고 이후 상업영화 진영으로 활동 반경을 넓혀 〈비상구가 없
다〉(1993), 〈크리스마스에 눈이 내리면〉(1998), 〈텔 미 썸딩〉(1999) 등을
썼다. 1990년대 초 영동고등학교 2년 후배인 박찬욱 감독이 준비하다
엎어진 영화 〈야간비행〉을 쓴 작가도 바로 공수창이다. 〈알포인트〉는 베
트남전에 대한 한국인의 반성적 인식으로부터 출발하는 반전(反戰)영화
이자 공포영화라는 점에서, 장산곶매에 몸담으며 사회적 문제의식으로
무장했던 그의 바탕이 중요한 역할을 하고 있다. 그가 베트남전을 다룬
것은 이번이 처음이 아니고 각색 작업을 맡았던 안정효 원작, 정지영 감
독의 〈하얀전쟁〉(1992)으로 거슬러 올라간다. 그런데 〈하얀전쟁〉 크레
디트에서 확인할 수 있는 작가 이름은 '공수영'이다. 당시 시나리오 심의
를 넣을 때 '〈남부군〉의 정지영 감독, 〈파업전야〉의 공수창 작가'라고 하
면 정부로서는 지나치게 요주의 인물들만 모인 셈이라서 너무 세게 느
껴진 것이다. 이미 정지영 감독이 연출을 맡는다는 것은 알려질 대로 알
려진 상황이었으니, 작가 이름만 공수창 작가가 평소 존경했던 김수영
시인의 이름을 따와서 공수영으로 바꿨던 것이다.

〈하얀전쟁〉에서 행군하고 있는 한국군을 향해 베트남의 한 노인이
"돌아가라"며 혼잣말로 하는 얘기가 있다. "남의 나라 일에 참견하지 마
라. 너희들이 걷고 있는 그 길로 중국군, 프랑스군, 일본군, 그리고 이제
미군과 한국군이 지나가고 있다. 제발 우리를 그냥 놔두고 돌아가라." 그
대사는 언제나 외세의 간섭과 폭력에 시달려온 베트남과 한국을 비교
하며 슬픈 역사에 대한 공감을 유도하기 위한 것이면서, 남과 북으로 갈
라지며 전쟁의 피해자였던 한국군이 이제 남의 나라를 갈라놓으려는
전쟁에 참전한 아이러니를 보여주기 위한 것이기도 하다. 공교롭게도

영화를 준비하던 2004년쯤 이라크의 자이툰 부대로 베트남전 이후 처음으로 한국군을 파병하는 일이 있었다. 그렇게 참전한 프랑스군, 미군, 한국군 모두 '불귀'(돌아갈 수 없다)라는 비석과 마주했다. 베트남 대신 캄보디아에서 촬영한 이 영화에서, 수색대가 머무르는 보코르산의 대저택도 그러하다. 유네스코 세계문화유산이기도 한 이곳에 제작진이 처음 방문했을 때 캄보디아의 독재자 폴 포츠 정권의 폭압으로 그 건물 안에서 죽은 사람이 수백 명이라는 이야기를 전해 들었다고 한다. 공수창 감독이 그리고자 했던 공포와 슬픔이라는 두 얼굴, 그처럼 아픈 역사는 계속 반복되고 있었다. 영화의 또 다른 주인공이나 다름없는 이 저택이 영화 촬영 이후 어떻게 됐나 무척 궁금했는데, 2018년 '르 보코르 팰리스'라는 호텔로 리모델링되어 사용 중이라고 한다.

6. 총원 열 명,
하지만 출발한 수색대원은 아홉 명

〈여고괴담〉처럼 〈알포인트〉도 귀신의 존재가 등장하지만 공포영화의 관습을 비껴가는 지점이라면, 바로 귀신을 활용한 쇼크 효과 같은 것이 전혀 없다는 점이다. 귀신 시점의 카메라 앵글과 사운드, 그리고 방울 소리 정도만 있을 뿐 〈알포인트〉의 귀신은 슬쩍 나타났다 슬쩍 사라진다. 지금도 팬들이 다시 돌려보며 숫자를 셀 정도로 회자되는 〈알포인트〉의 가장 큰 공포는 분명 아홉 명의 수색대원이 떠났는데 열 명의 수색대원이 존재했다는 점이다. 수색 작업 도중 정 일병이 실종되어 본부에 전화해 "총원 열 명 중에 정 일병을 제외하고 아홉 명"이라고 보고했더니, "무슨 소리야, 너희 아홉 명이 출발했잖아"라는 박 대위의 답이 돌아온다. 그제야 아무도 정 일병의 얼굴을 기억하지 못한다는 사실을 깨닫는다. 초반부에 수색대가 처음 해변에 도착하고 기념사진을 찍을 때는 촬영자 포함 분명 아홉 명이었는데, 후반부 회상 장면에서는 촬영자까지 열 명이 존재한다. 그 초반부에서 편집된 장면이 바로, 오 병장(손진호)이 사진을 찍으려고 하다가 카메라를 누군가(아마도 정 일병)에게 건넨 후 대열에 합류하는 장면이고, 그 장면을 후반부에 보여준다. 사진 안에 오 병장이 있고 없고의 차이다. 즉, 오 병장으로부터 카메라를 넘겨받은 얼굴 없는 정 일병이 바로 귀신이다. 더 오싹한 것은, 그 사진 촬영 장면 이후 숲속 수색 장면의 인원 또한 얼굴 없는 정 일병을 포함해 총 열 명이라는 점이다. 나무 잎사귀 등에 가려져 계속 얼굴이 보이지 않는 정 일병이 그때부터 있었다. 또한 그것은 〈하얀전쟁〉과 연결 지을 수 있는 지점이다. 〈하얀전쟁〉에서 상관의 명령으로 베트남의 양민을 죽이게 되면서 미쳐버린 병사가 있었는데, 그는 명령을 내린 독고영재를 죽여버리고는 어두운 숲속으로 들어가 영화가 끝날 때까지 나타나지 않았다. 그의 행방에 대해 궁금해하는 동료 병사도 없었다. 그렇게 그는 소리 소문 없이 영화에서 사라졌다. 왠지 그때 사라져버린 〈하얀전쟁〉의 병사가 〈알포인트〉의 수색대원으로 합류했던 것은 아닐까, 하는 생각까지 해보게 됐다. 현실과 픽션 사이에서 '전쟁영화=공포영화'라는 반전의 메시지가, 어쩌면 공수창이라는 작가 겸 감독이 두 영화를 오가며 이뤄낸 가장 큰 성취일 것이다.

미국 선거영화

〈밥 로버츠〉와
〈왝 더 독〉

1. 미디어 정치의
중요성

　현대 선거에서 광고와 포스터, 그리고 TV 토론 등 미디어가 끼치는 영향에 대해서는 더 말할 필요가 없다. 어쩌면 단순한 영향 정도가 아니라 당락에 결정적인 요인으로 작용하기도 할 것이다. 미디어 문화/정치에 관한 비판적 문화 연구를 담은 명저 《미디어 문화》에서 저자 더글라스 켈너는, '무료 텔레비전과 인터넷'에서 제공하는 정치인들의 광고/홍보가 과연 민중의 이해에 봉사하기 위해 사용되고 있는지 진지하게 반문했다. 대중은 무료로 손쉽게 정치 엘리트가 제공하는 정보에 접근하고, 그들은 언제나 친근한 얼굴로 대중에게 말을 건네는 것처럼 보이지만 그것은 근본적으로 '허상'이라는 것이다. 《미디어 문화》가 출간된 1990년대 중반과 비교하면, 지금은 그 정치 엘리트들에게 SNS를 통해 직접 말을 걸어 자신의 의견을 피력할 수도 있는 세상이다. 심지어 2016년 말에는 박근혜 전 대통령 탄핵 소추안 국회 표결을 앞두고 새누리당 의원들의 개인 휴대전화 번호가 인터넷에 공개되어 대중들이 문자 폭탄을 날리는 초유의 일도 벌어졌다. 그처럼 정치인들이 대중과 (여러 의미로) 가까워졌다고 느낄지도 모른다. 그들의 어떠한 공작(?)에도 포섭되지 않을 만큼 정보의 고속도로를 질주하고 있다고 느낄지도 모른다. 하지만 정치인들의 '본질'과 '이미지' 사이에서 '미디어 정치의 중요성'은 거듭 강조해도 지나치지 않다. 어쨌거나 우리가 어찌어찌하여 그들의 휴대전화 번호를 알게 됐다 하더라도 '개인 대 개인'으로 소통하는 일은 결코 벌어지지 않는다. 결국 우리는 미디어를 통해서 그들과 만날 뿐이다.

2. 〈밥 로버츠〉
페이크다큐 선거영화의 진수

〈플레이어〉(1992)로 칸영화제 남우주연상을 수상했던 팀 로빈스의 배우 겸 감독 데뷔작 〈밥 로버츠〉(1992)는 선거운동을 벌이는 밥 로버츠(팀 로빈스)의 뒤를 쫓는 페이크다큐멘터리 형식을 취하고 있다. 저 멀리 백악관을 뒷배경으로 두고 기타 연주를 하고 있는 밥 로버츠의 모습을 담은 영화 포스터는, 미디어를 통해 대중심리를 교묘하게 활용하는 방식을 상징적으로 보여준다. 자수성가한 백만장자이자 정식 음반을 발매한 가수이며 펜싱 애호가인 그는 하루를 펜싱으로 시작한다. 보수와 진보로 나뉘어 하는 정책 대결 자체는 더 할 필요가 없다고 생각하는 그는, 가수와 펜싱 애호가로서의 색다른 면모를 시종일관 과시한다. 오전 펜싱 수련을 끝내면 그 복장에 그대로 헬멧만 쓴 채 모터사이클을 타고 'VOTE BOB'이라고 새겨진 자신의 선거유세 버스 앞에 서서 달리기 시작한다. 그리고 자신의 정책이나 공약에 대해 자료집이나 토론회보다는 기타를 연주하며 가사로 만들어 전달한다. 그것이 유권자의 정서에 더 깊이 어필한다고 생각하기 때문이다. "이 땅은 우리의 땅이죠. 자

유의 땅이에요", "나쁜 놈들은 모두 사형시켜야 돼요", "우리는 왜 부자가
되지 못할까요. 세금을 줄이고 자신이 번 돈을 자신이 가져야 해요", "마
약은 괴상한 히피들이나 하는 것이죠"라는 전형적인 보수 우파의 논리
가 감미로운 멜로디를 타고 대중에게 꽤 잘 먹힌다.

3. 〈왝 더 독〉
영화 제작자가 선거판에 뛰어든 이유

배리 레빈슨 감독에게 베를린국제영화제 은곰상을 안겨준 〈왝 더
독〉(1998)의 오프닝도 아예 대선후보 광고 영상으로 시작한다. 한 경주
마 기사가 자신의 집안에 대대로 내려오는 좌우명에 대해 얘기하며 "뛰
는 말을 중간에 바꾸지 마라, 그래야 이길 수 있다"고 말한다. 그리고 그
것은 "뛰는 말을 바꾸지 맙시다. 일하는 도중에 사람을 바꾸지 맙시다.
대통령을 재선시킵시다"라는 구호로 마무리된다. 우리와 달리 대통령 4
년 중임제를 채택하는 미국에서 재선을 꿈꾸는 현 대통령의 광고다. 하
지만 대통령 선거일을 며칠 앞두고 현 대통령의 성희롱 사건이 터진다.
이 일로 재선이 어렵게 되자 백악관은 선거 문제 해결사인 브린(로버트
드 니로)에게 도움을 청한다. 그런데, 그는 문제 해결을 위해 다른 정치인
이나 정치 전문가가 아닌 할리우드의 유명 영화 제작자 모스(더스틴 호
프먼)를 찾는다. 대체 왜 자신을 찾았는지 의아해하는 그에게 브린은 "선
거는 연예계 사업이나 마찬가지"라며, "네이팜탄을 맞은 벌거벗은 소녀,
처칠이 자신만만하게 그리고 있는 손가락 브이 자, 깃발을 세우고 있는
다섯 명의 해병, 그렇게 대중들은 사건의 실체보다 슬로건과 이미지를

통해 그 사건을 기억한다"고 말한다. 정치에 있어서 미디어 조작을 통한
효과를 강변하는 것이다.

　　제목 'Wag the Dog'은 '꼬리가 몸통을 흔든다'는 뜻으로 주객(主客)
이 전도되었다는 말이다. 정치인들이 불미스러운 행동이나 부정행위
등으로 비난받을 때, 국민들의 시선과 여론을 다른 곳으로 돌리려고 연
막을 치는 행위를 지칭한다. 두 영화 모두 그런 행위의 극단적 형태를
보여준다. 〈밥 로버츠〉에서 밥 로버츠가 선거 막판 공금 유용과 마약 밀
매에 연루되어 있다는 증거가 폭로될 때, 그는 목숨을 걸고 사건을 꾸민
다. 총에 맞아 모든 선거운동을 포기하고 병원 신세를 지는 것도 마다하
지 않는다. 그 총격 사건은 물론 가짜다. 〈왝 더 독〉에서는 여론을 돌리
기 위해 심지어 알바니아와의 가상 전쟁까지 꾸민다. 모스의 도움으로
최첨단 컴퓨터 그래픽 기술을 동원해 제작한 전쟁 장면을 방송국에 뿌
린 것이다. 〈왝 더 독〉에서 브린이 모스를 설득할 때 이라크전을 예로 드
는데, 앞서 얘기한 《미디어 문화》에서 더글라스 켈너는 "이라크전은 군
사적인 사건일 뿐 아니라 문화, 정치적 사건이었다"며 "부시 행정부와
국방부는 전쟁에 대한 지지를 동원하기 위해 미디어를 사용하면서 현
대 정치 사상 가장 성공적인 선전 캠페인을 수행했다"고 말하기도 했
다. 그것은 전쟁이라는 큰 사건을 넘어 4년 혹은 5년마다 벌어지는 선거
에 있어서도 마찬가지다. 여론을 조작하려는 정치인의 전략을 미디어
가 충실히 수행하는 것이다. 그처럼 선거 때만 되면 대중의 눈을 속이려
는, 그 판단력을 지배하려는 시도가 있기 마련이다. 정보의 홍수 속에서
유권자는 결정의 주체가 되길 바라지만, 그것은 종종 실패한다. 그럴 때
마다 미디어는 우리의 표를 얻기 위해 순한 양과 같은 표정을 짓고 다가
오지만, 실은 음흉한 속내를 감추고 언제든 우리의 뒤통수를 치려 한다.

〈밥 로버츠〉와 〈왝 더 독〉은 정치에 있어 미디어의 영향력이 얼마나 큰지 잘 보여주고 있다. 어쩌면 선거 상황에서 벌어지는 극단적인 두 개의 사례라고도 할 수 있다. 미디어를 통한 디지털 민주주의 체제로 급속하게 전환된 우리에게 두 영화는 의미심장한 시사점을 남긴다.

한국 선거영화

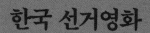

〈특별시민〉과
〈댄싱퀸〉

1. 정치영화가 드문
한국 영화계

충무로에서 선거를 소재로 한 영화는 굉장히 드물다. 선거 소재 영화가 드물다기보다 정치를 소재로 한 영화 자체가 별로 기획되지 않는다고 보는 것이 정확할 것이다. 그런 가운데 2010년대 들어 박인제 감독의 〈특별시민〉(2016)과 이석훈 감독의 〈댄싱퀸〉(2012), 그렇게 두 편의 영화가 공통적으로 '서울시장 선거'를 소재로 했다는 점에서 눈길을 끈다. 최민식과 황정민이라는, 충무로를 대표하는 두 불같은 남자 배우가 주인공을 맡았다는 점도 중요한 감상 포인트다. 하지만 두 영화는 서울시장 선거 과정을 그리고 있다는 것 외에는 정서와 스타일 모두 다르다는 점에서 흥미롭다. 먼저 〈특별시민〉의 종구(최민식)는 노동자 출신으로 헌정 사상 최초의 3선 서울시장에 나서는 데 반해, 〈댄싱퀸〉의 정민(황정민)은 운동권 출신의 인권변호사로 영화 속 민진당의 국회의원이자 대학 친구인 종찬(정성화)의 권유로 졸지에 생각지도 못하게 서울시장 후보로 나서게 된다. 또한 종구는 차기 대권을 노리며 수단과 방법을 가리지 않는 권력욕의 화신으로 그려지는 데 반해, 정민은 첫 번째 TV 토론회에서 종구 같은 베테랑 정치인들의 틈바구니에서 입도 뻥긋 못 할 정도로 순박한 소시민에 가깝다.

2. 그 유명한
'프레임'이라는 표현

《코끼리는 생각하지 마》라는 명저를 통해 미국 정치의 현실을 보여
주었던 조지 레이코프는 선거에서의 승리를 위해 '프레임'을 적극 활용
해야 한다고 말하는데, 여기서 말하는 프레임이란 '사물과 세상을 이해
하는 체계'로 지금도 한국 정치인들에게 여전히 유효한 개념이자 방법
으로 회자되고 있다. 하지만 이 두 영화는 그가 창안한 '프레임 분석'이
라는 개념과는 다소 거리가 있다. 두 영화 모두 두드러지게 강조하고 있
는 것은 바로 가족과의 관계다. 할리우드 등에서 만들어지는 선거영화
와 비교해 이른바 '한국적' 특징이라 부를 만한 것은 바로 영화에 가족을
등장시키는 방식이다. 선거영화에서는 여태껏 우리가 보아온 것처럼
가족 모두 선거운동에 헌신해야 하고 조그만 약점도 용납되지 않는다.
왜냐하면 그것이 바로 어떠한 의문도 허용하지 않는 '가장'의 일이기 때
문이다. 한국 영화에서는 그 구속력이 더욱더 강해진다.

먼저 〈특별시민〉에서 종구의 딸(이수경)은 자신이 아버지의 병풍에
지나지 않는 거냐고 불만을 토로한다. 아무런 애정도 없어 보이는 아내
또한 기계적으로 그 병풍 역할을 충실히 수행한다. 심지어 딸의 차를 가
지고 외출했다가 교통사고를 일으키고는 선거에 영향을 미칠 것을 우
려해 그 딸을 희생시키려 한다. 가족은 병풍에서 더 나아가 가장의 부속
품에 지나지 않는다. 상대 후보 진주(라미란)의 아들이자 하버드 출신으
로 미국에서 변호사로 활동하고 있는 스티브(이기홍) 또한 어머니의 유
세를 물심양면 돕는다. 아무리 '미국식 개인주의' 아래 성장했다고 해도
'듬직한 아들내미'라는 표현으로 철저히 한국적 정서 아래 평가받기 때

문이다. 그런데 나중에는 마약 파티 의혹으로 오히려 어머니의 선거운
동에 독이 되고 만다. 물론 그 또한 후보자가 부모로서 감내해야 할 몫
이다.

3. 후보 가족의
사생활 문제

〈댄싱퀸〉에서는 가족 문제가 보다 전면에 드러난다. 서울시장 후보
의 부인과 화려한 댄스가수 사이에서 이중생활을 하는 아내 정화(엄정
화)가 오히려 남편보다 더 단독 주인공에 가깝다. 왕년에 '신촌 마돈나'
로 불렸지만 현재 에어로빅 강사로 일하고 있는 정화는 자식과 남편 뒷
바라지에 여념이 없지만, 케이블TV 오디션 예능 프로그램 〈슈퍼스타
K〉에 나갔다가 젊은 시절 자신에게 명함을 건넨 대박기획 실장 한위(이
한위)로부터 댄스 그룹 '댄싱퀸' 데뷔 제안을 받게 된다. 〈특별시민〉과 비
교하자면 선거를 코미디 장르 안에서 소화하고 있긴 하지만, 가족의 사
소한 사생활까지 지지율에 민감하게 작용하는, 혹은 가장의 선거운동
을 돕지 않는 가족을 '패륜'으로까지 몰고 가는 선거판에서 '선거 후보의
가족은 얼마만큼의 개인적 영역을 보장받을 수 있는가'라는 의미심장
한 질문을 던지고 있다는 차이가 있다. 존경받는 정치인 사모님과 고단
한 가수 연습생 사이에서 공과 사의 구분은 여간 힘든 일이 아니다.

4. 선거를 통해
성장하는 사람들

두 영화는 가족 문제에서 더 나아가 한국 정치와 선거의 냉정한 현실을 가감 없이 보여준다. 정통 정치드라마와 코믹드라마라는 서로 다른 두 얼굴을 하고 있지만, 두 영화는 한국 선거의 민낯을 공유하고 있다. 먼저 〈특별시민〉의 종구는 선거유세 기간 중에 교통 단속에 걸릴 위기에 처하자 경찰서장에게 전화를 걸어 음주단속을 철수시키고, 이후 벌어진 자신의 사고가 알려질 것을 두려워해 사단장에게 전화를 걸어 입단속까지 시킨다. 현재의 시장이 경찰과 군대를 완벽하게 통제하는 기묘한 한국적 상황이다. 게다가 불안한 마음을 감출 수 없어 아기보살을 만나 점을 보는 것 또한 지극히 한국적이다. 〈댄싱퀸〉도 마찬가지다. 준비 안 돼 보이는 후보 정민에게 한국적 해학과 '정'(情)이 통한다. 입 한 번 제대로 열지 못했던 첫 번째 토론회와 달리 두 번째 경선 후보자 토론회에서 저출산 문제에 대해 분윳값도 제대로 모르는 타 후보들이 돈으로만 문제를 해결하려고 할 때, "분윳값이 비싸면 모유를 먹이면 되지 않느냐"는 타 후보의 황당한 발언에 격분하여 "엄마들이 젖소입니까? 아무 때나 짝짝 짜면 우유가 나오게?"라고 호통치며 유권자들의 웃음을 얻어내고 마음까지 움직인다. 하지만 두 영화가 그려내고자 하는 공통된 테마는 바로 선거를 통해 성장하는 사람들의 모습이다. 〈특별시민〉에서 종구의 권유로 겁 없이 선거판에 뛰어들었던 젊은 광고 전문가 박경(심은경)은 종구와 독대하며 잠시나마 '정치 입문'이라는 꿈을 그렸을지 모르나, 과감하게 '과정보다 결과를 더 중시'하는 그 판을 떠난다. 그럼에도 그 표정은 한없이 유쾌해 보인다. 〈댄싱퀸〉의 정민과 정화도 부

부간의 갈등을 극복해가며 '마누라 관리를 제대로 못 한다'는 세간의 시
선을 넘어 오히려 지지율을 급속도로 높여간다. 아내의 꿈을 인정하면
서 가족의 사생활을 존중하기로 한 것이다. 〈특별시민〉의 종구가 사소
한 것 하나까지 감추려고 하면서 괴물이 되어갔다면, 〈댄싱퀸〉의 정민
은 있는 그대로의 모습을 보여주며 선거판의 요정이 되어간다. 〈특별시
민〉은 진실과 무관하게 가짜라고 하더라도 '사람들이 믿게 만들면 그것
이 진실'이라고 주장했지만, 결과적으로는 〈댄싱퀸〉에 더 들어맞는 얘
기가 되어버렸다. '진실하면 사람들이 알아서 믿게 되어 있다'는 평범하
고도 비범한 그 '진실' 말이다.

저널리즘 영화

〈나이트 크롤러〉부터
〈신문기자〉까지

1. 〈나이트 크롤러〉(2014)
기자와 사이코패스는 종이 한 장 차이

나이트 크롤러(Nightcrawler)란 특종이 될 만한 사건 현장을 카메라에 담아 TV 매체에 고가에 팔아넘기는 사람들을 지칭하는 말이다. 댄 길로이 감독은 나이트 크롤러의 세계에 뛰어든 주인공 루이스 블룸(제이크 질렌할)을 창조하면서, 과거 범죄 전문 사진작가로 유명했던 아서 펠리그라는 인물에서 큰 영감을 얻었다고 한다. 악마를 부르는 보드게임의 이름 '위지 보드'에서 이름을 따 '위지'라는 애칭으로 불린 작가인데, 경찰의 무전을 도청해서 그 누구보다 먼저 범죄 현장에 나타나 사진을 찍어 영화 속 나이트 크롤러처럼 언론사에 팔았던 사람이다. 그는 실제로 영화처럼 멋진 사진 미장센을 만들어내기 위해 범죄 현장의 모습을 조작한 적도 있다고 고백하기도 했다. 위지와 루이스 블룸을 통해, 댄 길로이 감독은 오직 시청률에만 매달려 보도의 본질을 망각한 현대 상업 언론의 부조리를 폭로하고 있다. 그러한 부조리는 배우 제이크 질렌할의 탁월한 연기에서 잘 드러난다. 사실상 사이코패스나 다름없는 주인공을 연기하기 위해 그는 무려 15킬로그램이나 감량하면서 캐릭터에 몰두했다. 생계유지가 힘들 정도로 힘겹게 살아가는 루이스 블룸은 자신이 찍어온 영상이 방송사에서 큰 인기를 얻자, 단지 사건 현장에 빨리 도착하는 것에서 만족하지 못하고, 멋진 화면을 만들어내기 위해 시체나 물건의 위치를 바꾸는 등 사건 현장을 조작하기 시작한다. 하지만 거기서도 만족하지 못한 그는 거짓 제보를 해서 경찰과 범죄자를 배우삼아 직접 사건을 만들고 연출하려는 악마성을 드러내기도 한다. 그토록 꿈꿨던 기자가 아니라 괴물이 되어버린 것이다.

2. 〈트루스〉(2015)
기자가 가져야 할 자기 확신의 무게

미국 CBS의 베테랑 프로듀서 메리 메이프스(케이트 블란쳇)는 간판 앵커 댄 래더(로버트 레드포드)와 함께 뉴스 프로그램 〈60분〉을 이끌고 있다. 부시 대통령의 재선 캠페인이 이어지던 중, 메리는 부시의 군 복무 비리 의혹을 뒷받침할 증거를 입수하고 추적 끝에 심층 보도 방송을 내보내는데, 이내 증거 조작과 오보라는 주장이 제기되며 논점은 조금씩 변질되고 〈60분〉 팀을 위협한다. 실화에 바탕한 〈트루스〉는 "우리가 질문을 멈출 때 미국은 패하는 거다"라는 댄 래더의 얘기처럼, 그리고 '트루스'라는 영화 제목처럼 끝없이 진실을 추구하는 언론인의 역할과 사명감에 대해 진중한 질문을 던지고 있다. 그리고 기자가 가져야 할 확신의 무게에 대해서도 많은 생각할 거리들을 던져준다. 댄 래더는 평소 마크 트웨인의 말을 즐겨 인용하곤 했다. "정확한 말과 거의 정확한 말 사이의 차이는 번개와 반딧불이의 차이만큼이나 크다"라는 말처럼, 기자는 끊임없이 팩트 체크를 하면서 자기 확신을 경계해야 한다. 그런 점에서 메리 메이프스는 어쩌면 치밀한 검증 절차를 거치지 않은 것 아니냐는 비판을 받을 수도 있다. 하지만 마크 트웨인은 이런 말도 했다. "진실이 신발을 찾을 때 거짓말은 이미 지구 반 바퀴를 돈다." 가짜 뉴스가 얼마나 빠르고 위험한지 잘 알려주는 얘기이기에, 메리 메이프스는 미국 대선이 열리기 전에 서둘러 방송을 제작했을지도 모른다. 물론 그 어떤 순간에도 권력에 맞서 진실을 추구하고자 했던 그 태도와 정신만큼은 결코 훼손될 수 없다. 〈트루스〉는 바로 그 저널리즘의 정신에 대해 얘기하고 있다.

3. 〈스포트라이트〉(2015)
탐사보도의 생생한 대리 체험

〈트루스〉가 '보도 이후'의 권력의 압박을 그려냈다면, 〈스포트라이트〉는 '보도 이전'의 권력의 압박을 그려낸 영화다. 또 〈트루스〉가 미처 몰랐던 사실을 집요하게 파헤친 영화라면 〈스포트라이트〉는 알면서도 감추고자 했던 추악한 진실과 마주하는 영화라고 할 수 있다. 스포트라이트 팀은 가톨릭 교회에서 수십 년에 걸쳐 벌어진 아동 성추행과, 이를 조직적으로 은폐한 가톨릭 교회의 행태를 폭로하면서 그 공로를 인정받아 2003년 미국 최고의 언론상인 퓰리처상을 수상했다. 〈어벤져스〉 시리즈의 헐크로 유명한 마크 러팔로와 〈배트맨〉의 배트맨이었던 마이클 키튼, 즉 우리가 슈퍼히어로로 기억했던 배우들이 권력과 맞서 싸우는 '기자 사람'으로 출연했다는 사실만으로도 현실감은 배가된다. 더불어 〈스포트라이트〉는 '저널리즘의 용기'라는 측면에서 진실을 보도하기까지 얼마나 힘든 과정을 거쳐야 하는지 그야말로 생생하게 보여준다.

이 영화가 아카데미 시상식에서 각본상을 수상할 수 있었던 이유도, 마치 기자들의 취재에 동참한 듯 대리 체험을 하는 기분을 느끼게 하기 때문이다. 그리고 저널리즘에 있어 우리가 흔히 들어왔던 '탐사보도'의 모범을 보여주기도 한다. 탐사보도와 더불어 '성역 없는 보도'라는 말, 즉 권력과 자본 앞에서 멈추지 말아야 할 저널리즘 정신도 이야기한다. 물론 '성역'이 되어 권력과 타협하는 유혹의 순간도 있다. 〈스포트라이트〉는 저널리즘이 바로 그 유혹을 뿌리치기 위해서 어떻게 해야 하는지 말해주는, 세상 모든 기자들은 물론 기자를 꿈꾸는 모든 사람들이 반드시 봐야 할 영화라고 할 수 있다.

4. 〈더 포스트〉(2017)
세상을 바꾼 여성 발행인의 결정

1971년, 〈뉴욕타임스〉의 '펜타곤 페이퍼' 특종 보도로 미국 전역이 발칵 뒤집힌다. 트루먼, 아이젠하워, 케네디, 존슨에 이르는 네 명의 대통령이 30년간 감춰온 베트남전의 비밀이 폭로된 것이다. 정부가 이후 관련 보도를 금지시킨 가운데, 〈뉴욕타임스〉의 경쟁지 〈워싱턴 포스트〉의 편집장 벤(톰 행크스)은 바로 그 정부 기밀문서 펜타곤 페이퍼 입수에 사활을 건다. 결국 무려 4천 장에 달하는 기밀문서를 손에 쥔 벤은 정부가 조직적으로 조작하고 은폐하려고 했던 베트남전의 진실을 세상에 알려야 한다고 주장하고, 최초의 여성 발행인 캐서린(메릴 스트리프)은 절체절명의 결정을 내려야 하는 순간과 맞닥뜨린다. 〈더 포스트〉는 기획자로서 제작자로서 그리고 영화감독으로서 엄청나게 많은 작품에 참여해온 스티븐 스필버그가 거의 유일하게 만든 저널리즘 영화다. 한편, 〈워싱턴 포스트〉가 등장하는 또 다른 영화로는, 비슷한 시기인 1972년 워터게이트 사건 보도를 다룬 알란 파큘라 감독의 〈모두가 대통령의 사람들〉(1976)이 있다. 마치 속편을 예고하는 것 같은 〈더 포스트〉의 마지막 장면이 바로 40년 전 영화 〈모두가 대통령의 사람들〉로 이어진다고 보면 된다. 당시 〈워싱턴 포스트〉 기자였던 칼 번스타인(더스틴 호프만)과 밥 우드워드(로버트 레드포드)는 우연히 한 절도 사건에 엄청난 정치적인 음모가 개입되어 있다는 사실을 발견하고, 그 음모를 파헤치기 위해 고군분투한다. 닉슨 행정부가 베트남전을 줄곧 반대해온 민주당을 저지하려는 과정에서 불법 침입과 도청이 있었다는 워터게이트 사건으로 비화되면서, 결국 닉슨 대통령은 사임하게 된다. 그런데 〈모두가 대통령의 사람들〉에는 아예 등장하지도 않았던 여성 발행인 캐서린 그레이엄을 메릴 스트리프가 연기하면서 이야기의 중심을 잡고 있다는 것이 〈더 포스트〉의 가장 중요한 미덕 중 하나다. 세상을 떠난 남편 대신 언론사 사주가 됐고, 여성으로서 과연 그 일을 해낼 수 있을까, 하는 회사 간부들의 의심스러운 눈초리 속에서 캐서린은 위대한 결정을 내린다. 언론사 간부들이 모여 대책 회의를 하는 가운데 발행인과 편집장의 이해관계 사이, 그리고 저널로서의 보도 정신과 현실적인 회사의 경영 사이에서 주저하지 않았던 것이다. "우리가 질문을 멈출 때 미국은 패하는 거다"라고 말한 〈트루스〉의 댄 래더(로버트 레드포드)처럼, 〈더 포스트〉의 캐서린은 "우리가 보도하지 않으면, 우리가 지고, 국민이 지는 거다"라고 말한다. 언론의 역할과 책임에 관한 가장 탁월한 영화가 아닐까 싶다.

5. 〈더 테러 라이브〉(2013)
테러를 쇼로 만드는 '방송국 놈들'

불미스러운 일로 라디오 프로그램으로 밀려난 앵커 윤영화(하정우)
는 생방송 진행 중 신원 미상 청취자로부터 '지금 한강 다리를 폭파하겠
다'는 협박 전화를 받는다. 장난 전화로 여겨 전화를 끊은 순간 실제로
마포대교는 폭발하고 만다. 그런데 그는 경찰에 신고하는 대신 TV 마감
뉴스 복귀 조건으로 보도국장과 물밑 거래를 시도하고는, 테러범과의
전화 통화를 독점 생중계하기에 이른다. 언론의 역할과 책임도 누군가
에게는 성공을 위한 기회가 될 수 있다. 뉴스 보도를 통해서 좋은 반응
을 얻고 '명성은 물론 경제적 풍요로움도 얻는 것이 자연스러운 이치일
수도 있겠지만, 우리는 종종 주객이 전도된 상황을 목격한다. 그런 점에
서 〈더 테러 라이브〉는 대한민국 금융, 정치, 언론의 중심지 여의도와 서
울 도심을 잇는 한강 마포대교가 어느 날 갑자기 테러의 대상이 되는 아
찔한 공포를 보여준다. 안전하다고 믿어왔던 것들이 하나둘씩 붕괴하
는 순간, 인간은 숨겨왔던 내면의 부조리를 하나씩 드러낸다. 자극은 더
큰 자극을 원하고, 호기심은 더 큰 호기심을 낳는다. 그렇게 우리가 흔
히 '방송국 놈들'이라고 부르는 사람들은 하나둘 괴물로 변해간다. 이후
영화 〈터널〉(2016)에서도 볼 수 있었던 것처럼 하정우 배우는 말 그대로
탁월한 '라이브' 연기를 보여준다. 그가 좁은 방송국 부스에 갇힌 것처럼
관객도 그저 벌어지는 일을 손 놓고 볼 수밖에 없다. 하지만 영화는 우
리에게 결코 수동적인 자리에 머물러 있어서는 안 된다고 얘기한다. 그
렇게 영화는 계속 우리가 결코 들여다볼 수 없는 카메라 뒤의 세계로 안
내한다. 우리가 수동적인 자리에 안주하려고 하면 할수록 카메라 뒤의

세계는 테러를 '쇼'로 만들 뿐이다. 영화 속 노동자와 인질들, 그리고 우리의 절규는 그저 그들의 배경음악이 될지도 모른다. 〈더 테러 라이브〉는 바로 그 부스 바깥, 카메라 뒤의 진짜 세계로 안내하는 영화다.

6. 〈특종: 량첸살인기〉(2015) 뉴스 소비자의 진실 추구 의무

우리는 하루에도 몇 번씩 '특종', '독점', '단독 보도'라는 표현과 마주한다. 남들보다 먼저 뉴스를 발굴하고 보도한다는 것은 기자로서 중요한 임무이지만, 그것이 경쟁에 놓이게 되면 될수록 본질은 흐려지기 마련이다. 어쩌면 보다 자극적인 뉴스를 소비하고 싶어하는 대중들의 어긋난 욕망이 투영된 표현이라고도 하겠다. 다른 저널리즘 소재 영화들과 비교해볼 때 〈특종: 량첸살인기〉는 사건보다는 기자 개인의 내면으로 더욱 깊숙이 들어가는 영화다. 영화 속 주인공 허무혁 기자(조정석)는 일생일대의 특종이라고 생각했던 뉴스가 사상 초유의 실수임을 알게 되면서 엄청난 혼란에 빠진다. 이혼과 해고의 위기에 몰린 그가 우연한 제보로 연쇄 살인 사건과 관련한 일생일대의 특종을 터트리지만, 단독 입수한 연쇄 살인범의 친필 메모는 영화 속 허구의 소설 《량첸살인기》의 한 구절이었다. 기자라는 존재도 보도 정신에 불타는 기자 이전에 그저 평범하고 때론 한심한 '사람'인 것이다. 그래서 영화는 보이는 대로, 듣는 대로 믿어서는 안 된다고 얘기한다. 기자도 진실을 추구해야 하지만 그것을 소비하는 우리도 진실을 추구해야 한다. 영화는 검증되지 않은 기사를 마구 쏟아내고, 그걸 손쉽게 믿어버리는 지금 우리 사회의 모습을 되돌아보게 만든다. 영화 속 언론사 국장(이미숙)은 심지어 "무엇이 진짜이고 가짜인지 가려내는 게, 우리 기자들의 일이 아니다. 보는 사람들이 진짜라고 믿으면 그게 진실이 된다"라는 섬뜩한 얘기를 건넨다. 받아쓰기만을 하는 '어뷰징 기사' 홍수의 시대에 대개의 저널리즘 영화들이 뉴스 생산의 윤리를 얘기하고 있다면, 〈특종: 량첸살인기〉는 뉴스 소비의 윤리를 얘기하고 있다.

7. 〈신문기자〉(2019)
'그렇게 살아도 됩니까?'라는 뼈아픈 질문

댓글 공작이 벌어지고 가짜 뉴스가 판치는 〈신문기자〉 속 세계를 보고 있으면 그 위로 바로 지금의 우리 모습이 오버랩된다. 한편으로 국민의 알 권리를 대변한다는 미명하에 그 어떤 질문도 가능하다고 믿는 언론의 폭력적 취재 모습도 보여준다. 개인보다 조직 문화가 앞서는 한국과 일본의 사례를 비춰볼 때, 영화 〈신문기자〉에서 '조직이 자신의 정의와 다른 일을 시킬 때, 과연 나는 어떻게 해야 하는가' 하는 기자로서의 개인적 딜레마를 보여주는 장면도 인상적이다. 영화에서 여러 번 반복되는 대사는 바로 "그 누구보다도 스스로를 믿고 의심하라"라는 얘기다. 〈트루스〉도 얘기한 것처럼, 기자에게 있어 가장 큰 적은 '자기 확신'이기 때문이다. 제목부터 〈신문기자〉인 이 영화는 우리 시대의 저널리즘이 어떻게 자신의 기능과 역할에 충실해야 하는지 본질적인 질문을 던지는 영화다. 아버지와 딸(심은경)이 대를 이어 기자 일을 하고 있다는 설정부터 의미심장하다. 아버지가 일하던 아날로그 세상이건 딸이 일하는 지금의 디지털 세상이건, 아무리 세월이 흐르더라도 기자는 끊임없이 권력을 감시하고 비판하고 견제해야 한다. 매체 환경이 아무리 변하더라도 진실을 추구하는 저널리즘의 본분을 잊어서는 안 되는 것이다. 자식에게 부끄럽지 않은 아버지가 되기 위해 양심선언을 하려는 젊은 공무원(마츠자카 토리)과, 훌륭한 기자로서 세상을 떠난 아버지에게 부끄럽지 않은 딸이 되기 위해 진실을 보도하려는 기자(심은경)는 영화 속에서 이렇게 함께 질문한다. "그렇게 살아도 됩니까? 내버려둬도 됩니까?" 그 질문은 바로 영화를 보는 우리에게 던져진 것이다. 당신은 어떻게 대답하시겠습니까.

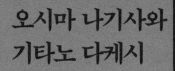

오시마 나기사와
기타노 다케시

〈감각의 제국〉과
〈하나-비〉

1. 일본의 파시즘에 저항한
오시마 나기사

　　일본의 군국주의가 광기로 치달아가던 1936년, 오직 섹스에만 몰두하다 애인을 살해하고 성기를 절단해 갖고 다니다가 체포된 아베 사다의 실제 이야기를 모델로 삼아 〈감각의 제국〉이 만들어졌다. 실제 신문 사회면 기사로부터 아이디어를 얻은 오시마 나기사는 프랑스와의 합작을 통해 거세와 죽음으로 이르는 지독한 사랑의 이야기를 일본 사회에 대한 비판을 담아 완성했다. 그로 인해 감독이 기소되는 사태까지 벌어졌다. 〈감각의 제국〉은 세계 영화사에서 성 정치학을 이야기할 때 언제나 회자되는 오시마 나기사의 문제작이다. 일본이 태평양 전쟁을 눈앞에 둔 시기, 고급 술집의 종업원으로 들어온 사다(마츠다 에이코)는 그곳의 주인인 기치조(후지 타츠야)와 격정적인 사랑에 빠져든다. 이후 기치조의 아내를 피해 둘만의 결혼식을 올린 그들은 밤낮없이 장소를 가리지 않고 섹스에만 몰두한다. 기치조를 너무 사랑하게 된 사다는 그를 집으로 보내지 않기 위해 점점 난폭해진다. 그러다 기치조의 아내에게 발각된 사다는 업소를 나가게 된다. 이후 생활비가 떨어진 사다는 한 중학교 교장과 알게 되어 또 다른 관계를 맺게 되는데, 심지어 교장에게 자신을 때려달라고 할 정도로 변태적 섹스에 탐닉하게 된다. 하지만 사다의 마음속에는 오직 기치조뿐이다. 그가 아내와 섹스를 할까 봐 두려운 그녀는 결국 그의 성기를 자르려 한다.

〈감각의 제국〉은 1936년에 일어난 실제 사건을 영화화한 작품이다. 두 사람이 처음으로 만난 날부터 남자의 시체가 발견된 5월 18일에 이르기까지, 불과 4개월여 동안 벌어진 사랑의 도피 행각을 다룬다. 당시 일본은 전후 공황과 세계 대공황으로 말미암은 경제 악화의 상황 속에서, 군부 파시즘의 등장으로 괴뢰정권 만주국을 세우고(1932년) 국제연맹을 탈퇴하면서(1933년) 극단적인 우경화로 치닫고 있었다. 특히 1936년 2월 26일 일본군의 보수적 파벌 중 하나인 황도파의 영향을 받은 일부 청년 장교들은 일본 천황의 친정(쇼와 유신) 등을 명분으로 원로 중신들을 죽이고, 천황 친정이 실현되면 정재계의 부정부패나 농촌의 곤궁을 해결할 수 있다며 부대를 이끌고 새벽에 궐기하였다. 이 쿠데타는 그리 오래가지 못하였지만 1930년대 이후 일본의 군국주의를 잘 보여준다. 말하자면 이 시기는 1937년 중일전쟁 및 1941년 제2차 세계대전으로 돌입하기 직전 극도의 혼란기다. 영화 속에서 이발소에 다녀오던 기치조가 황색 제복을 차려입은 군대, 그리고 일장기를 흔들며 그들을 열렬히 응원하는 인파와 마주치는 장면이 당시의 시대상을 적나라하게 보여준다. 사회적 배경을 공유하는 또 다른 작품은 일본 최초 노벨문학상 수상작인 가와바타 야스나리의 《설국》이다. 1935년에서 1937년 사이에 연재된 〈설국〉은 세상에 치여 지칠 대로 지쳐버린 시마무라와 온천 휴양지의 게이샤인 고마코 사이에 벌어지는 이야기다. 두 작품 모두 시대의 무거운 공기에 짓눌린 주인공들의 '일탈'과 '도피'를 보여준다.

2. 급진적 실험이 소용돌이치던 1970년대

세계적 현상이던 프랑스 누벨바그는 일본 영화에도 큰 영향을 미쳤다. 특히 쇼치쿠 영화사의 젊은 감독들인 오시마 나기사, 요시다 요시시게, 시노다 마사히로가 대표적이다. 하지만 TV 보급 등으로 인한 관객 감소와 유명 감독들의 부진으로 일본 영화는 크나큰 위기에 직면한다. 일본 영화의 1970년대는 경직화되는 사회 분위기 속에서 창작의 빈곤함이 대두되던 시대였다. 《일본 영화의 이해》를 쓴 요모타 이누히코는 "1970년 미시마 유키오의 할복 사건과 1972년 연합적군 린치 사건, 두 사건을 계기로 학생운동이 급격히 쇠퇴하자 사회에는 보수적인 경향이 부활했고, 문화예술 방면에서도 실험적이며 경이적인 여러 시도가 힘을 잃었다"고 썼다. 쇼치쿠를 떠나 자신의 독립영화사를 차린 오시마 나기사 역시 줄곧 힘에 부쳤는데, 제작비를 구하지 못해 영화를 포기하려는 마음까지 먹었던 그는 로베르 브레송의 〈무셰트〉(1967) 등을 제작한 프랑스 제작자 아나톨 도망의 재정적 후원으로 〈감각의 제국〉을 만들게 된다. 당시 세계 영화계는 앞서 만들어진 베르나르도 베르톨루치의 〈파리에서의 마지막 탱고〉(1972) 등과 함께 성적 해방의 기운이 무르익던 때였다. 하지만 오시마 나기사는 〈감각의 제국〉이 일본의 검열을 통과하지 못하리라는 사실을 알았기에 일본에서 촬영하고, 프랑스에서 편집해 현상하는 방식을 택했다. 하지만 이런 국가 부정의 급진적 태도는 기나긴 소송과 함께 만신창이가 되고 만다. 극심한 비난에 시달린 여배우 마츠다 에이코는 영화계를 떠날 수밖에 없었고, 우여곡절 끝에 도쿄에서 상영될 때는 '외국의 포르노'라는 것을 강조하기 위해 프랑스어 자막을 넣기까지 했다. 비록 기나긴 재판으로 인해 오시마 나기사에게 남은 것은 상처뿐이었지만, 〈감각의 제국〉은 유럽을 비롯한 해외에서 대대적인 성공을 거둔다. 섹스에 탐닉하는 주인공으로 일본 제국주의를 비판하려 했던 〈감각의 제국〉은 '영화와 성 정치학'의 교본과도 같은 작품이다.

쇼치쿠 영화사를 박차고 나온 오시마 나기사는 다양한 영화로 현대 일본의 모든 도덕적, 성적 금기에 대해 공격을 가했다. 〈사육〉(1961), 〈교사형〉(1968), 〈소년〉(1969) 등에서는 인종주의를 다뤘고, 〈열락〉(1965), 〈일본춘가고〉(1967), 〈신주쿠의 도둑일기〉(1969) 등에서는 성의 문제를 다뤘다. 바로 그 후자의 주제를 다루는 데 있어 〈감각의 제국〉은 그 정점이라 할 만하다. 더불어 그의 탁월한 점은 자신의 '의식'뿐만 아니라 '미학'적으로도 남다른 성취를 보여줬다는 사실이다. 《일본 영화사》를 쓴 프랑스 비평가 막스 테시에는 "오시마 나기사를 주목하는 것은, 일본 사회의 모든 금기를 공격하고자 하는 의지뿐만 아니라 그의 영화 언어가 지니는 뛰어난 절충주의 때문이다. 〈사육〉의 인상적인 롱테이크와 〈백주에 지나는 마귀〉(1966)의 엄청난 숏 분할은 한 감독의 작품처럼 여겨지지 않고, 〈교사형〉처럼 놀랍도록 복잡한 구조를 보여줄 때가 있는가 하면, 〈감각의 제국〉에서는 너무나도 선명하고 직관적인 공격성을 드러낸다"고 썼다. 또한 "오시마 나기사는 오즈 야스지로나 구로사와 아키라처럼 한결같은 감독은 결코 아니었지만, 모든 위험을 무릅쓰고 고전 일본 영화의 요새를 향해 공격을 가했다"고도 말했다.

3. 오시마 나기사의
법정 투쟁과 무삭제 버전

금기에 도전했던 오시마 나기사를 향한 탄압 사례는 언제나 있어왔다. 1960년 10월 9일 공개된 네 번째 장편 〈일본의 밤과 안개〉는 상영되고 나서 4일이 지난 뒤, 정치적인 이유 때문에 쇼치쿠 영화사로부터 개봉 중단이라는 조치를 당했다. 그 후 쇼치쿠를 떠난 오시마는 스즈키 세이준 감독이 니카츠 영화사로부터 부당하게 해고되고, 작품 제작비를 회수당하는 등 자신과 비슷한 탄압을 받게 되자, 그것에 항의하기 위해 '스즈키 세이준 문제 공투회'에서 주도적으로 활동했다. 외설적인 검열에 있어서도 〈태양의 묘지〉(1960)와 〈열락〉(1965)이 성적 표현으로 인해 영윤(영화윤리검열위원회)으로부터 엄격한 검열을 당한 적 있다. 그래서 〈감각의 제국〉의 경우, 외설성 짙은 필름은 일체 접수하지 않는 일본의 현상소를 피해 미현상인 채로 프랑스로 보내어 편집, 현상, 완성시키려 했었다. 그로서는 일본에서의 외설 단속 자체를 무의미하게 만들겠다는 도발적인 의도였다. 하지만 이처럼 '역수입' 형태로 공개하려 했던 〈감각의 제국〉이 법적 조치로부터 자유로웠던 것은 아니다. 1910년 제정된 '관세정율법' 21조에 의하여 풍속을 저해하는 서적, 도화 및 그 외의 물품 수입이 금지되어 있었기에 수입품으로 취급된 〈감각의 제국〉도 도쿄 세관의 검사를 받아 11분 분량이나 삭제당했고, 그 외 많은 부분을 흐릿하게 '블러' 처리해야 했다. 1976년 10월 16일 공개된 작품은 바로 이 수정본이었다.

뒤늦게 2000년 국내에 개봉한 버전은 성기 노출 장면이 삭제되고 일부 장면이 '보카시' 처리된 86분이었다. 하지만 IMDB에 기록돼 있기로, 오리지널 무삭제 버전의 상영시간은 109분이다. 이마저도 정확한 것은 아니다. 왜냐하면 〈감각의 제국〉은 일본에서 처음 개봉할 때도 무참하게 삭제당하고 모자이크 처리가 되는 등 이미 온전하게 상영되지 못했기 때문이다. 말하자면 처음부터 '오리지널' 혹은 '원본'이라고 이름 붙일 수 있는 수준이 아니었다. 2000년 (한국 이외의 국가에서) 재개봉 당시에도 2분 정도를 덜어낸 107분짜리 버전이었다. 국내에서는 일부 영화제를 통해서만 제대로 감상할 수 있었다. 거기에 더욱 손질이 더해져, 현재 가장 완전하다고 얘기되는 미국 크라이테리언의 DVD/블루레이 버전의 상영시간은 최종적으로 102분이다.

〈감각의 제국〉이 여전히 지루한 재판 과정에 있던 때, 오시마 나기사는 〈열정의 제국〉(1978)을 만들었다. 다시 한번 후지 타츠야가 주인공을 맡았다는 점에서 〈감각의 제국〉과 유사한 면모를 지니고 있다. 하지만 성적 묘사의 수위는 한없이 낮고 오히려 그보다 더 무기력해 보이기도 한다. 여기서 주인공 도요지(후지 타츠야)는 군대에서 막 제대한 젊은 이로 언제나 군복을 입고 다니는데, 줄곧 금기와 싸우고자 했던 오시마 나기사가 그 금기의 근원으로 거슬러 올라가려 했던 영화다. 그리고 그것은 '괴담'의 세계다. 오시마 나기사는 〈감각의 제국〉을 둘러싼 지루한 공방전 속에서 〈열정의 제국〉을 통해 세키(요시유키 카즈코)의 마지막 운명처럼 그저 눈이 멀어버리고 싶었던 것일지도 모른다.

4. 〈하나-비〉 무표정과
여백의 미학

　　무표정으로 일관하는 지독한 침묵의 세계, 그 안에서 기타노 다케시는 폭력과 죽음에 대한 집요한 사유를 펼쳐 보인다. 베니스국제영화제에서 황금사자상을 수상한 〈하나-비〉는 〈그 남자 흉폭하다〉와 〈소나티네〉로부터 이어지는 기타노 다케시 특유의 침묵의 하드보일드가 비로소 완성되는 지점이다. 절친한 친구 사이이기도 한 형사 니시(기타노 다케시)와 호리베(오스기 렌)는 파트너를 이루어 야쿠자를 소탕하는 일을 맡고 있다. 니시는 딸을 잃었고 아내 미유키(기시모토 카요코)마저 시한부 판정을 받았다. 의사는 더 이상 가망이 없다며 퇴원하고 남은 시간을 잘 보내라고 권고한다. 그런데 잠복근무 도중 동료들의 배려로 니시가 아내의 병문안을 간 사이, 야쿠자로부터 불의의 총격을 당한 호리베는 하반신 불구가 되고 또 다른 후배 형사 다나카는 현장에서 즉사한다. 그 처참한 광경은 니시의 트라우마가 되고, 결국 그는 범인을 죽이고 경찰직을 그만둔다. 한편, 니시는 그날 이후 아내로부터 버림받고 자살까지 기도했던 호리베에게 그림 재료를 사 주고, 죽은 다나카의 부인도 물심양면으로 도와준다. 하지만 아내의 치료비를 고리대금업자로부터 빌렸던 니시는 계속 빚 독촉에 시달리는 상황이다. 급기야 그는 경찰복을 입고서 은행을 털고는 빚을 갚는다. 이후 니시는 그의 부인과 함께 마지막이 될지 모르는 여행을 떠난다. 그들은 아이들처럼 폭죽놀이를 하며 즐거운 시간을 보내지만, 야쿠자와 형사들은 니시의 행적을 추적하기 시작한다.

　　〈하나-비〉를 당대 일본 사회의 분위기와 연결 짓기 이전에 살펴볼 만한 또 하나의 '사건'은 바로, 〈하나-비〉가 베니스국제영화제 황금사자상을 수상한 그해에 이마무라 쇼헤이의 〈우나기〉도 앞서 칸영화제에서 황금종려상을 수상했다는 사실이다. 이처럼 이른바 '세계 3대 영화제'라 불리는 두 개의 영화제에서 일본 영화가 나란히 최고상을 수상한 것은 무척 드문 일이다. 세대는 물론이며 출신 배경이나 활동 영역 등 기타노 다케시와 이마무라 쇼헤이 두 사람 사이의 공통점을 찾기란 너무나 힘든 일이지만, 〈하나-비〉와 〈우나기〉 사이에는 당대 일본 사회의 '무력한 남자'를 그려냈다는 묘한 공통점이 있다. 또한 여기서 아내의 존재 또한 중요한데 〈하나-비〉는 아내가 죽기까지 함께 가는 영화이고, 〈우나기〉는 아내를 죽이면서 시작하는 영화다. 〈우나기〉에서 낚시를 즐기는 평범한 회사원인 야마시타(아쿠쇼 코지)는 어느 날 날아온 익명의 편지를 통해 아내가 바람을 피운다는 사실을 알게 되고, 그 외도를 직접 목격하고는 그만 아내를 칼로 찔러 죽이고 자수한다. 말하자면 고도성장을 거듭한 1990년대의 일본 사회가 필연적으로 직면할 수밖에 없는 뒤틀린 종착역을 두 영화에서 발견할 수 있다. 두 영화 모두 도시를 떠나서 벌어지는 이야기라는 사실도 중요하다. 하지만 〈하나-비〉는 보다 전통적 남자상을 그리고 있다. 기타노 다케시는 베니스국제영화제에서 황금사자상을 수상하며 "〈하나-비〉는 일본에서 사라져가고 있는 전통적인 정신을 그리고 있는 영화라, 서구에서 이렇게 호평받을지 몰랐다"고 소감을 밝힌 적 있다. 니시는 더 늦기 전에 자신의 책임을 완수하려는 전통적인 일본 남자다. 이에 대해 영화평론가 토니 레인즈는 "당당하게 스스로 인생을 마감하려는 니시의 결의는 결국 나르시시즘적인 것일지 모르나, 어쨌건 그는 치카마츠의 에도시대 복수극에 나오는 주인공처럼 그 계획을 단호하게 밀어붙인다"고 썼다.

5. 〈소나티네〉와 〈하나-비〉, 기타노 다케시의 전성기

《일본 영화의 이해》를 쓴 요모타 이누히코는 기타노 다케시의 등장에 대해 '1990년대 일본 영화를 가장 상징적으로 보여주는 사건'이라 말하고 있다. 또한 "기타노 다케시는 폭력 장면에서 감상을 일체 배제하고 평안한 일상 속에서 돌연히 일어나는 참사를 그리는 것을 좋아했다. 〈소나티네〉(1993)는 그런 사체성애적(死體性愛的) 욕망이 어린이 같은 유희성을 동반하며 가장 강렬하게 표현된 영화이며, 1990년대 후반에는 그 세계에 조금씩 감상성이 담겨 〈하나-비〉(1997)에서는 인간의 고독과 거기에서 벗어나려는 노력을 보여준다"고 덧붙였다. 그처럼 기타노 다케시의 영화는 후카사쿠 긴지의 〈의리없는 전쟁〉 시리즈 등 장구한 일본 야쿠자 누아르 영화의 계보 위에 서 있는 듯 보였지만 이후 서정적인 영상과 절제된 대사, 그리고 오랜 여백과 침묵의 시간이 영화의 분위기를 이끌어가며 전혀 다른 차원으로 나아갔다. 이처럼 야쿠자들의 의리와 협행을 소재로 한 임협(任俠) 장르 영화들 외에 일본 고전영화와의 접점을 찾는다면 오즈 야스지로 등으로 대표되는 일본 영화 특유의 절제된 미학, 혹은 전통 연극 '노'의 영향을 읽을 수 있다. 그 스스로도 영화를 만들 때 '비어 있는 공간'에 가장 관심이 많다고 말하기도 했다. 또한 장르적으로 일본 바깥으로 더욱 확장하자면 장 피에르 멜빌의 '프렌치 누아르'처럼 영화사적으로도 가장 독특한 무드의 갱스터 장르 영화를 만들었다고 할 수 있다. 토니 레인즈는 〈하나-비〉를 두고 그의 영화사적 의미에 대해 다음과 같이 정리하여 격찬하기도 했다. "처음부터 독특함을 자랑했던 기타노 다케시의 편집은 이제 대가의 경지에 들어섰다. 메인 내러티브와 플래시백의 거침없는 연결은 관객을 계속 발길질한다. 화면을 채우는 많은 그림과 희박한 대사는 〈하나-비〉를 이제는 사라진 무성영화처럼 풍성한 시각 잔치로 만든다."

'꽃'(花)과 '불'(火)이 만난 하나비(花火)는 우리말로 '불꽃' 혹은 '폭죽'을 의미한다. 기타노 다케시는 〈소나티네〉에서 천연덕스럽게 폭죽놀이를 하는 야쿠자를 다룬 적 있는데, 〈하나-비〉에서도 니시 부부가 바닷가에서 함께 불꽃놀이하는 장면을 그들의 마지막 축제처럼 묘사한다. 이에 대해 기타노 다케시는 프랑스 영화 잡지 〈포지티프〉와의 인터뷰에서 영화의 주제를 포괄하는 '하나비'의 또 다른 의미를 얘기하기도 했다. "'하나'와 '비' 사이에 하이픈이 없으면 '하나비'로 불꽃놀이를 뜻하지만, 하이픈이 붙어서 '하나-비'가 되면 '삶'을 상징하는 '하나'와 파괴 혹은 죽음을 상징하는 '비'가 나란히 놓인 단어가 된다. 그렇게 삶과 죽음은 대립하기만 하는 것이 아니라 동시에 서로를 보충하는 개념이다." 이러한 얘기는 주제적 측면에서 기타노 다케시의 성숙을 보여주는 것이기도 하다. 가령 그의 많은 팬들이 얼핏 닮아 보이는 〈소나티네〉와 〈하나-비〉를 많이 비교하곤 했는데, 가장 다른 점은 역시 라스트 신이다. 자신의 관자놀이에 직접 총구를 들이대고 미소를 띤 채 장렬하게 죽던 〈소나티네〉와 비교하면, 그 죽음의 순간을 직접 보여주지 않고 총성으로 끝내는 〈하나-비〉는 사뭇 다르다. 아마도 거기에는 기타노 다케시 자신이 〈하나-비〉를 만들기 3년 전 오토바이 사고로 인해 실제 죽을 뻔했던 경험이 깊이 반영돼 있을 것이다.

6. 기타노 다케시의
오토바이 사고

〈하나-비〉는 기타노 다케시가 1994년 실제 오토바이 사고로 죽을 뻔했던 경험으로부터 영감을 얻은 작품이다. 삶에서 예기치 않게 닥치는 불의의 사고가 초래하는 결과를 통해 삶과 죽음의 문제를 깊이 사유하고 있는 것이다. 그 사고 이후 그는 영화 속 호리베처럼 그림 그리는 취미를 갖게 됐는데, 이에 대해 프랑스 영화 잡지 〈포지티프〉와의 인터뷰에서 다음과 같이 말하고 있다. "오토바이 사고를 당한 이후 그림을 그리기 시작했다. 내가 입은 상처는 상당히 심각한 것이어서 계속해서 영화를 만들 수도, '비트 다케시'라는 이름의 코미디언으로 TV에 나갈 수도 없을 것이라 생각했다. 호리베처럼 나는 아무것도 할 것이 없고 여유 시간이 너무 많았다. 처음에는 그저 괴로움을 잊게 만드는 기분 전환으로 그림을 그리기 시작했는데, 어느 순간 내가 가장 좋아하는 장기가 됐다." 게다가 그가 그린 그림은 영화 속에서 호리베가 그리는 그림으로 그대로 등장한다. 중요한 것은 그 그림이 영화 속에서 특별한 역할을 한다는 점이다. 《일본영화의 래디컬한 의지》를 쓴 요모타 이누히코는 "니시가 중고 택시를 경찰차로 위장시키려고 노란 페인트를 차체에 칠하는 장면 다음에, 호리베가 노란 그림물감으로 해바라기를 그리는 장면이 이어진다. 극히 유머러스한 일치이기는 하지만, 호리베의 창작 행위가 니시의 가짜 경찰차 제조에 조응한다. 이때부터 그림은 단지 배경에 불과한 것이 아니라, 마치 하나의 등장인물처럼 활약을 시작한다. 또한 니시 부부가 밤하늘을 배경으로 불꽃놀이 구경에 빠져 있는 그 순간에, 호리베는 불꽃놀이를 그리고 있다. 이 불꽃놀이를 계기로 영화 내부의 현실과 그림이 드디어 중첩된다"고 썼다. 한편, 기타노 다케시와는 〈그 여름 가장 조용한 바다〉, 〈소나티네〉, 〈키즈 리턴〉 등을 함께한 영화음악가 히사이시 조가 다시 한번 〈하나-비〉의 영화음악을 맡았다. 동명 테마곡인 〈하나-비〉는 눈 덮인 산으로 함께 여행을 떠나는 니시와 미유키 부부의 여정에 쓰였다. 잔잔하게 시작하여 불꽃처럼 터져 흐르는 음악의 전개는 영화의 분위기를 대변한다.

이장호와
정지영

〈바보 선언〉과
〈하얀 전쟁〉

1. 이장호, 영화가 시작하자마자
투신자살하는 감독

"당시에 사람들은 영화에 관심이 없었습니다. 모두들 스포츠에만 관심이 많았습니다. 영화감독은 혼자서 죽어버렸습니다." 〈바보 선언〉 (1983)에서 가장 유명한 장면은 도입부에서 한 아이의 내레이션이 흐르는 가운데, 한 영화감독이 누추한 차림새로 빌딩 옥상에서 투신자살하는 장면이다. 이장호 감독이 직접 연기했다. 미래의 어느 날을 사는 아이가 그처럼 '옛날 옛적 한국의' 이야기를 하듯 또박또박 얘기하는 가운데, 자신이 몸담고 있던 사회와 영화계를 마치 저주하고 자학하듯 완성한 이 장면은 블랙코미디라고 말하기에도 지나치게 서글프고 독설적인, 1980년대 한국 사회와 영화를 대표하는 기념비적인 장면이다. 심지어 행려처럼 보이는 주인공 동철(김명곤)은 아무런 애도도 없이 죽은 영화감독의 옷과 시계와 신발까지 가져간다. 심의와 검열로 만신창이가 된 예술가가 자신의 작품으로 대중에게 아무런 위안도 주지 못하던 시대, 예술이 사회 현실을 담아내지 못하던 시대, 그런 식으로라도 예술가가 대중에게 도움을 줄 수 있다면 다행이라고 말하는 것처럼, 영화감독은 조용히 눈을 감았다. 그렇게 영화를 만든 영화감독이 죽고 영화가 시작된다.

2. 억압과 통제의 시대,
자포자기의 태도

영화 속에서 영화감독의 유품을 챙긴 절름발이 청년 동철은 구걸을
하고 넝마를 주우며 사회 밑바닥의 삶을 살아가고 있다. 그런 그는 어
느 날 아름다운 여대생 혜영(이보희)의 뒤를 쫓고, 그녀를 납치하여 결혼
하겠다는 망상에 사로잡힌다. 그러던 가운데 택시 운전사 육덕(이희성)
을 만난다. 육덕은 성품은 착하지만 머리가 약간 모자라 외톨이가 된 청
년이다. 두 사람은 혜영을 납치할 계획을 세우지만 오히려 혜영에게 망
신만 당한다. 게다가 알고 보니 혜영은 부잣집 대학생인 척 꾸미고 다닐
뿐인 청량리 사창가의 창녀였다. 그래도 혜영은 할 일 없는 그들을 위해
사창가의 삐끼 일자리를 마련해준다. 그렇게 그들은 서로 도우며 새로
운 일상과 미래를 꿈꾼다.

사실 〈바보 선언〉은 줄거리를 요약하는 것이 큰 의미가 없는 영화
다. 별 대사가 없는 스토리텔링은 느슨하고, 연기는 의도적으로 과장되
어 있으며, 영화 내내 풍자와 조롱이 이어진다. 마치 찰리 채플린의 슬
랩스틱 코미디를 보는 것처럼 고속촬영 장면 또한 군데군데 끼어든다.
팬터마임과 마당극의 형식을 함께 차용했고 전자오락 효과음이나 판소
리 추임새 등 사운드 효과 또한 맥락 없이 이어진다. 한국영상자료원이
펴낸 '한국 영화사 연구 총서' 중 2권인 《한국영화사 공부: 1980~1997》
에서는 "〈바보 선언〉은 지금의 관점에서 보더라도 여전히 독특한 영화"
라고 전제한 뒤, 이렇게 정리한다. "이장호 감독은 당대 한국 영화에서
그 맥락을 찾아볼 수 없을 만치 독창적이고 실험적인 〈바보 선언〉을 내
놓기도 했다. 섹스에는 관대했지만 현실 그 자체를 드러내는 것은 금기

시한 군사정권에 의해, 자포자기의 태도가 더 큰 저항을 만들어낸 이채로운 결과를 〈바보 선언〉에서 확인할 수 있을 것이다."

도입부와도 결부되어 있는 이런 감독의 자포자기의 태도는 당시 시대상과 긴밀한 관계가 있다. 제작 전에 그는 자신의 또 다른 흥행작 〈어둠의 자식들〉(1981)의 속편으로 당시 문공부에 '어둠의 자식들 2부'라는 제목을 신고하였으나, 전두환 정권하의 문공부는 이를 허락하지 않았다. 사회를 어둡게 그리는 것은 물론 영화 속 인물들의 우울도 사회 분위기를 해친다는 이유로 허락되지 않던, 심지어 영화를 제작하기도 전부터 사전 검열이 당연시되던 때였다. 그렇게 이장호 감독은 〈바보 선언〉 도입부의 영화감독 같은 심정으로 진지하게 영화를 그만두어야 하나, 하는 생각까지 하게 됐다. 결국 열 몇 개의 제목 후보를 가지고 문공부에 가서 정해달라고 했는데, 〈바보 선언〉이라는 제목은 그때 문공부가 선택한 제목이다. 그로 인해 자포자기의 태도는 더 굳어졌다. 배우의 즉흥연기가 자유롭게 담겼고, 정말 '감독의 바보 선언'처럼 보이게끔 촬영했다. 그런데 놀랍게도 그러한 태도가 묘한 리듬과 흥을 만들어냈다. 한국 영화 사상 가장 실험적인 상업영화가 만들어지던 순간이었다. 당시 이장호 감독은 화천공사와 〈어둠의 자식들〉을 3부작으로 계약했기 때문에 〈바보 선언〉에 이어 〈과부춤〉(1983)까지 만들게 되는데, 그런 자포자기의 태도가 그의 실험 정신을 극단으로 추구하게끔 만든 시기였다.

3. 당대 최고의 흥행 감독
이장호

〈별들의 고향〉(1974)으로 당대 최고의 흥행 감독으로 떠올랐던 이
장호 감독의 작가적 전환점이라 부를 만한 〈바람 불어 좋은 날〉(1980)을
잠시 이야기할 필요가 있다. 최일남 작가의 중편소설 《우리들의 넝쿨》
을 영화화한 〈바람 불어 좋은 날〉은 한국 영화계의 1980년대를 열었던
사회비판적 리얼리즘의 대표작이다. 앞서 1970년대 들어 유신체제 아
래 한국 영화의 암흑기가 찾아오고 청춘영화 〈바보들의 행진〉(1975)이
거의 난도질당한 채 개봉하는 등 우여곡절이 많았는데, 미국 유학파 출
신으로 안타깝게도 일찍 세상을 떴던 하길종 감독의 〈바보들의 행진〉과
이후의 〈바람 불어 좋은 날〉은 한국 영화의 현실 인식이라는 측면에서
후배 감독들에게 크나큰 영향을 미쳤던 작품이다. 한국 영화가 억압적
인 시대상을 외면하지 않고 정면으로 마주하기 시작한 것이다.

다만 결정적인 차이라면 〈바보들의 행진〉은 연일 휴학이 이어지는
황량한 캠퍼스의 대학생들이 주인공이고, 〈바람 불어 좋은 날〉은 이제
막 서울로 올라와 어렵사리 일자리를 구한 시골 청년들이 주인공이라
는 것이다. 그렇게 이장호 감독은 1970년대 후반 급속한 산업화와 도시
화를 겪고 있는 서울을 배경으로 중국집 배달원 덕배(안성기), 이발소 견
습생 춘식(이영호), 여관 종업원 길남(김성찬)을 주인공으로 내세워 경제
개발의 이면에서 빈곤과 소외가 공존했던 현실을 날카롭게 포착했다.
《이장호 VS 배창호》를 쓴 영화평론가 김영진은 이에 대해 "〈바람 불어
좋은 날〉은 1980년대에 대학가를 중심으로 불어닥쳤던 민중영화의 개
념에 어떤 영감을 제공했던 작품이다. 이 영화는 어떤 운동권 영화보다

더 직설적으로 '민중'의 삶을 건드린다"고 보았다. 그 '영감'은 한국 영화계로도 이어졌다. 화려한 아역배우 시절을 뒤로한 채 연기를 그만두고 살던 안성기 배우가 심사숙고 끝에 〈바람 불어 좋은 날〉을 복귀작으로 선택했고, 이후 이장호 못지않은 당대를 대표하는 감독이 된 배창호 감독이 조감독으로 참여했다. 이후 〈성공시대〉(1988), 〈우묵배미의 사랑〉(1990) 등을 만들게 되는 장선우 감독, 〈칠수와 만수〉(1988), 〈그들도 우리처럼〉(1990) 등을 만들게 되는 박광수 감독이 그를 찾아와 연출부를 자청했다. 〈상계동 올림픽〉(1988), 〈송환〉(2003) 등을 만들며 한국 다큐멘터리 역사를 대표하게 된 김동원 감독 또한 이장호 감독의 연출부 출신이다. 그렇게 이장호 감독의 존재는 바로 지금의 후배 영화감독들에게까지 도도하게 이어지는 '한국 영화 뉴웨이브'의 기점으로 자리한다.

그런 점에서 〈바보 선언〉의 두 주인공 동철과 육덕도 얼핏 보아 〈바람 불어 좋은 날〉의 젊은 주인공들의 재등장처럼 보이지만, 〈바보 선언〉은 더 멀리 나아간다. 〈바람 불어 좋은 날〉이 당시 시대상을 신랄하게 비판하면서도 서울이라는 각박한 도시에서 꿈을 잃지 않으려 노력하며 살아가는 이들의 희로애락을 담아내고자 했다면, 〈바보 선언〉에서는 도입부의 단호한 자살이 예고하듯 아무런 희망도 찾아볼 수 없다. 이에 대해 《한국영화 전복의 감독 15인》을 쓴 영화평론가 김수남은 "〈바람 불어 좋은 날〉의 주체적 인간관은 〈바보 선언〉에 이르러서 민중 미학적 진보적 리얼리즘으로 성숙하여 영화 형식미 자체도 급진전한다"고 보았다. 어쩔 수 없었던 그 자포자기의 미학이 사실은 그를 더 진화시켰던 것이다. '비극적인 해학'이라는 일견 모순된 표현이 가능한 당대 유일한 한국 영화였다고나 할까. 그런데 영화가 만들어진 1983년은 바로 한국방송공사(KBS)가 6월 30일부터 11월 14일까지 무려 138일에 걸쳐 453

시간 45분 동안 생방송으로 이산가족찾기 특별프로그램을 진행했던 해이기도 하다. 영화보다 더한 드라마가 극장이 아닌 TV에서 펼쳐지던 때였다. 그처럼 영화다운 영화를 만나기 힘들었던 그때, 〈바보 선언〉은 1980년대라는 어둠 속에서 한국 영화가 여전히 가쁜 숨을 내쉬고 있었다는 증거와도 같은 작품이다.

4. 정지영 감독의 베트남전에 대한 양심 고백

"두 달이 지나도록 우리는 땅만 파고 있었다." 〈하얀 전쟁〉(1992)에서 스펙터클한 전투 신을 기대한다면 오산이다. 저마다 부푼 꿈을 안고 베트남전에 파병된 군인들은 그렇게 땅만 파다가 어느 날 심야에 드디어 첫 번째 교전을 벌인다. 암흑 속에서 처음으로 격렬한 총격전이 벌어지는데, 날이 밝고 보니 베트콩으로 알고 쏘아댄 대상은 마을의 소 떼였다. 허무하게도 누군가의 잘못된 총기 발사로 시작되어, 상대가 누군지도 모른 채 그저 마구잡이로 총을 갈겨댔던 것이다. 다음 날 마을 주민들이 소대로 찾아와 보상해달라고 시위를 벌이지만 소대 상급자들은 그를 완전히 무시한다. 하지만 한기주 병장(안성기)은 "저 사람들이 뭘 잘못한 겁니까?"라고 되묻고, 전희식 병장(김세준) 또한 "어제 일은 우리가 잘못한 거죠"라고 말한다. 〈하얀 전쟁〉은 베트남전에 대한 한국 사회의 반성적 시선을 엿볼 수 있는 최초의 한국 영화다.

영화는 베트남전 이후 글을 쓰며 살아가는 소설가 한기주가 1980년 현재의 서울과 전쟁이 한창인 과거 베트남에 대한 쓰라린 기억을 오가며 진행된다. 한기주는 한 시사 월간지에 베트남전 참전의 기억을 바탕으로 소설 연재를 시작한다. 전쟁 후유증으로 아내와도 별거 중인 상태에서 그 집필 활동이 전쟁의 상처를 씻어줄 것이라 기대했지만, 연재를 해나갈수록 과거의 기억은 더욱 또렷해진다. 그러던 어느 날, 베트남전 당시 후임병이었던 변진수(이경영)가 그를 찾아온다. 소대의 마지막 전투에서 살아남은 일곱 명 중 한 명인 그는 기주에게 권총으로 자신을 죽여달라고 부탁한다. 그렇게 그들 앞에 과거 베트남전에서 있었던 끔찍한 기억들이 한꺼번에 불려 나온다.

"괄태충과 별로 다를 바가 없는 삶을 살아가고 있었다." 정지영 감독의 〈하얀 전쟁〉은 안정효 작가의 소설 《하얀 전쟁》을 원작으로 삼고 있다. 실제로 안정효 작가는 베트남전에 참전한 경험을 바탕으로 1984년 〈실천문학〉에 연재를 시작했고, 그 글들은 이후 단행본으로 출간되어 1989년에는 《White Badge》라는 제목의 영어 소설로 해외에도 소개됐다. 베트남전은 30만 명이 넘는 한국 젊은이들이 참전하여 그중 5000명 가까이 죽거나 실종되어 돌아오지 못한 전쟁이었으며, 인류 역사상 힘이 가장 불균형했던 강대국 미국과 약소국 베트남의 부조리한 전쟁이었다. 작가가 원작에서 베트남전 이후 한국에 돌아와 칙칙하고 음습한 방에서 혼자 사는 한기주를 묘사하며 '괄태충과도 같은 삶'이라고 표현한 일상은, 저마다 부푼 꿈을 안고 베트남으로 향했던 젊은이들이 겪고 있는, 그 무엇으로도 씻을 수 없는 전쟁의 후유증이었다.

그런 한기주를 연기한 배우 안성기는 원작 소설을 읽고 정지영 감독에게 영화화를 권한 사람이기도 하다. 실제로 안성기는 화려한 아역 배우 시절을 뒤로하고 베트남 전문가를 꿈꾸며 베트남어과를 전공했다가, 베트남전이 끝나고 1975년 외교 관계마저 단절되면서 다시 배우 활동을 시작했던 이력이 있다. 어쩌면 베트남전은 지금의 국민 배우 안성기를 있게 한 사건이라고도 할 수 있다. 그런 그가 20여 년의 세월이 흘러 베트남전에 대한 반성적 고찰을 담은 〈하얀 전쟁〉에 출연한 것 또한 운명이라 할 수 있을 것이다. 1992년은 한국과 베트남이 수교에 합의해 다시 외교를 시작하게 된 해이며, 베트남전 영화 제작 최초로 베트남 정부로부터 촬영 허가는 물론 협조까지 얻어가며 현지 촬영이 가능했다. 1992년 1월 15일부터 약 80일 동안 호치민, 다낭, 나트랑, 루이호아 등지를 돌며 촬영을 진행했으며 당시 한국 영화계에서는 큰 규모였던 제작비 20억여 원이 투입된 대작이었다. 그리고 그해 열린 제5회 도쿄국제영화제에서 최우수작품상과 감독상을 수상하는 영예를 안았다.

5. 안정효 작가 원작과의 차이점

영화 〈하얀 전쟁〉은 원작과는 상당 부분 다르게 전개된다. 결정적인 차이점은, 원작에서는 변진수의 아내가 상당한 분량으로 등장하고, 후반부에 이르러 전쟁의 상처로 인한 기나긴 갈등 끝에 이혼하는 내용이 중요하게 다뤄진다는 점이다. 즉 부부 관계의 파탄이 중심 내용이다. 사실 원작에서 한기주에게는 자식이 없다. 하지만 영화에서는 초반부에 이미 이혼한 아내가 등장할뿐더러, 극 중 아들이 "엄마랑 나랑 새아빠랑 미국에 간대. 이제 방학 때 못 봐"라며 일찌감치 원작의 핵심 요소와 단절하며 전개된다. 그렇게 전쟁 이후 정신질환에 시달리는 변진수의 비중이 늘어나면서 영화는 올곧게 전쟁과 그 후유증 자체에 집중한다. '베

트남전은 우리에게 무엇이었나'라는 질문을 보다 확장시키고 있는 것
이다.

　또한 영화 속 현재의 시대 배경은 바로 '서울의 봄'이다. 영화에 김
재규와 전두환의 자료 화면이 등장하는 것처럼 1979년 10월 26일부터
1980년 5월 17일 사이 벌어진 민주화 운동 시기로, 박정희 대통령이 사
망한 10·26사건 직후 보안사령관이던 전두환 소장이 합동수사본부장
을 맡아 군부를 장악하고 정치적 실세로 등장하던 때다. 12·12 쿠데타
등 불안정한 정국에 불안을 느끼면서도 국민들은 오랜 유신체제에서
벗어나 새로운 민주사회에 대한 희망을 키워나가기도 했다. 당시 한국
영화에서 그 시기를 이처럼 정면으로 다룬 사례가 없다. 영화평론가 김
종원은 자신의 영화평론집 《한국영화사와 비평의 접점》에서 정지영 감
독에 대해, 〈하얀 전쟁〉에 앞서 한국전쟁 당시 빨치산을 소재로 만든 '대
작' 〈남부군〉(1990)을 이야기하면서 "정지영 감독은 남들이 이루지 못한
두 가지 일을 과감히 해냈다"며 "하나는 여유가 있는 제작자조차 기피해
온 대작 촬영의 모험을 강행, 성과를 끌어냄으로써 적극적인 제작 환경
을 조성했고 두 번째는 지금까지 금기시되어온 소재에 도전, 표현의 폭
을 넓혔다는 점"이라고 썼다. 그 '두 가지 일'은 〈하얀 전쟁〉에 이르러 만
개한다. 한국의 정치 현실과 베트남전에 대한 반성이 겹쳐져, 〈남부군〉
과 〈하얀 전쟁〉은 1980년대 후반 한국 사회 민주화의 도도한 흐름과 변
화가 영화를 통해 직접적으로 드러난 사례라 할 것이다.

6. 실천적 영화인의
변함없는 길

한국영상자료원이 펴낸 한국 영화사 연구 총서 2권 《한국영화사 공부: 1980~1997》에서도 〈하얀 전쟁〉과 〈남부군〉은 물론, 조정래 작가의 베스트셀러를 원작으로 한 임권택 감독의 〈태백산맥〉(1994)까지 아울러 "노태우 정권이 유연한 민주화 과정을 약속한 1990년은 그에 걸맞게 어느 때보다 자기검열과 체제검열에 걸려 실종되어버렸던 리얼리즘 영화들이 단절의 역사를 극복하고 집중적으로 생산되는 의미심장한 부활을 보여준다"며 "마치 1990년대가 열리기를 기다렸다는 듯이 장르 법칙의 상투형을 깨며 그간 침묵했던 현실과 접속했다"고 기술한다. 그 세 편 중에서도 〈하얀 전쟁〉은 "그간 반공주의 시각에서 정권 홍보용으로 제작되어온 베트남전 관련 영화의 기조를 전복시키며 베트남 참전 용사의 내면에 각인된 상처를 폭로했다"고 덧붙인다. 실제로 정지영 감독은 학창 시절, 한국 리얼리즘 영화의 거목이라 할 수 있는 유현목 감독의 〈오발탄〉(1961)을 보고 영화감독이 되길 꿈꾸었던 사람으로, 〈하얀 전쟁〉은 전쟁영화라는 장르성 안에서 인간의 실존적 고뇌와 마주하며 한국 영화사가 잊고 있던 리얼리즘 전통을 복원해낸 작품이다. 그러한 문제의식은 다시 한번 안정효 작가의 원작을 정지영 감독 그 자신의 스크린쿼터 투쟁과 경험을 살려 창의적으로 각색한 〈헐리우드 키드의 생애〉(1994)로 이어진다. 말하자면, 리얼리즘에 기반을 둔 정지영 감독의 영화 세계가 더욱 설득력과 파급력을 지니는 이유는 그가 1980년대 후반부터 영화인 시국선언을 주도하고 실제로 옥고를 치르기도 하면서, 할리우드 영화 직배 반대 투쟁의 최전선과 스크린쿼터 운동의 출발점에서 영화계 개혁운동을 주도한 실천적 영화인이었기 때문이다. 한동안 휴지기를 가졌던 그의 문제의식은 여전히 한국 영화계의 흔들림 없는 양심으로 자리하고 있다.

김윤석과
곽경택

〈극비수사〉와
〈암수살인〉

1. 〈극비수사〉, 과학수사가 부재하던 시절의 유괴 사건

장인의 솜씨가 솔솔 풍기는 오프닝이 이미 많은 것을 보여주고 있다. 작품의 전반적인 정서를 자연스레 담아내면서 시대상을 압축한 〈극비수사〉의 도입부는 인상적이다. 거리에서 시위가 끊이지 않던 1970년대 후반의 풍경 뒤로, 당시의 시내버스를 비롯해 꼼꼼하게 시대를 재연한 여러 소품들이 미장센을 가득 채우고 있다. 다소 과잉 해석을 하자면, 마치 이후 납치될 소녀를 암시하는 것처럼 시위대 속의 쫓고 쫓기는 어른들의 혼란 속에서 결국 흐트러지고 마는 것은 이제 갓 태어난 병아리들의 종이 박스다. 그리고 곽경택 감독의 장기를 보여주듯 지역색이 물씬 풍기는 '로컬 시네마'로서 항구 수산 시장의 거래와 다툼을 보여준다. 그러거나 말거나, 사장은 두둑한 현금을 금고에 가득 보관한다. 곽경택 감독은 도입부만으로 1980년대가 시작되기 직전의 혼란스러운 시대상을 일목요연하게 보여준다. 그런 가운데 유괴가 벌어진다. 유괴란 결국 자본주의사회에서 발생하는 범죄다. 한국 영화에 있어 유괴극은 많았지만, 하나같이 현재 시점의 영화들이었다. 〈극비수사〉는 그런 점에서 여느 유괴영화들과 다르다. 유괴를 저지른 사람도, 그를 해결해야 할 수사 당국도 어수룩하다. 양쪽 다 준비가 덜 되어 있다. 그래서인지

〈극비수사〉는 장르물의 외피를 두르고 있지만, 의미심장하게도 한국의 근현대사를 다루는 기묘한 텍스트가 된다.

1978년 부산, 초등학교 5학년 여학생이 정체불명의 남자에게 납치 당한다. 모두가 살아 돌아올 가망이 없다고 포기하려 하지만, 우연히 사건을 떠맡게 된 형사 공길용(김윤석)은 슬픔이 가득한 소녀의 어머니를 보고서 사건을 해결하기로 마음먹는다. 국제시장 암달러상 살해범 검거, '곰보' 유괴범 검거 등 굵직굵직한 사건을 해결하면서 실력을 인정받은 그였지만 다른 관할서 사건에 손을 댔다는 이유로 시위를 진압하는 기동대에 전출됐던 그가 나름 명예 회복의 기회를 잡은 것이다. 그러던 중 "유괴된 지 보름째 되는 날 범인으로부터 연락이 올 것"이라고 점쳤던 도사 김중산(유해진)을 만나 함께 사건의 실마리를 쫓는다. 놀랍게도 실제 보름 만에 유괴범으로부터 전화가 걸려 왔기 때문이다. 그럼에도 공길용은 도사에 대해 의심의 눈초리를 놓지 않는데, 이후에도 신기하게 그의 예언이 하나둘 맞아 들어가면서 뜻하지 않게 공조하며 아이를 찾기 시작한다. 하지만 범인의 정체가 쉬이 드러나지 않자 소녀 아버지(송영창)의 요구로 인해 수사는 서울 지역 경찰서들로 확대된다. 공길용과 김중산은 서울에서도 합숙하다시피 하며 범인을 쫓는다. 다른 형사들이 유괴된 아이의 생존 여부에는 별 관심 없이 당장의 실적에만 집착하는 반면, 그 둘은 진정으로 머리를 맞대고 사건 해결에 임한다.

당시 실제 시대적 상황을 보자면, 생활고로 인한 유괴 사건이 유난히 많았다고 한다. 하지만 '과학수사'라는 개념이 부재했던 그때, 그에 대응할 만한 수사 당국의 매뉴얼은 턱없이 미흡했다. 영화 속에서 아이를 유괴당한 가족이 경찰 수사와는 별개로 이틀 만에 점집에 가서 절박한 심정으로 '아이가 살아 돌아올 수 있을까요?' 묻는 설정도 시대를 감안하면 그리 황당한 것도 아니다. 경찰을 믿지 못해서가 아니라 당시에는 그것이 딱히 이상한 일이 아니었다. 그러한 설정은 제작 연도로 보자면 거의 10년 전에 만들어진, 하지만 시대적 상황으로 보자면 〈극비수사〉로부터 10여 년 정도 뒤의 시대가 배경인 〈살인의 추억〉(2003)에서도 발견할 수 있다. 형사 박두만(송강호)은 연쇄 살인 사건의 실마리를 찾지 못한 나머지 무당을 찾아간다. 그러고는 무당이 내놓은 종이를 들고 현장에 간다. 〈극비수사〉와 비교하자면 다소 희화화되어 그려지긴 했으나, 공길용과 박두만 모두 어떤 특정 종교라기보다는 당시 일상과 그리 멀지 않았던 민간신앙에 기대고 있다는 점에서 크게 다르지 않다. 〈극비수사〉는 바로 그 지극히 한국적 혹은 초현실적이라고 할 만한 설정을 이야기의 중심으로 끌고 들어온다.

2. 유괴범의 연락이 가장 늦은 유괴영화

경찰 수사와 민간신앙의 결합이 가져오는 장르적 재미가 중요하다. 무엇보다 '형사'와 '도사'가 사건 해결에 나섰다는 것 자체가 독특하다. 사건의 경과가 도사의 예언대로 흘러갔다는 것도 재미를 안겨주고, 물고기를 잡아 돈을 버는 수산 재벌이 당한 유괴이기에 바다에 물고기를 방생해야 한다는 설정도 아이의 목숨이 걸려 있는 유괴영화를 보면서 웃어야 할지 울어야 할지 기묘한 기분이 들게 한다. 그런데 실화를 바탕으로 했다는 점에서 더 흥미롭다. 실제 1978년에 벌어진 1차 유괴 사건에서 아이는 유괴 33일 만에 부모 품으로 돌아왔다. 이듬해 아이는 또 유괴당했고, 아이의 부모는 범인으로부터 1억 5천만 원을 요구받아 대통령이 담화문을 발표할 정도로 화제가 됐다. 두 사건 모두 경찰이 범인을 검거해 일단락됐는데, 영화가 다루는 1차 유괴 사건의 경우 극비 수사로 진행되었기에 공개적으로 알려지지는 않았지만 공길용 형사와 김중산 도사가 큰 공을 세웠다. 여기서 알 수 있듯 곽경택 감독은 공길용과 김중산이라는 실존 인물의 이름을 캐릭터에 그대로 가져왔다. 거기에는 연출자로서 두 가지 바람이 있었던 것으로 보인다. 사건의 실질적인 해결사였지만 주목받지 못한 그들에 대해 존경을 표하는 것이고, 실제와 픽션을 적절히 결합하여 단순한 장르적 재미 그 이상의 메시지를 던지고자 함이다.

그런 점에서 〈극비수사〉는 세계 영화 역사의 수많은 유괴영화들을 들춰봐도, 유괴범으로부터의 연락이 가장 늦게 오는 영화라 할 수 있다. 도사의 예언대로 정말 보름 동안 연락이 없다. 그 빈틈을 채우는 것은 캐릭터 자체의 인간적 면모다. 개봉 당시 한국 영화 최고 흥행 기록을 세웠던 〈친구〉(2001)의 감독, 이라는 꼬리표가 지금도 붙어 있는 곽경택 감독으로서는 그보다 앞서 만든 〈억수탕〉(1997)을 떠올리게 할 만큼 온기를 풍기는 영화다. 실제로 그는 한 인터뷰에서 "곽경택이 '조폭 영화 찍는 감독이 아니구나, 원래 이런 성향도 있구나' 하고 인정받았으면 좋겠다"고 말하기도 했다. 사건에 관심 없는 공길용에게 아내는 "우리 아이들이 유괴당했어도 그렇게 할 거야?"라고 부추기고, 김중산을 믿지 못하던 공길용의 마음을 흔들리게 만든 것도 맨 처음 그의 집에 찾아갔을 때 마당에서 소꿉놀이를 하고 있던 세 아이의 모습이었다. '도사'라는 초현실적 존재가 세 아이와 아내를 책임진 가장으로서의 아빠라는 것을 실감했기 때문이다. 후반부에 등장하는 범인 또한 마찬가지다. 영화는 제멋대로이며 도저히 정체를 파악할 수 없는, 관객으로 하여금 충분히 '괴상한 유괴범'이라는 설정을 납득하게 만들었지만 의외로 서툴고 인간적인 면모를 지닌 범인을 등장시킨다. 실제 범인 역시 악질은 아니었다는 점과, 유괴가 '생계형 범죄'이기도 했던 시대로부터 착안한 것이다.

3. 민간신앙과의 결합 그 이후

〈극비수사〉는 범인을 잡는 데서 오는 쾌감을 그린 수사물이라기보다 그 이후의 정서적 파장을 그려낸 휴먼드라마로 보는 것이 옳을 것이다. 그런데 중요한 것은 후자에 방점이 찍힌 당대의 한국 영화들이 지나치게 많아서 문제임에도 불구하고, 〈극비수사〉는 전혀 그런 가식적이고 인위적인 향기를 풍기지 않는다는 것이다. 다른 형사들이 사건 해결로 얻을 자신들의 이해관계를 따질 때 공길용과 김중산은 철저히 아이가 살아서 돌아오기만을 소망한다. 그것이 재미로서의 컨벤션을 중시하는 장르영화로서는 꽤 불리한 설정일 수 있는데, 장르의 달인인 곽경택 감독은 그를 우직하게 돌파한다. 아무래도 그것은 김중산이라고 하는 독특한 캐릭터를 능수능란하게 다루는, 더불어 유해진이라는 배우에게 의외의 역할을 맡겨서 조율한 세공술에서 발휘된다. 맨 처음 공길용은 김중산 같은 도사들은 '주둥이로 돈 버는 사람들'이라고 말하며 경계한다. 도사의 얘기는 다 '구라'라며 전혀 믿지 않는다. 하지만 그의 예언이 맞아 들어가면서 조금씩 신뢰를 보내고, 급기야 김중산이 형사처럼 활약하는 것까지 보게 된다. 바로 범인을 맞닥뜨린 순간, 자백을 망설이는 범인에게 마치 점쟁이처럼 그의 홀어머니 얘기를 꺼내며 입을 열게 만든 것이다. 그렇게 김중산은 신통력을 발휘하는 도사를 넘어 현장에서 협상가의 역할까지 수행하는 경찰 이상의 존재가 된다. 그처럼 〈극비수사〉는 장르의 경계를 자유자재로 넘나드는 곽경택 감독의 장인으로서의 면모를 재확인하게 만드는 작품이다. 현실과 허구, 사건과 정서, 규격과 일탈 사이에서 이처럼 즐거운 줄타기를 하는 한국 감독은 흔치 않다.

4. 〈암수살인〉
내 의지와 무관하게 사건에 엮이다

피해자는 있지만 신고도, 시체도, 수사도 없어 세상에 알려지지 않은 살인 사건을 '암수살인'이라 칭한다. 수감된 살인범 강태오(주지훈)는 형사 김형민(김윤석)에게 자신이 총 일곱 명을 죽였다며 추가 살인을 자백한다. 형사의 직감으로 자백이 사실임을 확신하게 된 형민은, 태오가 적어준 7개의 살인 리스트를 믿고 수사에 들어간다. 태오의 추가 살인은 세상에 알려지지 않은 암수 사건이다. 형민은 태오가 거짓과 진실을 교묘히 뒤섞고 있다는 걸 알게 되지만 수사를 포기하지 않는다. 영화는 실제 사건을 모티브로 한다. 시작은 2012년 가을. 김태균 감독이 방송을 통해 우연히 보게 된 SBS 〈그것이 알고 싶다〉의 한 에피소드였다. 방송 다음 날 취재를 위해 무작정 부산으로 내려간 그는 실제 주인공인 김정수 형사를 만나 범행의 흔적이 아직도 생생히 남아 있는 사건 현장으로 향한다.

〈암수살인〉은 범인을 찾고 추적하는 과정에 화려한 액션이 수반되는 범죄 수사 장르의 일반적인 패턴 없이도 새로운 차원의 재미와 긴장감을 선사한다. 단순히 범인을 검거하는 게 아닌, 피해자와 사건 자체를 찾아야 하는 한국 범죄 장르 사상 가장 어려운 미션이라 할 수 있다. 이는 실종자 리스트와의 대조를 거쳐 끈질기게 피해자를 찾아 그 넋을 위로하려는 형사의 집념과 만나 빛을 발한다. 〈극비수사〉와 〈암수살인〉 모두 김윤석이 부산 경찰로 등장한다. 공통점은 두 사람 모두 뜻하지 않게 사건에 말려들었다는 점이다. 그처럼 자신의 의지와 무관하게 그렇게 됐다는 것이 오히려 그 형사의 운명을 더욱 강조한다. 〈극비수사〉에서는 피해자 가족이 "공 형사님(김윤석) 사주여야 우리 아이를 구할 수 있다"고 간곡하게 얘기하니 황당하지만 거절할 도리가 없다. 실제로 당시 부모의 간곡한 요청으로 아이의 생사를 점쳤던 김중산 도사는 자신이 사주를 보고 뽑은 경찰만이 아이를 살릴 수 있으며, 그 인물이 바로 공길용 형사라고 확신했다고 한다. 〈암수살인〉도 강태오(주지훈)가 정보원을 통해 김형민 형사(김윤석)를 지목하면서 본격적인 이야기가 시작된다. "혹시 돈 좀 있습니까?"라고 묻는 것으로 보아 김 형사로부터 돈을 좀 뜯어낼 수 있을 거란 생각으로 접촉했을 거다. 당시로서는 '골프 치는 형사'라는 게 뭔가 유용하겠다고 생각한 근거가 됐다. 그처럼 〈극비수사〉의 공길용, 〈암수살인〉의 김형민 모두 영문도 모른 채 사건 해결의 주체가 된다. 결코 자신의 의지가 아니었다. 〈암수살인〉은 곽경택 감독이 직접 연출할 생각으로 시나리오를 쓴 영화였으나, 결국 김태균 감독이 연출을 맡았다. 그런 점에서 〈극비수사〉와 〈암수살인〉 두 편을 거칠게 묶어서 '곽경택과 김윤석의 합작품'이라고 한다면, 김윤석이 연기한 두 형사는 이명세 감독 〈인정사정 볼 것 없다〉의 우 형사(박중훈), 강우석 감독 〈공공의 적〉의 강철중(설경구), 류승완 감독 〈베테랑〉의 서도철(황정민)과 어깨를 나란히 하는 경찰 캐릭터라 생각된다.

5. 형사와 살인범의 기이한 밀당

〈암수살인〉은 형사와 범죄자의 가장 이상한 밀당을 그린 영화라고 할 수 있다. "제가 죽인 사람이 총 일곱 명입니다. 접견 좀 와주이소"라고 해서 갔더니 살인범이라는 놈이 "사람 죽이는 게 쉬운 줄 아냐"는 궤변을 늘어놓으며 갑자기 버럭 화를 낸다. 결국 그의 목적은 김형민 형사를 이용해, 맨 처음의 살인 사건도 경찰의 강요와 압박에 의한 자백이었다며 무혐의 처분을 받으려는 수작이었다. 무능한 경찰들이 제때 나를 못 잡아서 자신을 악마로 만들었다고 큰소리치는 것이다. 증거 없는 자백만으로는 경찰이 아무것도 못한다는 것을 알고 벌이는 행동이다. 처음에는 강태오가 원하는 대로 들어주고 돈도 넣어주면서 이용당하는가 싶더니, 김형민 형사도 "너는 연쇄 살인마, 사이코패스 그런 게 아니라 개잡범"이라고 냉정하게 자극한다. "영치금 많이 넣어놨으니까 15년 동안 똥통에다 딸딸이나 많이 쳐라"라며 네가 일곱 명을 죽였다는 것은 거짓말이라며, 사이코패스 특유의 허세에 상처를 준다. 실제로 아무리 살인범이라도 면회 오는 사람도 없고 친구도 없는 것 같은데 대단한 인간관계를 가지고 있다는 말 자체가 믿기 힘들다는 얘기다. 그러자 강태오는 "돌았냐"며 광분하기 시작한다. 〈추격자〉에서도 사이코패스 지영민(하정우)을 가장 화나게 만들었던 프로파일러의 얘기는 "너 고자지?"라는 한마디였다.

6. 진짜 보수의
품격

　김형민 형사의 태도와 고집은 김수민 검사(문정희)와 나누는 대화에
잘 녹아 있다. 현장검증을 위해 검사에게 도움을 부탁하며 "이제 13년
남았습니다. 제 정년 퇴임까지요. 그리고 2년 더 있다가 그놈이 출소해
서 사람들을 죽일 겁니다. 그때 저는 더 이상 형사가 아니고요"라고 말
한다. 김 검사가 당신 생각이 틀리면 어떡할 거냐고 묻자, 김 형사는 이
렇게 얘기한다. "그럼 다행이죠. 세상에 저 혼자 바보되면 그만 아닙니
까." 그처럼 김 형사는 조직 내에서도 눈칫밥 먹어가며 홀로 수사를 이
어간다. 그러다 보니 성실히 수사하는 경찰이 고소당하는 어처구니없
는 일까지 벌어진다. 수사를 해야 하는 경찰이 법정에서 범죄자를 앞에
두고 자신의 결백과 진심을 입증해야 하는 상황이다. 이때 그의 진심 어
린 대사는 그 자신이 갖고 있는 직무에 대한 책임감을 그대로 보여준다.
"죽은 피해자의 입장에서 상상해보시기 바랍니다. 여러 군데 칼에 찔려
죽었습니다. 마지막까지 정말 끔찍하고 공포스러웠을 겁니다. 한 번 피
맛을 본 범죄자는 절대 못 멈춥니다. 강태오가 15년 살고 나와봐야 겨우
50살인데 충분히 사람을 죽일 힘이 남아 있습니다. 저는 강태오가 두
번 다시 사회로 나와서는 안 된다고 생각합니다. 그래서 돈도 주고 경
찰에서 잘릴 각오를 하고 수사를 했던 겁니다." 어쩌면 그의 이 마지막
얘기가 열정적인 정의 그 이상인 '진짜 보수'의 품격을 보여주는 대사라

고 생각한다. 그런 점에서 〈극비수사〉의 공길용이나 〈암수살인〉의 김형민은 한국 영화에서 한 번도 본 적 없던 형사 혹은 공무원 캐릭터라 할 수 있다.

한편, 〈암수살인〉을 보면서 〈살인의 추억〉이 떠오르기도 했다. 두 영화 모두 미제 사건을 다뤘다는 공통점이 있다. 물론 〈살인의 추억〉의 모티브가 된 화성 연쇄 살인 사건은 지난 2020년 DNA 검사 결과 범인으로 이춘재가 특정되고, 이에 범인이 자백하는 그야말로 상상하기 힘들었던 일이 벌어지며 더 이상 미제 사건이 아니게 되었다. 그 또한 〈암수살인〉에 계속 관심을 갖게 되는 이유다. 김 형사는 마지막 순간까지 시체를 찾지 못한 오지희를 찾아 헤매며 나머지 사건들도 계속 추적하리라 다짐한다. "어데 있노? 니(너)"라는 마지막 대사를 통해 〈암수살인〉은 〈살인의 추억〉과 묘한 대구를 이룬다. 〈살인의 추억〉이 마지막 장면에서 카메라를 쳐다보는 송강호 배우의 얼굴 클로즈업을 통해 여전히 잡히지 않은 범죄자를 향해 "너 어디에 있니?"라고 묻는 영화였다면, 〈암수살인〉은 아직 발견되지 못한 피해자를 향해 "너 어디에 있니?"라고 묻는다. 이미 범죄자도 잡혀버린 사건이지만, 시체를 찾아서 수습하여 그 억울한 피해자의 영혼을 달래준다는 것은 얼마나 중요한 일인가.

제 4 전시실  단
편
관

박찬욱의
단편영화관

1. 박찬욱의 단편,
장편이 상상할 수 없는 자유

박찬욱 감독은 〈심판〉(1999)을 시작으로 인권영화 옴니버스 프로젝트였던 〈여섯 개의 시선〉(2003) 중 〈믿거나 말거나, 찬드라의 경우〉, 〈쓰리, 몬스터〉(2004) 중 〈컷〉을 포함하여 이탈리아 패션 브랜드 에르메네질도 제냐의 의뢰로 만든 단편 〈A Rose Reborn〉, 그리고 〈파란만장〉을 시작으로 동생 박찬경 감독과 '파킹 찬스'라는 이름으로 공동 연출한 작품들, 아이폰13프로로 촬영한 〈일장춘몽〉(2022)까지 무려 10편을 만들며 2010년대 이후 거의 매년 단편 작업을 이어왔다. 그의 단편영화들은 당대의 미학적 고민과 기술의 발전을 아우르려는 '현재의 박찬욱'을 설명하는 중요한 작업이다. 특히 세 번째 장편 〈공동경비구역 JSA〉(2000)를 지금의 박찬욱을 만든 새로운 출발이라고 부른다면, 첫 번째 단편이자 그 전해인 1999년에 만든 〈심판〉은 〈공동경비구역 JSA〉에서 〈헤어질 결심〉(2022)에 이르기까지, 그가 줄곧 천착해온 '속죄'와 '믿음'의 문제를 다루고 있다는 점에서 무척 흥미롭다. 박찬욱 감독의 단편은 장편에 비해 상대적으로 덜 주목받았지만, 창작에 대한 고민을 더 치열하게 담아내고 있다는 생각이 든다. 스마트폰으로 만든 단편도 있고, 장편에서 볼 수 없던 부류의 주인공을 내세우는 경우도 있다. 가령 〈컷〉에서는 자신의 모든 작품을 통틀어 유일하게 영화감독 유지호(이병헌)를 주인 공으로 내세웠다. 그럴 경우 보통 주인공을 감독의 '분신' 혹은 '또 다른 자아'라 부르기도 하는데, 대사도 흥미롭다. 출연을 고민하는 영화 속 배우(이대연)에게 유지호 감독은 "너무 착한 영화만 하면 바보 됩니다"라 는 조언까지 해준다. 그 대사가 마치 현실의 박찬욱 감독이 가진 생각과 일치하는 건가, 라는 생각까지 이르게 되면 무척 재미있다. 물론 이에 대해 그는 "〈컷〉에 등장하는 감독 캐릭터는 나하고 아무런 관계가 없다. 성격도 나와 거리가 멀고, 절대 나를 떠올리면 안 된다. 돌이켜보면 그런 대사들은 약간 잘난 척하는 유지호 감독의 재수 없는 면을 보여주려고 쓴 것"이라 말했다.

2. 후배들의 단편에 주목하다

박찬욱 감독은 오랜 시간 미쟝센 단편영화제에 참여해왔을 만큼 단편에 대해 깊은 애정을 느끼고 있다. 이를 엿볼 수 있는 또 다른 사례가 있다. 〈올드보이〉 얼티미트 에디션(UE) DVD/블루레이에는 김민석 감독의 〈올드보이의 추억〉, 〈친절한 금자씨〉 DVD/블루레이에는 박수영, 박재영 감독의 〈핵분열가족〉, 〈싸이보그지만 괜찮아〉 DVD/블루레이에는 정태경 감독의 〈2분〉, 〈박쥐〉 DVD/블루레이에는 정유미 감독의 단편 애니메이션 〈먼지아이〉를 수록하고 추천 코멘트까지 덧붙였다. 자신이 주목한 후배들의 단편을 자신의 작품을 DVD/블루레이로 출시할 때 함께 수록한 것이다. 미쟝센 단편영화제는 그동안 수상 감독들이 충무로에 진출하는 데도 중요한 역할을 해왔다. 사실 박찬욱 감독의 연출부는 밑에서부터 차근차근 성장해 조감독까지 이르는 경우가 많았다. 세컨드부터는 퍼스트가 알아서 사람을 뽑았는데, 그게 퍼스트 연출부의 중요한 권한이기도 했다. 그래서 그는 누군가의 추천을 받아서 사람을 연출부로 데려오는 경우가 별로 없었는데 미쟝센 단편영화제에 참여하면서 좀 달라지긴 했다. 2004년 미쟝센 단편영화제에서 '비정성시'(사회적 관점을 다룬 영화) 부문 최우수작품상을 수상한 이경미 감독이 바로 그 경우다. 마침 그가 심사위원이었고 자신의 영화사 '모호필름'에서 이경미 감독을 데뷔시키고 싶다는 생각이 든 것이다. 그래서 트레이닝 차원으로 〈친절한 금자씨〉(2005)의 스크립터를 그에게 맡겼다. 그런 다음 모호필름에서 박찬욱 감독이 아닌 다른 감독의 첫 번째 제작 영화 〈미쓰 홍당무〉(2008)가 탄생했다. 반대로 2012년 〈숲〉으로 미쟝센 단편영화제 대상을 수상하고, 나중에 〈잉투기〉(2013)를 만든 엄태화 감독은 단편 〈파란만장〉의 연출부 출신이다. 그리고 2013년에 박찬욱 감독이 특별 심사위원으로 참여해 직접 시상했던 '박찬욱 감독 특별상'의 주인공인 〈달이 기울면〉의 정소영 감독은, 이경미 감독의 두 번째 장편이자 그가 각본에 참여하기도 했던 〈비밀은 없다〉(2016)에 역시 작가로 추천받아 합류하기도 했다. 한편, 2004년 미쟝센 단편영화제에서 제목에 이미 올드보이가 들어간 〈올드보이의 추억〉으로 '4만 번의 구타'(액션 스릴러) 부문 최우수작품상을 수상하고, 나중에 〈초능력자〉(2010)로 데뷔한 김민석 감독의 경우는 당시 그와 친한 김지운 감독이 〈달콤한 인생〉(2005) 연출부로 데려갔다. 평가가 괜찮았는지 이듬해엔 봉준호 감독의 〈괴물〉(2006) 연출부에도 참여한 뒤 다시 김지운 감독과 만나 〈좋은 놈, 나쁜 놈, 이상한 놈〉(2008)의 각본에 참여하며 조감독으로도 일했다.

3. 〈심판〉
"내 경력에서 가장 중요한 작품"

〈심판〉(1999)은 당시 비디오 유통·제작 업체인 '영화마을'의 제작 지원으로 완성된 작품이다. 이후 〈죽거나 혹은 나쁘거나〉(2000)의 프로듀서를 하는 〈심판〉의 이진숙 PD는 영화마을 창립 멤버 중 한 명이었고, 영화마을은 단편영화 한 편에 제작비 500만 원을 지원하는 제도도 갖추고 있을 정도로 당시 꽤 괜찮은 중소기업이었다. 지금은 상상하기 힘들지만, 전국적으로 비디오 대여점 숫자가 현재의 치킨집 수준으로 많던 때였으니, 전국 영화마을 비디오 가맹점들에만 독점적으로 배포하는 영화를 만들자는 기획이 성사될 수 있었다. 이른바 '비디오 시장'이 존재하던 때였다. 처음에는 박찬욱, 김지운, 박기형 감독 셋이서 함께하는 옴니버스영화 프로젝트였으나 다른 두 감독이 각각 〈조용한 가족〉(1998)과 〈여고괴담〉(1998)으로 잘나가던 때라 가장 먼저 박찬욱 감독이 〈심판〉을 홀로 완성했다. "준비하던 장편들이 만날 엎어지던 상황에서, 비록 단편이고 비디오라도 내 영화를 드디어 대중들에게 선보일 수 있겠다는 생각으로 들떠 있었기에, 그 두 인간이 어찌나 미웠는지 모른다.(웃음)"라는 게 그의 회고다. 그렇게 〈심판〉은 박찬욱 감독의 단독 단편이 된다.

〈심판〉에는 그가 줄곧 천착해온 '속죄' 혹은 '믿음'의 문제가 고스란히 녹아 있다. 가령 〈심판〉에서 병원 영안실의 염사(기주봉)는 대형 참사로 얼굴이 심하게 훼손된 20대 여자의 시신을 두고, 이미 영화가 시작할 때부터 존재하던 부모가 있는데도 갑자기 자신의 딸이라고 주장한다. 하지만 그가 전에도 시체를 보고 자신의 자식이라고 주장한 적 있다는 증언이 등장하며, 관객이나 영화 속 인물들 모두 그가 헛소리를 하고 있다고 여기게 만든다. 여기서 기주봉, 고인배 배우는 죽은 여자의 시신에 얼굴까지 나란히 맞대며 제각각 자신의 딸이라고 주장하는데, 그들은 〈공동경비구역 JSA〉에도 나란히 출연해 서로 대립하는 남한군(기주봉)과 북한군(고인배)으로 나와 흥미로웠다. 그런데 얼마 안 가 그들 부모의 진짜 딸이라는 다른 여자가 나타난다. 누구를 믿어야 할지 힘든 상황이 된다. 한편, 〈복수는 나의 것〉(2002)에서 영미(배두나)도 자신을 혁명적 무정부주의자 동맹의 일원이라고 주장한다. 영화 속 인물들이나 관객도 헛소리라고 생각하며 그녀를 절대 믿지 않는다. 심지어 나중에 형사는 그녀가 북한으로 가겠다고 소동을 피우면서 강을 건너다 그물에 걸렸다는, 거의 조롱에 가까운 말까지 한다. 하지만 그것은 결국 후반부에 사실로 드러나고 중요한 반전의 포인트를 제공한다. 말하자면 박찬욱에게 단편은 장편에서 시도하지 못하던 것들을 가능하게 하는 자유를 주기도 했지만, 단편에도 역시 그의 인장이 깊이 새겨져 있다. 단편과 장편은 얼핏 달라 보이지만 결국 그 본질은 같다. 이에 대해 그는 "나의 초창기 두 편의 장편이 뭔가 좀 습작기의 부끄러운 작품들이었다면, 그런 시기가 끝나고 어렴풋하게나마 내 세계가 뭔지, 앞으로 어떤 작품을 만들어야 할지, 그런 자의식을 가지고 작품에 임했다는 측면에서 〈심판〉은 분명 그런 신호탄 같은 작품이라 할 수 있다. 지금도 내 경력에서 가장 중요한 작품이라고 생각한다"고 말한다.

4. 〈믿거나 말거나, 찬드라의 경우〉
여성 이주노동자를 주인공으로

2003년에는 자비를 보태 단편을 완성했다. 박광수, 여균동, 임순례, 정재은, 박진표 감독 등과 함께 참여한 인권영화 옴니버스 프로젝트인 〈여섯 개의 시선〉에서 그는 〈믿거나 말거나, 찬드라의 경우〉라는 단편을 연출했다. 한국어에 능숙하지 않다는 이유로 6년 4개월 동안 정신병원에 수감됐던 네팔 노동자 찬드라 구릉의 이야기를 그리고 있다. 이 작품에 대한 애착이 컸던 그는 완성도를 높이기 위해 네팔을 직접 다녀오느라 예산을 초과하기도 했다. 한국에 이주노동자로 온 네팔 여성 찬드라는 라면을 시켜 먹다가 뒤늦게 지갑이 없다는 사실을 안다. 식당 주인의 신고로 달려온 경찰은 한국어를 더듬는 찬드라를 그저 정신 질환에 시달리는 노숙자로 취급해 정신병원에 수감한다. 정신병원에서 무려 6년 동안 수감된 찬드라의 시선을 따라가는 이 작품은 놀랍게도 실화에 바탕하고 있다. 이를 분명히 믿기 힘든 일이라고 생각할 한국 관객을 향해 던지는 '믿거나 말거나'라는 제목은 복수는 신의 것인데 나의 것이라고 믿는 인간들의 어리석은 착각을 비꼬는 것 같은 〈복수는 나의 것〉이라는 제목만큼이나 반어적인 독설에 가깝다. 다큐멘터리 스타일이라는 점에서도 이 영화는 박찬욱 감독의 전체 필모그래피 안에서 큰 차별점을 보인다. 그러면서도 여성 주인공, 그리고 믿음의 문제를 다룬다는 점에서 변함없는 그의 색깔이 짙게 묻어 있다. 그 무엇도 자기 뜻대로 할수 없는 찬드라를 보면서 장물아비 손에서 자란 〈아가씨〉(2016)의 소매치기 고아 소녀 숙희(김태리)가 어느 날 갑자기 대저택에 뚝 떨어지던 황망한 순간이 떠오르기도 했다. 〈친절한 금자씨〉나 〈아가씨〉를 함께 작업한 여성 작가인 정서경과의 만남 이후 박찬욱 감독이 조금씩 여성 주인 공에 대한 관심을 높였다고 바라보는 시선도 있지만, 이미 그 전조가 이 전부터 있었다. 말하자면 이 작품에 드러나는 언어와 소통의 문제에서 부터 사업주가 외국인 노동자의 삶을 지배하는 구조는, 이후 그가 만들 게 되는 〈헤어질 결심〉의 송서래 캐릭터로도 이어지는 것 같다. 그래서 〈헤어질 결심〉의 또 다른 제목은 〈믿거나 말거나, 송서래의 경우〉일지도 모른다.

에르메네질도 제냐의 의뢰로 만든, 〈아이 엠 러브〉(2009)의 루카 구 아다니노가 제작을 맡은 단편 〈A Rose Reborn〉(2014)의 경우 나타샤 브레이어라는 아르헨티나 출신 여성 촬영감독과 함께 작업했다. 그는 베를린국제영화제 금곰상을 수상했던 클라우디아 리오사 감독의 〈밀크 오브 소로-슬픈 모유〉(2009), 칸영화제에서 〈아가씨〉와 함께 경쟁 부문 에 초청된 니콜라스 윈딩 레픈 감독의 〈네온 데몬〉 촬영감독이다. 최근 주목받는 '라틴계 촬영감독' 중 주목할 만한 여성 촬영감독이기도 하다. 단편과 장편을 아우르며 박찬욱 감독이 그려내는 궤적은 분명 후배 감 독들에게 시사하는 바가 크다.

5. 파킹 찬스라는
또 다른 멋진 부캐

박찬욱 감독은 2010년대 들어 〈파란만장〉을 시작으로 〈오달슬로 우〉, 〈청출어람〉, 〈고진감래〉 등 주로 동생인 박찬경 감독과 함께 '파킹 찬스'라는 이름으로 단편 작업을 이어오고 있다. 'PARKing CHANce'

는 두 감독의 성이 박(PARK)씨이고 두 감독의 이름에 찬(CHAN)이라는 첫 글자가 공통적으로 들어가는 점에 착안해서, 주차장에서 parking chance(주차 기회)를 찾는 것처럼 단편영화나 다큐멘터리 등을 가리지 않고 틈새 프로젝트를 노린다는 의미에서 만들어진 이름이다. 그중에서도 첫 번째 작업인 〈파란만장〉은 그가 가장 소중하게 여기는 단편이다. 이생과 현생을 넘나드는 '무속'이라고 하는, 그때까지 그가 전혀 생각지도 못했던 새로운 세계를 동생 덕분에 알게 됐기 때문이다. 게다가 아이폰으로 전체 촬영한 영화라는 점에서 당시로서는 새로운 시도였다는 의미도 있다. 그처럼 오랜 세월 각자의 아이디어와 시나리오를 주고받으며 파트너십을 나눴던 두 형제의 뒤늦은 첫 번째 합작품이었다. 베를린국제영화제에서 단편 부문 금곰상을 받았는데 당시 심사위원장이 그가 무척 좋아한다고 얘기했던 사진작가 낸 골딘이었다.

　〈파란만장〉의 줄거리는 이렇다. 안개가 자욱한 강변, 한 남자(오광록)가 낚싯대를 펼쳐놓고 한가롭게 낚시를 한다. 시간이 흘러 어느새 한밤중이 되고 갑자기 낚싯대에 커다란 무언가가 걸려든다. 그런데 그 무언가는 소복 차림의 젊은 여자(이정현)다. 여자와 낚싯줄이 엉켜 서로 묶인 꼴이 되고, 남자는 사색이 되어 풀어보려고 안간힘을 쓴다. 그러다 남자는 비명을 지르며 쓰러지고 잠든 채 얼마간의 시간이 흐른다. 정신이 들고 보니 남자는 여자가 입고 있던 소복을 입은 채 잠들어 있고, 반대로 남자의 옷을 입은 여자가 남자를 깨운다. 남자는 영문을 몰라 혼란스러워하는데 여자가 느닷없이 어린아이의 목소리로 울며, 남자를 '아빠'라고 부른다. 박찬욱 감독은 맨 처음 KT에서 아이폰으로 영화를 만들어보면 어떻겠냐는 제안을 받으면서 동생을 끌어들였다. 오래전 그의 데뷔작 〈달은… 해가 꾸는 꿈〉(1992)에 미술 스태프로 참여했던 박찬경 감독은 당시 세트 벽에 그림도 그리고 주연배우였던 이승철의 등에 용문신 그림을 직접 그리기도 했다. 그는 이미 〈신도안〉(2008)이라는 토착 종교에 대한 작품을 만든 적 있어 바로 기본적인 스토리를 만들고 얼개를 짰다. 박찬경 감독이 2년여 동안 계룡산 인근 지역에 대한 연구, 조사, 탐사, 인터뷰, 촬영 등을 통해 완성한 〈신도안〉은 종교와 무속, 역사와 현재, 다큐멘터리와 허구의 경계를 넘나드는 총 여섯 장의 이야기다. 계룡산 신도안은 조선 시대 새로운 도읍지로 예견되었으며, 식민지 시대를 거치면서 60년대에 이르기까지 각종 신흥종교와 무속 신앙의 집산지로 발전했던, 그리고 60년대 이후 대대적인 정화 사업을 거쳐 대규모 군사시설이 안착하기까지 다양한 변화를 겪은 곳이다. 계룡산 신도안에서 명멸했던 숱한 종교 집단들의 이야기를 〈신도안〉으로 담아냈던 것이다.

'굿'에 관한 내용이 본격적으로 펼쳐지는 〈파란만장〉 후반부는 박찬경의 역할이 컸고, 박찬욱은 비로소 그 세계를 본격적으로 접하게 됐다. 작품을 준비하면서는 무형문화재 기능 보유자이기도 하고, 박찬경이 장편 〈만신〉(2013)을 만들며 모셨던 김금화 만신이 주관하는 내림굿을 함께 봤는데 정말 큰 충격을 받았다고 한다. 여기서 만신(萬神)이란 여자 무당을 높여 부르는 말로, 만(萬)은 숫자 1만을 가리키는 것이 아니라 '매우 많은 수'를 의미하기에, 만신은 말 그대로 모든 신들을 대신하는 자라는 뜻이다. "그야말로 입이 딱 벌어졌다. 내용이 거의 수십 단계인데 아기자기하게 재밌고 의상이나 소도구들도 인상적이었다. 그 단계와 소품들마다 지닌 상징들하며 '무가'도 멋있었는데 그 가사가 보통 시적인 게 아니다. 가사 중 '활등같이 굽은 길을 화살처럼 달려들어 갈라서 간다'는 말은 '죽으러 간다'는 얘기인데, 그건 처음에 제목으로도 생각했었다. 라이브로 보고 있는 가운데 그런 시적인 표현들이 속출하니 반할 수밖에 없었다"는 게 그의 얘기다. 흥미로운 건 〈파란만장〉이 그가 성직자(송강호)를 뱀파이어로 만든 〈박쥐〉(2009) 이후의 단편이라는 점 이다. 그러면서 언젠가 반드시 무녀에 관한 이야기를 장편 극영화로 만 들고 싶다고 말했다. 그럼에도 〈파란만장〉에서 박찬욱의 이전 영화들의 흔적을 찾기란 그리 어렵지 않다. 낚시 바늘로 사람을 낚는 모습은 〈박 쥐〉, 전등이 달린 헬멧을 쓰고 있는 두 남녀의 모습은 〈싸이보그지만 괜 찮아〉, '아빠'를 찾는 죽은 딸아이의 환상은 〈복수는 나의 것〉을 연상시 키고, 오광록이라고 하는 배우의 캐스팅까지 겹쳐 '박찬욱 영화'라는 인 상은 짙다. 하지만 쭉 살펴본 것처럼 〈파란만장〉은 박찬욱의 팬들 입장 에서 꽤 흥미로운 지점들이 많다. 언제나 '죄와 구원'이라는 가톨릭적 세 계관으로부터 영화를 착상했던 그가 동생과의 협업을 통해 한국의 무 속 신앙과 조우했기 때문이다. 어쩌면 이것을 이후 장편으로도 이어지 는 중요한 전환의 단서라 볼 수 있을지도 모른다.

봉준호의
단편영화관

1. 〈백색인〉과 〈기생충〉이라는
완벽하게 상반된 대구

'모든 감독은 단편으로부터 시작했다'는 얘기가 봉준호 감독에게
도 예외는 아니다. 한국영화아카데미에 입학하기 전에 찍었던 〈백색인〉
(1993)이건, 학교에서 과제처럼 만든 습작 〈프레임 속의 기억들〉(1994)
이건, 이미 널리 알려진 졸업 작품 〈지리멸렬〉(1994)이건 간에 '봉준호
스타일' 혹은 '봉테일'을 발견하는 기쁨을 누릴 수 있다. 〈플란다스의 개〉
(2000)로 장편 데뷔한 이후에도 그는 쭉 단편과 함께해왔다. 심지어 단
편보다 짧을뿐더러 이미 남이 써놓은 가사 안에서 자유롭기 힘들어 보
이는 뮤직비디오도 김돈규의 〈단〉(2000)과 한영애의 〈외로운 가로등〉
(2003)까지 두 편이나 연출했다. 전주국제영화제의 디지털 삼인삼색 프
로젝트로 만든 〈인플루엔자〉(2004)는 그의 첫 번째 디지털 작업이라는
점에서도 중요하다. 변희봉 배우가 한강 매점 주인으로 출연해 〈괴물〉
(2006)의 단초를 제공한다고 볼 수 있는 한국영화아카데미 20주년 기
념 이공 프로젝트 중 〈싱크 앤 라이즈〉(2003) 등 그는 단편으로부터 시
작한 것을 넘어, 늘 단편과 함께해왔다. 어쩌면 〈기생충〉(2019)에 이르
는 기나긴 시간의 궤적이 이들 단편 하나하나에 이미 응축돼 있었다고
할 수 있다. 그래서 이번 특별전에 포함된 단편들을 다 감상하고 나면

이렇게 읊조리게 될지도 모르겠다. "봉준호는 다 계획이 있었구나."

한국영화아카데미에 들어가기 이전 봉준호 감독 영화 인생의 진정한 시작점은, 제대 후 1993년 복학하면서 몸담았던 연합 영화 동아리 '노란문' 시절이다. 16밀리 단편 〈백색인〉이 바로 이곳 동아리 회원들과 작업한 작품이며, 이를 통해 한국영화아카데미에 입학할 수 있었다. 특정 학교에 속한 동아리가 아니었기에 회원들이 매달 내는 회비로 운영되던 사무실이 있었고, 그 사무실이 있던 빌딩에서 당시 김혜자 배우의 단독주택이 보였다고 한다. 그렇게 가끔 우연히 마주쳤던 김혜자와 그로부터 15년 정도 지나 〈마더〉(2009)를 함께했으니 그 또한 노란문으로 인한 운명이라 할 수 있다.

봉준호 감독의 단편 세계를 이해할 수 있는 두 편의 작품이 〈백색인〉과 〈지리멸렬〉로 압축된다는 것은 부인하기 어렵다. 두 편 모두 TV에서 들려오는 뉴스가 중요한 모티브나 영화적 정서로 작용한다는 공통점이 있는데, 〈지리멸렬〉에서는 아예 배우들이 액자식 구성처럼 TV 토론 프로그램에 직접 출연해 그 뉴스의 생산자 혹은 논평자가 되기도 한다. 그리고 거칠게 말해 자본주의와 계급사회에 대한 비판이 봉준호 영화 전체에 스며들어 있는 테마라고 한다면, 국회의원 재산 공개와 관련한 뉴스로 시작하는 〈백색인〉의 도입부는 굉장히 의미심장하다. 〈백색인〉을 만든 1993년, 바로 그해 2월 출범한 김영삼 정부는 부정부패 방지를 위해 국회의원 및 1급 이상 고위공직자 전원의 재산을 공개할 것을 공약했고, 이는 이전 군사독재 정부와 문민정부를 가로지르는 획기적인 사건이었다. 1980년대부터 침체기의 한국 영화계를 안간힘 쓰며 지켜왔던 이장호와 배창호, 그리고 장선우와 박광수로 대표되는 한국 영화 뉴웨이브 세대 이후, 문민정부의 출범과 함께 25살의 봉준호가 만든 첫 번째 영화가 바로 그 뉴스로 시작하는 〈백색인〉이라는 것은, '화이트칼라'를 의미하는 제목만큼이나 상징적이다. 게다가 마치 변화해가는 세상의 바벨탑과도 같은 이미지로 산 위에 우뚝 서 있는 영화 속 봉천동 현대아파트는 촬영 시작 전해인 1992년에 지어졌다. 그렇게 당시 한국 영화계 누구도 그의 존재를 몰랐겠지만 어쨌건, 봉준호는 1990년대의 변화하는 시대상 위에서 출발했다.

   이후 〈지리멸렬〉은 물론 장편 〈플란다스의 개〉, 〈살인의 추억〉, 〈괴물〉 등 초기 작품 모두에 출연한 김뢰하 배우가 〈백색인〉의 주인공이다. 그는 어항에서 건져 올린 금붕어를 괴롭힌다. 담배 연기를 내뿜고 담뱃재까지 떨어트리다 못해 담뱃불로 지지려고까지 한다. 이건 누가 봐도 사이코패스 성향의 주인공이다. 나중에 산업재해를 입은 노동자(안내상)의 것으로 밝혀지게 되는, 누군가의 손가락을 한낮의 아파트 주차장에서 발견하고도 전혀 놀라지 않는다. 심지어 크기가 적당히 비슷하다는 이유로 도장집에 넣어 전화기의 버튼을 누르는 용도로 사용하는 장면은 경악스럽기까지 하다. 마지막에 그 손가락을 무심히 개 밥그릇에 던지는 장면까지, 영락없이 공감 능력 제로의 사이코패스로 보인다. 이처럼 사이코패스나 소시오패스라는 용어 자체가 사실상 등장하지 않은 것이나 마찬가지였던 시절, 무엇보다 화이트칼라 주인공을 그와 비슷하게 연출한 것 자체가 굉장히 흥미롭다. 〈살인의 추억〉을 준비하면서 사이코패스에 대한 공부를 많이 했을뿐더러, 몇 해 전 미국의 한 매체와 인터뷰를 진행하면서 '연출해보고 싶은 미국 TV 시리즈'로 사이코패스는 물론 미국 초창기 범죄 프로파일러의 세계를 그려낸 〈마인드헌터〉라고 답한 적 있기에, 이것은 굉장히 중요한 의미를 갖고 있다. 연쇄 살인범이 등장한 한국 영화는 물론 이전에도 있었지만, 개인적으로는 〈백색인〉이 장편과 단편을 통틀어 합리적인 의심이 가능하게끔 장면들을 구성하여 만든, 사이코패스가 등장한 최초의 한국 영화라 생각된다.

더 나아가 〈백색인〉은 의미상 〈기생충〉과 완벽하고도 정교하게 서로를 비추며 상반된 대구를 이루는 제목이다. 지나치게 〈기생충〉과 엮으려는(?) 의도인가 싶겠지만, 주인공이 자동차 수리를 맡기게 되면서 서민들의 달동네를 지나 높은 언덕에 자리한 아파트까지 걸어 올라가는 이미지는 역전된 〈기생충〉의 이미지라 할 수 있다. 〈기생충〉이 쏟아지는 빗줄기와 함께 아래로 내려오는 영화라면 〈백색인〉은 그 계단의 이미지를 따라 한없이 올라가는 영화다. '길에서 잘린 손가락을 줍는다'는 아이디어에서 출발한 〈백색인〉에서 거대한 아파트는 서민들의 주거지를 찍어 누르는 모양새가 되어, 절대 가까워질 수 없는 아래와 위의 대비를 보여준다. 이처럼 상반되는 아래와 위를 보여주면서 빈부격차를 드러내는 수직의 이미지, 바로 그 시각적인 공간 묘사를 통해 영화 전체의 주제를 드러내는 방식은 〈기생충〉과 직결된다.

2. 〈프레임 속의 기억들〉과 〈지리멸렬〉, 두 소년의 이야기

봉준호 감독이 한국영화아카데미에 재학 중이던 1994년에 만든(스태프 크레디트에서 동기 최익환, 손태웅 감독의 이름을 발견할 수 있다) 〈프레임 속의 기억들〉은, 방과 후 집으로 돌아온 소년(최성우)이 집에서 키우던 강아지 방울이가 없어진 것을 알아차리고, 애타게 찾아 헤매는 이야기다. 공부하는 책상에 방울이의 사진 액자를 올려둘 정도로 아끼던 강아지를 꿈에서도 찾아 헤맨다. 밤에 자다 깨어서는 대문 밖을 서성이기도 하는데, 결국 다시 돌아올지도 모른다는 생각에 대문을 열어두고 등교한다. 5분여의 짧은 러닝타임이지만, 영화 속 시대 배경이 1976년쯤이기에 주인공의 모습에 '소년 봉준호'의 기억이 투영되어 있음은 자명해 보인다. 〈싱크 앤 라이즈〉가 〈괴물〉의 단초가 되었던 것처럼, 〈프레임 속의 기억들〉은 잃어버린 개를 찾아 헤매는 이야기라는 점에서 장편 데뷔작인 〈플란다스의 개〉를 떠올리게 한다. 중요한 차이점이라면 〈플란다스의 개〉의 아파트와 그 지하실 공간과 극명하게 대비되는 단독주택의 이미지다. 방울이를 기다리며 자신의 손으로 열고 닫았던, 소년에게는 거대하게 보였을 그 대문을 통한 그리움의 정서는 신비로운 향수를 자아낸다. 그를 중심으로 다시 돌아갈 수 없는 쓸쓸한 유년기의 기억을 전체 러닝타임 안에서 제법 긴 꿈 장면과 겹쳐지게 담아낸 〈프레임 속의 기억들〉은, 기술적인 플래시백이나 환상 장면 연출을 즐겨 하지 않는 봉준호의 영화에서 이질적인 느낌마저 주는 신선한 경험이다.

벤쿠버국제영화제, 홍콩국제영화제 등에 초청되며 봉준호 감독의 인생을 바꿔놓은 영화라 할 수 있는 〈지리멸렬〉은 4개의 에피소드로 구성되어 있다. 포르노 잡지를 보다가 여학생에게 들킬 뻔한 '에피소드 1: 바퀴벌레'의 대학교수(유연수), 조깅을 하면서 남의 집 문 앞에 놓여 있는 우유를 습관적으로 훔쳐 먹는 '에피소드 2: 골목 밖으로'의 신문사 논설위원(윤일주), 술에 취해 노상방뇨를 하려다 아파트 경비원에게 들키는 '에피소드 3: 고통의 밤'의 검사(김뢰하), 그리고 그 세 사람은 네 번째 에필로그에서 한 TV 토론 프로그램의 패널로 출연해 만난다. 각각의 에피소드가 긴밀하게 연결되어 있는 챕터별 구성 방식은, 당시 〈펄프픽션〉(1994)으로 칸영화제 황금종려상을 수상하며 당시 영화광 세대에게 큰 영감을 줬던 타란티노식 화법에 영향받은 사례로도 볼 수 있다. 하지만 그것은 결국 억울하게 누명을 쓴 채 TV를 켜놓고 잠든 신문 배달 소년의 쓸쓸한 밤으로 마무리된다.

앞서 〈백색인〉에 등장했던 주인공은 〈지리멸렬〉의 첫 번째 에피소드에 등장하는 음흉한 상상을 하는 교수로 이어지는 느낌이다. 세상 모든 감독들이 자전적인 영화로 작품 활동을 시작하거나, 감정이입을 할 만한 인물을 반드시 심어놓는 것과 비교해, 봉준호 감독 초기 단편들의 주인공이 그런 부류의 인물들이라는 점은 꽤 시사하는 바가 크다. 심지어 한참 계단을 오르는 뒷모습 또한 거의 비슷하다. 우아한 클래식 음악이 흐르는 가운데 그가 수업 종이 울리기 전까지 하는 일이라곤 교수실에서 포르노 잡지를 뒤적이는 것이다. 역시나 또 〈기생충〉과 연결지어 흥미로운 장면은, 미처 자료를 가져오지 못해서 수업 도중 여학생을 교수실로 보내게 되는데, 뒤늦게 그 포르노 잡지를 책상 위에 펼쳐놓은 것을 알고, 그 여학생보다 먼저 도착하려고 헐레벌떡 뛰어가 다른 책을 던져서 포르노 잡지 표지를 가려버리는 슬로모션 장면이다. 그것은 마치 〈기생충〉에서 기택(송강호)의 가족들이 가정부 문광(이정은)을 집에서 몰아내기 위한 작전을 펼치는, 정재일 음악감독의 사운드트랙과 맞물리는 8분여의 〈믿음의 벨트〉 시퀀스를 떠올리게 한다. 문광의 복숭아 알레르기를 이용해 연교(조여정)에게 그가 아무래도 전염성이 강한 결핵에 걸린 것 같다는 공포감을 충분히 조성한 어느 날, 연교와 함께 3분 뒤에 집에 도착할 거란 기택의 문자를 받은 기정(박소담)은 복숭아 가루를 날려 문광이 계속 기침을 하게 만든다. 마치 피인 것처럼 피자 핫소스를 뿌려놓은 휴지를 기택이 집어 들고, 연교의 거의 기절할 것 같은 표정으로 장면이 마무리된다. 〈기생충〉과 공유하는 테마와 별개로, 그가 매 영

화 매 순간마다 최고의 영화적 재미를 선사하기 위해 경주하는 느낌이
생생하게 다가오는 것이다.

두 번째 에피소드의 신문 배달 소년은 '진범은 잡히지 않았다'라는,
〈백색인〉부터 〈플란다스의 개〉, 〈살인의 추억〉, 〈마더〉 그리고 〈기생충〉
에 이르기까지 봉준호 영화 전체를 관통하는 설정이자 주제를 극명하
게 보여준다. 〈플란다스의 개〉에서 개를 잡아먹었다는 누명을 쓴 노숙
자 최 씨(김뢰하), 〈마더〉에서 소녀를 죽였다는 누명을 쓴 다운증후군 소
년 종필(김홍집)의 원조가 바로 이 소년이다. 열심히 신문 배달을 하던
소년이 바로 그 신문사의 논설위원에 의해 우유를 훔쳐 먹었다는 누명
을 쓰게 되는 아이러니는 그 자체로 섬뜩한 현실의 한 단면이다. 또한
뭘 그렇게 계속 〈기생충〉과 연결 지으려 안간힘을 쓰냐고 질타할지도
모르지만, 그처럼 억울한 누명을 쓰고 가정부에게 뺨 맞은 신문 배달 소
년이 그 집에 복수하기 위해서 취업 작전을 세운 이야기가 〈기생충〉은
아닐까, 하는 생각도 해보았다.

세 번째 에피소드에서 경비원이 베풀어준 호의를 무시하고 일종의
범죄를 저지르는 검사의 모습은, 그의 영화가 언제나 도달했던 '결코 그
들은 공존할 수 없다'는 결론을 강화시켜준다. 더불어 〈플란다스의 개〉,
〈살인의 추억〉, 〈기생충〉 등 그의 영화에 언제나 중요하게 등장하는 지
하실 공간이 등장한다는 점에서도 흥미롭다. 실제로 이 에피소드는 그
가 당시 부모님과 함께 살던 아파트 지하에서 촬영됐는데, 영화처럼 최
소한의 살림 도구가 갖춰진 경비원의 지하실 휴식 공간을 보며 큰 인상
을 받았다고 한다. 그것은 〈백색인〉부터 이어지고 있는 수직적 공간 구
성에 있어 핵심적인 위치를 점하고 있다.

네 번째 에피소드에서는 앞서 등장했던 세 에피소드의 교수, 논설

위원, 검사가 패널로 한데 만나 '반사회적 흉악 범죄를 통해 우리 사회의 도덕성 문제를 총체적으로 분석해보자'는 취지의 긴급 토론을 벌인다. 이미 그들의 이중성과 허위의식이 낱낱이 드러났기에 말 한 마디 한 마디 부조리한 현실에 대한 풍자가 그야말로 백미다. 두 번째 에피소드에 등장했던 소년은 그들이 출연한 TV를 켜놓고 잠들었다가 형(카메오 출연한 봉준호)이 다시 깨워 편안히 잠든다. 그들의 하나 마나 한 소리가 어떤 결론에 다다르건, 혹은 거리 풍경으로 보이는 '94 한국 방문의 해'라는 현수막이 나부끼건 말건 소년은 다시 아침이 되면 형과 함께 열심히 평소와 다름없는 일상을 살아갈 것이다. 그처럼 〈지리멸렬〉은 지리멸렬한 세상을 묵묵히 견뎌내고 있는 보통 사람들에 대한 봉준호의 따뜻한 위로이자 헌사다.

3. 디지털 혹은 무성영화와 흑백영화 사이
〈인플루엔자〉

〈인플루엔자〉는 2004년 제5회 전주국제영화제의 '디지털 삼인삼색 2004' 프로젝트로 만들어진 옴니버스영화 〈거울에 비친 마음〉에 담긴 단편이다. 2000년부터 시작된 이 프로젝트는 편당 5000만 원의 제작비와 러닝타임 30분, 그리고 디지털카메라로 작업한다는 조건 아래 서로 다른 세 나라의 세 감독이 참여하는 프로젝트로, 해당 해에는 봉준호와 함께 중국의 유릭와이, 일본의 이시이 소고 감독이 참여했다. 한강 다리, 지하철역 화장실과 플랫폼, 주택가 골목, 은행 창구와 현금인출기 부스, 지하 주차장 등 이제 막 우리 사회 곳곳에 CCTV라는 것이 보급되던 시점에, 세상을 아무 감정 없이 차갑게 바라보는 그 시선에서 모티브를 얻은 작품이다. 카메라를 실제 CCTV처럼 높은 위치에 고정해서 촬영했지만, 일부러 초점을 흐리게 하거나 좌우 이동까지 하기도 한다. 인플루엔자는 유행성 감기라는 뜻도 있지만, 유행과 전염이라는 의미도 있다. 또한 〈기생충〉을 굳이 영어 제목인 〈패러사이트〉로 쓴다면, 전염되고 잠식당하는 양상에서 15년 전 작품인 〈인플루엔자〉와 묘한 대구를 이루는 것처럼 느껴지기도 했다.

지하철에서 물건을 팔며 나름 열심히 살아보려 했던 조혁래(윤제문)는 어쩌다 보니 동네의 쓰레기봉투를 뒤지는 신세가 됐고, 결국 은행에서 힘없는 노인의 돈을 훔치던 수준을 벗어나 어떤 여자(고수희)와 함께 공범으로 잔인한 폭력을 저지르며 더 큰 범죄를 실행에 옮기게 된다. 마치 인플루엔자 바이러스에 의해 정신과 육체 모두 지배당한 것처럼 조혁래의 인간성이 파괴되어가는 모습은 섬뜩한 공포를 자아내는데, 그럼에도 은행 강도를 실행에 옮기기로 했던 날에 느닷없이 이벤트에 당첨되어 상품을 받고 기념 촬영을 하게 되는 장면은 봉준호 특유의 기괴한 엇박자 유머가 빛나는 장면이다. 게다가 윤제문 배우는 실제로 이석훈 감독의 단편 〈순간접착제〉(2001)에서 지하철에서 순간접착제를 파는 행상으로 출연한 적 있기에, 도입부 화장실 장면에서 순간접착제 판매 훈련을 하는 그의 모습을 통해 픽션과 논픽션의 경계를 초월하는 기발한 패러디까지 선보인다.

핵심은 〈인플루엔자〉가 2000년부터 2004년까지 화면에 표시되는 차가운 숫자를 통해 조혁래라는 남자가 변해가는 5년의 기록을 담은 페이크다큐멘터리라는 점이다. 봉준호의 첫 번째 디지털영화 작업이자, 유일한 페이크다큐멘터리라는 점에서 그가 장편 극영화 작업에서는 감히 시도해보지 못했던 자유로운 시도를 엿볼 수 있다는 것이 가장 중요한 의미이지 싶다. 또한 이 작품에서는 디지털에 대한 도전과 더불어 흑백영화에 대한 매혹도 읽을 수 있다. CCTV로 구현되는 이미지에는 묘하게 무성영화와 흑백영화의 느낌이 공존하는데, 실제로 봉준호는 〈설국열차〉를 촬영하던 도중 〈마더〉의 흑백판 아이디어를 얻어서 흑백 작업에 들어가기도 했다. 이는 서울아트시네마를 통해 공개되었고 부산국제영화제에서도 그 버전이 상영된 적 있다. 〈기생충〉도 흑백판을 만들어서 로테르담국제영화제에서 먼저 공개하고 국내에서 정식 개봉한 적 있다.

이처럼 길게 살펴본 봉준호 감독의 단편들은, 그가 칸영화제 황금종려상과 오스카의 영예를 거머쥔 〈기생충〉에 이르기까지 보여준 변화와 진화의 축소판이다. 그런데 〈백색인〉부터 〈기생충〉에 이르기까지 가장 흥미로운 것은, 신기하다 싶을 정도로 모든 작품들이 닮아 있음을 발견하게 되는 순간이다. 어쩌면 개별 작품에 대한 평가 이상으로, 그가 언제나 변함없이 같은 이야기를 하고자 애써왔다는 걸 깨닫는 게 더 중요할지도 모른다. 그것이 바로 봉준호 감독이 영화를 만들려는 당신에게 던지는 질문이다. '당신은 무엇을 이야기하고 싶습니까?'

"영화감독들은 다 계획이 있구나."